SOMMAIRE

AVANT-PROPOS

Tout l'allemand professionnel a pour but d'aider les étudiants qui suivent des études générales ou spécialisées et les enseignants dispensant des cours ayant un rapport avec les thématiques traitées.

L'ouvrage apporte également un soutien indéniable aux demandeurs d'emploi qui veulent se former, aux salariés en reconversion professionnelle et aux professionnels de tous secteurs.

C'est en pensant à ces différents publics que nous avons décidé de diviser la matière lexicale riche qui s'offrait à nous en quatre parties complémentaires (numérotées de 1 à 4) :

- La première partie tente de cerner les acteurs, internes et externes à une structure donnée (administration, association ou entreprise), ayant une véritable influence sur le développement et la gestion du marketing.

- La seconde dépeint la formation initiale ou continue et les diplômes qui la sanctionnent. Elle s'attache aussi à lister les aptitudes utiles à acquérir afin d'exercer les différents métiers.

- La troisième se concentre sur le management des personnes et des projets.

- La dernière partie s'intéresse à la communication en milieu professionnel.

Au sein de chaque sous-partie (numérotée 1.2, par exemple), la matière lexicale a été classée dans l'ordre alphabétique en quatre catégories : les noms de A à Z, les adjectifs de A à Z, les verbes de A à Z et les locutions de A à Z. Parfois, le lecteur notera que les verbes et les locutions ont été regroupés.

En ce qui concerne les noms, nous avons, la plupart du temps, souhaité illustrer ceux-ci soit en les plaçant dans une courte phrase rédigée dans une langue actuelle, soit en en proposant une explication sommaire.

En outre, un soin tout particulier a été apporté à la conception et à la traduction de dialogues aux contenus vraisemblables. Ils sont placés à la fin des sous-parties et permettent au lecteur de retrouver certains noms, adjectifs, verbes et locutions en situation.

Enfin, la présence d'annexes ne nous a pas semblé superflue suite à des échanges avec de nombreux contacts professionnels (techniciens, étudiants, directeurs d'établissement). Nous avons également proposé des listes d'abréviations afin d'aider les professionnels dans leur phase de rédaction.

Cet ouvrage ne prétend pas à l'exhaustivité, aussi certains lecteurs avisés voudront-ils bien ne pas tenir rigueur aux auteurs d'entrées manquantes.

Les auteurs

VORWORT

Tout l'allemand professionnel wendet sich an Studenten, die für ihr Studium nach angebrachten Hilfsmitteln suchen, und an Sprachlehrer, die mit einem der behandelten Themen arbeiten.

Auch für Arbeitssuchende, die sich weiterbilden möchten, für Angestellte, die sich umorientieren, und für Berufstätige vieler Bereiche ist der vorliegende Band von unleugbarem Wert.

Angesichts dieser unterschiedlichen Publikumsgruppen haben wir uns dazu entschlossen, das reichhaltige lexikalische Material in vier sich ergänzende Teile zu gliedern (von 1 bis 4) :

• Der erste Teil versucht, die internen und externen Beteiligten und Handlungsträger einer gegebenen Struktur (Verwaltung, Verein oder Unternehmen) zu umreißen, die auf Marketing-Entwicklung und -Management großen Einfluss haben.

• Der zweite Teil beschreibt die Ausbildung und Fortbildung in diesem Sektor, sowie die sich anschließenden Diplome. Es erscheinen ebenfalls die zur Ausübung eines der Berufe dieses Bereichs notwendigen und nützlichen Fertigkeiten.

• Der dritte Teil konzentriert sich auf Personal- und Projekt-Management

• Der vierte Teil beschäftigt sich mit der Kommunikation im beruflichen Umfeld.

In jedem Unterkapitel (z.B. 1.2) wurde das Wortmaterial alphabetisch in vier Kategorien gelistet : die Nomen von A-Z, die Adjektive von A-Z, die Verben von A-Z, sowie die feststehenden Ausdrücke von A-Z. Der Leser wird feststellen, dass Verben und Ausdrücke stellenweise zusammengefasst wurden.

Was die Nomen anbelangt, haben wir sie zu ihrer Erklärung entweder in einen gegenwartssprachlichen Satz gesetzt oder eine kurze Erläuterung angefügt.

Mit großer Sorgfalt wurden Dialoge mit themengerechten Inhalten konzipiert und übersetzt, die sich am Ende der Unterkapitel befinden und in denen der Leser Nomen, Adjektive, Verben, sowie Ausdrücke im Kontext wiederfindet.

Das Werk endet mit einer Liste von Anhängen, auf deren Nutzen uns unsere zahlreichen beruflichen Kontakte hinwiesen (Techniker, Studenten, Firmenchefs). Außerdem haben wir Abkürzungslisten angefügt, die den Lesern beim Abfassen von Dokumenten hilfreich sein könnten.

Wir sind uns darüber bewusst, dass dieses Werk nicht vollständig sein kann und bitten im Voraus um Verständnis für das mögliche Fehlen bestimmter Einträge.

Die Autoren

LEXIQUE FRANÇAIS-ALLEMAND

PARTIE I

1. LES ACTEURS DU MONDE PROFESSIONNEL *DIE BERUFLICHEN HANDLUNGSTRÄGER*

1.1 Les décideurs économiques et financiers *Die Entscheidungsträger in Wirtschaft und Finanzwelt*

Les noms de A à Z

accessibilité (l')	*Erreichbarkeit (w, –, en), Zugänglichkeit (w, –, en)*
accompagnement (l')	*Begleitung (w, –, en)*
accord cadre (l')	*Rahmenabkommen (n, s, –)*
achat (l')	*Kauf (m, s, ¨-e), Erwerb (m, s, e)*
acquéreur (l')	*Käufer (m, s, –), Erwerber (m, s, –)*
actionnaire (l')	*Aktionär (m, s, e)*
actionnariat (l')	*Aktionariat (n, s, e), Beteiligung (w, –, en) (an einer Firma)*
activiste (l')	*Aktivist (m, en, en)*
activité (l')	*Aktivität (w, –, en)*
administrateur (l')	*Administrator (m, s, en), Aufsichtsratmitgleid (n, s, er)*
agence (l')	*Agentur (w, –, en), Zweigstelle (w, –, n)*
agent (l')	*Angestellte (m, en, en)*
agent commercial (l')	*Handelsvertreter (m, s, –)*
agent en douane (l')	*Zollbeamte (m, en, en)*
agrément (l')	*Genehmigung (w, –, en), Zulassung (w, –, en)*
aide (l')	*Hilfe (w, –, n)*
aide à l'embauche (l')	*Anstellungshilfe (w, –, n)*
amortissement (l')	*Abschreibung (w, –, en), Tilgung (w, –, en)*
analyste financier (l')	*Finanzanalytiker (m, s, –)*
annuaire (l')	*Telefon-, Jahrbuch (n, s, ¨-er)*
appui (l')	*Unterstützung (w, –, en), Befürwortung (w, –, en)*
arbitragiste (l')	*Arbitrageur (m, s, e)*
armoire (l')	*Schrank (m, s, ¨-e)*
arrivée du courrier (l')	*Posteingang (m, s, ¨-e)*
artisan (l')	*Handwerker (m, s, –)*
assistance (l')	*Fürsorge (w, –, n), Beistand (m, es), Hilfeleistung (w, –, en)*
association (l')	*Verein (m, s, e), Verband (m, es, ¨-e), Verbund (m, es, e)*

associé, e (l')	*Teilhaber (m, s, –)*
assuré, e (l')	*Versicherungsnehmer (m, s, –)*
assureur (l')	*Versicherungsgesellschaft (w, –, en), Versicherer (m, s, –)*
atelier (l')	*Werkstatt (w, –, ¨-en)*
attirance (l')	*Neigung (w, –, en)*
audit (l')	*Audit (n, s, s), Betriebsprüfung (w, –, en)*
auditeur (l')	*Auditor (m, s, en), Betriebsprüfer (m, s, –)*
autorité de la concurrence (l')	*Kartellamt (n, es, ¨-er), Wettbewerbsbehörde (w, –, n)*
avocat (l')	*Anwalt (m, es, ¨-e)*
avocat d'affaires (l')	*Geschäftsanwalt (m, es, ¨-e)*
bailleur de fonds (le)	*Geldgeber (m, s, –), Geldverleiher (m, s, –), stiller Teilhaber (m, s, –)*
banque (la)	*Bank (w, –, en), Geldinstitut (n, es, e)*
bénéficiaire (le)	*Nutznießer (m, s, –), Empfänger (m, s, –), Begünstigter (m, en, e)*
bilan (le)	*Bilanz (w, –, en)*
bourse (la)	*Börse (w, –, n)*
brochure (la)	*Broschüre (w, –, n), Prospekt (m, es, e)*
bureau (le)	*Büro (n, s, s), Schreibtisch (m, es, e)*
bureau de douane (le)	*Zollbüro (n, s, s)*
bureautique (la)	*Bürokratie (w, –, n)*
cabinet (le)	*Kanzlei (w, –, en), Praxis (w, –, xen)*
cadre de travail (le)	*Arbeitsbedingungen (w, –, en)*
cahier des charges (le)	*Lastenheft (n, es, e), Leistungsverzeichnis (n, ses, se)*
candidature (la)	*Bewerbung (w, –, en)*
capital (le)	*Kapital (n, s)*
capital-risque (le)	*Risikokapital (n, s)*
carnet d'adresses (le)	*Adressbuch (n, s, ¨-er), Adress- Kundenliste (w, –, n)*
carte de visite (la)	*Visitenkarte (w, –, n)*
catalogue (le)	*Katalog (m, s, e)*
catalyseur (le)	*Katalysator (m, s, en)*
cédant (le)	*Veräußerer (m, s, –), Indossant (m, en, en), Zedant (m, en, en), Gläubiger, der seine Forderung an einen Dritten abtritt*
centre d'excellence (le)	*Exzellenzzentrum (n, s, en), Kompetenzzentrum (n, s, en)*

certification (la)	*Beglaubigung (w, –, en), Zertifizierung (w, –, en)*
cession (la)	*Abtretung (w, –, en), Veräußerung (w, –, en), Unternehmensverkauf (m, s, ¨-e)*
cessionnaire (le)	*Zessionär (m, s, e), Übernehmer (m, s, –), Neugläubiger (m, s, –)*
chaise (la)	*Stuhl (m, s, ¨-e)*
chambre d'agriculture (la)	*Landwirtschaftskammer (w, –, n)*
chambre des metiers (la)	*Handwerkskammer (w, –, n)*
chambre des procédures collectives (la)	*Insolvenzkammer (w, –, n)*
chef (le)	*Chef (m, s, s), Direktor (m, s, en), Leiter (m, s, –)*
chef (la)	*Chefin (w, –, en), Direktorin (w, –, en), Leiterin (w, –, en)*
co-gérant, e (le, la)	*Mitgeschäftsführer-in (m, s, –) (w, –, nen)*
comité de liaison (le)	*Verbindungsausschuss (m, es, ¨-e)*
commanditaire (le)	*Geldgeber (m, s, –), Kommanditist (m, en, en)*
commandité, e (le, la)	*Komplementär-in, Vollhafter-in*
commerçant, e (le, la)	*Händler-in (m, s, –) (w, –, nen), Geschäftsmann (m, es, ¨-er), Geschäftsfrau (w, –, en)*
commerce (le)	*Geschäft (n, es, e), Handel (m, s)*
commercialisation (la)	*Vermarktung (w, –, en), Kommerzialisierung (w, –, en)*
commissionnaire (le)	*Kommissianär (m, s, e)*
compagnie d'assurance (la)	*Versicherungsgesellschaft (w, –, en)*
comptable (le)	*Buchhalter (m, s, –)*
comptable de l'Etat (le)	*Fiskus (m)*
concepteur publicitaire (le)	*Werbefachmann (m, es, ¨-er)*
concours (le)	*Wettbewerb (m, s, e)*
concrétisation (la)	*Konkretisierung (w, –, en), Erfüllung (w, –, en)*
confidentialité (la)	*Vertraulichkeit (w, –, en)*
conseil (le)	*Rat (m, es, ¨-e)*
conseiller, ère (le, la)	*Berater-in*
consignataire (le)	*Verwahrer (m, s, –)*
consolidation (la)	*Konsolidierung (w, –, en), Verfestigung (w, –, en), Stützung (w, –, en)*
consommateur, trice (le, la)	*Verbraucher-in*
consultant, e (le, la)	*Fachberater-in, Ratgeber-in*
contremaître (le)	*Vorarbeiter (m, s, –)*
coopération (la)	*Zusammenarbeit (w, –, en)*

coordinateur, trice (le, la)	*Koordinator-in*
courrier (le)	*Post (w, –)*
courtier, ière (le, la)	*Broker-in, Handelsmakler-in*
créancier, ière (le, la)	*Gläubiger-in*
création d'entreprises (la)	*Unternehmensgründung (w, –, en)*
crédit (le)	*Kredit (m, s, –), Darlehen (n, s, –)*
credit-bail (le)	*Leasing (n, s, s)*
croissance (la)	*Wachstum (n, s)*
curateur (le)	*Betreuer, Verwalter (m, s, –)*
décideur (le)	*Entscheidungsträger (m, s, –)*
décision (la)	*Entscheidung (w, –, en)*
départ du courrier (le)	*Postausgang (m, s, ¨-e)*
dépenses (les)	*Ausgaben (w, –, en)*
dépôt de brevet (le)	*Patentanmeldung (w, –, en)*
destinataire (le, la)	*Empfänger (m, s, –)*
détection (la)	*Feststellung (w, –, en), Erkennung (w, –, en), Erfassung (w, –, en)*
développement (le)	*Entwicklung (w, –, en)*
devise (la)	*Devise (w, –, n), Zahlungsmittel (n, s, –)*
diagnostic (le)	*Diagnose (w, –, n)*
directeur, trice (le, la)	*Direktor -in, Leiter-in*
direction (la)	*Direktion (w, –, en), Führung (w, –, en)*
dirigeant, e (le, la)	*Manager-in*
dispositif (le)	*Mittel (n, s, –), Maßnahme (w, –, en)*
diversification (la)	*Diversifizierung (w, –, en), Fächerung (w, –, en)*
domiciliation (la)	*Domizilierung (w, –, en)*
don (le)	*Spende (w, –, n)*
dossier (le)	*Akte (w, –, n)*
droit des affaires (le)	*Wirtschaftsrecht (n, es, e)*
droit du contentieux (le)	*Prozessrecht (n, es)*
échange (l')	*Austausch (m, es, e)*
économe (l')	*Verwalter (m, s, –)*
émergence (l')	*Emergenz (w, –, en), Herausbildung (w, –, en)*
employeur (l')	*Arbeitgeber (m, s, –)*
emprunt (l')	*Anleihe (w, –, n), Darlehen (n, s, –)*
emprunteur (l')	*Kreditnehmer (m, s, –)*
encadrement (l')	*Betreuung (w, –, en), Rahmen (m, s, –)*
entreprenariat (l')	*Unternehmertum (n, s)*
entrepreneur, se (l')	*Unternehmer-in*

entreprise (l')	*Unternehmen (n, s, –), Firma (w, –, en)*
environnement fiscal (l')	*Steuerumfeld (n, es, er)*
équipement (l')	*Ausrüstung (w, –, en)*
espace de travail (l')	*Arbeitsraum (m, s, ¨-e)*
essaimage (l')	*Ausschwärmen (n, s)*
établissement (l')	*Einrichtung (w, –, en), Niederlassung (w, –, en)*
état (l')	*Staat (m, es, en), Zustand (m, es, ¨-e)*
étude (l')	*Studie (w, –, n), Untersuchung (w, –, en)*
étude de la concurrence (l')	*Wettbewerbsstudie (w, –, n), Wettbewerbsanalyse (w, –, n)*
étude de marché (l')	*Marktuntersuchung (w, –, en)*
exonération (l')	*Freistellung (w, –, en), Befreiung (w, –, en)*
expéditeur (l')	*Spediteur (m, s, e), Auslieferer (m, s, –)*
expérience (l')	*Erfahrung (w, –, en)*
expert, e (l')	*Spezialist (m, en, en), Fachmann (m, es, ¨-er)*
expert-comptable (l')	*Finanzberater (m, s, –), Finanzbuchhalter (m, s, –)*
expertise (l')	*Gutachten (n, s, –)*
expertise-métier (l')	*Berufserfahrung (w, –, en)*
feuille de route (la)	*Handlungsrahmen (m, s, –), Positionspapier (n, s, e)*
fiduciaire (la)	*Treuhänderschaft (w, –, en)*
filiale (la)	*Filiale (w, –, n), Tochtergesellschaft (w, –, en)*
filière (la)	*Zweig (m, es, e), Linie (w, –, n), Branche (w, –, n)*
financement (le)	*Finanzierung (w, –, en)*
financier (le)	*Finanzier (m, s, s), Banker (m, s, –)*
fiscalité (la)	*Steuerwesen (n, s, –), Steuersystem (m, s, e)*
flexibilité (la)	*Flexibilität (w, –, en)*
fonctionnaire (le, la)	*Beamter -Beamtin*
fondation (la)	*Stiftung (w, –, en)*
fonds d'investissement (le)	*Investment-Fond (m, s, s)*
formation (la)	*1. Ausbildung (w, –, en) 2. Weiterbildung (w, –, en) 3. Schulung (w, –, en)*
gérant, e (le, la)	*Geschäftsführer-in, Betreiber-in*
gestion (la)	*Geschäftsführung (w, –, en), Management (n, s, s)*
gestion de projets (la)	*Projektleitung (w, –, en), Projektmanagement (m, s, s)*
gouvernance (la)	*Regelungs- Steuerungssystem (n, s, e)*

groupe (le)	*Konzern (m, s, e), Gruppe (w, –, n)*
groupement (le)	*Verbund (m, es, e), Zusammenschluss (m, es, ¨-e), Konzern (m, s, e)*
guichet (le)	*Schalter (m, s, –)*
harmonisation (l')	*Harmonisierung (w, –, en)*
hébergement (l')	*Unterbringung (w, –, en)*
huissier (l')	*Gerichtsvollzieher (m, s, –)*
immobilier d'entreprise (l')	*Geschäftsimmobilien (w, –, n)*
implantation (l')	*Ansiedlung (w, –, en)*
impôt sur la fortune (l')	*Vermögenssteuer (w, –, n)*
impôt sur le revenu (l')	*Einkommenssteuer (w, –, n)*
impôt sur les sociétés (l')	*Gesellschaftssteuer (w, –, n) Körperschaftssteuer, Unternehmenssteuer (w, –, n)*
infrastructure (l')	*Infrastruktur (w, –, en)*
innovation (l')	*Neuerung (w, –, en)*
intermédiaire (l')	*Vermittler (m, s, –), Mittelsmann (m, es, ¨-er)*
internationalisation (l')	*Internationalität (w, –, en), Internationalisierung (w, –, en)*
intervenant, e (l')	*Referent (m, en, en), Händler (m, s, –)*
introduction en bourse (l')	*Börsengang (m, s, ¨-e), Börseneinführung (w, –, en)*
investisseur, se (l')	*Investor (m, s, en), Geldgeber (m, s, –)*
juge (le)	*Richter (m, s, –)*
juriste (le, la)	*Jurist-in, Rechtsexperte-expertin*
label (le)	*Label (n, s, s), Warenzeichen (n, s, –)*
levée de fonds (la)	*Erhöhung (w, –, en), Anstieg (m, s, e)*
licence (la)	*Lizenz (w, –, en), Konzession (w, –, en), Erlaubnis (n, ses, se)*
liquidateur judiciaire (le)	*Insolvenzverwalter (m, s, –)*
liste (la)	*Liste (w,-n), Verzeichnis (n, ses, se), Aufstellung (w, –, en)*
location (la)	*Anmietung (w, –, en)*
logistique (la)	*Logistik (w, –, en)*
magasinier (le)	*Lagerverwalter (m, s, –)*
mandataire (le)	*Beauftragter (m, s, e), Rechtsvertreter (m, s, –)*
mandataire judiciaire (le)	*Insolvenzverwalter (m, s, –)*
manutentionnaire (le, la)	*Lagerarbeiter-in*
marché (le)	*Markt (m, es, ¨-e)*
mécène (le)	*Mäzen (m, s, e)*
micro-crédit (le)	*Mikrokredit (m, es, e)*

mise en marche (la)	*Inbetreibnahme (w,-n), Ingangsetzen (n, s)*
mise en œuvre (la)	*Umsetzung (w, –, en), Durchführung (w, –, en), Aufwand (m, es)*
mise en réseau (la)	*Networking (n, s), Netzübertragung (w, –, en), ins Netz stellen*
mise en route (la)	*Inangriffnahme (w, –, n),*
mise en situation (la)	*Praktische Situation (w, –, en), Praxisbedingungen (w, –, en)*
mobilisation (la)	*Mobilisierung (w, –, en)*
montage (le)	*Montage (w, –, n), Zusammenbau (m, s), Aufstellung (w, –, en)*
montant (le)	*Betrag (m, s, ¨-e)*
mutualisation (la)	*Bündelung (w, –, en), gemeinsame Nutzung (w, –, en)*
négociation (la)	*Verhandlung (w, –, en)*
obtention (l')	*Erlangung (w, –, en), Gewinnung (w, –, en)*
opérateur (l')	*Betreiber (m, s, –), Operator (m, s, en)*
outil (l')	*Werkzeug (m, s, e), Tool (n, s, s)*
ouvrier qualifié, ouvrière qualifiée (l')	*Qualifizierter Arbeiter – qualifizierte Arbeiterin*
pacte d'actionnaires (le)	*Aktionärspakt (m, s)*
part (la)	*Anteil (m, s, e)*
partenaire (le)	*Partnerschaft (w, –, en)*
pépinière d'entreprises (la)	*Gründerzentrum (n, s, en), Innovationszentrum (n, s, en)*
permanence (la)	*Bereitschaftsdienst (m, es, e)*
personne morale (la)	*Juristische Person (w, –, en)*
personne physique (la)	*Natürliche Person (w, –, en)*
perspective (la)	*Perspektive (w, –, n), Aussicht (w, –, en)*
phase (la)	*Phase (w, –, n), Stadium (n, s, ien)*
pilotage (le)	*Leitung (w, –, en), Steuerung (w, –, en), Lenkung (w, –, en)*
plan d'affaires (le)	*Geschäftsplan (m, s, ¨-e)*
planification (la)	*Planung (w, –, en)*
plaquette (la)	*Prospekt (m, es, e), Broschüre (w, –, n)*
plus-value (la)	*Mehrwert (m, es, e), Kapitalgewinn (m, s, e)*
pôle de compétitivité (le)	*Kompetenzzentrum (n, s, en), Wettbewerbsfähigkeitspool (m, s, s)*
portefeuille (le)	*Portfolio (n, s, ein), Finanzmittel (n, s, –), Geschäftsbereich (m, s, e)*

positionnement (le)	*Positionierung (w, –, en)*
potentiel (le)	*Potential (n, s, e)*
présentation (la)	*Präsentation (w, –, en), Vorstellung (w, –, en)*
président, e (le, la)	*Präsident (m, en, en), Vorsitzender (m, en, e)*
prestataire de services (le)	*Dienstleister (m, s, –), Dienstleisungsbetrieb (m, s, e)*
prêt d'honneur (le)	*Zinsloser mittelfristiger Kredit für Unternehmensgründer*
prise de décision (la)	*Beschlussfassung (w, –, en), Treffen (n, s) einer Entscheidung (w, –, en)*
prise de participation (la)	*Beteiligung (w, –, en)*
procédure (la)	*Verfahren (n, s, –), Vorgehensweise (w, –, n), Prozedur (w, –, en)*
producteur (le)	*Erzeuger (m, s, –), Hersteller (m, s, –)*
profession libérale (la)	*Freiberufliche Tätigkeit (w, –, en)*
propriétaire (le, la)	*Eigentümer-in, Besitzer-in (m, s, –) (w, –, nen)*
propriété industrielle (la)	*Gewerbliches Eigentum (n, s, ¨-er)*
propriété intellectuelle (la)	*Geistiges Eigentum (n, s, ¨-er)*
publicité (la)	*Werbung (w, –, en)*
quotation (la)	*Kursangabe (w, –, n)*
réactivité (la)	*Reaktionsfähigkeit (w, –, en)*
recettes (les)	*Einnahmen (w, –, en)*
recherche (la)	*1.Forschung (w, –, en), 2.Suche (w, –, n)*
recrutement (le)	*Einstellung (w, –, en)*
réduction d'impôt (la)	*Steuersenkung (w, –, en)*
référence (la)	*Referanz (w, –, en), Quelle (w, –, n)*
rencontre (la)	*Treffen (n, s, –), Begegnung (w, –, en)*
rentabilité (la)	*Rentabilität (w, –, en)*
répertoire (le)	*Verzeichnis (n, ses, se), Sachregister (n, s, –)*
représentant (le)	*Vertreter (m, s, –)*
richesse (la)	*Reichtum (m, s, ¨-er)*
salarié, e (le, la)	*Angestellter (m, en, en)*
salle (la)	*Saal (m, s, ¨-e), Raum (m, s, ¨-e)*
salon (le)	*Messe (w, –, n)*
secrétaire de direction (le, la)	*Direktionsassistentin (w, –, nen), Direktionssekretärin (w, –, nen)*
sensibilisation (la)	*Sensibilisierung (w, –, en)*
service comptabilité (le)	*Buchhaltung (w, –, en)*
service comptable (le)	*Buchhaltung (w, –, en)*

service contentieux (le)	*Rechtsabteilung (w, –, en), Abteilung für offenstehende Rechnung*
service de la dette (le)	*Schuldenabteilung (w, –, en)*
service de règlement différé (le)	*Abteilung für zeitversetzte Zahlung (w, –, en)*
service des archives (le)	*Archiv (n, s, e)*
service des expéditions (le)	*Warenausgang (m, s, ¨-e)*
service du personnel (le)	*Personalabteilung (w, –, en)*
service publicité (le)	*PR-Abteilung (w, –, en), Werbeabteilung (w, –, en)*
services fiscaux (les)	*Finanzamt (n, es, ¨-er)*
simplification (la)	*Vereinfachung (w, –, en)*
société (la)	*Gesellschaft (w, –, en), Firma (w, –, en)*
société civile (la)	*Gesellschaft bürgerlichen Rechts (w, –, en) (GbR)*
société en création (la)	*Firma (w, –, en) im Aufbau*
sortie (la)	*Ausgang (m, s, ¨-e)*
souplesse (la)	*Kulanz (w, –, en)*
souscripteur (le)	*Versicherungsnehmer (m, s, –), Scheckaussteller (m, s, –)*
soutien (le)	*Unterstützung (w, –, en), Rückendeckung (w, –, en)*
spéculateur (le)	*Spekulant (m, en, en)*
start-up (la)	*Start-up (n, s, s)*
statut (le)	*Status (m, ses, se)*
stratégie (la)	*Strategie (w, –, n)*
structuration (la)	*Strukturierung (w, –, en)*
structure (la)	*Struktur (w, –, en), Einrichtung (w, –, en)*
subvention (la)	*Subventionierung (w, –, en), Subvention (w, –, en)*
suivi (le)	*Betreuung (w, –, en), Weiterverfolgung (w, –, en), Tracking (n, s, s)*
surface (la)	*Oberfläche (w, –, n)*
tactique (la)	*Taktik (w, –, en)*
technopôle (le)	*Technologiepark (m, s, s)*
tendance (la)	*Tendenz (w, –, en), Trend (m, s, s)*
test (le)	*Test (m, s, s)*
thématique (la)	*Thematik (w, –, en)*
tiers (le)	*Drittel (n, s, –)*
trader (le)	*Börsenmakler (m, s, –)*
transfert de technologie (le)	*Technologietransfer (m, s)*

transporteur (le)	*Spediteur (m, s, e)*
travailleur, se non salarié, e (le, la)	*Freiberuflicher Mitarbeiter (m, s, –), freiberufliche Mitarbeiterin (w, –, nen)*
trésorier, ière (le, la)	*Disponent-in, Kämmerer-Kämmerin (w, –, nen), Schatzmeister-in*
union douanière (l')	*Zollunion (w, –, en)*
utilisateur, trice (l')	*Nutzer-in (m, s, –) (w, –, nen)*
valeur (la)	*Wert (m, es, e)*
valorisation (la)	*Aufwertung (w, –, en)*
veille (la)	*Standby-Modus (m, ses, i)*
visibilité (la)	*Sichtbarkeit (w, –, en)*

Les adjectifs de A à Z

accordé, e	*abgestimmt, zugebilligt*
acquis, e	*erreicht, erlangt*
agricole	*landwirtschaftlich, Agrar-*
ajourné, e	*vertagt, verschoben*
ancien, ne	*alt, ehemalig*
appliqué, e	*bestrebt, fleißig*
artisanal, e	*handwerklich, handgemacht*
associé, e	*beteiligt*
attractif, tive	*attraktiv, interessant*
autorisé, e	*erlaubt*
chirographaire	*nachrangig*
civil, e	*zivil, bürgerlich*
clair, e	*klar, deutlich*
commercial, e	*geschäftlich, kommerziell*
commun, e	*gemeinsam, üblich*
conçu, e	*entwickelt, durchdacht*
connecté, e	*angeschlossen, im Netz*
coté, e	*angesehen, geschätzt*
créatif, ive	*kreativ*
découvert, e	*überzogen, ungedeckt*
délégué, e	*abgeordnet, gesandt, beauftragt*
différent, e	*verschieden, unterschiedlich*
diversifié, e	*breit gefächert*
économique	*wirtschaftlich, kostensparend, ökonomisch*
efficace	*effizient, wirkungsvoll*

endogène	*endogen*
entrepreneurial, e	*unternehmerisch*
équipé, e	*ausgerüstet*
étroit, e	*eng*
européen, ne	*europäisch*
expérimental, e	*experimentell, erfahrungsgemäß*
expérimenté, e	*erfahren*
expert, e	*sachkundig, Fach-*
externe	*extern, äußer*
familial, e	*familiär*
financier, cière	*finanziell*
fiscal, e	*steuerlich*
fréquent, e	*oft, häufig*
général, e	*allgemein*
global, e	*global*
hébergé, e	*untergebracht*
identique	*identisch*
implanté, e	*angesiedelt*
impliqué, e	*eingebunden*
incitatif, tive	*fördernd*
indépendant, e	*selbstständig*
indépendant, e	*unabhängig, selbstständig*
individualisé, e	*Auf den Einzelfall abgestimmt*
individuel, le	*individuell*
innovant, e	*innovativ, erneuernd*
institutionnel, le	*institutionell*
intégré, e	*integriert, eingegliedert*
interdisciplinaire	*fachübergreifend, interdisziplinär*
international, e	*international*
interne	*innere, r*
interne	*intern, innere, r*
isolé, e	*isoliert, vereinzelt*
judiciaire	*richterlich, gerichtlich*
juridique	*juristisch*
listé, e	*aufgelistet*
local, e	*lokal, vor Ort*
logistique	*logistisch*
lumineux, euse	*einleuchtend, außergewöhnlich, glänzend*
meilleur, e	*beste, r, bessere, r*

méthodologique	*methodisch*
meublé, e	*möbliert*
multiforme	*mehrwertig, vielförmig*
multinational, e	*multinational*
national, e	*national*
non salarié, e	*freiberuflich*
nouveau, nouvelle	*neu*
organisationnel, le	*organisatorisch*
organisé, e	*organisiert, geplant*
partagé, e	*geteilt*
politique	*politisch*
précoce	*vorzeitig*
privé, e	*privat*
privilégié, e	*privilegiert*
promu, e	*befördert*
proposé, e	*vorgeschlagen*
propre	*sauber*
prospectif, tive	*zukunftsorientiert*
qualitatif, tive	*qualitative*
quantitatif, tive	*quantitative*
rapide	*schnell*
rationnel, le	*rationell*
référent, e	*bezogen auf +A*
refusé, e	*abgelehnt*
régional, e	*regional*
réglementé, e	*geregelt*
relationnel, le	*zwischenmenschlich*
saisonnier, ière	*saisonal, jahreszeitlich*
salarié, e	*angestellt*
social, e	*sozial, gesellschaftlich*
sociétal, e	*gesellschaftlich*
soutenu, e	*nachhaltig, gewählt, intensiv*
spacieux, euse	*geräumig*
spécialisé, e	*spezialisiert*
stratégique	*strategisch*
susceptible de	*empfindlich, geeignet*
tactique	*taktisch*
technologique	*technologisch*
thématique	*thematisch*

transfrontalier, ière	*grenzüberschreitend, grenzübergreifend*
uniforme	*gleichförmig*
unique	*einzigartig*
validé, e	*freigegeben, genehmigt*
versé, e	*eingezahlt*

Les verbes de A à Z

accélérer	*beschleunigen*
accompagner	*begleiten*
accorder	*bewilligen, zugestehen (a, a)*
accroître	*vergrößern, steigern*
acheminer	*weiterleiten*
acheter	*kaufen*
actualiser	*aktualisieren*
agréer	*genehmigen, zulassen (ie, a)*
aider	*helfen (a, o)*
ajourner	*verschieben (o, o), vertagen*
aménager	*einrichten*
appeler	*rufen (ie, u), anrufen (ie, u)*
associer	*verbinden (a, u), beteiligen, assoziieren*
assurer	*versichern*
atteindre	*erreichen*
attirer	*anziehen (o, o)*
augmenter	*erhöhen*
autoriser	*erlauben*
budgétiser	*einplanen, im Etat veranschlagen (u, a)*
catalyser	*auslösen*
céder	*nachgeben (a, e), einlenken*
centraliser	*zentralisieren*
certifier	*zertifizieren, beglaubigen*
choisir	*auswählen, wählen*
cibler	*abzielen auf +A, bestimmen*
collaborer	*zusammenarbeiten mit +D*
comptabiliser	*erfassen, registrieren, verbuchen*
connecter	*anschließen (o, o), verbinden (a, u)*
convaincre	*überzeugen, überreden*
créer	*schaffen*
cumuler	*anhäufen*

decider, trancher	*entscheiden (ie, ie), beschließen (o, o)*
défendre	*verteidigen*
définir	*definieren, festlegen*
démarcher	*werben für +A, aufsuchen, Schritte unternehmen (a, o), vorstellig werden (u, o)*
développer	*entwickeln*
diminuer	*mindern, senken*
diviser	*teilen*
dynamiser	*dynamisieren*
écouter	*hören*
élaborer	*ausarbeiten*
emprunter	*ausleihen, leihen*
encaisser	*einkassieren*
encourager	*ermutigen*
enrichir	*anreichern*
équiper	*ausrüsten mit +D*
étager	*stufenförmig anlagen, terassenförmig anlegen*
évaluer	*einschätzen, abschätzen, erwägen*
évoluer	*sich (weiter) entwickeln, Fortschritte machen*
examiner	*untersuchen*
expertiser	*begutachten*
exploiter	*ausnutzen*
explorer	*sondieren, untersuchen*
externaliser	*ausgliedern, outsourcen*
favoriser	*begünstigen, vorziehen*
fidéliser	*an sich binden (a, u)*
financer	*finanzieren*
former	*1.bilden, ausbilden 2. weiterbilden, fortbilden*
garantir	*garantieren*
gaspiller	*verschwenden*
gérer	*leiten, führen*
gérer	*verwalten*
harmoniser	*harmonisieren*
impliquer	*beinhalten (ie, a), umfassen*
inciter	*anregen, bewegen (o, o)*
installer	*einrichten, niederlassen (ie, a)*
interagir	*interagieren, aufeinander einwirken*
investir	*In Beschlag nehmen (a, o), besetzen*
investir dans	*investieren in +A*

jalonner	*prägen*
justifier	*rechtfertigen*
labelliser	*mit einem Gütesiegel-Label versehen (a, e)*
limiter	*begrenzen, einrahmen*
livrer	*liefern*
louer	*1.mieten 2. vermieten*
maintenir	*warten, aufrechthalten (ie, a)*
maximaliser	*maximieren*
mettre à jour	*aktualisieren*
mettre en commun	*sammeln, zusammenlegen*
mettre en œuvre	*umsetzen, anwenden (a, e)*
meubler	*einrichten*
minimiser	*herunterspielen, bagatellisieren*
moderniser	*modernisieren*
mutualiser	*bündeln, gemeinsam nutzen, genossenschaftlich verwalten*
négocier	*verhandeln*
payer	*bezahlen*
persuader	*überzeugen, überreden*
planifier	*planen*
préciser	*klarstellen*
préconiser	*empfehlen (a, o), befürworten*
présenter	*vorstellen*
prétendre	*vorgeben (a, e)*
professionnaliser	*professionalisieren*
promouvoir	*befördern, fördern*
ralentir	*verlangsamen, bremsen*
rationaliser	*rationalisieren*
recapitaliser	*rekapitalisieren*
rechercher	*suchen, fahnden, ergründen*
recouvrer	*einziehen (o, o), einkassieren*
recruter	*einstellen*
refuser	*ablehnen*
régler	*regeln, klar stellen, bezahlen*
relancer	*wieder beleben, ankurbeln*
remplir	*erfüllen, füllen mit +D*
renforcer	*verstärken*
représenter	*repräsentieren, vertreten (a, e)*
s'adapter	*sich anpassen +D*

s'appuyer sur	*sich stützen auf*
s'informer	*sich informieren*
s'installer	*sich niederlassen (ieß, a)*
se renseigner	*sich erkundigen*
sensibiliser	*sensibilisieren*
signer	*unterschreiben (ie, ie), unterzeichnen*
simplifier	*vereinfachen*
soutenir	*unterstützen*
structurer	*strukturieren*
subventionner	*subventionieren*
superposer	*überlagern*
supposer	*annehmen (a, o)*
transférer	*transferieren, überweisen (ie, ie), forwarden*
transmettre	*übergeben (a, e)*
transporter	*transportieren*
valider	*freigeben (a, e), genehmigen*
veiller à	*auf etw. bedacht sein, für etw. sorgen*
vendre	*verkaufen*
viabiliser	*erschließen (o, o), möglich machen*

Les locutions de A à Z

commerce de détail (le)	*Einzelhandel (m, s)*
commerce de gros (le)	*Großhandel (m, s)*
commissaire-priseur (le)	*Auktionär (m, s, e)*
conseiller en investissements financiers (le)	*Investmentberater (m, s, –)*
entreprise de marche (l')	*Trittbrettfirma (w, –, en)*
entreprise dormante ou entreprise en sommeil (l')	*Umsatzlose Firma (w, –, en)*
greffe du tribunal de Commerce (le)	*Geschäftsstelle (w, –, n) des Handelsgerichts*
immatriculation au R.C.S. (l')	*Eintrag (m, s, ¨-e) im Handelsregister*
mandataire ad-hoc (le)	*Sofortbeauftragter*
représentant des créanciers (le)	*Vertreter der Gläubiger*
société commerciale (la)	*Handelsgesellschaft (w, –, en)*
société coopérative agricole (la)	*Landwirtschaftliche Kooperative*
société de capitaux (la)	*Kapitalgesellschaft (w, –, en)*
société de personnes (la)	*Personengesellschaft (w, –, en)*
société holding (la)	*Holding (w, –, s)*
société mère (la)	*Muttergesellschaft (w, –, en)*

1.2 Les décideurs politiques
Die politischen Entscheidungsträger

Les noms de A à Z

application de la loi (l')	*Anwendung (w, –, en) des Gesetzes*	*Die Anwendung des Gesetzes lässt noch sehr zu wünschen übrig.*
arrêté (l')	*Erlass (m, es, e), Verordnung (w, –, en)*	*Die neue Reisekostenverordnung führte bei den Betroffenen zu Unmut.*
article de loi (l')	*Gesetzesartikel (m, s, –)*	*In diesem Fall kommt der Artikel… zur Anwendung.*
Assemblée Nationale (l')	*Nationalversammlung (w, –, en)*	
bicamérisme (le)	*Zweikammersystem (n, s, e)*	
code du Travail (le)	*Frz. Arbeitsgesetzbuch (n, es, e)*	
Constitution (la)	*Verfassung (w, –, en)*	*Die Verfassung garantiert die Würde des Einzelnen.*
convention collective (la)	*Tarifvertrag (m, s, ¨-e)*	*Im neuen Tarifvertrag sind nur 2 % Erhöhung vorgesehen.*
date de parution (la)	*Erscheinungsdatum (n, s, en)*	*Die Neuauflage erscheint am 1.10.*
décret (le)	*Dekret (n, es, e), Erlass (m, es, e)*	
député (le)	*Abgeordnete, r*	*Viele Abgeordnete der Opposition waren zur Verabschiedung des Gesetzes nicht erschienen.*
directeur, trice de cabinet (le, la)	*Kabinettsdirektor-in*	
électeur, trice (l')	*Wähler-in*	*Die Wähler waren von der Antrittsrede des neuen Ministers enttäuscht.*
Etat (l')	*Staat (m, es, en)*	*Aus zwei deutschen Staaten wurde 1990 einer.*

gouvernement majoritaire (le)	*Mehrheitsregierung (w, –, en)*	*Der alte Ministerpräsident konnte mit einer knappen Mehrheit rechnen.*
gouvernement minoritaire (le) (CA)	*Minderheitsregierung (w, –, en)*	*Natürlich stießen die Vorschläge der Minderheitsregierung im Parlament oft auf Widerstand.*
homme politique (l')	*Politiker (m, s, –)*	*Jeder Politiker hat mehrere Einkommensquellen, die jetzt offengelegt werden sollen.*
Journal Officiel (le)	*Bundesgesetzblatt (n, es, ¨-er)*	*Die neuen Gesetze erscheinen im Bundesgesetzblatt.*
législateur (le)	*Gesetzgeber (m, s, –)*	*Der Gesetzgeber hat dieses Mal keine Ausnahmeregeleung vorgesehen.*
livre (le)	*Buch (n, es, ¨-er)*	
loi (la)	*Gesetz (n, es, e)*	*Das Gesetz gilt für alle Bürger.*
ministre (le)	*Minister (m, s, –)*	*Es gibt Minister sowohl auf Landes- als auch auf Bundesebene.*
ordonnance (l')	*Gesetzliche Verordnung (w, –, en)*	
parlement (le)	*Parlament (n, es, e)*	*Das Parlament tritt zur ersten Sitzung nach der Sommerpause zusammen.*
parti politique (le)	*Politische Partei (w, –, en)*	*In diesem Jahr sind ungefähr sieben große Parteien an den Wahlen beteiligt.*
plan Etat-région (le)	*Vertrag zwischen frz. Staat und Regionen zur Finanzierung von Projekten (7 Jahre)*	
pouvoir exécutif (le)	*Exekutive (w, –, n)*	*Die Exekutive ist ein Pfeiler der deutschen Demokratie.*
pouvoir judiciaire (le)	*Judikative (w, –, n)*	*Die Judikative ist ein Pfeiler der deutschen Demokratie.*

pouvoir législatif (le)	*Legislative (w, –, n)*	*Die Legislative musste sich in diesem Jahr um mehr Gesetzesvorhaben als sonst kümmern.*
procédure législative (la)	*Gesetzgebungsverfahren (n, s, –)*	*Ein Gesetzgebungsverfahren wird von der Legislative eingeleitet.*
projet de loi (le)	*Gesetzesvorhaben (n, s, –)*	*Mit dem Gesetzesvorhaben war sogar die Opposition einverstanden.*
promulgation (la)	*Gesetzesverkündung (w, –, en)*	*Am 1.1. wurde das neue Gesetz öffentlich verkündet.*
référendum (le)	*Referendum (n, s, en)*	*Das Referendum kommt vor allem in kleinen Staaten zum Tragen.*
réforme (la)	*Reform (w, –, en)*	*Nach der Besoldungsreform beruhigte sich die öffentliche Meinung etwas.*
réglementation (la)	*Reglementierung (w, –, en), Verordnung (w, –, en)*	*Die geltende Verordnung verlangt noch mehr Abgaben von den KMU.*
Sénat (le)	*Senat (m, es, e)*	
sénateur (le)	*Senator (m, s, en)*	
traité (le)	*Abkommen (n, s, –)*	*Jedes Abkommen zwischen den Staaten der EU muss in die Sprachen der Mitglieder übersetzt werden.*
vote du budget (le)	*Haushaltsbewilligung (w, –, en)*	*Die Haushaltsbewilligung für das neue Quartal verlief sehr unruhig.*

Les adjectifs de A à Z

annuel, le	*jährlich*
averti, e	*erfahren, gewarnt*
bimensuel, le	*zweimal pro Monat*
bimestriel, le	*alle drei Monate, dreimonatlich*
bisannuel, le	*zweimal jährlich*
ferme	*standhaft, fest*
hebdomadaire	*wöchentlich*
imposé, e	*besteuert, durchgesetzt, auferlegt*

législateur, trice	*gesetzgebend*
mensuel, le	*monatlich*
quotidien, ne	*alltäglich*
semestriel, le	*halbjährig*
souple	*kulant, anpassungsfähig*
trimestriel, le	*vierteljährig, quartalsweise*

Les verbes de A à Z

abroger	*abschaffen, außer Kraft setzen*
appliquer	*anwenden (a, e)*
assouplir	*lockern*
chiffrer	*beziffern, nummerieren*
choisir	*auswählen, wählen*
clarifier	*klären*
décider	*entscheiden (ie, ie)*
doter	*ausstatten mit +D*
élargir	*erweitern*
élire	*wählen*
instaurer	*einführen, bilden*
instituer	*einsetzen*
interdire	*verbieten (a, o)*
légiférer	*Gesetze erlassen (ie, a)*
préciser	*präzisieren*
prévoir	*vorsehen, vorhersehen (a, e)*
promulguer	*erlassen (ie, a), verkünden*
rapporter	*berichten*
rédiger	*verfassen*
réglementer	*reglementieren*
voter	*abstimmen*

Les locutions de A à Z

adopter des politiques communes	*Kommunalpolitik verabschieden, annehmen*
améliorer la politique de rémunération	*die Lohnpolitik verbessern*
anticiper les risques liés aux publications des résultats	*den Risiken im Zusammenhang mit der Veröffentlichung der Ergebnisse vorgreifen (i, i)*
apporter des moyens conséquents	*beachtliche Mittel aufwenden*

associer des partenaires privés	*private Geschäftspartner beteiligen*
assurer une communication commune	*gemeinsame Kommunikation sicherstellen*
attirer les étudiants	*Studenten anziehen (o, o)*
attirer les post-doctorants	*Post-Doktoranden anziehen (o, o)*
contribuer au renforcement de la recherche	*zur Stärkung der Forschung beitragen (u, a)*
coordonner la valorisation des projets	*die Projektbewertung koordinieren*
coordonner les recherches	*die Forschungen koordinieren*
créer des équipes de pointe	*Spitzenteams schaffen (u, a), zusammenstellen*
créer un journal d'information	*ein Infoblatt erstellen*
décliner les actions de recherche	*Forschungsprojekte ablehnen*
définir des priorités partagées	*gemeinsame Prioritäten festlegen*
définir un cahier des charges	*ein Leistungsverzeichnis, Lastenhaft erstellen*
définir une stratégie commune	*eine gemeinsame Strategie entwickeln*
développer des plateformes de recherche	*Forschungsplattformen,-felder entwickeln*
disposer de solides financements	*über eine solide Finanzierung verfügen*
donner un nouvel essor à la recherche	*der Forschung zu einem neuem Aufschwung verhelfen*
dresser un bilan des avancées technologiques	*eine Bilanz des technologischen Fortschritts ziehen, erstellen*
dynamiser l'accueil des post-doctorants	*die Aufnahme der Post-Doktoranden dynamisieren*
effectuer l'évaluation des opérations pilotes	*die Bewertung der Pilotprojekte vornehmen*
établir un réseau européen	*ein europäisches Netzwerk erstellen*
faire émerger des équipes de jeunes chercheurs	*junge Forscherteams zu Tage treten lassen*
favoriser les formations interdisciplinaires	*fachübergreifende Fortbildungen vorziehen, begünstigen*
fédérer les équipes autour de projets communs	*die Teams durch gemeinsame Projekte zusammenbringen*
garantir la visibilité mondiale des technopôles	*die weltweite Sichtbarkeit der Technologiezentren garantieren, sicherstellen*
harmoniser les procédures	*die Verfahren aufeinander abstimmen*
identifier des profils	*die Profile identifizieren*

impliquer les équipes sur des sujets transversaux	*die Teams in sektorübergreifende Projekte einbinden*
lancer un appel d'offres	*eine Ausschreibung veröffentlichen*
lancer une revue scientifique	*eine Fachzeitschrift herausgeben, veröffentlichen*
mettre à jour des enjeux spécifiques	*die spezifischen Fragen auf den neuesten Stand bringen, updaten*
mettre en œuvre un partenariat	*eine Partnerschaft umsetzen*
mettre en place des évaluations pilotes	*Pilotbewertungen einrichten, erstellen*
mettre en place des partenariats européens	*europäische Partnerschaften einrichten*
mettre en place un observatoire	*einen Beobachtungsposten einrichten*
mettre en relief l'attractivité des carrières	*die Anziehungskraft des beruflichen Werdegangs hervorheben*
mutualiser les actions	*die Aktionen bündeln*
obtenir un statut de membre associé	*den Status eines teilhabenden Mitglieds erlangen*
organiser la concertation	*die Abstimmung organisieren*
participer aux programmes de formation internes	*am internen Weiterbildungsprogramm teilnehmen (a, o)*
prendre des mesures indemnitaires	*Entschädigungsmaßnahmen ergreifen, durchsetzen*
prendre en compte les évolutions sociétales	*die gesellschaftliche Entwicklung berücksichtigen*
promouvoir les métiers de techniciens de recherche	*die forschungstechnischen Berufe fördern*
proposer des programmes d'accueil	*Aufnahmeprogramme anbieten (o, o)*
proposer une expertise avérée	*ein Nachweisgutachten vorschlagen*
publier des résultats	*Ergebnisse veröffentlichen*
réaliser un portail d'informations	*ein Infoportal erstellen*
recruter des chercheurs confirmés	*Forscher vom Fach einstellen*
rédiger une charte de bonne pratique	*einen Leitfaden verfassen*
rendre visible la production scientifique	*Forschungsergebnisse sichtbar, zugänglich machen*
renforcer la production scientifique	*die wissenschaftliche Produktion stärken*
renforcer les capacités d'alerte	*an der Stärkung der Warnkapazitäten arbeiten*
renforcer les liens entre recherche et formation	*die Bindungen zwischen Forschung und Lehre stärken*
répondre à un appel d'offres	*auf eine Ausschreibung antworten*

répondre aux besoins de formation continue	*den Weiterbildungsbedarf erfüllen*
répondre aux besoins de formation initiale	*den Ausbildungsbedarf erfüllen*
respecter des critères de sélection	*die Auswahlkriterien beachten*
se concerter en matière de politique de site	*sich über die Standortpolitik absprechen (a, o)*
se placer dans un contexte international	*sich in einen internationalen Kontext, Zusammenhang stellen*
soutenir le développement d'infrastructures	*die infrastrukturelle Entwicklung unterstützen*
soutenir les défis technologiques	*technische Herausforderungen annehmen*
structurer les équipes	*die Teams strukturieren*
travailler en contexte d'urgence	*unter Zeitdruck arbeiten*
valider des orientations stratégiques	*den strategischen Kurs befürworten*

1.3 Les cibles : clients et consommateurs *Kunden und Verbraucher*

accord (l')	*Vereinbarung (w, –, en)*	*Die neue Vereinbarung zur Gleitzeit wurde einhellig akzeptiert.*
acheteur (l')	*Käufer (m, s, –)*	
acteur (l')	*Akteur (m, es, e)*	
actif (l')	*Erwerbstätiger (m, en, en)*	
action (l')	*Handlung (w, –, en), Aktion (w, –, en), Aktie (w, –, n)*	
adaptation (l')	*Anpassung (w, –, en)*	*Er hatte noch Schwierigkeiten mit der Anpassung an die neuen Kundendienstzeiten.*
adolescent, e (l')	*Jugendlicher (m, en, en)*	*Diese Ausgabe ist vor allem für Jugendliche gedacht.*
adresse (l')	*Adresse (w, –, n)*	
adulte (l')	*Erwachsener (m, en, en)*	
âge (l')	*Alter (n, s)*	
analyse (l')	*Analyse (w, –, n)*	*Die neueste Marktanalyse zeigte einen deutlichen Bedarf für dieses Produkt.*

animation (l')	*Animation (w, –, en), reger Betrieb (m, s)*	
appel (l')	*Anruf (m, s, e)*	*Nach dem letzten Kundenanruf konnte er endlich Feierabend machen.*
approche (l')	*Ansatz (m, es, ¨-e)*	*Der Ansatz des neuen Chefs gefiel dem gesamten Team.*
après-vente (l')	*Kundenservice (m, es, –)*	*Der Kundenservice ist von 9h bis 19h geöffnet.*
argent (l')	*Geld (n, es, er)*	
argument (l')	*Argument (n, es, e)*	
attente (l')	*Wartezeit (w, –, en)*	*Wir sind ständig bemüht, die Wartezeit zu minimieren.*
attention (l')	*Aufmerksamkeit (w, –, en)*	*Der Kunde hatte die 100 % ige Aufmerksamkeit des Mitarbeiters.*
audience (l')	*Publikum (n, s), Zuschauer (m, s, –), Anhörung (w, –, en), Audienz (w, –, en)*	
augmentation (l')	*Erhöhung (w, –, en), Steigerung (w, –, en)*	*Die Preissteigerung wurde von den Kunden sehr schlecht aufgenommen.*
aversion (l')	*Abneigung (w, –, en), Aversion (w, –, en)*	*Seine Abneigung gegen Konflikte jeder Art half ihm bei seinem neuen Job.*
avertissement (l')	*Warnung (w, –, en)*	
aveuglement (l')	*Verblendung (w, –, en)*	
baisse (la)	*Senkung (w, –, en), Rückgang (m, s, ¨-e)*	*Durch den Rückgang der Kundenzahl wurden weniger Mitarbeiter gebraucht.*
base (la)	*Grundlage (w, –, n)*	
base de données (la)	*Datenbank (w, –, en)*	*Alle Kundendaten wurden in einer eigens dafür vorgesehenen Datenbank gespeichert.*
besoin (le)	*Bedarf (m, s), Bedürfnis (n, ses, se)*	*Sein Bedarf an Meetings war für heute gedeckt.*
bouche-à-oreille (le)	*Mund-zu-Mund-Propaganda*	*Durch Mund-zu-Mund-Propaganda wurde das Produkt schnell ein Verkaufsschlager.*

but (le)	*Ziel (n, s, e)*	
cadeau (le)	*Geschenk (n, s, e)*	
campagne (la)	*Kampagne (w, –, n)*	*Die neue Werbekampagne stieß auf breite Zustimmung.*
caractéristique (la)	*Merkmal (n, s, e), Eigentümlichkeit (w, –, en)*	
catalogue (le)	*Katalog (m, s, e)*	*Das Versandhaus verschickt zwei Kataloge pro Jahr.*
catégorie (la)	*Kategorie (w, –, n), Sparte (w, –, n)*	
catégorisation (la)	*Kategorisierung (w, –, en)*	
changement (le)	*Veränderung (w, –, en), Wechsel (m, s, –)*	*Die Veränderungen im Kundenverhalten waren deutlich spürbar.*
choix (le)	*Auswahl, Wahl (w, –, en)*	
chômeur, euse (le, la)	*Arbeitslose, r*	
ciblage (le)	*Zielmarktfestlegung (w, –, en)*	
cible (la)	*Zielgruppe (w, –, n)*	*Als Zielgruppe wurden die 55-70-Jährigen ins Auge gefasst.*
client, e (le, la)	*Kunde, Kundin (m, n, n) (w, –, nen)*	*Herr Maier ist seit vielen Jahren Stammkunde in unserem Haus.*
code postal (le)	*Postleitzahl PLZ*	
cœur de cible (le)	*Kernzielgruppe (w, –, n)*	
coffret-cadeau (le)	*Geschenk-Set (n, s, s)*	*In diesem Jahr sind Geschenk-Sets der Renner im Weihnachtsgeschäft.*
comportement (le)	*Verhalten (n, s, –)*	
compréhension (la)	*Verständnis (n, ses), Verstehen (n, s)*	*Der Chef konnte kein Verständnis für sein Verhalten aufbringen.*
concordance (la)	*Übereinstimmung (w, –, en)*	
concurrence (la)	*Konkurrenz (w, –, en), Wettbewerb (m, s)*	*Die Konkurrenz schlief nicht und war schon mit einem vergleichbaren Produkt auf dem Markt.*

concurrent (le)	*Konkurrent (m, en, en), Wettbewerber (m, s, –)*	
confiance (la)	*Vertrauen (n, s)*	*Mit seiner offenen Art gewann er schnell das Vertrauen der Kunden.*
conquête (la)	*Markteroberung (w, –, en), Errungenschaft (w, –, en)*	
conservation (la)	*Konservierung (w, –, en), Beibehaltung (w, –, en), Erhaltung (w, –, en)*	
consommateur, trice (le, la)	*Verbraucher-in*	*Immer mehr Verbraucher wenden sich in Problemfällen an die Verbraucherzentrale.*
consommateurisme (le)		
conviction (la)	*Überzeugung (w, –, en)*	*Unserer Überzeugung nach wird dieses Produkt ein Verkaufsschlager.*
couleur (la)	*Farbe (w, –, n)*	
création (la)	*Schaffung (w, –, en), Kreation (w, –, en)*	*Mit der Schaffung der Website haben wir eine gute Werbeplattform erlangt.*
créativité (la)	*Kreativität (w, –, en)*	
critère (le)	*Kriterium (n, s, ien)*	
croissance (la)	*Wachstum (n, s)*	
déclin (le)	*Niedergang (m, s, ¨-e)*	*Der Niedergang der lokalen Wirtschaft hat auch uns betroffen.*
défense (la)	*Verteidigung (w, –, en)*	
définition (la)	*Definition (w, –, en)*	
demandeur, euse d'emploi (le, la)	*Arbeitssuchende, r (m, en, en) (w, –, n)*	*Viele Arbeitssuchende versuchen mit ungewöhnlichen Methoden eine neue Stelle zu finden.*
démographie (la)	*Demographie (w, –, n)*	
dépendance (la)	*Abhängigkeit (w, –, en)*	
désir (le)	*Wunsch (m, es, ¨-e), Verlangen (n, s)*	*Das Verlangen der Kunden nach Abwechslung ist mit der Krise noch gestiegen.*
distinction (la)	*Unterscheidung (w, –, en), Auszeichnung (w, –, en)*	

distribution (la)	*Verteilung (w, –, en)*	*Mit der Verteilung von Prospekten ist es nicht getan, wir brauchen auch die großen Medien zur Unterstützung.*
domaine (le)	*Bereich (m, s, e), Sektor (m, s, en)*	
domicile (le)	*Wohnsitz (m, es, e)*	
doute (le)	*Zweifel (m, s, –)*	*Nach den ersten Zahlen gab es keinen Zweifel mehr über den Erfolg des neuen Produktes.*
dûperie (la)	*Täuschung (w, –, en), Schwindel (m, s, e)*	
échec (l')	*Fehlschlag (m, s, ¨-e)*	
écoute (l')	*Zuhören (n, s)*	
élaboration (l')	*Ausarbeitung (w, –, en), Bearbeitung (w, –, en)*	*Zwei Praktikanten werden Ihnen bei der Ausarbeitung der neuen Kampagne helfen.*
emballage (l')	*Verpackung (w, –, en)*	
enfant (l')	*Kind (n, es, er)*	
enquête (l')	*Erhebung (w, –, en), Umfrage (w, –, n)*	*Mit der Kundenerhebung wurde die Marktanalyse bestätigt.*
ensemble (l')	*Gesamtheit (w, –)*	
entreprises (les)	*Unternehmen (n, s, –), Firma (w, –, en)*	
environnement (l')	*Umwelt (w, –), Umgebung (w, –, en), Umfeld (m, es, er)*	*Neben der Kundenverträglichkeit ist uns auch der Umweltschutz ein wichtiges Anliegen.*
ergonomie (l')	*Ergonomie (w, –, n)*	
étiquette (l')	*Etikett (n, s, en)*	*Die Etiketten wurden diesmal von einem bekannten Designer entworfen.*
étranger (l')	*Ausländer (m, s, –), Ausland (n, es)*	
exposant (l')	*Austeller (m, s, –)*	
facteur (le)	*Faktor (m, s, en)*	*Der menschliche Faktor wurde bei der Kampagne leider nicht genug beachtet.*
fan (le)	*Fan (m, s, s)*	

fichier (le)	*Datei (w, –, en)*	
fidélisation (la)	*Sich Stammkunden schaffen, Kundenbindung (w, –, en)*	*Mit Aufrichtigkeit und Offenheit hatte sich das Familienunternehmen eine feste Stammkundschaft schaffen können.*
fin (la)	*Ende (n, s, n), Schluss (m, es, ¨-e)*	
forme (la)	*Form (w, –, en)*	
formulation (la)	*Formulierung (w, –, en)*	
fréquentation (la)	*Frequentierung (w, –, en), Besuch (m, es, e)*	*Die Besuche auf unserer Website haben stark zugenommen.*
géographie (la)	*Geographie (w, –, n)*	
gestion (la)	*Verwaltung (w, –, en), Leitung (w, –, en)*	
goût (le)	*Geschmack (m, s, ¨-er)*	*Über Geschmack lässt sich nicht streiten.*
groupe (le)	*Gruppe (w, –, n)*	
habitude (l')	*Gewohnheit (w, –, en)*	
hétérogénéité (l')	*Heterogenität (w, –, en), Uneinheitlichkeit (w, –, en)*	*Die Heterogenität des Teams stellte sich letztendlich als bester Kreativitätsfaktor heraus.*
historique (l')	*Chronologischer Überblick (m, s, e), Verlauf (m, s, ¨-e)*	
homogénéité (l')	*Homogenität (w, –, en), Einheitlichkeit (w, –, en)*	
honnêteté (l')	*Ehrlichkeit (w, –, en)*	
idée-cadeau (l')	*Geschenkidee (w, –, n)*	*Geschenksets sind eine moderne Geschenkidee.*
identification (l')	*Identifizierung (w, –, en), Erkennung (w, –, en)*	
image de marque (l')	*Image (n, s, s), Markenbild (n, es, er)*	*Unser Image darf nicht wegen des Fehlers eines Mitarbeiters in Mitleidenschaft gezogen werden.*
impact (l')	*Einfluss (m, es, ¨-e), Wirkung (w, –, en)*	

incitation (l')	*Ansporn (m, s)*	*Die Gewinnbeteiligung war ein guter Ansporn für den 100 % igen Einsatz der Mitarbeiter.*
individu (l')	*Individuum (n, s, uen)*	
inspiration (l')	*Inspiration (w, –, en), Anregung (w, –, en)*	
interaction (l')	*Interaktion (w, –, en)*	*Durch die Interaktion aller Abteilungen konnte das Projekt sehr schnell auf die Füße gestellt werden.*
intérêt (l')	*Interesse (n, s, n)*	
investissement (l')	*Investition (w, –, en)*	
jeunes (les)	*Jugend (w, –)*	
lieu de travail (le)	*Arbeitsplatz (m, es, ¨-e)*	
liste (la)	*Liste (w, –, n), Verzeichnis (n, ses, se), Aufstellung (w, –, en)*	*Der Chef möchte bis morgen eine Aufstellung der besten Verkaufsplätze.*
loi (la)	*Gesetz (n, es, e)*	
manie (la)	*Manie (w, –, n), Wahn (m, s)*	
manque (le)	*Mangel (m, s, ¨-)*	
marge (la)	*Gewinnspanne (w, –, n)*	*Mit dieser Gewinnspanne lässt sich die neue Kampagne bequem finanzieren.*
marque (la)	*Marke (w, –, n)*	*Markenartikel sind aufgrund ihrer Qualität mehr und mehr gefragt.*
message (le)	*Botschaft (w, –, en), Nachricht (w, –, en)*	
mesure (la)	*Maß (n, es, e), Maßnahme (w, –, n)*	
mise à jour (la)	*Aktualisierung (w, –, en), der neueste Stand (m, es)*	*Nach der Aktualisierung unserer Website erhöhte sich die Besucherzahl merklich.*
mode de paiement (le)	*Zahlungsform (w, –, en)*	
modification (la)	*Modifizierung (w, –, en), Änderung (w, –, en)*	*Die kleinen Änderungen haben das Gesamtbild harmonisiert.*
monnaie (la)	*Kleingeld (n, es), Währung (w, –, en)*	
moyen (le)	*Mittel (n, s, –)*	
mutation (la)	*Umwandlung (w, –, en)*	

objectif (l')	*Ziel (n, s, e)*	
odeur (l')	*Geruch (m, s, ¨-e)*	
offre (l')	*Angebot (n, es, e)*	*Der Subunternehmer hatte das erste Angebot sofort akzeptiert.*
opinion (l')	*Meinung (w, –, en)*	
opportunité (l')	*Gelegenheit (w, –, en)*	
orientation (l')	*Orientierung (w, –, en), Ausrichtung (w, –, en), Richtung (w, –, en)*	*Der Richtungswechsel in der Kundenorientierung hatte nur Vorteile gebracht.*
page de pub (la)	*Werbeseite (w, –, n)*	
parcours (le)	*Karriere (w, –, n), Laufbahn (w, –, en)*	
parfum (le)	*Parfüm (n, s, s), Duft (m, es, ¨-e)*	*Der Einsatz von Düften hatte sich als Kundenmagnet erwiesen.*
parfum (le)	*Duft (m, es, ¨-e)*	
part de marché (la)	*Marktanteil (m, s, e)*	
particuliers (les)	*Privatperson (w, –, en)*	*Privatpersonen bilden mit 63 % unseren Hauptkundenanteil.*
personne (la)	*Person (w, –, en)*	
perspective (la)	*Perspektive (w, –, n), Aussicht (w, –, en)*	
persuasion (la)	*Überredung (w, –, en)*	*Nur mit großer Überredungskunst konnte er den Kunden von einer offiziellen Beschwerde abhalten.*
perte (la)	*Verlust (m, es, e)*	
plainte (la)	*Beschwerde (w, –, n), Anzeige (w, –, n)*	
plan d'affaires (le)	*Geschäftsplan (m, s, ¨-e)*	
point de vente (le)	*Geschäft (n, es, e), Verkaufsstelle (w, –, n)*	*Die Eröffnung neuer Verkaufsstellen war im diesjährigen Geschäftsplan nicht vorgesehen.*
politique (la)	*Politik (w, –, en)*	

population (la)	*Bevölkerungsgruppe (w, –, n)*	*Die diesjährige Werbekampagne richtet sich vor allem an ländliche Bevölkerungsgruppen.*
portefeuille-client (le)	*Kundenstamm (m, s)*	
potentiel	*Potential, Potenzial (n, s)*	
préoccupation (la)	*Sorge (w, –, n), Beunruhigung (w, –, en), Beschäftigung (w, –, en)*	*Seit dem Verlust großer Marktanteile machten sich die Angestellten Sorgen um ihren Arbeitsplatz.*
prestation (la)	*Leistung (w, –, en), Dienstleistung (w, –, en)*	
prix (le)	*Preis (m, es,e)*	*Den Kunden interessiert vor allem das Preis-Leistungsverhältnis.*
produit (le)	*Produkt (n, es, e)*	
professionnels (les)	*Professionnelle, Profis, Leute vom Fach*	*Nur Profis können, was Profis können! Vertrauen sie Leuten vom Fach!*
profil (le)	*Profil (n, s, e)*	
profit (le)	*Gewinn (m, s, e)*	
prospection (la)	*Akquise (w, –, n), Kundenwerbung (w, –, en)*	*Im Laufe der Jahre war die gute Akquise zum Hauptwerkzeug seiner Arbeit geworden.*
prospective (la)	*Zukunftsforschung (w, –, en)*	
pub (la)	*Werbung (w, –, en)*	
publicité (la)	*Werbung (w, –, en)*	
qualité (la)	*Qualität (w, –, en)*	*Dieser Artikel wird in drei verschiedenen Qualitäten angeboten.*
question (la)	*Frage (w, –, n)*	
questionnement (le)	*Befragung (w, –, en)*	
rang (le)	*Rang (m, s, ¨-e), Stelle (w, –, n)*	
recensement (le)	*Erfassung (w, –, en), Zählung (w, –, en)*	*Nach der Erfassung des Lagerbestandes fehlten ca. 50 Kartons.*

reconnaissance (la)	*Anerkennung (w, –, en)*	
reformulation (la)	*Neuformulierung (w, –, en)*	
relation (la)	*Beziehung (w, –, en)*	*Seit 15 Jahren machten sie auf solider Vertrauensbasis Geschäfte mit diesem Kunden.*
religion (la)	*Religion (w, –, en)*	
rendez-vous (le)	*Termin (m, s, e), Verabredung (w, –, en), Rendezvous (n, –, –)*	*Heute standen 5 Kundentermine in 4 Städten auf seinem Programm.*
renouvellement (le)	*Erneuerung (w, –, en), Verlängerung (w, –, en)*	
réponse (la)	*Antwort (w, –, en)*	
réputation (la)	*Ruf (m, s), Ansehen (n, s)*	*Die zweite Generation hatte das gute Ansehen der Familienfirma noch steigern können.*
respect (le)	*Respekt (m, s)*	
ressources (les)	*Mittel (n, s, –), Ressourcen (w, –, n)*	
retraité, e (le, la)	*Rentner-in*	
réussite (la)	*Erfolg (m, s, e)*	*Der neueste Erfolg war auch auf die Umgestaltung der Verpackung zurückzuführen.*
risque (le)	*Risiko (n, s, en)*	
salon (le)	*Messe (w, –, n), Austellung (w, –, en)*	
satisfaction (la)	*Zufriedenheit (w, –, en)*	*Die Kundenzufriedenheit ist unser höchstes Anliegen.*
secteur (le)	*Sektor (m, s, en), Bereich (m, s, e)*	
segment (le)	*Segment (n, es, e), Abschnitt (m, es, e)*	
segmentation du marché (la)	*Marktsegmentierung (w, –, en)*	
service client (le)	*Kundenservice (m, es, –)*	*Wegen der hohen Anfragen musste ein zusätzlicher Kundendienst-mitarbeiter eingestellt werden.*
sondage (le)	*Umfrage (w, –, n)*	

stand (le)	*Messestand (m, es, ¨-e), Verkaufsstand (m, es, ¨-e)*	*Der Messestand lud dieses Jahr durch seine bunte Klarheit und Offenheit zum Verweilen ein.*
statut (le)	*Status (m, ses, se)*	
stratégie (la)	*Strategie (w, –, n)*	*Ehrlichkeit war noch immer die beste Verkaufsstrategie.*
support (le)	*Support (m, s, e), Träger (m, s, –)*	
taux (le)	*Satz (m, es, ¨-e), Quote (w, –, n)*	
technique (la)	*Technik (w, –, en)*	
teinte (la)	*Färbung (w, –, en)*	*Der Grund für die Reklamation war eine Materialverfärbung.*
temps (le)	*Zeit (w, –, en)*	
tendance (la)	*Tendenz (w, –, en), Mode (w, –, n)*	
texture (la)	*Beschaffenheit (w, –, en), Textur (w, –, en)*	*Vor allem die Materialbeschaffenheit kam bei den Kunden gut an.*
transaction (la)	*Transaktion (w, –, en)*	
tromperie (la)	*Betrug (m, s), Schwindel (m, s)*	*Ein Superangebot oder Betrug ? Das war auf den ersten Blick schwer zu entscheiden.*
vente (la)	*Verkauf (m, s, ¨-e)*	
vision (la)	*Vision (w, –, en), Sicht (w, –, en), Sichtweise (w, –, n)*	
visiteur, euse (le, la)	*Besucher-in*	*An 3 Messetagen konnten sie 450 seriöse Besucher an ihrem Stand zählen.*

Mise en situation dialoguée

La société Yopalait a réuni des consommateurs afin de leur faire tester un nouveau yaourt. L'animateur de la séance de test prend la parole.

Animateur : Bonjour à tous, merci d'avoir donné votre accord pour participer à ce sondage sur notre nouveau yaourt onctueux et allégé. Vous pouvez voir, sur votre droite, 10 pots de yaourt numérotés de 1 à 10. Devant vous, des cuillères en nombre suffisant pour les goûter à tour de rôle et un verre d'eau pour vous rincer la bouche entre chaque test. Sur votre gauche, vous trouverez un questionnaire que je vous demanderai de lire scrupuleusement avant de commencer à goûter. Des questions avant de démarrer ? Oui, Madame ?

Participante A : Excusez-moi, mais pouvons-nous goûter plusieurs fois le même yaourt ?
Animateur : Très bonne question ! En fait, je pense que non, car c'est votre première sensation qui va vous conduire à porter un jugement définitif. D'autres choses à élucider ?
Participante B : Pardonnez cette question, mais aurons-nous des cadeaux ou des bons d'achat à l'issue du test ?
Animateur : Nous avons les deux au choix. Par ailleurs, pensez à vous faire rembourser les frais de déplacement jusqu'à notre laboratoire, en passant par le service achats, 3e porte à gauche, au fond du couloir. Bonne dégustation !

Die Firma Yopalait hat Verbraucher eingalden, um einen neuen Joghurt zu testen. Der Testleiter ergreift das Wort.

***Testleiter** : Guten Tag, vielen Dank, dass Sie sich einverstanden erklärt haben, an dieser Kundenbefragung, diesem Test zu unserem neuen cremigen und kalorienarmen Joghurt teilzunehmen. Rechts von Ihnen sehen Sie 10 von 1-10 numerierte Joghurtbecher. Vor Ihnen finden Sie eine ausreichende Anzahl von Löffeln, um sie einen nach dem anderen zu probieren, sowie ein Glas Wasser, um sich nach jedem Test den Mund auszuspülen. Links von Ihnen finden Sie einen Fragebogen, den Sie bitte vor dem Test sorgfältig durchlesen mögen. Haben Sie noch Fragen, bevor wir beginnen? Ja bitte?*
***Teilnehmerin A** : Entschuldigen Sie, können wir denselben Joghurt mehrmals probieren?*
***Testleiter** : Gute Frage! Doch leider nicht, denn Ihr erster Eindruck wird Ihnen ein definitives Urteil erlauben. Gibt es noch etwas zu klären?*
***Teilnehmerin B** : Entschuldigen Sie die Frage, aber gibt es für den Test eine Entschädigung oder Einkaufsgutscheine?*
***Testleiter** : Es gibt beides zur Auswahl. Denken Sie im Übrigen daran, sich die Fahrtkosten bis zu unserem Labor ersetzen zu lassen, gehen Sie durch die Einkaufsabteilung, dritte Tür links, am Ende des Gangs. Guten Appetit!*

2. LA GESTION DES RESSOURCES HUMAINES *DAS PERSONALWESEN*

2.1 La formation à un métier *Die Berufsausbildung*

Les noms de A à Z

actes (les)	*Kolloquiums-Bericht (m, - [e] s, -e)*
admissibilité (l')	*Zulassungsanspruch (m, s, ¨-e)*
admission (l')	*Zulassung (w, –, en)*
ajournement (l')	*Rückstellung, Vertagung (w, –, en)*
allocation (l')	*Finanzielle Unterstützung (w, –, en)*
analyse des organisations (l')	*Organisationsanalyse (w, –, n)*
année sabbatique (l')	*Sabbatjahr (n, es, e)*
apports théoriques (les)	*Theoretische Beiträge (m, es, ¨-e)*
apprenant, e (l')	*Lerner, Lernende (m, s, –)*
apprentissage (l')	*Lehre (w, –, n)*
archives (les)	*Archive (n, s, e)*
archiviste (l')	*Archivar (m, s, e)*
article (l')	*Artikel (m, s, –)*
association (l')	*Verein (m, s, e), Vereinigung (w, –, en)*
assurance (l')	*Versicherung (w, –, en)*
ateliers de communication écrite (les)	*Arbeitsgruppe (w, –, n), Workshop (m, s, s) Schriftlicher Ausdruck*
ateliers de communication orale (les)	*Arbeitsgruppe (w, –, n), Workshop (m, s, s) Mündlicher Ausdruck*
ateliers interdisciplinaires (les)	*Interdisziplinäre Arbeitsgruppe (w, –, n), Workshop (m, s, s)*
bachotage (le)	*Büffelei, Paukerei (w, –, en)*
bibliographie (la)	*Bibliografie (w, –, en), Literaturverzeichniss (n, es, e)*
bourse (la)	*Stipendium (n, s, ien)*
bureau des étudiants (le)	*Studentenbüro (n, s, s)*
calendrier (le)	*Kalender (m, s, –)*
calendrier des cours (le)	*Stundenplan, Kursplan (m, s, ¨-e)*
certificat (le)	*Zertifikat (n, es, e), Zeugnis (n, ses, se)*
chaire (la)	*Lehrstuhl (m, s, ¨-e)*
champ de recherche (le)	*Forschungsfeld (n, es, er)*

chat (le)	*Chat (m, s, s)*
clavardage (le)	*Chat (m, s, s)*
colloque (le)	*Kolloquium (n, s, ien)*
commentaires (les)	*Kommentar (m, s, e), Anmerkung (w, –, en)*
commission de discipline (la)	*Disziplinarausschuss (m, es, ¨-e)*
communication interpersonnelle (la)	*Zwischenmenschliche Kommunikation (w, –, en)*
compte-rendu (le)	*Protokoll (n, s, e)*
conférence (la)	*Konferenz (w, –, en), Vortrag (m, s, ¨-e)*
conseil d'administration de l'université (le)	*Verwaltungsrat (m, es, ¨-e) der Universität*
conservateur, trice (le, la)	*Konservator (m, s, en), -in (w, –, nen), Bibliothekar (m, s, e), -in (w, –, nen)*
cotutelle (la)	*In Kooperation betreut*
cours (le)	*Kurs (m, es, e)*
cours asynchrone (le)	*Asynchroner Kurs (m, es, e)*
cours en ligne (le)	*Online-Kurs, Internetkurs (m, es, e)*
cours magistral (le)	*Vorlesung (w, –, en)*
cours synchrone (le)	*Gleichzeitiger Kurs*
crédit (le)	*Kredit (m, es, e), Ansehen (n, s)*
débat d'idées (le)	*Iddenaustausch (m, es, e), Diskussion (w, –, en)*
début (le)	*Anfang (m, s, ¨-e)*
délégué, e (le, la)	*Abgeordnete, Delegierte Abgesandte (m, n, e)*
délibération (la)	*Beschluss (m, es, ¨-e)*
diplôme (le)	*Diplom (m, s, e)*
directeur, trice de mémoire de stage (le, la)	*Praktikumsbetreuer (m, s, –)*
directeur, trice de thèse (le, la)	*Doktorvater (m, s, ¨-)*
dissertation (la)	*Seminararbeit (w, –, en)*
doctorat (le)	*Promotion (w, –, en)*
doyen de l'université (le)	*Universitätsdekan (m, s, e)*
droits d'inscription (les)	*Einschreibungsrecht (n, s, e)*
économie (l')	*Wirtschaft (w, –, en)*
encadrement (l')	*Betreuung (w, –, en)*
entreprise (l')	*Unternehmen (n, s, –)*
épreuve (l')	*Prüfung (w, –, en)*
équipe de recherche (l')	*Forschungsgruppe (w, –, n)*

équipe pédagogique (l')	*Lehrteam (n, s, s)*
ergonomie (l')	*Ergonomie (w, –, n)*
étranger (l')	*Ausland (n, s)*
étudiant, e (l')	*Ausländer (m, s, –)*
Faculté (la)	*Fakultät (w, –, en)*
Faculté de droit (la)	*Juristische Fakultät (w, –, en)*
Faculté de médecine (la)	*Medizinische Fakultät (w, –, en)*
Faculté des lettres et des sciences humaines (la)	*Geisteswissenschaftliche Fakultät (w, –, en)*
Faculté des sciences (la)	*Naturwissenschaftliche Fakultät (w, –, en)*
fin (la)	*Ende (n, es, n)*
forum de discussion (le)	*Diskussionsforum (n, s, en)*
gala de fin d'année (le)	*Jahresabschlussfest (n, es, e)*
grandes écoles (les)	*Grandes Ecoles, frz. Eliteschulen = spezialisierte Hochschulen (w, –, en)*
inscription (l')	*Einschreibung (w, –, en)*
institut de recherche (l')	*Forschungsinstitut (n, s, e)*
institut de recherche spécialisé (l')	*Fachlich spezialisiertes Forschungsinstitut (n, s, e)*
intégration (l')	*Integration (w, –, en)*
internat (l')	*Internat (n, es, e)*
job (le)	*Job (m, s, s)*
laboratoire (le)	*Labor (n, s, atorien)*
laboratoire de langues (le)	*Sprachlabor (n, s, atorien)*
langues étrangères (les)	*Fremdsprachen (w, –, en)*
licence (la)	*Diplom (n, s, e)*
lieu des cours (le)	*Kursraum (m, s, ¨-e)*
livre (le)	*Buch (n, es, ¨-er)*
magazine (le)	*Zeitschrift (w, –, en)*
maître d'apprentissage (le)	*Lehrmeister (m, s, –)*
manuel (le)	*Lehrbuch, Handbuch (n, s, ¨-er)*
master (le)	*Master (m, s, –)*
matière (la)	*Fach (n, es, ¨-er)*
médecine (la)	*Medizin (w, –, en)*
mélanges offerts à (les)	*?*
méthodologie de projet (la)	*Projektmethodik (w, –, en)*
méthodologie de recherche (la)	*Forschungsmethode (w, –, n)*
mot de passe (le)	*Passwort (n, es, ¨-er)*
nom d'utilisateur (le)	*Benutzername (m, s, –)*

note (la)	*Note (w, –, n), Notiz (w, –, en), Rechnung (w, –, en)*
note de synthèse (la)	*Gesamtnote (w, –, n)*
orateur (l')	*Redner (m, s, –)*
partenariat (le)	*Partnerschaft (w, –, en)*
partiel (le)	*Semesterabschlussprüfung (w, –, en)*
périodique (le)	*Zeitschrift (w, –, en)*
pharmacie (la)	*Apotheke (w, –, n)*
philosophie (la)	*Philosophie (w, –, n), Einstellung (w, –, en)*
plagiat (le)	*Plagiat (n, es, e), Fälschung (w, –, en)*
planning (le)	*Terminplanung (w, –, en)*
plate-forme d'apprentissage (la)	*Fortbildungsplattform (w, –, en)*
politique de communication en entreprise (la)	*Firmenkommunikationspolitik (w, –)*
pot de bienvenue (le)	*Willkommensumtrunk (m, es, e)*
président, e de l'université (le, la)	*Universitätspräsident (m, en, en)*
professeurs (les)	*die Professoren (m, s, en)*
programme d'échange (le)	*Austauschprogramm (n, s, e)*
programme des cours (le)	*Kursprogramm (n, s, e)*
psychologie (la)	*Psychologie (w, –, n)*
rattrapage (le)	*Nachprüfung (w, –, en)*
refus (le)	*Ablehnung (w, –, en)*
réhabilitation (la)	*Rehabilitation (w, –, en)*
remise (la)	*Übergabe (w, –, n)*
rentrée (la)	*Schul- Semesteranfang (m, es, ¨-e)*
renvoi (le)	*Entlassung (w, –, en), Verweis (m, es, e)*
report (le)	*Bericht (m, es, e)*
restaurant universitaire (le)	*Mensa (w, –, en)*
résumé (le)	*Zusammenfassung (w, –, en)*
révision (la)	*Wiederholen (n, s), Vorbereitung (w, –, en), Revision (w, –, en)*
revue (la)	*Zeitschrift (w, –, en)*
salle des professeurs (la)	*Lehrerzimmer (n, s, –)*
sociologie (la)	*Soziologie (w, –, n)*
soirée (la)	*Abendveranstaltung (w, –, en)*
soirée d'intégration (la)	*Integrationsfeier (w, –, n)*
stages en entreprise (les)	*Firmenpraktikum (n, s, ka)*
statistiques (les)	*Statistik (w, –, en)*
subvention (la)	*Subvention (w, –, en)*

symposium (le)	*Symposium (n, s, en)*
techniques de communication (les)	*Kommunikationstechnik (w, –, en)*
techniques de décision (les)	*Entscheidungsform (w, –, en)*
techniques d'information (les)	*Informationstechnik (w, –, en)*
technopôle (le, la)	*Technologiepark (m, s, s)*
test (le)	*Test (m, s, s)*
titre (le)	*Titel (m, s, –)*
travaux dirigés (les)	*Übung (w, –, en) zur Vorlesung (w, –, en)*
tutelle (la)	*Leitung (w, –, en)*
université (l')	*Universität (w, –, en)*
université partenaire (l')	*Partneruniversität (w, –, en)*
validation (la)	*Anerkennung (w, –, en)*

Les verbes et locutions verbales

apprendre	*1.lernen, 2.bei, bringen (brachte bei, beigebracht)*
bachoter avant un examen	*vor einem Examen pauken*
commettre un article universitaire	*einen Artikel verfassen*
demander une dérogation de passage	*Sondergenehmigung beantragen*
échouer	*durchfallen (ie, a), scheitern*
embrasser la carrière universitaire	*eine universitäre Laufbahn einschlagen*
être très qualifié	*sehr qualifiziert sein*
étudier	*studieren*
faire un exposé	*ein Referat halten*
faire une présentation	*eine Präsentation vorbereiten*
faire valoir ses droits d'auteur	*sein Autoren-, Urheberrecht geltend machen*
former un groupe de travail	*eine Arbeitsgruppe bilden*
mener deux diplômes de front	*zwei Diplome gleichzeitig, parallel machen*
participer à un colloque	*an einem Kolloqqium teilnehmen*
participer à un forum de discussion	*an einem Diskussions, Gesprächsforum teilnehmen*
rédiger un compte-rendu d'article	*die Zusammenfassung eines Artikel verfassen, schreiben*
réussir	*schaffen, jm gelingt etw*
revendiquer la paternité d'une invention	*die Urheberschaft einer Erfindung fordern, beanspruchen*
réviser une matière	*ein Fach wiederholen, vorbereiten*

se préparer à un examen	*sich auf ein Examen vorbereiten*
se présenter	*sich vorstellen, sich melden*
se représenter à un partiel	*sich zu einer Semesterprüfung melden*
siéger au comité d'une revue	*in einer Zeitschriftenredaktion sitzen*
sortir majeur de sa promotion	*als Beste, r seines, ihres Jahrgangs den Abschluss machen*
suivre un cours magistral	*eine Vorlesung besuchen*
survoler une matière	*ein Thema überfliegen*
tenir tête à l'examinateur	*dem Prüfer standhalten*
travailler	*arbeiten*
travailler à la bibliothèque universitaire	*in der Uni-Bibliothek arbeiten*
valider un crédit	*ein Guthaben anerkennen lassen*

Jeudi 30 mars, 18 h 42
Objet : Sup de ??? Co- emarketing – Grenoble 2 ??? à votre avis…
Marc : Bonjour à tous, ayant quasiment fini ma licence en webmarketing à Rouen, je voulais savoir si quelqu'un avait des informations sur la valeur du master I E-marketing – stratégies internationales (Grenoble 2) ? Merci de vos réponses !!

Vendredi 2 mai, 19 h 45
Re : Sup de Co- emarketing – Grenoble 2 ??? à votre avis…
Marie : bonjour Marc, je suis une ancienne de la promo 2008-2009 et tu n'as aucun souci à te faire sur la qualité des enseignements et l'expérience des enseignants (la moitié est constituée professionnels encore en activité). De plus, les stages à l'étranger obligatoires te permettent de te confronter à d'autres réalités, d'autres approches culturelles, c'est extrêmement enrichissant.

Samedi 3 mai, 8 h 19
Re : Re : Sup de Co- emarketing – Grenoble 2 ??? à votre avis…
Amadou : bonjour Marc, Marie a tout à fait raison. Moi, je suis actuellement les cours à Grenoble en Master 2 et le rythme de travail a beau être très soutenu, j'ai l'impression que nous sommes bien formés aux métiers qui nous attendent. Les frais d'inscription restent quand même un peu élevés… Bonne chance à vous !

Donnerstag, 30.März, 18Uhr42
Betreff : Handelshochschule : online-Marketing – Grenoble 2 ???? Eurer Meinung nach…
Marc : Hallo zusammen, ich habe fast mein Diplom in online-Marketing in Rouen fertig, beendet und würde gerne wissen, ob jemand über den Wert des Masters Bescheid weiß, sich mit dem Wert des Masters auskennt Online-Marketing – Internationale Strategien? Danke im Voraus für eure Antworten!!

Freitag, 2.Mai, 19Uhr45
Antw : online-Marketing – Grenoble 2 ???? Eurer Meinung nach…
Marie : Hallo Marc, ich bin *Abgängerin* des Jahrgangs 2008-2009. Du brauchst dir überhaupt keine Sorgen über die *Qualität der Lehrinhalte* und *die Erfahrung des Lehrpersonals* zu machen (die Hälfte besteht aus noch aktiven Fachmännern,-frauen). Außerdem erlauben dir die *Pflichtpraktika im Ausland* eine Annäherung an andere Gegebenheiten und andere kulturelle Ansätze, was äußerst bereichernd ist.

Samstag, 3.Mai, 8Uhr19
AntwAntw : online-Marketing – Grenoble 2 ???? Eurer Meinung nach…
Amadou : Hallo Marc, Marie hat vollkommen recht. Ichmache gerade in Grenoble den Master 2, und obwohl das Arbeitspensum recht hoch ist, habe ich den Eindruck, dass die Ausbildung für die entsprechenden Berufe sehr gut ist. Die Studiengebühren sind aber doch recht hoch… Viel Glück!

2.2 La gestion prévisionnelle des emplois et des compétences *Die Beschäftigungs-und Kompetenzplanung*

Les noms de A à Z

adresse mail (l')	*E-Mail-Adresse (w, –, n)*	
agence de travail temporaire (l')	*Zeitarbeitsfirma (w, –, en)*	*Nach zwei Jahren in dieser Zeitarbeitsfirma war er als fester Mitarbeiter vom Kunden übernommen worden.*
agence d'intérim (l')	*Personal-Service-Agentur (w, –, en)*	
annonce (l')	*Anzeige (w, –, n)*	
avantages sociaux (les)	*Arbeitgeberleistungen (w, –, en)*	*Die Arbeitgeberleistungen hatten ihn schließlich zur Annahme der Stelle bewogen.*
barème des salaires (le)	*Gehaltsskala (w, –, en)*	
base de données (la)	*Datei (w, –, en), Datenbank (w, –, ¨-e)*	
bénéficiaire (le, la)	*Nutznießer-in, Begünstigte-r, Empfänger-in*	

bénévolat (le)	*Ehrenamtliche Tätigkeit (w, –, en)*	*Neben seiner offiziellen Tätigkeit fand er noch Zeit für zwei ehrenamtliche Beschäftigungen.*
besoin en personnel, en effectifs (le)	*Personalbedarf (m, s)*	
bilan de compétences (le)	*Anerkennung (w, –, en) der Diplome*	*Nach der Anerkennung seiner Diplome konnte er in jedem europäischen Land eine qualifizierte Arbeit suchen.*
brefs délais (les)	*In kürzester Zeit (w, –, en)*	
budget (le)	*Budget (n, s, s), Haushalt (m, es, e)*	
but (le)	*Ziel (n, s, e)*	
cadre de travail (le)	*Arbeitsumfeld (m, es, er)*	*Das neue Arbeitsumfeld brauchte noch etwas Gewöhnung.*
candidat, e (le, la)	*Bewerber-in*	
capacité (la)	*Fähigkeit (w, –, en), Fertigkeit (w, –, en)*	
carrière (la)	*Berufliche Laufbahn (w, –, en), beruflicher Werdegang (m, s, ¨-e), Karriere (w, –, n)*	*Ihr beruflicher Werdegang war atypisch, aber hatte viel Erfahrung mit sich gebracht.*
catégorie (la)	*Kategorie (w, –, n), Sparte (w, –, n)*	
centres d'intérêt (les)	*Interessengebiet (m, es, e)*	
chasseur de têtes (le)	*Headhunter (m, s, –)*	*Der Headhunter hatte ihn über das soziale Netzwerk kontaktiert.*
chef du personnel (le)	*Personalleiter (m, s, –)*	
choix (le)	*Aus-Wahl (w, –, en)*	
chômage (le)	*Arbeitslosigkeit (w, –, en)*	*Je länger die Arbeitslosigkeit dauert, desto schwieriger wird die Rückkehr ins Berufsleben.*
code du Travail (le)	*Arbeitsgesetzbuch (n, s, ¨-er), Arbeitsrecht (n, es, e)*	*Nach dem deutschen Arbeitsrecht gab es keinen Kündigungsgrund.*

conditions de travail (les)	*Arbeitsbedingungen (w, –, en)*	
conflit (d'intérêt) (le)	*Interessenkonflikt (m, s, e)*	
conseil (le)	*Beratung (w, –, en)*	*Die Direktion hatte die Einrichtung einer Beratungsstelle beschlossen.*
conseiller (le)	*Berater-in*	
conseiller d'orientation (l')	*Berufsberater-in*	
contrat de travail (le)	*Arbeitsvertrag (m, s, ¨-e)*	*Sein neuer Arbeitsvertrag war auf 6 Monate befristet.*
convention collective (la)	*Tarifvertrag (m, s, ¨-e)*	
critères de sélection (les)	*Auswahlkriterien (n, s, ien)*	
curriculum vitae (le)	*Lebenslauf (m, s, ¨-e)*	*Im Lebenslauf hob sie vor allem ihre Erfahrungen im Fortbildungsbereich hervor.*
date de parution (la)	*Erscheinungsdatum (n, s, en)*	
date limite (la)	*Letzte Frist (w, –, en)*	
débutant (le)	*Anfänger (m, s, –)*	*Überraschenderweise wurden auch Anfänger in dieser Sparte gerne eingestellt.*
décision (la)	*Entscheidung (w, –, en)*	
dépassement des coûts (le)	*Kostenüberschreitung (w, –, en)*	*Eine Kostenüberschreitung wie im letzten Jahr musste bei der Einplanung der Praktikanten unbedingt vermieden werden.*
développement (le)	*Entwicklung (w, –, en)*	
diplôme (le)	*Diplom (n, s, e), Zeugnis (n, ses, se)*	
diplomé, e (le, la)	*Absolvent-in*	*Als Absolvent der renommierten englischen Hochschule versprach er sich gute Chancen.*

disponibilité (la)	*Verfügbarkeit (w, –, en), Einsatzbereitschaft (w, –, en)*	
documents (les)	*Unterlagen (w, –, n)*	*Leider hatte er beim Vorstellungsgespräch nicht alle verlangten Unterlagen dabei.*
dossier de candidature (le)	*Bewerbungsakte (w, –, n)*	
droit du travail (le)	*Arbeitsrecht (n, s, e)*	
égalité (l')	*Gleichheit (w, –, en)*	*Auf die Gleichheit der Mitarbeiter wurde in dieser Firma großen Wert gelegt.*
embauche (l')	*An- Einstellung (w, –, en)*	
engagement avec une période d'essai (l')	*Einstellung mit Probezeit*	*Eine einstellung mit 3 Monaten Probezeit erschien ihm in diesen schwierigen Zeiten nur normal*
enseignement et la formation (l')	*Lehre (w, –, n) und Fortbildung (w, –, en)*	
enseignement supé-rieur (l')	*Hochschulwesen (n, s)*	
ensemble des compétences (l')	*erlangte Kenntnisse und Fähigkeiten*	
entretien (d'embauche, de recrutement) (l')	*Anstellungsgespräch (n, se)*	
entretien de recrute-ment (l')	*Vorstellungsgespräch (n, s, e)*	*Vor dem Vorstellungsgespräch hatte er sich eingehend mit der Firmenphilosophie beschäftigt.*
étudiant stagiaire (l')	*Praktikant im Studium, Student im Praktikum*	
éventail des salaires (l')	*Lohn- Gehaltsspektrum (n, s, en)*	*Das breite Gehaltsspektrum in dieser für ihn neuen Branche erstaunte ihn.*
exigences (du poste, d'expérience) (les)	*Anforderung (w, –, en)*	
expérience professionnelle (l')	*Berufserfahrung (w, –, en)*	

expertise (l'), savoir-faire (le)	*Know-how (n, s), Können (n, s), Sachverstand (m, es)*	*Sachverstand und Know-How waren durch keinen Uni-Abschluss zu ersetzen.*
exposé (l')	*Bericht (m, es, e), Referat (n, es, e), Vortrag (m, s, ¨-e)*	
fonction (la)	*Aufgabe (w, –, n), Funktion (w, –, en)*	*Mit seiner Aufgabe als Kundendienstleiter war er vollkommen ausgelastet.*
fournisseur (le)	*Lieferant (m, en, en), Zulieferer (m, s, –)*	
geste (le)	*Geste (w, –, n), Handgriff (m, s, e)*	
gratification (la)	*Gratifikation (w, –, en), Zuwendung (w, –, en)*	
heure (l')	*Stunde (w, –, n)*	*Es wurde im Betrieb immer üblicher, pro Woche 3 bis 4 Überstunden zu machen.*
historique (l')	*Chronologischer Überblick (m, s, e), Verlauf (m, s, ¨-e)*	
horaires (de travail) (les)	*Arbeitszeiten (w, –, en)*	*Die festen Arbeitszeiten waren vor 3 Monaten in Gleitzeit umgewandelt worden.*
horaires de bureau (les)	*Bürozeiten (w, –, en)*	
impôt sur le revenu (l')	*Einkommenssteuer (w, –, n)*	*Nach Abzug der Einkommenssteuer blieb vom Lohn nicht mehr viel zum Leben.*
jury de sélection (le)	*Auswahlkomitee (n, s, s)*	
langue (la)	*Sprache (w, –, n)*	
langue étrangère (la)	*Fremdsprache (w, –, n)*	
langue maternelle (la)	*Muttersprache (w, –, n)*	*Neben ihrer Muttersprache konnte sie noch drei weitere Sprachen fließend.*
lettre de motivation (la)	*Bewerbungsschreiben (n, s, –), -brief (m, s, e)*	
lettre de recommandation (la)	*Empfehlungsschreiben (n, s, –), -brief (m, s, e)*	

lettre manuscrite (la)	*Handschriftlicher Brief (m, s, e)*	*Er war dafür bekannt, an den handschriftlichen Bewerbungsbriefen den Charakter der Menschen zu erkennen.*
lieu de travail (le)	*Arbeitsplatz (m, es, ¨-e)*	
liste (la)	*Liste (w, –, n), Aufstellung (w, –, en)*	
main d'œuvre (la)	*Arbeitskraft (w, –, ¨-e)*	
manager (le)	*Manager (m, s, –)*	
manque d'effectif (le)	*Personalmangel (m, s)*	*Die Produktqualität begann unter dem chronischen Personalmangel zu leiden.*
marché du travail (le)	*Arbeitsmarkt (m, es, ¨-e)*	
métier (le)	*Beruf (m, s, e)*	*Letztendlich hatte er 3 Umschulugen gemacht, konnte aber dennoch in keinem Beruf eine langfristige Arbeit finden.*
milieu professionnel (le)	*Berufsmilieu (n, s, s)*	
motivation (la)	*Motivation (w, –, en)*	
mutation (la)	*Versetzung (w, –, en)*	*Mit der Versetzung in diese Abteilung tat er einen wichtigen Schritt in der Hierarchie der Firma.*
négociation (la)	*Verhandlung (w, –, en)*	
niveau d'études (la)	*Studienabschluss (m, ses, ¨-se)*	*Er war stolz auf seinen Abschluss, konnte aber aufgrund mangelnder Berufserfahrung keinen Job finden.*
numéro de téléphone (le)	*Telefonnummer (w, –, n)*	
numéro de telephone portable (le)	*Handynummer (w, –, n)*	
offre (l')	*Angebot (n, es, e)*	
offre d'emploi (l')	*Stellenangebot (n, es, e)*	*Seriöse Stellenangebote in diesem Sektor gab es kaum noch, außer im Ausland.*

opportunité professionnelle (l')	*Berufliche Gelegenheit (w, –, en)*	
orientation professionnelle (l')	*Berufliche Ausrichtung (w, –, en), – Orientierung (w, –, en)*	
ouvrier qualifié (l')	*Facharbeiter (m, s, –)*	*Qualifizierte Facharbeiter waren durch das Großprojekt der Konkurrenz immer schwerer zu finden.*
parcours (le)	*Laufbahn (w, –, en)*	
perspective d'emploi (la)	*Aussicht (w, –, en) auf eine Anstellung*	
perte d'emploi (la)	*Stellenverlust (m, es, e)*	
plan de carrière (le)	*Karriereplan (m, s, ¨-e)*	*Sein Karriereplan sah auch einen mehrjährigen Aufenthalt im asiatischen Raum vor.*
politique de recrutement (la)	*Einstellungspolitik (w, –, en)*	
polyvalence (la)	*Vielseitigkeit (w, –, en), Polyvalenz (w, –, en)*	*Vor allem seine Polyvalenz und Flexibilität hatten dem Personalchef die Entscheidung leicht gemacht.*
poste à pourvoir (la)	*Leitende Stelle (w, –, n)*	
postes (les)	*Stellen (w, –, n)*	
potentiel (le)	*Potenzial, Potential (n,s)*	
principes (les)	*Grundsätze (m, es, ¨-e)*	*Wenn er nicht etwas von seinen Grundsätzen abließ, würde er nie eine neue Stelle finden.*
processus de recrutement (le)	*Einstellungsverfahren (n, s, –)*	
processus de sélection (le)	*Auswahlverfahren (n, s, –)*	*Das Auswahlverfahren erfolgte nach klaren Kriterien.*
profil d'un candidat (le)	*Bewerberprofil (n, s-)*	
profil de poste (le)	*Stellenbeschreibung (w, –, en)*	

qualifications (les)	*Qualifizierung (w, –, en), Qualifikation (w, –, en)*	*In Krisenzeiten sind die Bewerber häufig überqualifiziert.*
qualifications pointues (les)	*Spitzenqualifikation (w, –, en)*	
recherche d'emploi (la)	*Arbeits- Stellensuche (w, –, n)*	
recommandation (la)	*Empfehlung (w, –, en)*	*Auf Empfehlung ihres Gruppenleiters wurde ihre Bewerbung vorrangig behandelt.*
recrutement (le)	*An- Einstellung (w, –, en), Personalvermittlung (w, –, en)*	
recrutement (par approche direct) (le)	*Direktanstellung (w, –, en)*	
recruteur, se (le, la)	*Arbeits- Personalvermittler -in*	
références pour un poste (les)	*Berufliche Referenzen (w, –, en)*	*Die Stelle bekam sie aufgrund der guten Referenzen.*
rémunération (la)	*Bezahlung (w, –, en), Entlohnung (w, –, en), Lohn (m, s, ¨-e)*	*Keiner der Kandidaten war mit der vorgeschlagenen Bezahlung einverstanden.*
renseignements (les)	*Auskunft (w, –, ¨-e)*	
représentant (le)	*Vertreter (m, s, –)*	
responsabilité (la)	*Verantwortung (w, –, en)*	
responsable du recrutement (le, la)	*Personlleiter-in*	*Die Personalleiterin konnte unter 37 Bewerbern auswählen.*
revenu brut (le)	*Bruttoeinkommen (n, s, –)*	
risque (le)	*Risiko (n, s, en)*	*Mit der Einstellung einer Frau für diese Abteilung war der Personalleiter ein großes Risiko eingegangen.*
salaire brut (le)	*Bruttogehalt (n, es, ¨-er)*	
salaire net d'impôt (le)	*Nettogehalt (n, es, ¨-er)*	
salon du recrutement (le)	*Jobbörse (w, –, n)*	*Auf der Jobbörse hatte sie 6 Gespräche führen können, darunter ein sehr vielversprechendes.*

secteur d'activité (le)	*Tätigkeitsbereich (m, s, e)*	
secteur du recrutement (le)	*Personalvermittlungssektor (m, s, en)*	
secteur du tertiaire (le)	*Dienstleistungssektor (m, s, en)*	*Im Dienstleistungssektor sind zur Zeit die meisten offenen Stellen zu finden.*
sélection (la)	*Auswahl (w, –, en)*	
services (les)	*Dienstleister*	*Alle Dienstleister schlossen sich in der Werbekampagne für neue Mitarbeiter zusammen.*
signataires d'un accord (les)	*Abkommensunterzeichner*	
signature (la)	*Unterschrift (w, –, en)*	
site de recrutement (le)	*Personalvermittlungswebsite (w, –, s)*	
site web (le)	*Website (w, –, s)*	*Auf der Website sind alle Stellenangebote verzeichnet.*
situation familiale (la)	*Familienstand (m, es, ¨-e)*	
sous-traitant (le)	*Zulieferer (m, s, –), Subunternehmer (m, s, –)*	*Der diesjährige Subunternehmer war zuverlässiger als die vorhergehenden.*
stage (le)	*Praktikum (n, s, en)*	
temps de travail (le)	*Arbeitszeit (w, –, en)*	*Die Arbeitszeiten konnten flexibel eingeteilt werden.*
temps partiel (le)	*Teilzeit (w, –, en)*	
terme de la période d'essai (au) (le)	*Ende (n, s, n) der Probezeit (w, –, en)*	
termes d'un contrat (les)	*Vertragswortlaut (m, es, e)*	*Der Vertragswortlaut war für ungelernte Mitarbeiter schwer verständlich.*
test (le)	*Test (m, s, s)*	
test de personnalité (le)	*Persönlichkeitstest (m, s, s)*	
test de sélection (le)	*Auswahltest (m, s, s)*	*Der Auswahltest umfasste einen theoretischen und einen praktischen Teil.*
travail à mi-temps (le)	*Halbtagsjob (m, s, s)*	

travail à temps partiel (le)	*Teilzeitarbeit (w, –, en)*	
travail à temps plein (le)	*Vollzeitjob (m, s, s)*	*Nach der Babypause war der Vollzeitjob jetzt sehr anstrengend für sie.*
travail à temps plein (le)	*Vollzeitarbeit (w, –, en)*	
travail en 3×8 (le), travail par roulement (le)	*Schichtarbeit (w, –, en)*	
travail en équipe (le)	*Teamarbeit (w, –, en)*	*Unter all seinen Aufgaben lag ihm die Teamarbeit am meisten.*
travail quotidien (le)	*Tägliche Arbeit (w, –, en)*	
travail saisonnier (le)	*Saisonarbeit (w, –, en)*	
travail temporaire (le)	*Zeitarbeit (w, –, en)*	*Zeitarbeit sah er als Sprungbrett für eine feste Stelle.*
troisième cycle (le)	*Postgraduiertenstudium (nach frz. System)*	
turnover (le)	*Personalfluktuation (w, –, en)*	*Seit der Krise war die Personalfluktuation drastisch gestiegen.*
université (l')	*Universität (w, –, en), Hochschule (w, –, n)*	
urgence (l')	*Notfall (m, s, ¨-e), Zeitdruck (m, s)*	*Unter Zeitdruck mussten 3 kompetente Mitarbeiter gefunden werden.*

Les adjectifs de A à Z

actif, ive	*aktiv, berufstätig*
adaptable	*anpassungsfähig*
adapté, e	*angepasst, passend*
ambitieux, euse	*ehrgeizig*
ambivalent, e	*ambivalent*
analytique	*analytisch*
antécédent, e	*antezedent, vorhergehend*
audacieux, euse	*mutig, gewagt*
autonome	*autonom*
bihebdomadaire	*zweimal wöchentlich*
bilingue	*zweisprachig*

bimensuel, le	*zweimal monatlich*
brut, e	*brutto, unbearbeitet*
calme	*ruhig*
captivant, e	*spannend*
célibataire	*ledig*
central, e	*zentral*
certain, e	*gewiss, bestimmt*
certifié, e	*zertifiziert, beglaubigt*
changeant, e	*wechselhaft*
chargé, e (de)	*beauftragt mit +D*
cher, chère	*lieber, liebe*
cohérent, e	*kohärent, stimmig*
combatif, ive	*kämpferisch, energisch*
conciliant, e	*ausgleichend, versöhnlich, kulant*
confiant, e	*vertrauensvoll*
conforme (à)	*konform*
constant, e	*konstant, beständig*
créatif, tive	*kreativ*
décisif, ive	*entscheidend*
déterminé, e	*bestimmt, entschlossen*
dévoué, e (à)	*aufopferungsvoll, treu*
digne de confiance	*vertrauenswürdig*
diplomate	*diplomatisch*
direct, e	*direkt*
discipliné, e	*diszipliniert*
disponible	*verfügbar*
durable	*nachhaltig, dauerhaft*
dynamique	*dynamisch*
efficace	*effizient, wirkungsvoll*
éloigné, e	*entfernt*
émotionnel, le	*emotional*
endurant, e	*ausdauernd*
énergique	*energisch*
engagé, e	*engagiert*
enrichissant, e	*bereichernd*
essentiel, le	*wesentlich*
étonnant, e	*erstaunlich*
étranger, ère	*ausländisch*
événementiel, le	

éventuel, le	*eventuell*
évident, e	*selbstverständlich*
exceptionnel, le	*außergewöhnlich*
exemplaire	*beispielhaft*
facile	*einfach*
facultatif, ive	*fakultativ, unverbindlich*
faible	*schwach*
fautif, ive	*fehlerhaft*
favorable	*günstig*
fiable	*verlässlich*
final, e	*Schluss-, End-*
financier, ère	*finanziell*
fiscal, e	*steuerlich, Steuer-*
fixe	*fest, fix*
flexible	*flexibel*
fort, e	*stark*
franc, franche	*offen, direkt*
généreux, euse	*großzügig*
gestuel, e	*gestikulierend*
global, e	*global*
grand, e	*groß*
habituel, le	*gewöhnlich, üblich*
handicapé, e	*behindert*
hautement qualifié, e	*hochqualifiziert*
honnête	*ehrlich, aufrichtig*
honorable	*anständig, ehrenhaft*
humain, e	*menschlich*
identifié, e	*identifiziert*
illicite	*unerlaubt, unlauter*
imaginatif, ive	*fantasievoll, erfinderisch*
impartial, e	*sachlich, unbefangen*
impliqué, e	*mitinbegriffen*
impoli, e	*unhöflich*
important, e	*wichtig*
imposable	*steuerpflichtig, abgabenpflichtig*
imposé, e	*1.vorgeschrieben 2.besteuert*
imprécis, e	*ungenau*
impulsif, ive	*impulsiv*
incapable	*unfähig*

inconscient, e	*unbewusst*
injuste	*ungerecht*
innovateur, trice	*innovativ*
insatisfait, e	*unzufrieden*
inscrit, e	*eingeschrieben, angemeldet*
insuffisant, e	*unzureichend*
intelligent, e	*intelligent, klug*
interdit, e	*verboten*
intéressant, e	*interessant*
intermédiaire	*zwischenliegend, dazwischenliegend*
intuitif, ive	*intuitiv*
invité, e	*eingeladen*
ironique	*ironisch*
itinérant, e	*außendienstlich*
journalier, ère	*täglich*
judiciaire	*richterlich, gerichtlich*
judicieux, euse	*sinnvoll, vernünftig*
junior	*Junior-*
juridique	*rechtlich*
juste	*gerecht*
légal, e	*legal*
léger, ère	*leicht*
lent, e	*langsam*
logique	*logisch*
loyal, e	*treu, loyal*
lu, e	*gelesen*
lucide	*klarsichtig*
ludique	*spielerisch*
maître de soi	*selbstbeherrscht*
manuscrit, e	*handschriftlich*
marié, e	*verheiratet*
médical, e	*medizinisch*
meilleur, e	*bessere, r, beste, r*
mensuel, le	*monatlich*
mental, e	*mental, geistig*
méthodique	*methodisch*
motivé, e	*motiviert*
natif, ive	*gebürtig*
naturel, le	*natürlich*

né, e	*geboren*
négatif, ive	*negativ*
nombreux, euse	*zahlreich*
nommé, e	*ernannt*
non-autorisé, e	*unbefugt*
non-imposable	*nicht steuerpflichtig, steuerfrei*
non-pourvu, e	*unbesetzt*
non-rémunéré, e	*unbezahlt*
observateur, trice	*aufmerksam*
obstiné, e	*hartnäckig*
opérationnel, le	*einsetzbar, einsatzbereit*
optimiste	*optimistisch*
ordonné, e	*ordentlich, geordnet*
organisé, e	*organisiert, geplant*
ouvert, e d'esprit	*offen*
persévérant, e	*ausdauernd, beharrlich*
poli, e	*höflich*
polyvalent, e	*polyvalent, vielseitig*
ponctuel, le	*pünktlich*
possible	*möglich*
précis, e	*genau*
présélectionné, e	*vorsortiert*
professionnel, le	*professionell*
progressif, ive	*fortschrittlich*
prudent, e	*vorsichtig*
réservé, e	*reserviert, zurückhaltend*
résistant, e	*widerstandsfähig*
responsable	*verantwortlich*
rigoureux, se	*streng*
rusé, e	*listig*
sélectionné, e	*auserwählt*
serein, e	*gelassen*
sérieux, euse	*ernst, ernsthaft*
serviable	*hilfsbereit*
significatif, ive	*bedeutend, bedeutsam, aufschlussreich*
sociable	*umgänglich, kontaktfreudig*
soigneux, euse	*sorgfältig*
stable	*stabil*
stratégique	*strategisch*

surqualifié, e	*überqualifiziert*
systématique	*systematisch*
tactique	*taktisch*
talentueux, euse	*talentiert*
tardif, ive	*spät, verspätet*
tenace	*hartnäckig*
tolérant, e	*tolerant*
traditionnel, le	*traditionell*
transverse	*quer, sektorübergreifend*
travailleur, euse	*fleißig*
uni, e	*vereint*
universel, le	*universell*
universitaire	*akademisch*
urgent, e	*dringend*
utile	*nützlich*

Les verbes de A à Z

accepter	*akzeptieren*
acquérir	*erlangen*
actualiser	*aktualisieren*
améliorer	*verbessern, perfektionieren*
anticiper	*vorwegnehmen (a, o), vorhersehen (a, e)*
appliquer	*anwenden (a, e)*
apporter	*beitragen*
assister à	*beiwohnen, teilnehmen (a, o)*
atteindre	*erreichen*
attendre	*warten*
bâtir	*aufbauen*
bénéficier	*profitieren, Nutzen ziehen aus +D (o, o)*
budgéter	*Finanziell einplanen*
calculer	*be-rechnen*
céder	*überlassen (ie, a), nachgeben (a, e)*
chercher	*suchen*
choisir	*aus-wählen*
cibler	*bestimmen, festlegen, ausrichten auf*
collaborer à	*mitarbeiten an +D*
combiner	*kombinieren, verbinden (a, u)*
commencer	*beginnen (a, o), anfangen (i, a)*

communiquer	*kommunizieren*
comparer	*vergleichen (i, i)*
compenser	*kompensieren, ausgleichen (i, i)*
compléter	*vervollständigen*
comprendre	*verstehen (a, a)*
confirmer	*bestätigen*
connaître	*wissen (u, u), kennen (a, a)*
constater	*feststellen*
consulter	*Zu Rate ziehen (o, o), befragen*
contenir	*enthalten (ie, a)*
contrôler	*kontrollieren*
convaincre	*überzeugen*
convenir (d'un rendez-vous)	*(einen Termin) vereinbaren*
coordonner	*koordinieren*
copier	*kopieren*
croire	*glauben*
croître	*an-steigen (ie, ie), gedeihen (ie, ie)*
débriefer	*ausfragen*
décaler (un rendez-vous)	*(einen Termin) verschieben (o, o)*
définir	*definieren, festlegen*
dépendre	*abhängen von +D (i, a)*
déposer une candidature	*sich bewerben (a, o)*
déterminer	*bestimmen*
devoir	*1.müssen 2.sollen*
diriger l'attention	*die Aufmerksamkeit lenken auf +A*
diriger	*leiten, managen*
douter	*zweifeln*
économiser	*sparen*
écrire	*schreiben (ie, ie)*
égaliser	*ausgleichen (i, i), ebnen*
élargir	*erweitern*
éliminer	*entfernen*
embaucher du personnel	*Personal einstellen*
embrasser une carrière	*eine Karriere anstreben*
employer	*anwenden (a, e), gebrauchen, beschäftigen*
encadrer	*betreuen, umrahmen*
enfreindre	*zuwiderhandeln, verstoßen gegen +A*
engager	*einstellen*
entendre	*hören*

entériner un accord	*einen Vertrag unter Dach und Fach bringen (ach, ach)*
envisager	*Ins Auge fassen*
équilibrer	*ausgleichen (i, i)*
espérer	*hoffen*
essayer	*versuchen*
établir des objectifs	*Ziele aufstellen*
être	*sein*
étudier	*studieren*
évaluer	*bewerten, einschätzen*
éveiller	*wecken*
éviter	*vermeiden (ie, ie)*
évoluer	*sich weiterentwickeln, Fortschritte machen*
évoquer	*erwähnen, ansprechen (a, o)*
exercer	*ausüben*
exiger	*verlangen, fordern*
exister	*existieren*
exploiter	*aus-nutzen*
fabriquer	*herstellen, produzieren*
faciliter	*erleichtern, vereinfachen*
faire	*machen, tun (a, a)*
faire connaissance	*sich kennenlernen*
faire équipe	*Ein Team bilden*
favoriser	*begünstigen*
feuilleter	*durchblättern*
figurer	*erscheinen*
financer	*finanzieren*
finir	*beenden*
fonctionner	*funktionieren*
formaliser	*systematisieren*
former	*bilden, ausbilden*
formuler	*formulieren*
fournir	*liefern*
freiner	*bremsen, verlangsamen*
gagner	*gewinnen (a, o), verdienen*
garantir	*garantieren*
généraliser	*verallgemeinern, allgemein anwenden (a, e)*
générer	*auslösen, nach sich ziehen (o, o)*
gouverner	*beherrschen, lenken, steuern*
grouper	*zusammenfassen, gruppieren*

habiliter	*berechtigen, ermächtigen, die Befugnis erteilen*
habiter	*wohnen*
harceler	*belästigen*
harmoniser	*angleichen (i, i), harmonisieren*
hausser	*erhöhen*
hésiter	*zögern*
homologuer	*genehmigen, für rechtskräftig erklären*
honorer	*ehren, honorieren*
identifier	*erkennen (a, a), identifizieren*
imprimer	*drucken*
influencer	*beeinflussen*
informer	*informieren*
installer	*einrichten*
interagir	*interagieren*
interviewer	*interviewen*
inviter	*einladen (u, a)*
joindre	*beifügen, anfügen*
jongler	*jonglieren mit +D*
jouer	*spielen*
juger	*richten, urteilen, halten für +A (ie, a)*
justifier	*rechtfertigen*
lâcher	*loslassen (ie, a), fallen lassen*
lancer	*einführen, einleiten*
limiter	*begrenzen*
liquider	*ausverkaufen, räumen, tilgen*
lire	*lesen (a, e)*
lister	*auflisten*
livrer	*liefern*
lutter	*kämpfen*
maintenir	*aufrechterhalten (ie, a), warten*
maîtriser	*beherrschen*
manufacturer	*fertigen*
maximaliser	*maximieren*
mériter	*verdienen*
mesurer	*einschätzen, abschätzen*
montrer	*zeigen*
motiver	*motivieren*
négliger	*vernachlässigen*
négocier	*verhandeln*

nettoyer	*reinigen*
nominer	*ernennen (a, a)*
nommer	*ernennen (a, a)*
noter	*notieren, benoten*
notifier	*offiziell mitteilen*
numériser	*digitalisieren*
numéroter	*nummerieren*
observer	*beobachten*
obtenir	*erreichen*
occuper	*besetzen*
octroyer	*bewilligen, genehmigen*
offrir	*anbieten (a, o)*
opérer	*handeln, verfahren (u, a), bewirken*
optimiser	*optimisieren*
ordonner	*ordnen*
organiser	*organisieren, veranstalten*
orienter	*ausrichten auf +A, richten auf +A*
osciller	*schwanken*
oser	*wagen*
outrepasser	*hinausgehen über +A (i, a), überschreiten (i, i)*
ouvrir	*öffnen*
payer	*bezahlen, entlohnen*
percevoir	*erfassen, erkennen (a, a)*
permettre	*erlauben*
planifier	*planen, programmieren*
pratiquer	*praktizieren, anwenden (a, e)*
préciser	*präzisieren, klarstellen*
prendre	*nehmen (a, o)*
préparer	*vorbereiten*
procéder	*vorgehen (i, a)*
progresser	*Fortschritte machen*
promouvoir	*fördern, befördern*
publier	*veröffentlichen*
qualifier	*qualifizieren*
questionner	*befragen*
quitter	*verlassen (ie, a)*
réajuster	*angleichen (i, i), anpassen*
réaliser	*verwirklichen*
recevoir	*bekommen (a, o)*

rechercher	*suchen, forschen*
récompenser	*belohnen*
réembaucher	*wieder einstellen*
réfléchir	*nachdenken (ach, ach)*
rencontrer	*treffen (a, o)*
renouveler	*erneuern*
rentabiliser	*rentabel, einträglich machen*
réorganiser	*neuorganisieren*
réorienter	*neu orietieren, anders ausrichten*
répondre	*antworten*
représenter	*vertreten (a, e), darstellen, repräsentieren*
respecter	*respektieren, beachten*
retarder	*verzögern*
rétrograder	*zurücksetzen*
révéler	*enthüllen, zeigen*
revendiquer	*fordern*
s'entretenir	*sich unterhalten mit +D*
s'épanouir	*Sich entfalten*
s'exprimer	*sich ausdrücken*
s'habituer	*Sich gewöhnen an +A*
s'impliquer	*sich einbringen (ach, ach), sich einlassen auf +A (ie, a)*
s'imposer	*sich behaupten, sich durchsetzen*
s'inscrire	*sich einschreiben (ie, ie), sich anmelden*
s'installer	*sich niederlassen (ie, ie)*
s'instruire	*lernen, sich fortbilden*
s'intégrer	*sich integrieren*
sanctionner	*sanktionieren, bestrafen*
satisfaire	*zufriedenstellen*
se caractériser	*sich auszeichnen*
se concentrer	*Sich konzentrieren auf +A*
se consacrer	*Sich widmen*
se diviser	*sich aufteilen*
se heurter	*sich stoßen an +D (ie, o)*
se joindre à	*sich dazugesellen*
se justifier de	*Sich rechtfertigen für +A, sich verantworten für +A*
se reconvertir	*sich beruflich umorientieren, umschulen*
se renseigner	*Sich erkundigen*
sélectionner	*auswählen*

sembler	*scheinen*
signifier	*bedeuten*
situer	*ansiedeln, einordnen*
solliciter	*beantragen, nachsuchen um +A*
solutionner	*lösen*
souscrire à	*beitreten (a, e), einen finanziellen Beitrag leisten*
sous-traiter	*An Zulieferer-Subunternehmer vergeben (a, e)*
structurer	*strukturieren*
suivre	*folgen*
syndiquer (se)	*sich gewerkschaftlich organisieren, einer Gewerkschaft beitreten (a, e)*
systématiser	*systematisieren*
téléphoner	*telefonieren*
témoigner	*zu erkennen geben (a, e), bezeugen*
temporiser	*hinauszögern, Zeit gewinnen (a, o)*
tenir	*halten (ie, a)*
thématiser	*thematisieren*
traduire	*übersetzen*
transférer	*überführen, forwarden, weiterleiten*
transformer	*verändern*

Mise en situation dialoguée

Boris Prieur : Bonjour. Je m'appelle Boris Prieur, R.R.H. de la Biscuiterie Bretonne depuis 2010. Je vous remercie de vous être déplacée une seconde fois. Je vous en prie, prenez place.
Maria Bragard : Bonjour, je vous remercie. Eh bien, je m'appelle Maria Bragard, j'ai 22 ans, et je suis donc étudiante en Master II « marketing et export » à l'Université de Rennes. Un stage est donc nécessaire pour valider mon Master en fin d'année. Je suis disponible dès le 1er mars, comme je l'avais indiqué à votre assistante.
BP : Très bien Melle Bragard. Est-ce que vous souhaitez un rafraîchissement avant de commencer ?
MB : Non, merci, j'ai déjà bu un café avant de venir.
BP : Parfait. J'ai pris connaissance de votre CV et de votre lettre de motivation, vierge de fautes d'orthographes… ce qui devient rare actuellement (Rires). Est-il bien exact que vous avez étudié pendant un an à Bristol, et notamment la mercatique ?
MB : Oui, tout à fait. Au-delà des cours suivis, j'ai pu améliorer mon niveau en langue anglaise qui est ma troisième langue après le français et l'espagnol que

je maîtrise parfaitement, ma mère étant argentine.
BP : Très intéressant, car le projet de stage concerne une étude de marché en direction de nos potentielles cibles en Californie. Nos concurrents directs n'y sont pas encore implantés. De plus, lors de divers salons, nous avons noté un regain d'intérêt de certains consommateurs californiens pour nos deux produits-phare : l'amuse-bouche aux dés de poireau et de jambon et les macarons au champagne rosé. Votre travail consistera principalement à sélectionner des relais de distribution bien implantés, qui seront des affaires saines jouissant d'une bonne réputation, mais également à expliquer à nos contacts sur place comment vendre nos produits authentiques et savoureux, mais surtout raffinés…
MB : Cela semble passionnant. Est-ce que ce stage implique des déplacements fréquents sur place ?
BP : Pas forcément, en tout cas, durant les deux premiers mois, vous allez accompagner l'équipe marketing pour vous imprégner des gammes, de leur historique et développement. Nous attendons de votre part une contribution aux outils d'aide à la vente et aux analyses mensuelles des statistiques. Si votre stage s'avère concluant, sachez qu'il y aura des possibilités de signer un contrat de travail… Ah ! mais voici notre chef produit, Marie-Odile Klein qui va vous faire visiter l'usine. Marie-Odile, je vous confie notre nouvelle stagiaire : mademoiselle Maria Bragard. Je compte sur vous pour lui faire connaître les rouages de la biscuiterie.
MOK : Entendu, Boris. J'anime une réunion d'information sur les nouvelles mentions légales en vigueur après la visite, dans une demi-heure. Est-ce que mademoiselle Bragard peut rester pour y assister ?…

Boris : *Guten Tag, ich heiße Boris Prieur, seit 2010 Personalleiter in der Biscuiterie Bretonne. Danke, dass sie sich noch ein zweites Mal hierher bemüht haben. Bitte sehr, nehmen Sie doch Platz.*
Maria Bragard : *Guten Tag, vielen Dank. Also, ich heiße Maria Bragard, bin 22 Jahre und Studentin Master II für „Marketing und Export" an der Universität in Rennes. Für die Anerkennung des Masters am Ende des Jahres benötige ich ein Praktikum und könnte am 1.März anfangen, wie ich Ihrer Assistentin bereits erklärt habe.*
BP : *Sehr schön, Frau Bragard. Möchten Sie etwas trinken, bevor wir beginnen?*
MB : *Nein danke, ich habe gerade einen Kaffee getrunken.*
BP : *Perfekt. Ich habe sowohl Ihren Lebenslauf als auch Ihren fehlerlosen Bewerbungsbrief gelesen, was heutzutage immer seltener vorkommt (Lachen). Ist es richtig, dass Sie ein Jahr in Bristol studiert haben, insbesondere Marktforschung?*
MB : *In der Tat. Über die Ausbildung hinaus habe ich mein Englisch stark verbessern können, meine dritte Sprache nach Französisch und Spanisch, das ich perfekt spreche, da meine Mutter Argentinierin ist.*
BP : *Sehr interessant, denn das Praktikumsprojekt betrifft eine Marktanalyse bezüglich unserer potentiellen Kunden in Kalifornien. Unsere direkte Konkurrenz hat sich dort noch nicht angesiedelt. Außer dem haben wir auf den beiden letzten Messen*

ein neu auflebendes Interesse bestimmter kalifornischer Verbraucher für unsere beiden Schlüsselprodukte feststellen können : Die Appetitthäppchen mit Schinken- und Lauchwürfeln und die Makronen mit Champagner rosé. Ihre Arbeit bestünde hauptsächlich im Ausfindigmachen dort bereits angesiedelter, wirtschaftlich gesunder Vertriebsfirmen mit gutem Ruf, und außerdem darin, unseren Kontakten vor Ort zu erklären, wie sie unsere unverfälschten und geschmackvollen, doch vor allem raffinierten Produkte am besten verkaufen…

MB : *Das hört sich spannend an. Umfasst das Praktikum auch häufige Geschäftsreisen?*

BP : *Nicht unbedingt, jedenfalls werden Sie in den ersten beiden Monaten mit dem Marketing-Team zusammen arbeiten, um sich mit der Produktpalette, ihrer Entsehungsgeschichte und ihrer Entwicklung vertraut zu machen. Wir erwarten von Ihnen einen Beitrag zu den Verkaufsmaßnahmen und den monatlichen statistischen Analysen. Wenn Ihr Praktikum zu unserer Zufriedenheit verläuft, können Sie eventuell mit einem festen Arbeitsvertrag rechnen. Ah… da ist unsere Produktleiterin Marie-Odile Klein, die Ihnen die Fabrik zeigen wird. Marie-Odile, ich vertraue Ihnen unsere neue Praktikantin an, Frau Marie Bragard. Ich zähle auf sie, um ihr das Räderwerk einer Keksfabrik näher zu bringen.*

MOK : *In Ordnung, Boris. In einer halben Stunde leite ich ein Info-Meeting zu den neuen geltenden Rechtsvorschriften. Kann Frau Bragard so lange bleiben, um daran teilzunehmen?…..*

2.3 La gestion des individus et des équipes *TeamFührung*

Les noms de A à Z

a priori (l')	*Vorurteil (n, s, e)*	
absence pour maladie (l')	*Einen Krankenschein haben (m, s, e)*	*In 15 Jahren bei der Firma hatte er noch nie einen Krankenschein gehabt, im Gegensatz zu manchem anderen.*
absentéisme (l')	*Abwesenheit (w, –, en), Fehlen (n, s)*	
accident (l')	*Unfall (m, s, ¨-e)*	
activiste (l')	*Gewerkschaftler (m, s, –)*	*Wie er schnell merkte, waren Gewerkschaftler dem Chef suspekt.*
adhésion (l')	*Beitritt (m, s, e)*	
âge (l')	*Alter (n, s, –)*	

alignement (l')	*Einstellung (w, –, en), Ausrichtung (w, –, en)*	*Aus ihrem Harmoniebedürfnis heraus hatte sie sich der Einstellung ihrer Kollegen angeschlossen.*
alphabétisation (l')	*Alphabetisierung (w, –, en)*	
ambition (l')	*Ehrgeiz (m, es)*	*Nur mit viel Ehrgeiz konnte sie sich gegenüber den Kolleginnen behaupten.*
amélioration (l')	*Verbesserung (w, –, en)*	
ami, e (l')	*Freund-in*	
amitié (l')	*Freundschaft (w, –, en)*	*Die besten Freundschaften hatte sie mit 2 Kolleginnen geschlossen.*
apprentissage tout au long de la vie (l')	*Lebenslanges Lernen (n, s)*	
aspect (l')	*Aspekt (m, es, e), Gesichtspunkt (m, es, e)*	
atelier (l')	*Werkstatt (w, –,¨-en)*	
attitude (l')	*Haltung (w, –, en)*	*Die Haltung mancher Mitarbeiter gegenüber dem neuen Kollegen ließ sehr zu wünschen übrig.*
attractivité (l')	*Attraktivität (w, –, en), Anziehungskraft (w, –,¨-e)*	
auto-motivation (l')	*Selbstmotivierung (w, –, en)*	
autonomie (l')	*Autonomie (w, –, n), Eigenständigkeit (w, –, en)*	*Bei der Durchführung dieses Projekts waren Eingenständigkeit und Selbstmotivierung gefragt.*
autonomie (l')		
autorité (l')	*Autorität (w, –, en)*	
avantage en nature (l')	*Sachbezüge (n, s,¨-e)*	
avantages (les)	*Vorteile (m, s, e)*	
avertissement (l')	*Abmahnung (w, –, en), Mahnung (w, –, en)*	*Wegen häufigen Zuspätkommens hatte er gestern eine Abmahnung bekommen.*
barrières (les)	*Blockade (w, –, n), Hindernis (n, ses, se)*	

battant (le)	*Kämpfernatur (w, –, en), Macher (m, s, –)*	*Der neue Abteilungsleiter war eine Kämpfernatur und ließ keine Herausforderung aus, um seine neue Stellung zu sichern.*
besoin (le)	*Bedarf (m, s), Bedürfnis (n, ses, se)*	
bien (le)	*Gut (n, s, ¨-er)*	
blague (la)	*Witz (m, es, e), Scherz (m, es, e)*	*Mit einem Scherz von Zeit zu Zeit lockerte er die angespannte Arbeitsatmosphäre zum sichtlichen Vergnügen seiner Kollegen auf.*
bon à rien (le)	*Nichtsnutz (m, es, e), Taugenichts (m,-e)*	*Der neue Praktikant stellte sich leider als ein Taugenichts heraus, der den Anforderungen nicht gewachsen war.*
capacités physiques (les)	*Körperliche Möglichkeiten (w, –, en)*	
capital humain (le)	*Menschliches Kapital (n, s)*	
capital social (le)	*Sozialkapital, Stammkapital (n, s)*	
caractère (le)	*Charakter (m, s, e)*	
changement (le)	*Wechsel (m, s, –), Änderung (w, –, en)*	*Seit dem Wechsel an der Firmenspitze war die Atmosphäre nicht mehr dieselbe.*
changement radical (le)	*Radikale Änderung (w, –, en)*	
chasseur, se de têtes (le, la)	*Headhunter (m, s-)*	*Seit dem Gespräch mit dem Headhunter überlegte er ernsthaft, die Firma zu wechseln.*
choix de vie (le)	*Entscheidung, auf eine bestimmte Art zu leben*	
citoyenneté (la)	*Staatsangehörigkeit (w, –, en)*	

clairvoyance (la)	*Klarsicht (w, –, en), Weitblick (m, s, e)*	
coaching (le)	*Coaching (n, s, s)*	*In Zeiten der Orientierungslosigkeit erlebt das Coaching einen Aufschwung.*
coercition (la)	*Nötigung (w, –, en), Zwang (m, s, ¨-e)*	
collaborateur, trice (le, la)	*Mitarbeiter-in*	
collègue (le)	*Kollege (m, n, n)*	
commission (la)	*Kommission (w, –, en), Ausschuss (m, es, ¨-e), Provision (w, –, en)*	*Am Ende des Monats konnte er mit einer 5-stelligen Provision rechnen.*
communion (la)	*Verbundenheit (w, –, en)*	
compassion (la)	*Mitgefühl (n, s, e)*	
compensation financière (la)	*Finanzielle Kompensierung (w, –, en)*	
compliment (le)	*Kompliment (n, es, e)*	*Bei einem erfolgreichen Projekte geizte der Direktor nie mit Komplimenten.*
concurrence (la)	*Konkurrenz (w, –, en), Wettbewerb (m, s, e)*	
concurrent (le)	*Konkurrent (m, en, en), Wettbewerber (m, s, –)*	
confiance (la)	*Vertrauen (n, s)*	*Der Chef und seine Sekräterin hatten in 10 Jahren ein starkes Vertrauensverhältnis aufgebaut.*
confusion (la)	*Unklarheit (w, –, en), Durcheinander (n, s)*	
congé (le)	*Urlaub (m, s, e)*	
congé de maternité (le)	*Schwangerschafturlaub (m, s, e)*	
congé de paternité (le)	*Vaterschaftsurlaub (m, s, e)*	*Als er 3 Monate Vaterschaftsurlaub beantragte, hatten ihn seine Kollegen dumm angeschaut.*
conscience (la)	*Bewusstsein (n, s)*	

conscience de soi (la)	*Selbstbewusstsein (n, s)*	
contexte culturel (le)	*Kultureller Kontext (m, es, e)*	*Die größte Herausfordeung dieser Versetzung nach China war die Anpassung an den völlig neuen kulturellen Kontext.*
contribution (la)	*Beitrag (m, e,¨-e)*	
couleur (la)	*Farbe (w, –, n)*	
co-voiturage (le)	*Fahrgemeinschaft (w, –, en), Mitfahrgelegenheit (w, –, en)*	*Durch die Fahrgemeinschaft mit seiner Kollegin konnte er viel Geld und Energie sparen.*
critique constructive (la)	*Konstruktive Kritik (w, –, en)*	*Für konstruktive Kritik war er schon immer empfänglich gewesen.*
croissance (la)	*Wachstum (n, s)*	
déclencheur (le)	*Auslöser (m, s, –)*	
défi (le)	*Herausforderung (w, –, en)*	*Er war dafür bekannt, jesdes auftauchende Problem als eine Herausforderung zu behandeln und zu lösen.*
démographie (la)	*Demographie (w, –, n)*	
démotivation (la)	*Demotivierung (w, –, en)*	
determination (la)	*Entschlossenheit (w, –, en)*	*Mit großer Entschlosseneheit erfüllte sie auch in dieser schweren Phase ihre Pflicht.*
devoir (le)	*Pflicht (w, –, en)*	
dextérité (la)	*Geschicklichkeit (w, –, en)*	*Mit großer Geschicklichkeit hatte er bei der Präsentation die Probleme bei der Realisierung des Projekts umgangen.*
discrimination (la)	*Diskriminierung (w, –, en)*	
discrimination à l'envers (la)		
discrimination positive (la)	*Positive Diskriminierung (w, –, en)*	
égalité (l')	*Gleichheit (w, –, en)*	
égalité (l')		

égalité de traitement (l')	*Gleiche Behandlung (w, –, en)*	
égalité des chances (l')	*Chancengleichheit (w, –, en)*	*Von Chancengleichheit konnte keine Rede sein, denn mal wieder war ein männlicher Kollege bei der Beförderung bevorzugt worden.*
élargissement des libertés (l')	*mehr Freiheiten (w, –, en)*	
éloge (l'), louange (la)	*Lob (n, s)*	
émotion (l')	*Gefühl (n, s, e)*	
empathie (l')	*Einfühlungsvermögen (n, s)*	
engagement (l')	*Engagement (n, s, s)*	*Neben seinem Job bleibt ihm noch Zeit für sein Engagement als ehrenamtlicher Helfer.*
enthousiasme (l')	*Enthusiasmus (m, ses)*	
entrave (l')	*Hindernis (n, ses, se), Stolperstein (m, s, e)*	
équilibre vie-travail (l')	*Gleichgewicht (n, s, e), Ausgleich (m, s) zwischen Arbeit und Privatleben*	*Trotz dervielen Überstunden versuchte er, Arbeit und Privatleben im Gleichgewicht zu halten.*
estime de soi (l')	*Selbstachtung (w, –)*	
étape (l')	*Etappe (w, –, n), Schritt (m, es, e)*	
ethnicité (l')	*Charakteristika einer Ethnie*	
évaluation (l')	*Bewertung (w, –, en), Einschätzung (w, –, en)*	*Nach Ablauf der Probezeit war die Bewertung so gut gelaufen, dass sie fest übernommen wurde.*
faute (la)	*Fehler (m, s, –)*	
femme (la)	*Frau (w, –, en)*	
formation (la)	*Ausbildung, Fortbildung, Weiterbildung (w, –, en)*	*Sie hatte gegenüber den Kollegen solche Komplexe, dass sie alle nur möglichen Weiterbildungen besuchte.*
garde d'enfants (la)	*Kinderbetreuung (w, –, en)*	

genre (le)	*Art (w, –, en), Sorte (w, –, n)*	
grossesse (la)	*Schwangerschaft (w, –, en)*	*Nach der Schwangerschaft war der Wiedereintritt ins Berufsleben eine große Herausforderung für Frau Bastian.*
handicap (le)	*Behinderung (w, –, en)*	
handicap (le)	*Vorgabe (w, –, n)*	
handicap mental (le)	*Geitige Behinderung (w, –, en)*	
harcèlement (le)	*Belästigung (w, –, en)*	*Leider kam es in dieser Abteilung immer häufiger zu Beschwerden über sexuelle Belästigung.*
harcèlement sexuel (le)	*Sexuelle Belästigung (w, –, en)*	
héritage (l')	*Erbe (n, s), Erbschaft (w, –, en)*	*Der Juniorchef hatte das Erbe seines Vaters respektabel weitergeführt.*
hétérogénéité (l')	*Heterogenität (w, –, en), Uneinheitlichkeit (w, –, en)*	
historique (l')	*Chronologischer Überblick (m, s, e), Verlauf (m, s, ¨-e)*	
humeur (l')	*Laune (w, –, n)*	*Jeden Montag hatte die Sekretärin unglaublich schlechte Laune, aber jeder war daran gewöhnt.*
humour (l')	*Humor (m, s)*	
hypothèse (l'), supposition (la)	*Hypothese (w, –, n), Annahme (w, –, n)*	
identité sexuelle (l')	*Sexuelle Identität (w, –, en)*	
impartialité (l')	*Sachlichkeit (w, –, en), Unbefangenheit (w, –, en)*	
incapacité physique (l')	*Körperliches Unvermögen (n, s)*	*Seine erstaunliche Intelligenz ließ seinen Kollegen sein körperliches Unvermögen leicht vergessen.*

inclusion (l')	*Einschluss (m, es, ¨-e), Einbeziehung (w, –, en)*	
individu (l')	*Individuum (n, s, uen), Einzelperson (w, –, en)*	
infirmité (l')	*Gebrechen (n, s, –), Krankheit (w, –, en)*	
intention (l')	*Absicht (w, –, en), Intention (w, –, en)*	*Alle Kollegen waren über die unlauteren Absichten der Konkurrenz geschockt.*
jeu (le)	*Spiel (n, s, e)*	
libre arbitre (le)	*Entscheidungsfreiheit (w, –, en)*	*Trotz der Vorgaben blieb bei der Planung des Projekts noch viel Entscheidungsfreiheit.*
lieu de travail (le)	*Arbeitsplatz (m, es, ¨-e)*	
localisation géographique (la)	*Geografische Lage (w, –, n)*	
loyauté (la)	*Loyalität (w, –, en), Treue (w, –)*	*20 Jahre Firmantreue wurden jetzt mit seiner Entlassung belohnt, das war ungerecht, fand er.*
magicien (le)	*Zauberer (m, s, –)*	
maîtrise (la)	*Beherrschung (w, –, en), Meisterschaft (w, –, en), Magister (m, s, –) (Studienabschluss)*	
malentendu (le)	*Missverständnis (n, ses, se)*	*Die unterschiedliche kulturelle Herkunft der Mitarbeiter führte manchmal zu Missverständnissen bei der Kommunikation.*
malheur (le)	*Unglück (n, s, e)*	
manque (le)	*Mangel (m, s, ¨-)*	
médiateur (le)	*Vermittler (m, s, –)*	
médiation (la)	*Vermittlung (w, –, en)*	*Durch die Vermittlung eines Spezialisten konnte der wochenlange Streit unter den Kollegen endlich beigelegt werden.*

méfait (le)	*Verheerende Folge (w, –, n), Missetat (w, –, en)*	
membre (le)	*Mitglied (n, s, er)*	
militaire (le)	*Soldat (m, en, en)*	
minorité (la)	*Minderheit (w, –, en)*	*Nur eine kleine Minderheit der Angestellten wollte an der geplanten Betriebsfeier nicht teilnehmen.*
mise à pied (la), licenciement (le)	*Entlassung (w, –, en)*	
mission (la)	*Auftrag (m, s, ¨-e)*	
moral (le)	*Stimmung (w, –, en), Gemütsverfassung (w, –, en)*	*Mein Job macht mir so viel Spaß, dass ich in jeder Gemütsverfassung arbeiten kann.*
morale (la)	*Moral (w, –)*	
motivation (la)	*Motivation (w, –, en), Motivierung (w, –, en)*	*Die Stärke unseres Teamleiters war seine Fähigkeit, die Motivation seiner Kollegen aufrecht zu erhalten.*
nationalité (la)	*Nationalität (w, –, en)*	
nouvelle recrue (la)	*Neuankömmling (m, s, e), Neuzugang (m, s, ¨-e)*	
obstacle (l')	*Problem (n, s, e)*	
obstacle (l')	*Hindernis (n, ses, se)*	*Unserem Team war es bis dato immer gelungen, etwaige Hindernisse aus dem Weg zu räumern.*
occupation (l')	*Besetzung (w, –, en)*	
opportunité (l'), occasion (l')	*Gelegenheit (w, –, en), Möglichkeit (w, –, en)*	
orientation sexuelle (l')	*Sexuelle Ausrichtung (w, –, en), Orientierung (w, –, en)*	
parcours (le)	*Laufbahn (w, –, en), Werdegang (m, s, ¨-e)*	*Seine berufliche Laufbahn war ungewöhnlich, aber reich an Erfahrungen gewesen.*
perception (la)	*Wahrnehmungsvermögen (n, s)*	

performance (la)	*Leistung (w, –, en)*	
personnalité (la)	*Persönlickeit (w, –, en)*	*Die Kollegen störten sich an ihrer starken Persönlichkeit.*
perspective (la)	*Perspektive (w, –, n), Aussicht (w, –, en)*	
phase (la)	*Phase (w, –, n), Abschnitt (m, es, e)*	
plafond de verre (le)	*Gläserne Decke (w, –, n)*	*Trotz der gläsernen Decke war es ihr gelungen, den Posten als stellvertretende Geschäftsleiterin zu besetzen.*
plaisir (le)	*Vergnügen (n, s), Spaß (m, es, ¨-e)*	
point de vue (le)	*Meinung (w, –, en), Standpunkt, Gesichtspunkt (m, es, e)*	
polémique (la)	*Polemik (w, –, en)*	*Über die schnelle Beförderung des Neuen war eine lautstarke Polemik ausgebrochen.*
prime (la)	*Prämie (w, –, n)*	
progrès (le)	*Fortschritt (m, es, e)*	
promotion (la)	*Beförderung (w, –, en)*	*Nach 15 Jahren hatte er endlich seine Beförderung zum Abteilungsleiter feiern können.*
psychométrie (la)	*Psychometrie (w, –, n)*	
quota (le)	*Quote (w, –, n)*	
race (la)	*Rasse (w, –, n)*	
racisme (le)	*Rassismus (m, ses, men), Fremdenfeindlichkeit (w, –, en)*	*Fremdenfeindlichkeit war in dieser Multinationalen noch nie ein Thema gewesen.*
raison (la)	*Grund (m, s, ¨-e)*	
réalisation (la)	*Durchführung (w, –, en), Realisierung (w, –, en)*	
réceptivité (la)	*Empfänglichkeit (w, –, en), Offenheit (w, –, en)*	
récompense (la)		
récompense (la), prix (le)	*Belohnung (w, –, en)*	

reconnaissance (la)	*Anerkennung (w, –, en)*	*Der Chef versäumt es nie, seinen Angestellten bei Gelegenheit seine Anerkennung für die erbrachte Leistung auszusprechen.*
recrutement (le)	*An-Einstellung (w, –, en)*	*Das neue Einstellungsverfahren hat sich auf die Dauer als sehr zuverlässig erwiesen.*
redondance (la)	*Wiederholung (w, –, en)*	
religion (la)	*Religion (w, –, en)*	
rémunération (la)	*Bezahlung (w, –, en)*	
réservoir de main d'œuvre (le)	*Arbeitskräftepool (m, s, s)*	
responsabilité (la)	*Verantwortung (w, –, en)*	*Durch seinen neuen Job hatte er auch mehr Verantwortung zu tragen.*
responsable (le, la)	*Verantwortliche, r, Leiter, in*	
rétention (la)	*Zurückhaltung (w, –, en)*	
revenu (le)	*Einkommen (n, s, –)*	*Er hatte vergessen, seine Einkommenssteue-rerklärung abzugeben.*
richesse (la)		
richesse (la)	*Reichtum (m, s, ¨-er)*	
rotation du personnel (la)	*Personalwechsel (m, s, –)*	*Seit der Krise war der Personalwechsel deutlich gestiegen.*
salaire (le)	*Verdienst (m, es, e)*	
salaire (le)	*Gehalt (n, es, ¨-er)*	*Das 13.Gehalt war in schwierigen Situationen ein guter Ansporn.*
salaire (le)	*Lohn (m, s, ¨-e)*	
santé mentale (la)	*Geistige Gesundheit (w, –)*	
sexisme (le)	*Sexismus (m, ses, men)*	
soins aux personnes âgées (les)	*Altenversorgung (w, –, en)*	
statut (le)	*Status (m, ses, –)*	*Ihr Status als rechte Hand des Chefs brachte ihr viele Vorteile ein.*

statut marital (le)	*Ehestatus (m, ses, –)*	
statut parental (le)	*Elternstatus (m, ses, –)*	
stéréotype (le)	*Stereotyp (m, s, en)*	*Der neue Kollege erfüllte alle Stereotypen eines Mitfünfzigers.*
stratège (le, la)	*Stratege (m, n, n)*	
stress (le)	*Stress (m, es)*	
subjectivité (la)	*Subjektivität (w, –, en)*	
succès (le)	*Erfolg (m, s, e)*	*Mit Erfolg hatten sie das Projekt abgeschlossen.*
suspension (la)	*Aufhebung (w, –, en), Suspendierung (w, –, en)*	
tâche (la)	*Aufgabe (w, –, n)*	*Nach dem Urlaub bekam er zwei neue Aufgaben zugeteilt.*
talent (le)	*Talent (n, s, e)*	
tempérament (le)	*Temperament (n, es, e)*	
tendance (la)	*Tendenz (w, –, en), Modeerscheinung (w, –, en)*	
tension (la)	*Spannung (w, –, en)*	*Im Meeting wurde die Spannung deutlich spürbar.*
trait (le)	*Strich (m, s, e), Zug (m, es, ¨-e)*	
travail (le)	*Arbeit (w, –, en)*	
travail en équipe (le)	*Teamarbeit (w, –, en)*	*Teamarbeit war in dieser Firma die produktivste Arbeitsform.*
typologie (la)	*Typologie (w, –, n)*	
vision (la)	*Sicht (w, –, en), Sichtweise (w, –, n), Vision (w, –, en)*	*Die Sichtweise des Kollegen fand keine Zustimmung.*

Les adjectifs de A à Z

acceptable	*akzeptabel*
accessible	*zugänglich*
adéquat, e	*adäquat, entsprechend*
ambitieux, ieuse	*ehrgeizig*
analytique	*analytisch*
anxieux, euse	*ängstlich*

appartenant, e	*gehörend*
apprécié, e	*geschätzt*
approprié, e	*geeignet*
attentif, ive	*aufmerksam*
authentique	*authentisch*
autocritique	*selbstkritisch*
autonome	*autonom, eigenständig*
calme	*ruhig*
cohérent, e	*koherent, stimmig*
commun, e	*gemeinsam, üblich, zusammen*
compatissant, e	*mitfühlend*
compétent, e	*kompetent*
comportemental, e	*Verhaltens-*
confiant, e en soi	*selbstbewusst*
conscient, e	
conscient, e	*bewusst*
constructif, ive	*konstruktiv*
contemplatif, ive	*beschaulich*
conventionnel, le	*üblich, konventionell*
coopératif, ive	*kooperativ*
coriace	*hartnäckig, unerbittlich*
crédible	*glaubhaft, glaubwürdig*
critique	*kritisch*
culturel, le	*kulturell*
curieux, se	*neugierig*
décisif, ive	*entscheidend*
déçu, e	*enttäuscht, traurig*
défini, e	*festgelegt*
définitif, ive	*definitiv*
délicat, e	*heikel, schwierig, delikat*
démographique	*demographisch*
dévoué, e	*ergeben*
différent, e	*anders, unterschiedlich*
difficile	*schwierig*
digne de confiance	*vertrauenswürdig*
direct, e	*direkt*
directif, ive	*autoritär*
discipliné, e	*diszipliniert*
discret, ète	*diskret, zurückhaltend*

distrait, e	*vergesslich, zerstreut*
divers, e	*verschieden, unterschiedlich*
dynamique	*dynamisch*
efficace	*wirkungsvoll, effizient*
embarrassé, e	*ratlos, verunsichert, verlegen*
empathique	*mitfühlend*
employé, e	*angestellt*
en, au-dessous de la moyenne	*unterdurchschnittlich*
endurant, e	*ausdauernd*
enthousiaste	*enthusiastisch*
entrepreneurial, e	*unternehmerisch*
épatant, e	*erstaunlich, verblüffend*
éthique	*ethisch*
étroit, e	*eng*
expert, e	*Fach-, spezialisiert*
ferme	*entschlossen, standhaft*
féroce	*wild*
futé, e	*pfiffig*
handicapé, e	*behindert*
hétérogène	*uneinheitlich, heterogen*
heureux, euse	*glücklich*
holistique	*ganzheitlich, holistisch*
honnête	*ehrlich, aufrichtig*
inclusif, ive	*einschließlich*
inconstant, e	*unbeständig*
indécis, e	*unentschlossen*
indélébile	*unauslöschlich*
indirect, e	*indirekt*
indulgent, e	*nachsichtig*
inoubliable	*unvergesslich*
insolent, e	*unverschämt, frech, dummdreist*
intègre	*integer*
irresponsable	*unverantwortlich*
juste	*richtig, gerecht*
large	*weit, breit*
lente, e	*langsam*
linguistique	*sprachlich, linguistisch*
logique	*logisch*
loyal, e	*treu, loyal*

moral, e	*moralisch*
motivé, e	*motiviert*
moyen, ne	*Mittel-, durchschnittlich*
multiculturel, le	*multikulturell*
multilingue	*mehrsprachig*
nécessiteux, euse	*bedürftig*
opiniâtre	*hartnäckig, unnachgiebig*
organisé, e	*organisiert*
ouvert, e	*offen*
patient, e	*geduldig*
pédant, e	*pedantisch*
perfectionniste	*perfektionistisch*
persévérant, e	*ausdauernd*
perspicace	*scharfsinnig*
pragmatique	*pragmatisch*
proactif, ve	*vorausschauend*
profond, e	*geistreich*
profond, e	*tief, hintergründig*
psychométrique	*psychometrisch*
rapide	*schnell*
rationnel, le	*rationell, rational*
réactif, ive	*reaktionsschnell, rückwirkend*
réaliste	*realistisch*
réceptif, ive	*aufnahmebereit, empfänglich*
rempli, e	*voll, gefüllt*
restreint, e	*beschränkt, begrenzt*
réussi, e	*gelungen*
rigoureux, euse	*streng*
sage	*vernünftig, klug*
satisfait, e	*zufrieden*
sensible	*sensibel*
sincère	*ehrlich, aufrichtig*
sociable	*kontaktfreudig, umgänglich*
spirituel, le	*spirituell*
subjectif, ve	*subjektiv*
suffisant, e	*ausreichend*
superficiel, le	*oberflächlich*
supporteur, trice	*unterstützend*
tolérant, e	*tolerant*

travailleur, euse	*fleißig*
verbal, e	*verbal*
vicieux, euse	*lasterhaft*
vif, vive d'esprit	*geistesgegenwärtig, geistig rege*

Les verbes de A à Z

absorber	*absorbieren*
accepter	*akzeptieren*
acclimater	*aklimatisieren*
accommoder	*verwerten, anpassen*
acquérir	*erlangen*
adresser	*richten an +A*
analyser	*analysieren*
anticiper	*vorwegnehmen (a, o)*
apprécier	*schätzen, genießen (o, o)*
apprendre	*lernen*
assurer	*versichern*
atteindre	*erreichen*
attirer	*anziehen (o, o)*
blaguer	*einen Scherz, Witz machen*
capitaliser	*zu Geld machen*
coacher	*coachen*
collecter	*sammeln*
commander	*kommandieren, bestellen*
comparer	*vergleichen (i, i)*
complimenter	*Komplimente machen*
comprendre	*verstehen (a, a)*
considérer	*betrachten, ansehen (a, e)*
construire	*bauen*
contraindre	*zwingen (a, u)*
contraster	*kontrastieren, sich absetzen gegen +A*
contribuer	*beitragen zu +D (u, a)*
coopérer	*kooperieren, zusammenarbeiten, gemeinsam arbeiten*
décaler	*verschieben (o, o)*
déduire	*ableiten*
défendre	*verteidigen*
défier	*herausfordern*

définir	*definieren, festlegen*
déléguer	*delegieren, weitergeben (a, e)*
dénigrer	*herabwürdigen, schlecht machen*
dépasser	*überschreiten (i, i), übersteigen (ie, ie)*
désapprouver	*missbilligen*
discréditer	*diskreditieren, in Verruf bringen (ach, ach)*
éliminer	*eliminieren, löschen*
élire	*wählen*
embaucher	*einstellen*
empêcher	*verhindern*
employer	*einstellen*
encourager	*ermutigen*
engager	*anfangen (i, a), engagieren, anstellen*
esquisser les contours	*Umrisse zeichnen*
établir	*errichten*
être en dessous des attentes	*hinter den Erwartungen zurück bleiben (ie, ie)*
examiner	*untersuchen*
expliquer	*erklären*
faciliter	*erleichtern, vereinfachen*
faire attention à	*aufpassen auf +A*
faire grève	*streiken*
freiner	*bremsen*
héler	*herbeirufen (ie, u), winken*
ignorer	*ignorieren, nicht beachten*
imposer	*durchsetzen, auferlegen*
inférer	*folgern aus, schließen aus +D (o, o)*
informer	*informieren*
inspirer	*inspirieren*
libérer	*befreien*
licencier	*entlassen (ie, a)*
louer	*mieten, vermieten*
maintenir	*aufrechthalten (ie, a), warten*
manifester	*zeigen, zum Ausdruck bringen (ach, ach)*
manipuler	*manipulieren*
marginaliser	*ausgrenzen*
médire	*schlecht über jn sprechen (a, o)*

mériter	*verdienen*
mesurer	*messen (a, e), abschätzen*
obliger	*verpflichten*
partager	*teilen*
participer	*teilnehmen (a, o)*
payer	*bezahlen*
penser	*denken (ach, ach)*
permettre	*erlauben*
peser	*wiegen (o, o)*
prendre en compte	*beachten, berücksichtigen*
prévoir	*einplanen, vorsehen (a, e)*
prioriser	*vorrangig behandeln*
promettre	*versprechen (a, o)*
promouvoir	*befördern, fördern*
provoquer	*provozieren, hervorrufen (ie, u)*
punir	*bestrafen*
ranger	*aufräumen, ordnen*
rappeler	*erinnern*
rassurer	*beruhigen*
récompenser	*belohnen*
reconnaître	*erkennen, anerkennen (a, a)*
remercier	*danken*
remplir	*füllen*
renvoyer chez lui, elle	*nach Hause schicken*
reporter	*verschieben (o, o)*
réprimander	*zurechtweisen (ie, ie)*
reprocher	*vorwerfen (a, o)*
réprouver	*missbilligen, verurteilen*
respecter	*respektieren, beachten*
responsabiliser	*Zur Verantwortung ziehen (o, o)*
retarder	*verschieben (o, o), hinauszögern*
s'abstenir	*unterlassen (ie, a), verzichten auf +A*
sanctionner	*sanktionieren, bestrafen*
satisfaire	*zufriedenstellen*
saturer	*genug haben von +D*
se lier	*sich mit jm anfreunden*
se mettre en route	*loslegen, anfangen (i, a)*
se plaindre	*sich beschweren*
se souvenir	*sich erinnern*

sous-entendre	*stillschweigend annehmen (a, o), voraussetzen*
sous-estimer	*unterschätzen*
soutenir	*unterstützen*
surestimer	*überschätzen*
suspendre	*absetzen, unterbrechen (a, o), aufheben (o, o)*
temporiser	*abwarten, Zeit gewinnen (a, o)*
tolérer	*tolerieren*
vanter	*loben*
virer	*entlassen*
voter	*wählen, abstimmen*

2.4 Les aptitudes requises à l'exercice d'un métier *Anforderungen in der Berufspraxis*

Les noms de A à Z

aptitude (l')	*Fähigkeit, Tauglichkeit (w, –, en)*
autonomie (l')	*Autonomie (w, –, n), Selbstständigkeit (w, –, en)*
bon sens (le)	*Gesunder Menschenverstand (m, es)*
capacité d'action (la)	*Handlungsfähigkeit (w, –, en)*
capacité d'adaptation (la)	*Anpassungsfähigkeit (w, –, en)*
capacité d'analyse (la)	*Analysefähigkeit (w, –, en)*
capacité de conceptualisation (la)	*Konzeptgestaltung (w, –, en)*
capacité de contextualisation (la)	*Fähigkeit in einen größeren Zusammenhang zu stellen*
capacité de diagnostic (la)	*Diagnosefähigkeit (w, –, en)*
capacité d'écoute (la)	*Aufnahmenfähigkeit (w, –, en)*
capacité de jugement (la)	*Urteilsfähigkeit (w, –, en)*
compétence (la)	*Fähigkeit, Fertigkeit, Kapazität (w, –, en)*
confiance en soi (la)	*Selbstvertrauen (n, s)*
connaissance (la)	*Wissen (n, s), Kenntnis (w, –, se)*
curiosité (la)	*Neugierde (w, –)*
discipline personnelle (la)	*Selbstdisziplin (w, –, en)*
dynamisme (le)	*Dynamik (w, –, en), Tatkraft (w, –)*
efficacité (l')	*Effizienz, Leistungsfähigkeit (w, –, en)*

esprit d'initiative (l')	*Initiative ergreifen*
esprit de synthèse (l')	*Sinn für die Zusammenhänge (m, es)*
esprit de tolérance (l')	*Toleranz (w, –, en)*
endurance au travail (l')	*Arbeitsausdauer (w, –)*
goût du dialogue (le)	*dialogfreudig*
intégrité (l')	*Integrität*
intuition (l')	*Intuition (w, –, en), Eingebung (w, –, en)*
opiniâtreté (l')	*Unnachgiebigkeit, Dickköpfigkeit (w, –, en)*
patience (la)	*Geduld (w, –)*
persévérance (la)	*Ausdauer (w, –), Beharrlichkeit (w, –, en)*
perspicacité (la)	*Scharfsinnigkeit (w, –, en)*
résistance au stress (la)	*Stressunempfindlichkeit (w, –, en)*
rigueur (la)	*Strenge (w, –)*
savoir (le)	*Wissen (n, s)*
savoir-faire (le)	*Wissen (n, s), Können (n, s)*
sensibilité (la)	*Sensibilität (w, –, en), Empfindlichkeit (w, –, en)*
tact (le)	*Taktgefühl (n, s, e)*
vivacité d'esprit (la)	*Schlagfertigkeit (w, –, en)*

Les adjectifs de A à Z

ambitieux, se	*ehrgeizig*
autocritique	*selbstkritisch*
autonome	*autonom, selbstständig*
calme	*ruhig, besonnen*
capable d'agir	*handlungsfähig*
capable de s'adapter	*anpassungsfähig*
capable d'analyser	*analytisch*
capable de contextualiser	*in den Zusammenhang stellen*
capable de diagnostiquer	*diagnostizierbar*
capable d'écouter	*aufnahmefähig*
capable de porter un jugement	*urteilsfähig*
cohérent, e	*kohärent, zusammenhängend*
compétent, e	*kompetent*
confiant en soi	*selbstbewusst*
constructif, ive	*konstruktiv*

créatif, ive	*kreativ*
critique	*kritisch*
curieux, curieuse	*neugierig*
délicat, e	*empfindlich, behutsam*
digne de confiance	*vertrauenswürdig*
discret, e	*diskret, unauffälig*
discipliné, e	*diszipliniert*
directif, ive	*autoritär*
dynamique	*dynamisch, lebhaft*
efficace	*wirksam, wirkungsvoll, effizient*
endurant, e	*ausdauernd*
ferme	*standhaft, entschlossen*
gai, e	*lustig, munter, fröhlich*
honnête	*aufrichtig, ehrlich*
indulgent, e	*unerbittlich*
intègre	*integer*
juste	*gerecht*
loyal, e	*loyal, fair, anständig*
motivé, e	*motiviert*
ouvert, e	*offen, zugänglich*
opiniâtre	*unnachgiebig, dickköpfig*
organisé, e	*organisiert*
patient, e	*geduldig*
perfectionniste	*perfektionistisch*
persévérant, e	*ausdauernd, beharrlich*
perspicace	*scharfsinnig*
proactif, ive	*vorausschauend, proaktiv*
pragmatique	*pragmatisch*
réactif, ive	*reaktionsschnell, reaktiv*
réaliste	*realistisch*
rigoureux, euse	*rigoros, streng*
sensible	*sensibel, empfindlich*
sincère	*aufrichtig, ehrlich*
sociable	*umgänglich, kontaktfreudig*
tolérant, e	*tolerant*
travailleur, se	*fleißig*
vif, vive d'esprit	*geistreich, schlagfertig*

3. LE MANAGEMENT EN MILIEU PROFESSIONNEL *MANAGEMENT IN DER BERUFSWELT*

3.1 Le management stratégique *Strategie-Management*

Les noms de A à Z

acceptabilité (l')	*Zumutbarkeit (w, –, en)*	
acquisition (l')	*Anschaffung (w, –, en)*	
actif (l')	*Vermögen (n, s, –), Aktiva (n, s, a)*	
action (l')	*Aktion (w, –, en)*	
actionnaire (l')	*Aktionär (m, s, e)*	
adéquation (l')	*Entsprechung (w, –, en), Angemessenehit (w, –, en)*	
agence (l')	*Agentur (w, –, en), Büro (n, s, s)*	*Die Leitung der neuen Agentur war leider seiner Kollegin übertragen worden.*
aperçu (l')	*Überblick (m, s, e)*	
approche (l')	*Ansatz (m, es, ¨-e)*	
arène (l')	*Arena (w, –, en)*	
art (l')	*Kunst (w, –, ¨-e)*	
attente (l')	*Erwartung (w, –, en)*	
audit (l')	*Audit (n, s, s), Betriebsprüfung (w, –, en)*	
autorité (l')	*Autorität (w, –, en)*	*Die Praktikanten mussten mit viel Einfühlungsvermögen, aber auch einer gerechten Autorität angeleitet werden.*
barrière (la)	*Hindernis (n, ses, se), Schwelle (w, –, n)*	
bénéfice (le)	*Gewinn (m, s, e)*	*Trotz hoher Gewinne wollte der Konzern 200 Mitarbeiter entlassen.*
bénévole (le)	*ehrenamtlich aktiv*	
brevet (le)	*Patent (n, es, e)*	

brièveté (la)	*Kürze (w, –)*	*Alle waren über die Kürze der Präsentation erstaunt.*
budget (le)	*Budget (n, s, s), Haushalt (m, es, e)*	
but (le)	*Ziel (n, s, e)*	
capital (le)	*Kapital (n, s), Vermögen (n, s, –)*	
catastrophe (la)	*Katastrophe (w, –, n)*	*Im letzten Jahr konnte der Finanzdirektor die finanzielle Katastrophe in letzter Minute verhindern.*
catastrophe (la)	*Katastrophe (w, –, n)*	
certitude (la)	*Gewissheit (w, –, en), Sicherheit (w, –, en)*	
chemin (le)	*Weg (m, s, e)*	*Der Weg zum Erfolg ist steinig und hart.*
chevalier blanc (le)	*Weißer Ritter, ein Unternehmen, das mit Aktienkauf einem von Übernahme bedrohten Konzern hilft*	*Im Rahmen der feindlichen Übernahme hatte sich der französische Konzern als weißer Ritter versucht.*
co-entreprise (la)	*Gemeinschaftsunternehmen (n, s, –), Jointventure (n, s, s)*	*Die Arbeit im Jointventure verteilte die finanzielle Verantwortung.*
comité directeur (le), comité de conduite (le)	*Führungsgremium (n, s, ien), Direktorium (n, s, ien)*	
concentration (la)	*Konzentration (w, –, en), Anhäufung (w, –, en)*	*Die Konzentration von Telefonläden in diesem Sektor macht den Wettbewerb äußerst hart.*
concurrence (la)	*Konkurrenz (w, –, en), Wettbewerb (m, s, e)*	
concurrent, e (le, la)	*Konkurrent (m, en, en), Wettbewerber (m, s, –)*	
connaissance (la)	*Kenntnis (w, –, se)*	
conscience (la)	*Bewusstsein (n, s), Gewissen (n, s, –)*	
conseil d'administration (le)	*Aufsichtsrat (m, es, ¨-e), Geschäftsführung (w, –, en)*	

conseil de direction (le)	*Vorstand (m, es,¨-e), Direktion (w, –, en)*	*Die Direktion musste die Sparmaßnahmen für das 2.Halbjahr beschließen.*
consolidation (la)	*Konsolidierung (w, –, en)*	
consultant, e (le, la)	*Berater, -in (m, s, –)*	
contenu	*Inhalt (m, es, e)*	
contexte (le)	*Kontext (m, es, e), Zusammenhang (m, s,¨-e)*	*Im Zusammenhang mit der Entwicklung der neuen Marktstrategie mussten viele Überstunden gemacht werden.*
contrôle (le)	*Kontrolle (w, –, n)*	
costume (le)	*Anzug (m, es,¨-e)*	*Der Dresscode in diesem Sektor sah für jeden Mitarbeiter Anzug oder Kostüm vor.*
courage (le)	*Mut (m, es)*	
court terme (le)	*kurzfristig*	*Kurzfristig musste die gesamte Präsentation umgestellt werden, da die Projektleiterin krank geworden war.*
crédibilité (le)	*Glaubwüdigkeit (w, –, en)*	*Nach der letzten Pleite war die Glaubwürdigkeit des Marketingleiters gleich null.*
critères (les)	*Kriterien (n, s, en)*	
croissance (la)	*Wachstum (n, s)*	
culture (la)	*Kultur (w, –, en)*	
déclaration de mission (la)	*Auftragserklärung (w, –, en)*	
dénonciateur (le)	*Denunziant (m, en, en)*	
dérégulation (la)	*Deregulierung (w, –, en)*	
détermination (la)	*Entschlossenheit (w, –, en)*	
dilemme (le)	*Dilemma (n, s, s)*	
directeur, ice (le, la)	*Direktor, -in*	*Heute hielt der stellvertretende Direktor die wöchentliche Besprechung in seinen Büros ab.*
discontinuité (la)	*Unstetigkeit (w, –, en)*	

diversification (la)	*Diversifizierung (w, –, en), Fächerung (w, –, en)*	*Die breite Fächerung ihres Produktangebotes hatte sich als Kundenmagnet herausgestellt.*
division (la)	*Teilung (w, –, en), Abteilung (w, –, en)*	
durée (la)	*Dauer (w, –)*	
échec (l')	*Scheitern (n, s)*	*Von Beginn an waren die Verhandlungen aufgrund der starren Haltung der Direktion zum Scheitern verurteilt.*
échelle de temps (l')	*Zeittafel (w, –, n)*	
économie (l')	*Wirtschaft (w, –, en), Ökonomie (w, –, n)*	
effort (l')	*Anstrengung (w, –, en)*	*Niemand scheute Kraft und Anstrengung, um das Projekt bis Ende der Woche auf die Beine zu stellen.*
émergence (l')	*Beginn (m, s), Auftauchen (n, s)*	
engagement (l')	*Engagement (n, s, s), Einsatzbereitschaft (w, –, en)*	*Jeder in der Abteilung schätzte die Einsatzbereitschaft der neuen Kollegin.*
ennui (l')	*Ärger (m, s)*	
entreprise (l')	*Unternehmen (n, s, –), Firma (w, –, en)*	
espionnage (l')	*Spionage (w, –, n)*	
estimation (l')	*Schätzung (w, –, en)*	*Nach Schätzung des Teamleiters wurden noch 5 000 euro zusätzlich gebraucht.*
éthique (l')	*Ethik (w, –, en)*	
évaluation (l')	*Bewertung (w, –, en), Einschätzung (w, –, en)*	*Die Einschätzung der Marktlage war in diesem Jahr besonders heikel.*
exécutif (l')	*Exekutive (w, –, n)*	
exigence (l')	*Forderung (w, –, en), anforderung (w, –, en)*	

expérience (l')	*Erfahrung (w, –, en)*	*Nach den schlechten Erfahrungen mit dem letzten Praktikanten wollten sie keine neuen Mitarbeiter in ihrem Team akzeptieren.*
externalisation (la)	*Ausgliederung (w, –, en), Outsourcing (n, s, s)*	*Nachdem die Produktion ausgegliedert worden war, kam es zu immer mehr Fehlermeldungen.*
fabricant (le)	*Hersteller (m, s, –), Fabrikant (m, en, en)*	
fabrication (la)	*Fabrikation (w, –, en), Herstellung (w, –, en)*	*Die Sanierung der Anlagen hatte die Fabrikation deutlich beschleunigt.*
faisabilité (la)	*Machbarkeit (w, –, en)*	
fait (le)	*Tatsache (w, –, n)*	
figure de proue (la)	*Leitfigur (w, –, en)*	*Der Finanzdirektor Region Südwest war zu einer Leitfigur für erfolgreiches Finanzmanagement geworden.*
finance (la)	*Finanzwelt (w, –, en)*	
fonds (le)	*Fonds (m, –, –), Kapital (n, s)*	
formulation (la)	*Formulierung (w, –, en)*	*Der Slogan bedarf einer Neuformulierung, da sich die Konkurrenz wegen der Ähnlichkeit beschwert hat.*
franchise (la)	*Franchising (n, s, s)*	
fusion (la)	*Fusion (w, –, en), Zusammenschluss (m, es, ¨-e)*	
génie (le)	*Genie (m, s, s)*	
hiérarchie (la)	*Hierarchie (w, –, n)*	
identité (l')	*Identität (w, –, en)*	*Die Umsätze zeigten, dass sich die Kunden schnell mit der neuen Werbefigur identifiziert hatten.*
image (l')	*Bild (n, es, er), Image (n, s)*	

impact (l')	*Wirkung (w, –, en), Auswirkung (w, –, en)*	*Die Auswirkungen der Krise begannen langsam in der Budgetverteilung spürbar zu werden.*
indicateur (l')	*Indikator (m, s, en), Anzeiger (m, s, –)*	
influence (l')	*Einfluss (m, es, ¨-e)*	*Der Einfluss seines Amerikaaufenhaltes war im Stil des neuen Projekts deutlich spürbar.*
information (l')	*Information (w, –, en)*	
innovation (l')	*Innovation (w, –, en), Neuerung (w, –, en)*	
institutionnalisation (l')	*Institutionalisierung (w, –, en)*	*Die Institutionalisierung der Hierarchie ließ den Mitarbeitern wenig Spielraum für eigene Ideen.*
internalisation (l')	*Verinnerlichungsprozess (m, es, e)*	
investissement (l')	*Investition (w, –, en)*	
jalon (le)	*Meilenstein (m, s, e), Schlüsselereignis (n, ses, se)*	*Die Umsetzung seines Projekts war ein Schlüsselereignis in seiner jungen Karriere.*
juridiction (la)	*Justizgewalt (w, –, en), Rechtsprechung (w, –)*	
leadership (le)	*Führerschaft (w, –, en), Leadership (w, –), Spitzenposition (w, –, en)*	*Die neue Kampagne hatte ihr Produkt auf die Spitzenposition katapultiert.*
législation (la)	*Legislative (w, –)*	*Die neuen Verordnungen der Legislativer vereinfachten ihre Arbeit nicht besonders.*
liaison (la)	*Verbindung (w, –, en)*	
liquidité (la)	*Liquidität (w, –, en), Zahlungsbereitschaft (w, –, en)*	
long terme (le)	*langfristig*	
majorité (la)	*Die meisten, Hauptteil (m, s, e)*	

marché boursier (le)	*Börsenmarkt (m, es, ¨-e)*	*Die Situation am Börsenmarkt war weiterhin als kritisch einzuschätzen.*
matrice (la)	*Matrix (w, –, en)*	
média (le)	*Medium (n, s, ien)*	
meneur, se (le, la)	*Anführer-in*	
message (le)	*Nachricht (w, –, en), Message (w, –, s)*	
minorité (le)	*Minderheit (w, –, en)*	
mise en œuvre (la)	*Durchführung (w, –, en), Umsetzung (w, –, en)*	
modèle (le)	*Modell (n, s, e)*	
mondialisation (la)	*Globalisierung (w, –, en)*	*Die Globalisierung hatte den Vorteil, dass ihr Produkt schnell weltweit bekannt wurde.*
moral (le)	*Moral (w, –)*	
moyen terme (le)	*mittelfristig*	
moyenne (la)	*Durchschnitt (m, s, e)*	
moyens (les)	*Mittel und Wege*	*Dieser Abteilungsleiter fand immer Mittel und Wege, seine Ansichten durchzusetzen.*
note de service (la)	*Dienstvorschrift (w, –, en), Dienstanweisung (w, –, en)*	*Laut Dienstanweisung war das Rauchen nur noch außerhalb des Firmengeländes erlaubt.*
obligation (l')	*Verpflichtung (w, –, en), Obligation (w, –, en)*	
opération (l')	*Operation (w, –, en)*	
ordre (l')	*Ordnung (w, –, en), Befehl (m, s, e)*	
organisation (l')	*Organisation (w, –, en)*	
paradigme (le)	*Paradigma (n, s, en)*	
partenaire (le, la)	*Partner-in*	*Die finanziellen Partner wollten das Projekt leider nicht weiter unterstützen.*
partenariat (le)	*Partnerschaft (w, –, en)*	
partie prenante (la)	*Beteiligter (m, en, en), Betroffener (m, en, en)*	*Alle Beteiligten freuten sich über den Erfolg ihres Marketingansatzes.*

passif (le)	*Passiva (n, s, a)*	
perte (la)	*Verlust (m, es, e)*	*Nach dem Verlust seines Arbeitsplatzes versuchte er sich im selben Sektor selbstständig zu machen.*
pilule empoisonnée (la)	*bittere Pille (w, –, n)*	*Die Ablehnung der Kampagne war eine bittere Pille und schlecht für die Motivation seines Teams.*
plan (le)	*Plan (m, s, ¨-e)*	
plan d'action (le)	*Aktionsplan (m, s, ¨-e)*	
politicien, ne (le, la)	*Politiker-in*	*Nach dem Besuch der verantwortlichen Politiker hatte sich die Stimmung im Betrieb deutlich verbessert.*
politique (la)	*Politik (w, –, en)*	
portée (la)	*Tragweite (w, –, n)*	*Über die Tragweite seiner Äußerungen wurde er sich erst nach dem Meeting bewusst.*
portefeuille (le)	*Portfolio (n, s, ien), Bereich (m, s, e)*	
porte-parole (le)	*Sprecher (m, s, –)*	
poussée (la)	*Anschub (m, s, ¨-e)*	
pouvoir (le)	*Macht (w, –, ¨-e)*	
préalable (le)	*Vorhinein (n)*	*Zum Glück war die Zusammenfassung der Präsentation im Vorhinein verteilt worden, denn sie stellte sich als sehr kompliziert heraus.*
président du conseil d'administration (le)	*Aufsichtsratsvorsitzender (m, en, en)*	*Nach der Sitzung war der Aufsichtsrats-vorsitzende erstaunlich offen und zugänglich für Fragen.*
président, e (le, la)	*Präsident-in*	
presse (la)	*Presse (w, –, n)*	
prétendant, e (le, la)	*Anwärter-in*	

prévision (la)	*Prognose (w, –, n)*	*Die Prognosen für das kommende Geschäftsjahr schränkten die Möglichkeiten der Marketingabteilung deutlich ein.*
privatisation (la)	*Privatisierung (w, –, en)*	*Die Privatisierung hatte das Unternehmen letztendlich nicht vor dem Bankrott retten können*
problème (le)	*Problem (n, s, e)*	
procédure (la)	*Verfahren (n, s, –), Vorgehensweise (w, –, n)*	
procès (le)	*Prozess (m, es, e), Verfahren (n, s, –)*	
production (la)	*Produktion (w, –, en), Herstellung (w, –, en)*	
proposition (la)	*Vorschlag (m, s, ¨-e), Angebot (n, es, e)*	*Mit dem Vorschlag, ein weiteres Team in das Projekt einzubinden, waren alle einverstanden.*
public (le)	*Öffentlichkeit (w, –, en), Publikum (n, s)*	*Der Direktor liebte seine Auftritte in der Öffentlichkeit.*
puissance (la)	*Macht (w, –, ¨-e), Leistung (w, –, en)*	
qualification (la)	*Qualifikation (w, –, en), Qualifizierung (w, –, en)*	*Trotz mangelnder Qualifikation arbeitete sie sich schnell in ihren Aufgabenbereich ein.*
qualité (la)	*Qualität (w, –, en)*	
quantité (le)	*Menge (w, –, n), Quantität (w, –, en)*	
ramification (la)	*Verzweigung (w, –, en), Verästelung (w, –, en)*	
rapport (le)	*Bericht (m, es, e)*	*Im Jahresbericht wurde deutlich, dass die Einsparungen begannen, Früchte zu tragen.*
reconnaissance (la)	*Anerkennung (w, –, en)*	*Die Anerkennung des Direktors hatte allen Teams gut getan.*

redressement (le)	*Sanierung (w, –, en)*	*Nach der Sanierung der Abteilung mussten sie die gleiche Arbeit mit halb so viel Personal erledigen.*
relation (la)	*Beziehung (w, –, en)*	
répertoire (le)	*Sachregister (n, s, –), Verzeichnis (n, ses, se)*	
responsabilité (la)	*Verantwortung (w, –, en)*	*Mit den Aufgaben als Gruppenleiter hatte er viel Verantwortung übernommen.*
ressource (la)	*Einkommensquelle (w, –, n)*	
restructuration (la)	*Umstrukturierung (w, –, en)*	*Die Umstrukturierung der Abteilung hatte ihm die Übernahme von mehr Verantwortung beschert.*
résultat (le)	*Ergebnis (n, ses, se), Resultat (n, es, e)*	
risque (le)	*Risiko (n, s, en)*	*Das finanzielle Risiko war hoch, aber die Marktanalyse umso vielversprechender.*
rival, e (le, la)	*Rivale (m, n, n), Rivalin (w, –, nen)*	
rivalité (la)	*Rivalität (w, –, en)*	*Die spürbare Rivaltität zwischen Abteilungsleiter und Gruppenchef irritierte die Mitarbeiter.*
roulette (la)	*Roulette (n, s, s)*	
route (la)	*Weg (m, s, e), Straße (w, –, n)*	
saute-mouton (le)	*Bockspringen (n, s)*	
scénario (le)	*Szenario (n, s, ien)*	
schéma (le)	*Schema (n, s, ta)*	
science (la)	*Wissenschaft (w, –, en)*	
sécurité (la), sûreté (la)	*Sicherheit (w, –, en)*	*Ob alle ihren Arbeitsplatz unter der neuen Leitung behalten würden, konnte niemand mit Sicherheit sagen.*

service (le)	*Abteilung (w, –, en)*	*In jeder Abteilung wurde von nun an streng auf Kosteneinsparungen jeder Art geachtet.*
signal (le)	*Signal (n, s, e), Zeichen (n, s, –)*	
solution (la)	*Lösung (w, –, en)*	
source (la)	*Quelle (w, –, n)*	*Aus sicherer Quelle hatten sie erfahren, dass die Konkurrenz seit 6 Monaten an einem ähnlichen Produkt arbeitete.*
soutien (le)	*Unterstützung (w, –, en)*	*Bei allen Projekten konnte sie auf die Unterstützung ihrer Teamleiterin rechnen.*
statistique (la)	*Statistik (w, –, en)*	
stratégie (la)	*Strategie (w, –, n)*	
stress (le)	*Stress (m, es)*	*Der Stress der neuen Marktanalyse wurde durch die gute Laune zweier Mitarbeiter aufgelockert.*
succès (le)	*Erfolg (m, s, e)*	
succession (la)	*Nachfolge (w, –, n)*	
syndicat (le)	*Gewerkschaft (w, –, en)*	
synergie (la)	*Synergie (w, –, n)*	
tactique (la)	*Taktik (w, –, en)*	*Die Vogel-Strauß-Taktik hatte dem langjährigen Mitarbeiter schließlich eine Abmahnung eingebracht.*
taille (la)	*Größe (w, –, n)*	
tendance (la)	*Tendenz (w, –, en), Modeerscheinung (w, –, en)*	
tolérance (la)	*Toleranz (w, –, en)*	*Die Toleranz gegenüber den Neuankömmlingen stieß nach dem Zwischenfall an ihre Grenzen.*
trésor de guerre (le)	*Kriegskasse (w, –, n)*	
usine (l')	*Fabrik (w, –, en)*	
valeur (la)	*Wert (m, es, e)*	

variété (la)	*Vielfalt (w, –)*	*Der Marketingchef war von der Vielfalt guter und umsetzbarer Ideen überrascht.*
vice-président (le)	*Vize-Präsident (m, en, en)*	
visibilité (la)	*Sichtbarkeit (w, –, en)*	
vision (la)	*Sicht (w, –), Sichtweise (w, –, n), Vision (w, –, en)*	*Die Sichtweise des Gruppenleiters stieß auf breite Ablehnung.*
zone (la)	*Gebiet (m, es, e)*	

Les adjectifs de A à Z

amical, e	*freundschaftlich*
analytique	*analytisch*
annuel, le	*jährlich*
approprié, e	*geeignet*
arrogant, e	*arrogant, eingebildet*
attentif, ive	*aufmerksam*
attractif, ive	*attraktiv*
audacieux, euse	*kühn, mutig, gewagt*
brutal, e	*brutal*
calme	*ruhig*
chaotique	*chaotisch*
collaboratif, ive	*Zur Zusammenarbeit bereit*
complet, ète	*komplett, ganz*
concentré, e	*konzentriert*
concerné, e	*betroffen*
continu, e	*kontinuierlich, ohne Unterbrechung*
courageux, euse	*mutig*
crédible	*glaubwürdig*
critique	*kritisch*
décisif, ive	*entscheidend*
dédié, e	*gewidmet*
difficile	*schwierig*
diligent, e	*eifrig, bemüht*
dominant, e	*dominant, behrrschend*
durable	*dauerhaft, nachhaltig*
dynamique	*dynamisch*

économique	*wirtschaftlich, ökonomisch*
éminent, e	*führend, prominent*
énergétique	*energetisch*
enthousiaste	*enthusiastisch*
éprouvé, e	*bewährt, erprobt*
ergonomique	*ergonomisch*
éthique	*ethisch*
étroit, e	*eng*
exceptionnel, le	*außergewöhnlich*
extensif, ive	*weitgehend, extensiv*
extérieur, e	*außen*
externe	*extern*
fluide	*flüssig*
fonctionnel, le	*funktional, funtionell*
fragmenté, e	*geteilt, zerstückelt*
général, e	*allgemein, generell*
hebdomadaire	*wöchentlich*
hétérogène	*heterogen, uneinheitlich*
homogène	*homogen, einheitlich*
hors de portée	*nicht erreichbar*
hostile	*feindlich*
immédiat, e	*sofortig*
impossible	*unmöglich*
incrémental, e	*inkremental*
indécis, e	*unentschlossen*
intensif, ive	*intensiv*
intérieur, e	*innen*
interne	*intern*
invincible	*unschlagbar*
large	*weit*
large	*breit*
légal, e	*legal*
lent, e	*langsam*
local, e	*lokal, vor Ort*
logique	*logisch*
machiavélique	*machiavellisch, teuflisch*
manquant de prévoyance	*ohne Weitblick, unvorausschauend*
mensuel, le	*monatlich*
modeste	*bescheiden*

mondial, e	*weltweit*
négligent, e	*nachlässig*
organique	*organisch, bio*
passionné, e	*leidenschaftlich*
politique	*politisch*
possible	*möglich*
prévoyant, e	*weitsichtig*
proactif, ive	*vorausschauend*
rapide	*schnell*
réalisable	*durchführbar*
respectueux, euse	*respektvoll*
responsable	*verantwortlich für +A*
réussi, e	*gelungen*
spécifique à	*spezifisch*
stable	*stabil*
suffisant, e	*ausreichend*
syndiqué, e	*In der Gewerkschaft organisiert*
temporaire	*zeitweise, vorläufig*
testé, e	*geprüft, getestet*
tonique	*kräftigend*
transformationnel, le	*Transformations-*
trimestriel, le	*vierteljährlich, vierteljährig*
turbulent, e	*turbulent, bewegt*
utile	*nützlich*
varié, e	*vielfältig*
vaste	*weit*
volatile	*unbeständig*

Les verbes de A à Z

acheter	*kaufen, erwerben (a, o)*
acquérir	*anschaffen*
allouer	*bewilligen, zuteilen*
améliorer	*verbessern*
analyser	*analysieren*
annoncer	*ankündigen, mitteilen*
argumenter	*argumentieren, diskutieren*
articuler	*ausdrücken*
assembler	*versammeln*

assurer le suivi	*für die Betreuung sorgen*
attirer	*anziehen (o, o)*
avancer	*Fortschritte machen*
baser	*basieren, gründen*
capitaliser	*kapitalisieren, zu Geld machen*
cesser	*aufhören*
chuter	*fallen (ie, a)*
classifier	*klassifizieren, einstufen*
commander	*befehlen (a, o), leiten*
comparer	*vergleichen (i, i)*
comploter	*sich verschwören gegen +A*
compter sur	*zählen auf +A*
concevoir	*entwerfen (a, o), konzipieren, begreifen (i, i)*
confirmer	*bestätigen*
considérer	*betrachten, ansehen (a, e)*
construire	*bauen*
contraster	*kontrastieren*
contribuer	*beitragen (u, a)*
convaincre	*überzeugen*
convertir	*konvertieren, umrechnen, umtauschen, umwandeln*
correspondre	*entsprechen (a, o), in Verbindung stehen mit +D (a, a)*
créer	*schaffen (u, a), kreieren*
croire	*glauben*
croître	*wachsen (u, a)*
déduire	*ableiten, abziehen (o, o)*
définir	*definieren, festlegen*
défusionner	*auseinander gehen (i, a), sich trennen*
délivrer	*erteilen, ausstellen*
dépasser	*überschreiten (i, i)*
dessiner les contours	*Umrisse zeichnen*
détailler	*Im Einzelnen erklären*
déterminer	*bestimmen*
développer	*entwickeln*
dicter	*diktieren*
diriger	*leiten, führen*
diversifier	*fächern*
dominer	*beherrschen*
dupliquer	*doppeln, vervielfältigen*
éclater	*explodieren, zum Ausdruck kommen*

effectuer	*ausführen, leisten, tätigen*
élaborer des stratégies	*Strategien ausarbeiten*
éliminer	*auslöschen, entfernen*
emprunter	*ausleihen, leihen (ie, ie)*
encourager	*ermutigen*
engager	*einstellen, anstellen*
enjamber	*überspringen (a, u), hinwegsteigen über (ie, ie)*
envisager	*ins Auge fassen*
espionner	*ausspionieren*
établir	*einrichten, aufstellen*
être en dessous des objectifs	*unter dem Ziel bleiben*
évaluer	*einschätzen, bewerten*
examiner	*untersuchen*
exécuter	*ausführen*
exercer	*ausüben*
expliquer	*erklären*
exploiter	*ausnutzen*
faire annuler	*annulieren, absagen*
faire le plan de	*den Plan fassen zu*
faire le tampon	*den Puffer bilden*
faire marcher	*in Gang setzen*
faire une offre	*ein Angebot machen*
fusionner	*fusionieren, sich zusammenschließen (oss, oss)*
gérer	*verwalten, managen, leiten*
inférer	*folgern, schließen (oss, oss)*
instruire	*unterweisen (ie, ie), unterrichten*
investir	*investieren*
juger	*richten, meinen, glauben, urteilen*
mesurer	*messen*
mettre aux enchères	*versteigern*
modeler	*bilden, formen*
monter en flèche	*blitzartig steigen (ie, ie), hochschnellen*
négliger	*vernachlässigen*
négocier	*verhandeln*
nommer	*ernennen (a, a), nennen (a,a)*
nuire à	*schaden*
offrir	*anbieten (o, o)*
organiser	*organisieren*
partager	*teilen*

penser	*denken (ach, ach)*
persuader	*überzeugen*
peser	*wiegen (o, o)*
posséder	*besitzen (a, e)*
pratiquer	*ausüben*
prendre en compte	*berücksichtigen*
présenter	*vorstellen, präsentieren*
prioriser	*vorrangig behandeln*
promouvoir	*fördern, befördern*
prononcer	*ankündigen, aussprechen (a, o)*
rappeler	*sich erinnern*
recueillir	*versammeln*
redresser	*aufrichten*
réévaluer	*neu bewerten, aufwerten*
réfléchir	*nachdenken (ach, ach), überlegen*
remplacer	*ersetzen*
répondre	*antworten*
représenter	*darstellen, repräsentieren*
ressembler	*ähneln*
résumer	*zusammenfassen*
retirer	*zurückziehen, abziehen (o, o)*
réussir	*erreichen, Erfolg haben*
s'approvisionner	*sich versorgen mit +D*
s'effondrer	*einstürzen, abstürzen*
s'inquiéter	*sich Sorgen machen*
sélectionner	*auswählen*
sembler	*scheinen (ie, ie)*
séparer	*trennen*
sonner	*schlagen (u, a), läuten, klingeln*
sous-estimer	*unterschätzen*
suivre	*folgen*
supposer	*annehmen (a, o)*
surestimer	*überschätzen*
surligner	*markieren, anstreichen (i, i)*
surpasser	*übertreffen (a, o)*
tailler à la hache	*abhacken*
tomber	*fallen (ie, a)*
traiter	*behandeln*
transférer	*transferieren, überführen*

unifier	*vereinheitlichen, verbinden (a, u)*
vendre	*absetzen, verkaufen*

3.2 La gestion de projets
Projektmanagement

Les noms de A à Z

aboutissement (l')	*Vollendung (w, –, en), Verwirklichung (w, –, en)*	
accord (l')	*Abkommen (n, s, –)*	
achèvement (l')	*Abschluss (m, es, ¨-e), Fertigstellung (w, –, en)*	*Damit war die Fertigstellung der Kampagne ernsthaft gefährdet.*
acquisition (l')	*Anschaffung (w, –, en), Erlangung (w, –, en)*	*Mit der Anschaffung der neuen Software war ihre Ausstattung auf dem neuesten Stand.*
acteur (l')	*Handlungsträger (m, s, –)*	
action (l')	*Aktion (w, –, en)*	
activité (l')	*Aktivität (w, –, en)*	
adéquation (l')	*Entsprechung (w, –, en), Übereinstimmung (w, –, en)*	
aisance (l')	*Gewandtheit (w, –, en)*	
ambition (l')	*Ehrgeiz (m, es)*	
analyse (l')	*Analyse (w, –, n)*	
animation (l')	*Animation (w, –, en)*	
apport (l')	*Beitrag (m, s, ¨-e)*	*Jeder Beitrag wurde zunächst auf einer Infotafel notiert, um dann abgehandelt zu werden.*
archivage (l')	*Archivierung (w, –, en)*	
articulation (l')	*Artikulation (w, –, en)*	
aspect (l')	*Aspekt (m, s, e), Gesichtspunkt (m, s, e)*	
assurance (l')	*Versicherung (w, –, en), Sicherheit (w, –, en)*	
attente (l')	*Wartezeit (w, –, en)*	
autonomie (l')	*Autonomie (w, –, n), Eigenständigkeit (w, –, en)*	*Trotz Teamgeist arbeiteten alle Kollegen in ihrer gewohnten Eigenständigkeit.*
aval (l')	*Bürgschaft (w, –, en)*	

avancée (l')	*Fortschritt (m, s, e), Vorsprung (m, s, ¨-e)*	*Sie hatten einen guten Vorsprung vor der Konkurrenz und würden das Produkt als erste auf den Markt bringen können.*
avancement (l')	*Fortschritt (m, s, e), Entwicklung (w, –, en)*	*Mit fortschreitender Entwicklung des Projekts wurden immer mehr Mitarbeiter gebraucht.*
avantage (l')	*Vorteil (m, s, –)*	
bases (les)	*Grundlage (w, –, n)*	
bénéficiaire (le, la)	*Nutznießer-in, Empfänger-in*	*Die Nutznießer der finanziellen Zuwendung fühlten sich stark motiviert, im gleichen Rhythmus weiterzumachen.*
besoin (le)	*Bedarf (m, s), Bedürfnis (n, ses, se)*	
bilan (le)	*Bilanz (w, –, en)*	*Mit Stolz reagierte das Team auf die positive Bilanz seiner Arbeit.*
blocage (le)	*Blockade (w, –, n), Hindernis (n, ses, se)*	
budget (le)	*Budget (n, s, s), Haushalt (m, s, e)*	
cahier des charges (le)	*Leistungsverzeichnis (n, ses, se), Lastenheft (n, s, e)*	*Im Leistungsverzeichnis war der Punkt ‚Arbeitssicherheit' vollkommen vergessen worden.*
capacité (la)	*Kapazität (w, –, en), Fähigkeit (w, –, en), Fertigkeit (w, –, en)*	*Weil alle technologischen Kapazitäten ausgelastet waren, musste über die Anschaffung neuen Materials nachgedacht werden.*
capitalisation (l')	*Kapitalisierung (w, –, en)*	
caractéristique (la)	*Charakteristikum (n, s, a)*	
cause (la)	*Grund (m, es, ¨-e)*	*Der Grund für den Finanzierungsstopp war ein Missverständnis auf höherer Direktionsebene.*
champ d'intervention (le)	*Einsatzfeld (n, es, er)*	*Die Praktikantengruppe fand sich in jedem Einsatzfeld schnell zurecht und konnte effizient arbeiten.*

chance (la)	*Glück (n, s), Chance (w, –, n)*	
changement (le)	*Wechsel (m, s, –), Änderung (w, –, en)*	
charge (la)	*Last (w, –, en), Auflage (w, –, n)*	*Die Auflagen des Kunden waren so streng, dass wenig Spielraum für Kreativität blieb.*
chargé, e (le, la), responsable (le, la)	*Beauftragte (w, –, n) Beauftragter (m, en, en), Leiter-in*	*Die Leiterin der Marketingabteilung hatte den aufgebrachten Kunden beruhigen können.*
chef de projet (le)	*Projektleiter (m, s, –)*	*Beim Projektleiter zählte Qualität mehr als Quantität.*
chemin (le)	*Weg (m, s, e)*	
choix (le)	*Wahl (w, –, en), Auswahl (w, –, en)*	
client, e (le, la)	*Kunde (m, en, en), Kundin (w, –, nen)*	*Ihr höchstes Anliegen war trotz allem die Kunden-zufriedenheit.*
clôture (la)	*Schließung (w, –, en), Abschluss (m, es, ¨-e)*	
cohérence (la)	*Kohärenz (w, –, en), Stimmigkeit (w, –, en)*	
collecte (la)	*Sammlung (w, –, en)*	
commanditaire (le, la)	*Geldgeber-in, Auftraggeber-in*	*Den Auftraggebern war bei der Finanzierung des Projekts der tatsächliche Arbeitsumfang nicht klar gewesen.*
communication (la)	*Kommunikation (w, –, en)*	
compétence (la)	*Kompetenz (w, –, en)*	
complexité (la)	*Komplexität (w, –, en)*	
composante (la)	*Komponente (w, –, n)*	
compromis (le)	*Kompromiss (m, es, e)*	*Aber letztendlich konnte ein für beide Seiten zufriedenstellender Kompromiss gefunden werden.*
concept (le)	*Konzept (n, es, e)*	
conduite (la)	*Verhalten (n, s), Benehmen (n, s)*	
configuration (la)	*Konfiguration (w, –, en), Struktur (w, –, en), Darstellung (w, –, en)*	

conflit (le)	*Konflikt (m, es, e)*	*Mit dem Konflikt zwischen den beiden Teams hatte niemand gerechnet.*
contexte (le)	*Kontext (m, es, e), Zusammenhang (m, s, ¨-e)*	
contrainte (la)	*Zwang (m, s, ¨-e)*	
contrôle (le)	*Kontrolle (w, –, n)*	*Jeder Projektabschnitt unterlag der Kontrolle des Projektleiters.*
coordination (la)	*Koodinierung (w, –, en), Koordination (w, –, en)*	
cotraitant, e (le, la)	*Mitunternehmer (m, s, –)*	*Der Mitunternehmer stellte höhere finanzielle Anforderungen als zunächst geplant.*
coût (le)	*Kosten (w, –)*	*Das Management musste noch über die Kosten verhandeln, der Rest war schon geklärt.*
cycle de vie (le)	*Lebensabschnitt (m, es, e)*	*Er hatte nicht damit gerechnet, in diesem Lebensabschnitt soviel berufliche Verantwortung tragen zu müssen.*
date (la)	*Datum (n, s, en)*	
découpage (le)	*Aufteilung (w, –, en)*	
définition (la)	*Definition (w, –, en)*	
délai (le)	*Frist (w, –, en)*	*Dieses Jahr würden sie die vom Kunden gesetzte Frist einhalten können.*
démarche (la)	*Vorgehensweise (w, –, n)*	*Mit dieser von den Amerikanern eingeführten Vorgehensweise wurde die Arbeit effizienter.*
démarrage (le)	*Anfang (m, s, ¨-e)*	*Nachdem die konkrete Projektarbeit endlich angefangen hatte, löste sich die Spannung bei den Kollegen etwas.*
dépendance (la)	*Abhängigkeit (w, –, en)*	
description (la)	*Beschreibung (w, –, en)*	
détermination (la)	*Entschlossenheit (w, –, en)*	*Mit Entschlossenheit und Motivation machte sie sich an die Fertigstellung des Diagramms.*

développement (le)	*Entwicklung (w, –, en)*	
diagramme (le)	*Diagramm (n, s, e)*	
dialogue (le)	*Dialog (m, s, e)*	*Nur der permanente Dialog konnte Schwierigkeiten im Vorhinein ausräumen.*
difficulté (la)	*Schwierigkeit (w, –, en)*	
discipline (la)	*Disziplin (w, –, en)*	
dispositif (le)	*Dispositv (n, s, e), Einheit (w, –, en), Vorrichtung (w, –, en)*	*Die Vorrichtung zur Präsentation des Modells war nicht sehr praktisch.*
distinction (la)	*Unterscheidung (w, –, en), Auszeichnung (w, –, en)*	*Für das diesjährige Projekt hatten sie die höchste Auszeichnung der Branche bekommen.*
domaine (le)	*Bereich (m, s, e), Sektor (m, s, en)*	
donnée (la)	*Angabe (w, –, n)*	
dossier (le)	*Dossier (n, s, s)*	
doute (le)	*Zweifel (m, s, –)*	*Im Zweifelsfall wurde der Vermittler zu Rate gezogen.*
durée (la)	*Dauer (w, –)*	
dysfonctionnement (le)	*Störung (w, –, en), Funktionsstörung (w, –, en)*	*Nach der Funktionsstörung im System war eine Verspätung bei der Lieferung nicht mehr zu vermeiden.*
échéance (l')	*Fälligkeit (w, –, en)*	
échec (l')	*Fehlschlag (m, s, ¨-e), Scheitern (n, s)*	
efficacité (l')	*Effizienz (w, –, en), Leistung (w, –, en)*	
effort (l')	*Anstrengung (w, –, en)*	
élément (l')	*Element (n, es, e)*	
encadrement (l')	*Betreuung (w, –, en), die leitenden Angestellten*	
enchaînement (l')	*Verkettung (w, –, en), Programmablauf (m, s, ¨-e)*	*Die Verkettung widriger Umstände führte zu einer Verspätung bei der Projektübergabe.*
enjeu (l')	*Einsatz (m, es, ¨-e), Herausforderung (w, –, en)*	

environnement (l')	*Umgebung (w, –, en), Umwelt (w, –)*	
équipe (l')	*Team (n, s, s)*	
équipier (l')	*Teammitglied (n, ser)*	*Jedes Teammitglied hatte seinen festen Aufgabenbereich zugeteilt bekommen.*
étape (l')	*Etappe (w, –, n), Schritt (m, s, e)*	*Das Projekt wird in 12 Arbeitsschritten entwickelt.*
état des lieux (l')	*Bestandsaufnahme (w, –, n)*	*Der Direktor war mit der Bestands-aufnahme nach der Hälfte des Projektprogramms sehr zufrieden.*
étude (l')	*Studie (w, –, n)*	*Nach der neuesten Marktstudie konnten sie mit einem großen Erfolg rechnen.*
évolution (l')	*Entwicklung (w, –, en)*	*Projektentwicklung und Haushaltsplanung arbeiteten nicht immer Hand in Hand.*
exécution (l')	*Ausführung (w, –, en)*	
exigence (l')	*Forderung (w, –, en)*	*Die Forderung nach einer dreifachen Ausführung der Dokumente war etwas übertrieben.*
expérience (l')	*Erfahrung (w, –, en)*	
explicitation (la)	*Erklärung (w, –, en)*	
faiblesse (la)	*Schwäche (w, –, n)*	
faisabilité (la)	*Machbarkeit (w, –, en)*	*Die Machbarkeit einzelner Punkte stand zunächst in Zweifel, die aber bei näherer Betrachtung ausgeräumt werden konnten.*
fiche (la), dossier (le)	*Akte (w, –, n), Dossier (n, s, s), Kartei (w, –, en)*	
finalité (la)	*Finalität (w, –, en)*	
fixation (la)	*Fixierung (w, –, en)*	
focalisation (la)	*Fokussierung (w, –, en)*	*Durch dieFokussierung auf diesen Gesichtspunkt ging bei vielen der Blick fürs Ganze verloren.*
fondamentaux (les)	*Grundlage (w, –, n)*	

fondements (les)	*Grundlage (w, –, n), Grundsatz (m, es,¨-e)*	*Mit den Grundlagen der Projektplanung kam sie hier nicht weiter, sondern musste Alternativlösungen suchen.*
force (la)	*Kraft (w, –,¨-e), Stärke (w, –, n)*	*Die Stärke unseres Teams ist das Zusammen-gehörigkeitsgefühl.*
formalisation (la)	*Formalisierung (w, –, en)*	
fournisseur, euse (le, la)	*Lieferant (m, en, en), Zulieferer (m, s, –)*	
gestion de projet (la)	*Projektleitung (w, –, en)*	
hiérarchie (la)	*Hierarchie (w, –, n)*	
hommes (les)	*Menschen (m, en, en)*	*Manchmal vergaß der Projektleiter, dass er es mit Menschen zu tun hatte und nicht mit Robotern.*
hostilité (l')	*Feindlichkeit (w, –, en), Feindseligkeit (w, –, en)*	*Das führte natürlich zu versteckten Feindseligkeiten, denen aber durch die unprätentiöse Art des Projektleiters der Wind aus den Segeln genommen wurde.*
impact (l')	*Wirkung (w, –, en), Einfluss (m, es,¨-e)*	
implication (l')	*Einbindung (w, –, en)*	
importance (l')	*Wichtigkeit (w, –, en), Vorrang (m, s,¨-e)*	*Den Ideen des Projektleiters war immer Vorrang zu geben, zum Leidwesen einiger Kollegen.*
imprévu (l')	*Unvorhersehbarkeit (w, –, en)*	*Dass die Projektleiterin krank werden würde, war nicht vorhersehbar gewesen.*
improvisation (l')	*Improvisierung (w, –, en)*	
indicateur (l')	*Anzeige (w, –, n)*	
intention (l')	*Intention (w, –, en), Absicht (w, –, en)*	
interlocuteur (l')	*Gesprächspartner (m, s, –)*	*Unser neuer Gesprächspartner legte mehr Wert auf virtuelle als auf direkte Kommunikation.*
jalon (le)	*Meilenstein (m, s, e), Schlüsselereignis (n, ses, se), Etappe (w, –, n)*	

lancement (le)	*Einführung (w, –, en), Lancierung (w, –, en)*	*Nach der Lancierung der Kampagne ließen die ersten Reaktionen der Konkurrenz nicht lange auf sich warten.*
leadership (le)	*Leadership (w, –), Führerschaft (w, –, en)*	
limite (la)	*Grenze (w, –, n)*	
livraison (la)	*Lieferung (w, –, en)*	
maîtrise (la)	*Beherrschung (w, –, en), Meisterung (w, –, en)*	
marché (le)	*Markt (m, es, ¨-e)*	
marge (la)	*Gewinnspanne (w, –, n)*	
matrice (la)	*Matrix (w, –, en)*	
menace (la)	*Drohung (w, –, en)*	
mesure (le)	*Maß (n, es, e)*	
méthode (la)	*Methode (w, –, n)*	
méthodologie (la)	*Methodik (w, –, en)*	
métier (le)	*Beruf (m, s, e)*	
mise en œuvre (la)	*Durchführung (w, –, en), Einsatz (m, es, ¨-e)*	*Durch den Einsatz eines 3-Schritte-Programms konnte die Dokumentierung deutlich vereinfacht werden.*
modalité (la)	*Modalität (w, –, en), Bedingung (w, –, en)*	*Die Vertragsmodalitäten wurden für diesen Kunden vereinfacht, um die Finanzierung zu garantieren.*
modélisation (la)	*Modellierung (w, –, en)*	
modification (la)	*Änderung (w, –, en), Modifikation (w, –, en)*	*Trotz ständiger Detailmodifikationen bestand der Kunde auf Fristeinhaltung.*
motivation (la)	*Motivation (w, –, en), Motivierung (w, –, en)*	
moyens (les)	*Mittel und Wege*	*Es gab für ihn immer Mittel und Wege ein scheinbar aussichtsloses Projekt erfolgreich durchzuführen.*
négociation (la)	*Verhandlung (w, –, en)*	*Die Verhandlungen über die Fristsetzung waren in einer Sackgasse.*
opportunité (l')	*Gelegenheit (w, –, en), Möglichkeit (w, –, en)*	

optimisation (l')	*Optimierung (w, –, en)*	*Nach der Optimierung der Arbeitsbedingungen war die Leistung rapide angestiegen.*
option (l')	*Option (w, –, en), Môglichkeit (w, –, en)*	
optique (l')	*Optik (w, –, en), Sichtweise (w, –, n)*	
orchestration (l')	*Orchestrierung (w, –, en)*	*Nach der Orchestrierung der verschiedenen Arbeitsabschnitte konnte mit der praktischen Umsetzung des Projekts begonnen werden.*
ordonnancement (l'), planification (la)	*Ablaufplanung (w, –, en), Arbeitsplanung (w, –, en)*	*Jeden Morgen konnten die Mitarbeiter die Arbeitsplanung für den Tag am Infoboard einsehen.*
organigramme (l')	*Organigramm (n, se), Strukturplan (m, s, ¨-e)*	
organisation (l')	*Organisation (w, –, en)*	
outil (l')	*Werkzeug (n, s, e), Tool (n, s, s)*	
partenaire (le, la)	*Partner-in*	
partenariat (le)	*Partnerschaft (w, –, en)*	*Die Partnerschaft mit zwei anderen europäischen Planungsbüros stellte sich als sehr fruchtbar heraus.*
partie (la)	*Teil (m, s, e)*	
passifs (les)	*Passiva (w, –)*	
perspective (la)	*Perspektive (w, –, n), Aussicht (w, –, en)*	*Die Aussicht auf einen Großautrag des neuen Kunden verbesserte die Perspektiven für dieses Geschäftsjahr sehr.*
perturbation (la)	*Störung (w, –, en)*	
phase (la)	*Phase (w, –, n), Abschnitt (m, s, e)*	
phénomène (le)	*Phänomen (n, s, e)*	
pilotage (le)	*Leitung (w, –, en), Führung (w, –, en)*	
pilote (le)	*Leiter (m, s, –), Verantwortlicher (m, en, en)*	

pionnier (le)	*Pionier (m, s, e), Vorläufer (m, s, –)*	
plan d'action (le)	*Aktionsplan (m, s, ¨-)*	*Der Aktionsplan war von oben abgesegnet und konnte in die Tat umgesetzt werden.*
planification (la)	*Planung (w, –, en)*	*Wegen der angekündigten Witterung war die Urlaubsplanung dieses Jahr sehr chaotisch verlaufen.*
point de contrôle (le)	*Kontrollpunkt (m, es, e)*	
potentiel (le)	*Potential, Potenzial (n, s, e)*	
pratique (la)	*Praxis (w, –), Praktik (w, –, en)*	
pratiques (les)	*Praktiken*	
principe (le)	*Prinzip (n, s, ien), Grundsatz (m, es, ¨-e)*	
priorité (la)	*Vorrang (m, s, ¨-e), Priorität (w, –, en)*	*Eine stabile Finanzierung hatte Vorrang vor allen anderen Projektpunkten.*
prise de décision (la)	*Entscheidung (w, –, en)*	
prise en compte (la)	*Berücksichtigung (w, –, en)*	*Unter Berücksichtigung der neuen Vorschriften ging die Arbeit zunächst langsamer von der Hand.*
prise en main (la)	*Handgriff (m, s, e)*	*Bei der Einrichtung der Präsentation saß jeder Handgriff.*
problème (le)	*Problem (m, s, e)*	
processus (le)	*Prozess (m, es, e)*	
production (la)	*Produktion (w, –, en), Herstellung (w, –, en)*	*Die Herstellung der üblichen Etiketten brauchte dieses Mal erstaunlich viel Zeit.*
projet (le)	*Projekt (n, s, e)*	
qualité (la)	*Qualität (w, –, en)*	
questionnement (le)	*Befragung (w, –, en), Fragestellung (w, –, en)*	
rapport (le)	*Bericht (m, es, e)*	
rationalité (la)	*Rationalität (w, –, en)*	
réaction (la)	*Reaktion (w, –, en)*	*Die Reaktion der Kunden auf die neue Werbekampagne war äußerst positiv.*

réalisation (la)	*Realisierung (w, –, en), Durchführung (w, –, en)*	
réalisation (la)	*Realisierung (w, –, en), Durchführung (w, –, en)*	
recul (le)	*Abstand (m, s, ¨-e)*	*Sein Team war das mit Abstand erfolgreichste in dieser Kampagne.*
rédaction (la)	*Redaktion (w, –, en), Abfassung (w, –, en), Ausarbeitung (w, –, en)*	*Die Praktikantin war mit der Ausarbeitung des Projektberichtes etwas überfordert.*
réduction (la)	*Reduzierung (w, –, en), Minderung (w, –, en)*	
réflexion (la)	*Überlegung (w, –, en), Nachdenken (n, s)*	*Nach reiflicher Überlegung beschloss er, die Projektleitung abzugeben.*
relation (la)	*Beziehung (w, –, en)*	
repère (le)	*Anhaltspunkt (m, es, e)*	*Als Anhaltspunkte wurden ihnen nur das Budget und die Kundengruppe gegeben.*
représentation (la)	*Darstellung (w, –, en)*	
réseau (le)	*Netz (n, es, e), Netzwerk (n, s, e)*	
résistance (la)	*Widerstand (m, es, ¨-e), Ablehnung (w, –, en)*	*Die Mehrheit der Mitarbeiter hatte mit widerstand auf die Ankündigung des Projekts für die öffentliche Hand reagiert.*
résistants (les)	*Widerständler (m, s, –)*	
résolution (la)	*Auflösung (w, –, en), Resolution (w, –, en), Vorsatz (m, es, ¨-e)*	
respect (le)	*Respekt (m, s), Einhaltung (w, –, en)*	*Fristeinhaltung war ein Grundprinzip bei dieser Firma, was oft zu Arbeit unter Zeitdruck führte.*
ressources (les)	*Ressourcen (w, –), Einnahmequellen (w, –, n), Mittel (n, s, –)*	
résultat (le)	*Resultat (n, s, e), Ergebnis (n, ses, se)*	

retard (le)	*Verspätung (w, –, en)*	*Leider waren die versprochenen Unterlagen mit großer Verspätung eingegangen.*
retour d'expériences (le)	*Feedback (n, s, s)*	*Das Feedback der anvisierten Kundengruppe war durchweg positiv.*
réussite (la)	*Erfolg (m, s, e)*	
rodage (le)	*Einfahren (n, s)*	*Nach anfänglichen Schwierigkeiten bildeten die vier Kollegen schnell ein eigenfahrenes und effizientes Team.*
rôle (le)	*Rolle (w, –,n)*	
rythme (le)	*Rhythmus (m, ses, en)*	
salarié, e (le, la)	*Angestellter (m, en, en), Angestellte (w, –, n)*	
savoir-faire (le)	*Können (n, s), Know-How (n, s)*	
scénario (le)	*Szenario (n, s, ien)*	
sceptique (le)	*Skeptiker (m, s, –), Zweifler (m, s, –)*	
schéma (le)	*Schema (n, s, ata)*	
secteur (le)	*Sektor (m, s, en), Branche (w, –, n)*	
simulation (la)	*Simulation (w, –, en)*	
sous-ensemble (le)	*Untereinheit (w, –, en)*	
sous-traitant, e (le, la)	*Subunternehmer (m, s, –)*	
stabilité (la)	*Stabilität (w, –, en)*	
stratégie (la)	*Strategie (w, –, n)*	
structure (la)	*Struktur (w, –, en)*	
succession (la)	*Nachfolge (w, –, n)*	*Die Nachfolge für den ausgeschiedenen Direktionsassistenten war noch nicht geklärt.*
suivi (le)	*Betreuung (w, –, en), Nachsorge (w, –, n), Anschlussprogramm (n, s, e)*	
système (le)	*System (n, s, e)*	

tableau de bord (le)	*Statusbericht (m, s, e), Informationstabelle (w, –, n)*	
tâche (la)	*Aufgabe (w, –, n)*	
technicité (la)	*Fachwissen (n, s)*	
temps (le)	*Zeit (w, –, en)*	*Mit der Zeit würde er sich an sein neues Aufgabenfeld gewöhnen.*
terme (le)	*Frist (w, –, en), Ende (n, s, n)*	
traitement (le)	*Behandlung (w, –, en), Bearbeitung (w, –, en)*	
transfert (le)	*Transfer (m, s, s), Überführung (w, –, en)*	
urgence (l')	*Notfall (m, s, ¨-e), Zeitdruck (m, s)*	*Im Gegensatz zu seinen Kollegen hatte er unter Zeitdruck die besten Ideen.*
urgence (l')	*Notfall (m, s, ¨-e), Zeitdruck (m, s)*	
utilisateur, trice (l')	*Be-Nutzer,-in*	*Das neue Programm war sehr benutzer-freundlich.*
utilité (l')	*Nützlichkeit (w, –, en), Notwendigkeit (w, –, en)*	
valeur (la)	*Wert (m, es, e)*	*In allen Projekten spiegelten sich die Firmenwerte wieder.*
validation (la)	*Genehmigung (w, –, en), Freigabe (w, –, n)*	*Nach der Freigabe des Projekts stürzten sich die Mitarbeiter in die Arbeit.*
variable (la)	*Variabel (w, –, n)*	
vérification (la)	*Prüfung (w, –, en)*	*Nach der Prüfung der Vorgaben konnte mit der Durchführung begonnen werden.*
voie (la)	*Weg (m, s, e), Richtung (w, –, en)*	*Die Kampagne erst fürs Frühjahr anzusetzen war ein Schritt in die richtige Richtung.*
volonté (la)	*Wille (m, n)*	
zone de conflit (la)	*Konfliktfeld (n, es, er)*	

Les adjectifs de A à Z

acceptable	*akzeptabel*
actif, ive	*aktiv*
adaptatif, ive	*adaptiv, Anpassungs-*
adéquat, e	*adäquat*
allié, e	*verbündet*
bénéfique	*günstig, nützlich*
brutal, e	*brutal*
budgétaire	*Haushalts-*
central, e	*zentral*
ciblé, e	*anvisiert*
clair, e	*klar*
concurrentiel, le	*konkurrierend, wettbewerbsfähig*
confrontant, e	*gegenüberstellend*
construit, e	*aufgebaut*
convenu, e	*vereinbart*
convergent, e	*Zusammenlaufend, sich überschneidend*
critique	*kritisch*
défini, e	*vereinbart, festgelegt*
détaillé, e	*detailliert*
différent, e	*verschieden, unterschiedlich*
discipliné, e	*diszipliniert*
disponible	*verfügbar, einsetzbar*
divergent, e	*divergent, auseinanderlaufend, abweichend*
douteux, euse	*zweifelhaft*
dubitatif, ive	*skeptisch, zweifelnd*
économique	*ökonomisch, wirtschaftlich*
écrit, e	*geschrieben*
efficient, e	*effizient, leistungsfähig, wirkungsvoll*
élucidateur, trice	*erhellend*
engagé, e	*engagiert*
entrepris, e	*unternommen*
escompté, e	*heruntergesetzt, mit Rabatt, zum Sonderpreis*
éventuel, le, envisageable	*eventuell, denkbar, vorstellbar*
exigeant, e	*anspruchsvoll*
facilitant, e	*vereinfachend*

factuel, le	*faktisch*
faible	*schwach*
final, e	*Schluss-*
financier, ère	*finanziell*
fonctionnel, le	*funktionell*
fort, e	*stark*
garanti, e	*garantiert*
général, e	*allgemein, generell*
global, e	*global*
hésitant, e	*zögernd*
heuristique	*heuristisch*
humain, e	*menschlich, human*
impacté, e	*aussagekräftig, wirkungsvoll*
impliqué, e	*einbezogen*
imposé, e	*auferlegt, vorgeschrieben*
indécis, e	*unentschlossen*
indifférent, e	*gleichgültig, teilnahmslos*
informel, le	*unförmlich, unvorschriftsmäßig*
initial, e	*ursprünglich, anfänglich*
interdépendant, e	*interdependent, in Wechselbeziehung*
intermédiaire	*vermittelnd*
intuitif, ive	*intuitiv*
irréductible	*unbeugsam*
justifié, e	*gerechtfertigt*
livrable	*lieferbar*
logiciel, le	*Software-*
logistique	*logistisch*
maîtrisable	*beherrschbar, kontrollierbar*
matériel, le	*materiell, Sach-, Material-*
méthodologique	*methodisch*
multiple	*vielfach, mannigfach*
nécessaire	*nötig, notwendig*
objectif, ive	*objektiv*
obtenu, e	*erreicht, errungen*
opposant, e	*gegensätzlich*
oral, e	*mündlich*
particulier, ère	*besondere, r*
partiel, le	*teilweise*
passif, ive	*passiv*

périphérique	*extern, umlaufend*
personnel, le	*persönlich*
pertinent, e	*aussagekräftig, einschlägig*
pionnier, ère	*bahnbrechend*
politique	*politisch*
porteur, euse	*tragend*
pragmatique	*pragmatisch*
préparé, e	*vorbereitet*
prescrit, e	*vorgeschrieben, verjährt*
prévisionnel, le	*voraussichtlich, vorausschauend*
primordial, e	*vorrangig*
principal, e	*Haupt-, hauptsächlich*
progressif, ive	*fortschrittlich*
quantifiable	*quantifizierbar*
raisonnable	*vernünftig*
rapide	*schnell*
réel, le	*reell, real, wirklich, tatsächlich*
relationnel, le	*zwischenmenschlich*
résistant, e	*widerstrebend*
rigoureux, euse	*streng*
sceptique	*skeptisch, zweifelnd*
seul, e	*allein, einzig*
soucieux, euse	*besorgt*
successif, ive	*aufeinanderfolgend*
technique	*technisch*
temporel, le	*vergänglich, temporal, zeitlich begrenzt*
total, e	*ganz, total*
vital, e	*lebenswichtig, lebendig*
volontaire	*freiwillig*

Les verbes de A à Z

achever	*beenden*
adapter à	*anpassen an +A*
affiner	*verfeinern, veredeln*
agir	*handeln*
ajouter	*hinzufügen*
allouer	*bewilligen, einräumen*
argumenter	*argumentieren*

briefer	*briefen, informieren, auf dem Laufenden halten (ie, a)*
cheminer	*sich entwickeln, sich den Weg bahnen*
communiquer	*kommunizieren, mitteilen*
conduire	*fahren (u, a), führen*
conférer	*erteilen, übertragen (u, a)*
conjecturer	*vermuten, erahnen*
conseiller	*raten, beraten (ie, a)*
construire	*aufbauen*
contraindre	*zwingen (a, u)*
convaincre	*überzeugen*
debriefer	*ausfragen*
débuter	*beginnen (a, o)*
découper	*zerschneiden (i, i), zerteilen*
défendre	*verteidigen*
délimiter	*abgrenzen*
démarrer, commencer	*anfangen (i, a), beginnen (a, o)*
dépendre de	*abhängen von +D (i, a)*
différencier	*unterscheiden (ie, ie)*
diviser	*teilen*
échelonner	*staffeln, abstufen*
élaborer	*ausarbeiten*
envisager	*ins Auge fassen*
épauler	*unterstützen*
établir	*erstellen, aufstellen*
évaluer	*bewerten, ab-schätzen*
évoluer	*Fortschritte machen*
expliciter	*verdeutlichen*
exploiter	*ausnutzen*
fixer	*festmachen*
focaliser	*konzentrieren auf +A, fokussieren*
formaliser	*systematisieren*
honorer	*respektieren, ehren*
identifier	*identifizieren, erkennen (a, a)*
imaginer	*sich vorstellen*
intégrer	*integrieren*
interpréter	*interpretieren*
jalonner	*abstecken, prägen*
limiter	*begrenzen*

lister	*verzeichnen*
maintenir	*aufrecht halten (ie, a)*
mobiliser	*mobilisieren, auf die Beine stellen*
modéliser	*modellieren*
multiplier	*vervielfältigen*
obtenir	*erhalten (ie, a)*
optimiser	*optimieren*
ordonner	*ordnen, anordnen*
organiser	*organisieren*
parvenir à	*gelingen zu +D (a, u), schaffen*
persuader	*überzeugen*
piloter	*leiten, führen*
planifier	*planen*
prévoir	*vorsehen (a, e)*
prioriser	*vorrangig behandeln*
privilégier	*privilegieren*
procéder	*vorgehen (i, a)*
projeter	*vorhaben*
quantifier	*quantifizieren*
questionner	*befragen*
réaliser	*durchführen, realisieren*
repérer	*ausfindig machen, sich zurechtfinden (a, u)*
reposer sur	*beruhen auf +D*
représenter	*darstellen, repräsentieren*
réserver	*reservieren, buchen*
s'adapter à	*sich anpassen an +A*
s'articuler sur	*sich äußern zu +D*
s'entendre	*sich verstehen (an, an)*
s'entendre	*sich verstehen (an, an)*
s'interroger	*sich fragen*
se différencier	*sich unterscheiden (ie, ie)*
servir à	*dienen zu +D*
signifier	*bedeuten*
simuler	*simulieren*
soustraire	*abziehen (o, o), wegnehmen (a, o)*
spécifier	*spezifizieren, einzeln anführen*
stabiliser	*stabilisieren*
structurer	*strukturieren*

subodorer	*vorausahnen, wittern*
suivre	*folgen*
supputer	*abschätzen, überschlagen (u, a)*
symboliser	*symbolisieren*
terminer	*beenden*
valider	*freigeben (a, e), genehmigen*
vérifier	*prüfen*
visualiser	*darstellen, visualisieren*

Mise en situation dialoguée

E-mail à l'équipe du projet :

Chers tous,
Comme vous l'avez sans doute appris, j'ai été désignée pour mener le nouveau projet pour Dex Services. Je vous envoie cet email pour rassembler l'équipe et discuter du projet en lui-même, du cahier des charges, du calendrier, etc. Comme le temps nous est compté, j'aimerais que nous nous réunissions dans la salle Canada ce vendredi 12 juillet à 9 heures précises pour une durée maximale de deux heures. Merci de préparer vos meilleures idées car nous allons devoir faire preuve d'audace et de créativité. Du café et des croissants chauds vous attendront à votre arrivée.
Salutations,

Tina
Responsable de projets – IT Solutions Limited

E-Mail an das Projekt-Team :

Liebe Kollegen,
wir Ihr sicher schon erfahren habt, wurde ich mit der Durchführung des neuen Projekts für Dex Services beauftragt. Mit dieser Mail möchte ich das Team zusammenrufen, um über das Projekt an sich, das Leistungsverzeichnis, den Zeitplan usw. zu sprechen. Da die Zeit drängt, möchte ich zu einem Meeting am Freitag, dem 12. Juli um Punkt 9Uhr im Raum Kanada einladen. Bringt Eure besten Ideen mit, denn wir müssen Kühnheit und Kreativität an den Tag legen. Kaffee und heiße Croissants erwarten Euch!
Liebe Grüße

Tina
Projektleiterin-IT Solutions Limited

3.3 Le contrôle financier et budgétaire *Haushalts und Finanzplanung*

Les noms de A à Z

achat (l')	*Kauf (m, es, ¨-e), Ankauf (m, es, ¨-e)*
acquisition (l')	*Anschaffung (w, –, en), Erwerb (m, s, e)*
actif (l')	*Kapital (n, s), Vermögen (n, s, –), Aktivposten (m, s, –)*
actionnaire (l')	*Aktionär (m, s, e)*
agence (l')	*Agentur (w, –, en), Zweigstelle (w, –, n)*
amélioration (l')	*Verbesserung (w, –, en)*
amortissement (l')	*Amortisierung (w, –, en), Abschreibung (w, –, en)*
annuité (l')	*Jahresrate (w, –, n), Jahreszahlung (w, –, en)*
arrêt du budget (l')	*Haushaltssperre (w, –, n)*
associé, e (l')	*Geschäftspartner (m, s, –)*
audit (l')	*Audit (n, s, s), Betriebsprüfung (w, –, en)*
auditeur, trice (l')	*Auditor-in, Betriebsprüfer-in*
augmentation (l'), hausse (la)	*Erhöhung (w, –, en), Steigerung (w, –, en)*
baisse (la)	*Senkung (w, –, en), Sinken (n, s)*
balance (la)	*Waage (w, –, n), Gleichgewicht (n, es, e)*
bénéfice (le)	*Gewinn (m, s, e)*
bilan (le)	*Bilanz (w, –, en), Endergebnis (n, ses, se)*
budget (le)	*Budget (n, s, s), Haushalt (m, es, e)*
cahier des charges (le)	*Lastenheft (n, es, e), Leistungsverzeichnis (n, ses, se)*
caisse (la), trésorerie (la)	*Zahlstelle, Finanzamt*
capital (le)	*Kapital (n, s)*
charge (la)	*Schuldenlast (w, –, ¨-e)*
chiffre d'affaires (le)	*Umsatz (m, es, ¨-e)*
cible (la)	*Ziel (n, s, e), Zielgruppe (w, –, n)*
client (le)	*Kunde (m, n, n)*
comptabilité (la)	*Buchhaltung (w, –, en)*
comptabilité budgétaire (la)	*Haushaltsbuchhaltung (w, –, en)*
comptable (le)	*Buchhalter (m, s, –)*
compte (le)	*Konto (n, s, en)*
contrôle (le)	*Kontrolle (w, –, n), Prüfung (w, –, en)*
contrôleur (le)	*Controller (m, s, –), Steuerprüfer (m, s, –)*

créance (la)	*Fälligkeit (w, –, en), Forderung (w, –, en), Außenstand (m, es, ¨-e)*
créancier (le)	*Gläubiger (m, s, –)*
crédit (le)	*Kredit (m, es, e)*
débit (le)	*Soll (m, s), Absatz (m, es, ¨-e)*
débiteur (le)	*Schuldner (m, s, –)*
dépense (la)	*Ausgabe (w, –, n)*
dépréciation (la)	*Entwertung (w, –, en), Wertminderung (w, –, en)*
dette (la)	*Schuld (w, –, en)*
dotation aux amortissements (la)	*Dotierung (w, –, en), Einstellung (w, –, en)*
écart (l')	*Diskrepanz (w, –, en), Abstand (m, es, ¨-e)*
écriture comptable (l')	*Buchung (w, –, en)*
emprunt (l')	*Darlehen (n, s, –), Anleihe (w, –, n)*
encaissement (l')	*Zahlungseingang (m, s, ¨-e)*
engagement budgétaire global (l')	*Pauschale Haushaltszusage*
engagement provisionnel global (l')	*Pauschale vorläufige Zusage, Engagement*
entreprise (l')	*Unternehmen (n, s, –), Firma (w, –, en)*
état comptable (l')	*Buchhaltungsstand (m, es, ¨-e)*
évolution (l')	*Entwicklung (w, –, en)*
excédent (l')	*Überschuss (m, es, ¨-e), Mehrbetrag (m, s, ¨-e)*
exercice (l')	*Geschäftsjahr (n, s, e)*
exercice comptable (l')	*Rechnungsjahr, Geschäftsjahr (n, s, e)*
facture (la)	*Rechnung (w, –, en)*
fiche financière (la), états financiers (les)	*Geschäftszahlen (w, –, en)*
financement (le)	*Finanzierung (w, –, en)*
flux de trésorerie (le)	*Liquiditätsfluss (m, es, ¨-e)*
fournisseur (le)	*Zulieferer (m, s, –), Lieferant (m, en, en)*
gestion (la)	*Verwaltung (w, –, en), Geschäftsführung (w, –, en), Management (n, s, s)*
grand livre (le)	*Haupt- Schuldbuch (n, es, ¨-er)*
impôt (l')	*Steuer (w, –, n), Abgabe (w, –, n)*
inventaire (l')	*Bestandsaufnahme (w, –, n), Inventur (w, –, en), Inventar (n, s, ien)*
journal (le)	*Zeitung (w, –, en)*
lettre de cadrage (la)	*Richtlinie (w, –, n), Rahmenfestlegung, -bestimmung (w, –, en)*

lettre-plafond (la)	*Schreiben zur Verschiebung der Obergrenze*
maison mère (la), siège social (le)	*Stammhaus (n, es, ¨-er), Firmensitz (m, es, e)*
marge (la)	*Preisspanne (w, –, n), Spielraum (m, s, ¨-e)*
montant (le)	*Betrag (m, s, ¨-e)*
opération (l')	*Operation (w, –, en), Unternehmen (n, s, –), Deal (r, s, s)*
passif (le)	*Passiv (n, s, a)*
période comptable (la)	*Rechnungsperiode (w, –, n), Abrechnungszeitraum (m, s, ¨-e)*
perte (la)	*Verlust (m, es, e)*
plafond (le)	*Höchst- Ober- Bemessungsgrenze (w, –, n)*
plan comptable (le)	*Kontenrahmen (m, s, –)*
prix (le)	*Preis (m, es, e)*
prix de revient (le)	*Selbstkostenpreis (m, es, e)*
production (la)	*Produktion (w, –, en), Herstellung (w, –, en)*
productivité (la)	*Produktivität (w, –, en)*
produit (le)	*Produkt (n, es, e)*
projet annuel de performance (le)	*Jahresleistungsplan (m, s, ¨-e)*
provision (la)	*Provision (w, –, en)*
raison sociale (la)	*Firmenname (m, ns, n)*
rapport annuel de performance (le)	*Jahresleistungsbericht (m, es, e)*
rapport sur la gestion budgétaire et financière (le)	*Bericht zur Haushaltsführung und Finanzmanagement*
ratio (le)	*Quotient (m, en, en)*
recettes (la)	*Einnahme (w, –, n), Erlös (m, es, e)*
recherche (la)	*Forschung (w, –, en), Suche (w, –, n)*
recouvrement (le)	*Erhebung (w, –, en), Eintreibung (w, –, en) (finanziell)*
réduction (la)	*Preisreduzierung (w, –, en), Ermäßigung (w, –, en), Senkung (w, –, en), Nachlass (m, es, ¨-e)*
rentabilité (la)	*Rentabilität (w, –, en)*
ressource (la)	*Ressource (w, –, n), Mittel (n, s, –)*
résultat (le)	*Ergebnis (n, ses, se), Resultat (n, es, e)*
retour sur investissement (le)	*Rendite (w, –, n), Amortisierung (w, –, en) der Investitionen, ROI (= return of investment)*
seuil de rentabilité (le)	*Rentabilitätsschwelle (w, –, n)*

société (la)	*Gesellschaft (w, –, en), Unternehmen (n, s, –)*
société mère (la)	*Muttergesellschaft (w, –, en)*
solde (le)	*Guthaben (n, s, –), Saldo (m, s, en), Angebot (n, es, e)*
solde de trésorerie (le)	*Liquiditätsguthaben -saldo*
subvention (la)	*Subvention (w, –, en), Subventionierung (w, –, en), Zuschuss (m, es, ¨-e)*
succursale (la)	*Filiale (w, –, n)*
tableau de bord	*Übersicht über die Unternehmenskennzahlen in grafischer Form, Tableau de bord (n, s, s), Info-Tafel (w, –, n)*
taux (le)	*Satz (m, es, ¨-e)*
taux de rendement global (le)	*Pauschale Rentabilitätsquote (w, –, n)*

Les adjectifs de A à Z

bas, se	*niedrig, leise*
bon marché	*billig*
cher, chère	*teuer, teure*
clair, e	*klar, deutlich*
complexe	*komplex, verzweigt*
externe	*extern*
haut, e	*hoch*
indexé, e	*indexabhängig, indexgebunden, auf den Index gesetzt ???*
interne	*intern*
opaque	*blickdicht, undurchsichtig*
plafonné, e	*nach oben begrenzt*
simple	*einfach*
stochastique	*stochastisch*
transparent, e	*transparent, durchsichtig*

Les verbes de A à Z

accorder	*zugestehen (a, a), bewilligen, erteilen*
acheter	*kaufen*
additionner	*zusammenzählen, addieren*
administrer	*verabreichen, verwalten*
affirmer	*bestätigen*

aider	*helfen (a, o)*
allouer	*bewilligen, gewähren, zuteilen*
améliorer	*verbessern*
analyser	*analysieren*
annuler	*annulieren, absagen*
anticiper	*vorwegnehmen (a, o), vorgreifen (i, i)*
appeler	*an-rufen (ie, u)*
argumenter	*argumentieren*
atteindre	*erreichen*
auditer	*auditieren, einer Betriebsprüfung-einem Audit unterziehen (o, o)*
budgéter	*ein Budget erstellen, (finanziell) einplanen*
cacher	*verstecken, vertuschen, geheim halten (ie, a)*
calculer	*be-rechnen*
charger	*laden (u, a), beauftragen mit +D*
commenter	*kommentieren*
consommer	*verbrauchen*
contredire	*widersprechen (a, o)*
contrôler	*kontrollieren*
créditer	*gutschreiben (ie, ie), zugute halten (ie, ie)*
débiter	*ab-umsetzen, entnehmen (a, o), abbuchen*
dépasser	*überschreiten (i, i), hinausgehen über +A (i, a)*
dépenser	*ausgeben (a, e)*
diriger	*leiten, führen*
diviser	*teilen*
économiser	*ein-sparen*
écrire	*schreiben (ie, ie)*
envoyer	*schicken*
expliquer	*erklären*
financer	*finanzieren*
gérer	*verwalten, managen, leiten*
imposer	*durchsetzen*
infirmer	*entkräften, aufheben (o, o)*
joindre	*beifügen -legen*
masquer	*kaschieren, verbergen (a, o), vertuschen*

multiplier	*vervielfältigen, multiplizieren*
nier	*abstreiten (i, i), leugnen*
préparer	*vorbereiten*
prévenir	*In Kenntnis setzen, warnen, benachrichtigen*
prévoir	*vorsehen (a, e), planen*
prier	*bitten (a, e)*
recalculer	*neu berechnen*
recueillir	*sammeln, aufnehmen (a, o)*
refuser	*ablehnen, zurückweisen (ie, ie)*
résoudre	*lösen*
révéler	*enthüllen, aufdecken, preisgeben, ans Tageslicht bringen (a, a)*
réviser	*revidieren, überprüfen, wiederholen*
saisir	*erfassen, ergreifen (i, i)*
sanctionner	*sanktionieren, bestrafen, billigen*
solliciter	*beantragen, nachsuchen um +A*
soumettre	*vorlegen, unterordnen*
soustraire	*abziehen (o, o), unterschlagen (u, a)*
supposer	*annehmen (a, o)*
supputer	*vermuter, annehmen (a, o)*
taire	*verschweigen (ie, ie), verheimlichen, unterschlagen (u, a)*
valider	*freigeben (a, e), anerkennen (a, a), für gültig erklären*
vérifier	*überprüfen*

4. LA COMMUNICATION EN MILIEU PROFESSIONNEL *KOMMUNIKATION IN DER BERUFSWELT*

4.1 Communiquer en réunion *Kommunikation im Meeting*

Les noms de A à Z

a priori (l')	*Vorurteil (n, s, e)*	*An dieser Uni hat man keine Vorurteile gegen Ausländer.*
aboutissement (l')	*Erfolg (m, es, e), Krönung (w, –, en)*	*Seine Anstrengungen in den letzten Monaten waren endlich von Erfolg gekrönt.*
absence (l')	*Abwesebheit (w, –, en)*	*Der Chef glänzte mal wieder durch Abwesenheit.*
accord (l')	*Vereinbarung (w, –, en), Abkommen (n, s, –)*	*Die Delegationen hatten zu einem gemeinsamen Abkommen gefunden.*
agacement (l')	*Gereiztheit (w, –, en)*	*Langsam ging die Sekretärin mit ihrer morgendlichen Gereiztheit allen Mitarbeitern auf die Nerven.*
agencement (l')	*Anordnung (w, –, en), Aufteilung (w, –, en)*	*Die Aufteilung der Büroräume war nicht sehr günstig, denn nur jedes zweite hatte ein Fenster.*
agenda (l')	*Terminplan (m, s, –)*	*In meinem Terminplan stehen alle Kursdaten.*
ajout (l')	*Zusatz (m, es, ¨-e)*	*Der Zusatz war fast länger als die Mail.*
analyse (l')	*Analyse (w, –, n)*	*Die aktuelle Marktanalyse überraschte niemanden.*
angoisse (l')	*Angst (w, –, ¨-e), Panik (w, –)*	*Viel Studenten leiden unter Prüfungsangst.*
animation (l')	*Animation (w, –, en), Gestaltung (w, –, en)*	*Die Gestaltung der Kurse ist sehr interessant.*
annulation (l')	*Annulierung (w, –, en), Aufhebung (w, –, en)*	*Die Jahresabschlussfeier wurde dieses Jahr wegen der Krise annuliert.*
anticipation (l')	*Vorwegnahme (w, –, n), Vorausschau (w, –, en)*	*Durch die Vorwegnahme des endes war der Film uninterassant geworden.*
aparté (l')	*Vertrauliches Gespräch (n, es, e)*	*Über seinen Verbleib in der Firma wurde in einem vertraulichen Gespräch unter vier Augen entschieden.*

apparaiteur (l')	*Pedell (m, s, e)*	
arbitrage (l')	*Schiedsverfahren (n, s, –)*	*Über seine ungerechte Entlassung wurde in einem Schiedsverfahren verhandelt.*
argument (l')	*Argument (n, es, e)*	*Er unterstütze seine Meinung durch handfeste Argumente.*
ascenceur (l')	*Aufzug (m,es,¨-e)*	*Der Aufzug führt bis in den 3.Stock, danach muss man laufen.*
assemblée (l')	*Versammlung (w, –, en)*	*Zu der Versammlung waren nur wenige Zuhörer gekommen.*
atelier (l')	*Workshop (m, s, s)*	*Der letzte Workshop war sehr interessant.*
auditoire (l')	*Publikum (n, s)*	*Das Publikum war wie immer von seinem Vortrag fasziniert.*
auto-censure (l')	*Selbstzensur (w, –, en)*	*Der Text konnte so wirklich nicht veröffentlicht werden, und Mark unterzog ihn einer Selbstzensur, auch wenn er lange daran geschrieben hatte.*
avance (l')	*Vorsprung (m, s,¨-e)*	*Durch die Entwicklung neuer Kommunikationsmittel hat Asien den technischen Vorsprung des Westens bald aufgeholt.*
avertissement (l')	*Abmahnung (w, –, en)*	*Wegen seines häufigen Fehlens erhielt Herr M. eine erste Abmahnung.*
avis (l')	*Meinung (w, –, en)*	*Bei der Mitarbeiterversammlung durfte jeder seine Meinung laut und deutlich sagen.*
bilan (le)	*Bilanz (w, –, en), Fazit (n, s, e)*	*Das Fazit aus der Versammlung waren 13 Entlassungen.*
bloqueur, euse (le, la)	*Störenfried (m, es, e), Nervensäge (w, –, n)*	
boissons (les)	*Getränk (n, s, e)*	*Kalte und warme Geränke stehen am Eingang.*
buffet (le)	*Buffet (n, s, s)*	*Das kalte Buffet stand am Ende des Raums.*
bureau (le)	*Büro (n, s, s), Schreibtisch (m, es, e)*	*Der neue Schreibtisch passte perfekt in sein Büro.*
calendrier (le)	*Kalender (m, s, –)*	*Der Messekalender erscheint dieses Jahr erst am 15.November.*

cause (la)	*Ursache (w, –, n)*	*Die Ursache für die Verzögerung war ein Stromausfall.*
censure (la)	*Zensur (w, –, en)*	*Der Text konnte so nicht bleiben und wurde von den anderen Teilnehmern einer Zensur unterzogen.*
chaise (la)	*Stuhl (m, s, ¨-e)*	*Die Stühle hatten eine bequeme Rückenlehne.*
chiffon (le)	*Lappen (m, s, –)*	*Nie ist ein Lappen zum Tafelwischen da !*
clarté (la)	*Klarheit (w, –, nen)*	*Mit Prägnanz und Klarheit sprach er über sein bevorzugtes Thema und konnte auch den letzten Zuhörer dafür interessieren.*
cohérence (la)	*Kohärenz (w, –, en)*	*Das Bild-, Wort- und Akustikmaterial zeugte von einer großen Kohärenz des Vortrags.*
collecte (la)	*Sammlung (w, –, nen)*	*Er sammelte erst viele Meinungen unter den Mitarbeitern, bevor er eine Entscheidung traf.*
compromis (le)	*Kompromiss (m, es, e)*	*Für das Raumproblem wurde schließlich eine Kompromisslösung gefunden, und Bärbel und Nicole mussten sich ein Büro teilen.*
compte-rendu (le)	*Protokoll (m, s, e)*	*Bei jeder Besprechung schreibt ein anderer Teilnehmer das Protokoll.*
concept (le)	*Konzept (n, es, e)*	*Das neue Konzept kam bei den Mitarbeitern gut an.*
concision (la)	*Prägnanz (w, –, nen)*	*Mit Prägnanz und Klarheit sprach er über sein bevorzugtes Thema und konnte auch den letzten Zuhörer dafür interessieren.*
conclusion (la)	*Schlussfolgerung (w, –, en)*	*Man sollte nicht zu schnell Schlussfolgerungen ziehen.*
configuration (la)	*Konfiguration (w, –, en)*	*Die Konfiguration der Räume ist unpraktisch.*
congé (le)	*Urlaub (m, s, e)*	*Da der Chef in Urlaub war, übernahm der Gruppenleiter die Firmenführung.*
consensus (le)	*Konsens (m, es)*	*Die Abteilungsleiter hatten auch nach 3 Stunden Meeting noch keinen Konsens gefunden.*

consentement (le)	*Einverständnis (m, ses, se), Zustimmung (w, –, en)*	*Mit großer Zustimmung war der geplante Umzug der Firma in neue Räumlichkeiten aufgenommen worden.*
contenu (le)	*Inhalt (m, es, e)*	*Der Inhalt der Arbeit wird ebenfalls berücksichtigt.*
contre-argument (le)	*Gegenargument (n, es, e)*	*Trotz zahlreicher Gegenargumente wurde der Beschluss durchgesetzt.*
contre-exemple (le)	*Gegenbeispiel (n, s, e)*	*Der Ablauf der Präsentation wurde durch das Anführen mehrerer Gegenbeispiele stark gestört.*
conviction (la)	*Überzeugung (w, –, en)*	*Mark stand immer für seine inneren Überzeugungen gerade.*
convocation (la)	*Vorladung (w, –, en)*	*Die Vorladung wurde erst drei Stunden vor dem Meeting verschickt.*
craie (la)	*Kreide (w, –, n)*	*Die Kreide war leicht abzuwischen.*
créativité (la)	*Kreativität (w, –, en)*	*Durch die digitalen Möglichkeiten wird die Kreativität der Studenten gefördert…*
critique (la)	*Kritik (w, –, en)*	*Gut gemeinte Kritik ist mir willkommen.*
date (la)	*Datum (n, s, en)*	*Die Daten der Teamversammlungen bekommen wir jeden Montag.*
débat (le)	*Diskussion (w, –, en)*	*Die Diskussion wurde immer lauter und undisziplinierter.*
début (le)	*Anfang (m, s, ¨-e)*	*Von Anfang an hatte sie gut mitgearbeitet.*
décalage (le)	*Verschiebung (w, –, en)*	*Wegen eines dringenden Termins sehe ich mich zur Verschiebung der Besprechung gezwungen.*
délai (le)	*Frist (w, –, en)*	*Die Abgabefrist war der 1.Dezember.*
délégation (la)	*Delegation (w, –, en)*	*Die chinesische Delegation kam in Begleitung eines Übersetzers.*
départ (le)	*Weggang (m, es, ¨-e)*	*Der Weggang seiner langjährigen Mitarbeiterin machte dem Chef sehr zu schaffen.*
déroulement (le)	*Ablauf (m, es, ¨-e)*	*Der Seminarablauf hängt vom Thema ab.*
désintéressement (le)	*Uneigennützigkeit (w, –, en)*	*Mit großer Selbstverständlichkeit und Uneigennützigkeit stellt Anna Marie ihre Aufzeichnungen zur Verfügung.*

désistement (le)	*Nichterscheinen (n, s)*	*Bei unentschuldigtem Nichterscheinen wird die Anmeldegebühr nicht zurückerstattet.*
destinataire (le, la)	*Empfänger, -in (m, s, –) (w, –, nen)*	*Der Empfänger des Briefes war leider umgezogen.*
détail (le)	*Detail (n, s, s)*	*Mark erklärte gern alle Details seiner Arbeit.*
développement (le)	*Entwicklung (w, –, en)*	*Die Entwicklung auf dem Computermarkt ist rasant.*
diapositive (la)	*Dia (n, s, s)*	*Die Nutzung von Dias ist heute etwas unmodern.*
difficulté (la)	*Schwierigkeit (w, –, en)*	*Katja hatte Schwierigkeiten, diese Prüfung vorzubereiten.*
dimension (la)	*Dimension (w, –, en), Ausmaß (n, es, e)*	*Die Krise ist eine wirtschaftliche Katastrophe großen Ausmaßes.*
discours (le)	*Rede (w, –, n)*	*Seine Rede war mit Spannung erwartet worden, doch letztendlich etwas enttäuschend.*
discussion (la)	*Gespräch (n, s, e)*	*Die Verhandlungsgespräche waren gut verlaufen.*
dispersion (la)	*Dispersion (w, –, en), Streuung (w, –, en), Zerstreuung (w, –, en)*	*Der Professor hatte seine Themen dieses Mal sehr weit gestreut.*
dispersion (la)	*Streuung (w, –, en)*	*Durch die breite Streuung der finanziellen Mittel konnte keine Abteilung ihr Material richtig erneuern.*
disponibilité (la)	*Verfügbarkeit (w, –, en)*	*Dank der elektronischen Terminplaner, weiß die Sekretärin genau, wann jeder Mitarbeiter verfügbar ist.*
disposition (la)	*Disposition (w, –, en), Anordnung (w, –, en)*	*Die Anordnung der Tische bestimmt der Chef.*
document (le)	*Dokument (n, es, e), Unterlagen (w, –, en)*	*Die Anmeldeunterlagen können im Sekretariat abgeholt werden.*
domination (la)	*Dominanz (w, –, en), Herrschaft (w, –, en)*	*Benedikt dominiert gern mit seiner geistigen Brillanz.*
donnée (la)	*Angabe (w, –, n)*	*Die Angaben im Kursplan stimmten nicht.*

durée (la)	*Dauer (w, –)*	*Die Dauer der Meetings ist immer unterschiedlich.*
dynamique (la)	*Dynamik (w, –, en)*	*Die neuartige Datenverarbeitung entwickelt eine Eigendynamik.*
écart (l')	*Abweichung (w, –, en), Diskrepanz (w, –, en)*	*Bei den Umfrageergebnissen der beiden Institute zeigten sich starke Diskrepanzen.*
échéance (l')	*Fälligkeit (w, –, en), Fristsetzung (w, –, en)*	*Am 1.April wird die Semestergebühr fällig.*
échec (l')	*Scheitern (n, s)*	*Das Scheitern der Verhandlungen war nicht vorhersehbar gewesen.*
écoute (l')	*Ganz Ohr sein, Zuhören (n, s)*	*Zuhören war seine große Stärke und er war bei Problemen seiner Kunden immer ganz Ohr.*
efficacité (l')	*Effizienz (w, –, en), Leistungsfähiglkeit (w, –, en)*	*Die Leistungsfähigkeit der neuen Computer erlaubt eine Digitalisierung der Bibliothek bis Ende des Jahres.*
élocution (l')	*Redegewandtheit (w, –, nen), Sprechtechnik (w, –, nen)*	*In vielen Kursen hatte er seine Sprechtechnik verbessern gelernt.*
éloquence (l')	*Beredsamkeit (w, –, en), Sprachgewalt (w, –, en), Redegewandtheit (w, –, en)*	*Seine Sprachgewalt lässt den anderen Teilnehemern keine Gelegenheit, das Wort zu ergreifen.*
empêchement (l')	*Verhinderung (w, –, en)*	*Durch einen Unfall auf der Autobahn war ich beim Meeting verhindert.*
encouragement (l')	*Ermutigung (w, –, en)*	*Bei seinem neuen Job erfuhr Mark viel Ermutigung durch seine Kollegen.*
endormissement (l')	*Einschlafen (n, s), einschläfernd*	*Die Vortragsweise des Professors war eher einschläfernd denn interessant.*
ennui (l')	*Ärger (m, s), Langeweile (w, –)*	*Bei den medizinischen Vorlesungen kam nie Langeweile auf.*
enquête de satisfaction (l')	*Zufriedenheitsumfrage (w, –, en)*	*Am Ende des Kurses wird eine Zufriedenheitsumfrage verteilt.*
envie (l')	*Lust (w, –, ¨-e)*	*Nach der langen Besprechung hatte ich Lust auf ein richtig gutes Essen.*
envoi (l')	*Sendung (w, –, en), Versenden (n, s)*	*Das Versenden der Einladungen erfolgt heute Abend.*
envolée (l')	*Höhenflug (m, es, ¨-e)*	*Trotz der Krise erlebte die Aktie ihrer Firma einen Höhenflug.*

éparpillement (l')	*Verzettelung (w, –, en)*	*Michael hatte sich mit seinem neuen Projekt verzettelt, so dass er an keiner Besprechung teilnehmen konnte!*
éponge (l')	*Schwamm (m, s, ¨-e)*	*Mit dem Schwamm geht das Wischen besser.*
ergotage (l')	*Spitzfindigkeit (w, –, en), Nörgelei (w, –, en)*	*Karl war nie zufrieden und machte das allen durch seine ewigen Nörgeleien klar.*
étape (l')	*Etappe (w, –, n), Schritt (m, es, e)*	*Das Gespräch war ein Schritt in die richtige Richtung.*
évaluation (l')	*Bewertung (w, –, en)*	*Er war mit der Bewertung seiner Arbeit unzufrieden.*
examen (l')	*Examen (n, s, –), Prüfung (w, –, en)*	*Er hatte sein Medizinexamen mit Auszeichnung bestanden.*
exception (l')	*Ausnahme (w, –, n)*	*Mit Ausnahme des Chefs waren alle Teilnehmer anwesend.*
exclusion (l')	*Ausschluss (m, es, ¨-e)*	*Aufgrund seiner anhaltenden kritischen Bemerkungen wurde Theo von dem Meeting ausgeschlossen.*
excuse (l')	*Entschuldigung (w, –, en)*	*Mark hatte für sein Fehlen immer eine Entschuldigung parat.*
exemple (l')	*Beispiel (n, s, e)*	*Mark konnte seinen Vortrag durch das Einflechten vieler praktischer Beispiele sehr interessant gestalten.*
expérience (l')	*Erfahrung (w, –, en)*	*Seine langjährige Berufserfahrung war bei der Jobsuche von großem Vorteil.*
explication (l')	*Erklärung (w, –, en)*	*Seine Stärke waren gute Erklärungen zu unbekannten Wörtern.*
fatalisme (le)	*Fatalismus (m, es)*	*Aber man sollte nicht in Fatalismus verfallen.*
félicitation (la)	*Glückwunsch (m, es, ¨-e)*	*Zu seinem Firmenjubiläum erhielt Herr M. Glückwünsche aus allen Abteilungen.*
fiche de synthèse (la)	*Zusammenfassender Bericht (m, s, e)*	*Der Chef möchte nach jedem Meeting einen zusammenfassenden Bericht.*
fin (la)	*Ende (s, s, n)*	*Am Ende der Sitzung gab es eine Zusammenfassung.*

flottement (le)	*Schwanken (n, s), Zögern (n, s), Unentschlossenheit (w, –, en)*	*Bei der Beantwortung der Prüfungsfragen zeigt Beate viel Unentschlossenheit.*
forme (la)	*Form (w, –, en), Gestalt (w, –, en)*	*Mark erhielt sein Diplom in Form einer Urkunde.*
frein (le)	*Bremse (w, –, n)*	*Die langen Erklärungen bremsten das Interesse für das eigentliche Thema.*
fréquence (la)	*Häufigkeit (w, –, en)*	*Die Häufigkeit der Meetings nimmt stetig zu.*
frustration (la)	*Frust (m, es), Frustration (w, –, en)*	*Das hohe Arbeitspensum führt bei vielen Studenten zu Frustrationen.*
gagnant, e (le, la)	*Gewinner, -in (m, s, –) (w, –, nen)*	*Auf den Gewinner des Wettstreites wartete ein Stipendium in Harvard.*
groupe (le)	*Gruppe (w, –, n)*	*Die Gruppe wurde in 4 Arbeitsgruppen aufgeteilt.*
groupe de travail (le)	*Arbeitsgruppe (w, –, n)*	*Jede Arbeitsgruppe besteht aus vier Teilnehmern.*
harmonie (l')	*Harmonie (w, –, n)*	*Die Kollegen arbeiten in großer Harmonie zusammen und lachen viel.*
horaire (l')	*Zeit-, Stundenplan (m, s, ¨-e)*	*Der Zeitplan der Meetings wird jede Woche neu angesetzt.*
hors-sujet (le)	*Am Thema vorbei*	*Mark hatte die letzte Semainararbeit am Thema vorbei geschrieben.*
hypothèse (l')	*Hypothese (w, –, n)*	*Hypothesen über einen Verkauf der Firma wurden laut.*
idée (l')	*Idee (w, –, n)*	*Die Besprechung hatte bei ihm neue Ideen geweckt.*
identification (l')	*Identifizierung (w, –, en)*	*Um in unserer Firma arbeiten zu können, müssen Sie sich mit der Firmenphilosophie identifizieren.*
illustration (l')	*Illustration (w, –, en)*	*Er untermalte seinen Vortrag mit zahlreichen Computerillustrationen.*
image (l')	*1.Bild (n, es, er), 2.Image (n, s)*	*Der Fachbericht wurde durch die Einfügung zahlreicher Bilder etwas aufgelockert.*
imagination (l')	*Vorstellungskraft (w, –, ¨-e)*	*Seine kreative Vorstellungskraft halfihm bei der Ausarbeitung des neuen Projekts.*

imprévu (l')	*Unwägbarkeit (w, –, en), unvorhersehbar*	*Die Abwesenheit der Hälfte der Mitarbeiter war unvorhersehbar.*
incident (l')	*Zwischenfall (m, es, ¨-e)*	*Bei der Installation des neuen Materials war es zu einem Zwischenfall gekommen, und ein Mitarbeiter wurde ins Krankenhaus gebracht.*
indisponibilité (l')	*Nichtverfügbarkeit (w, –, en)*	*Die anhaltende Nichtverfügbarkeit jeglicher Kommunikationsmittel führte bei den Mitarbeitern zu Unmut.*
individu (l')	*Einzelperson (w, –, en), der, die Einzelne*	*Die Forderungen jedes Einzelnen können nicht berücksichtigt werden.*
inexistence (l')	*Nichtvorhandensein (n, s), Abwesenheit (w, –, en)*	*Das Nichtvorhandensein jeglicher sanitärer Anlagen erleichtert die Arbeit keineswegs.*
insuffisance (l')	*Unzulänglichkeit (w, –, en), Mangelhaftigkeit (w, –, en)*	*Mit einem Tisch und einem Stuhl war sein provisorisches Büro sehr mangelhaft ausgestattet.*
intégration (l')	*Integration (w, –, en), Integrierung (w, –, en)*	*Das Büro für Ausländerintegration hatte heute großen Zulauf.*
interlocuteur (l')	*Gesprächspartner (m, s, –)*	*In der Konferenz fand er ihm gewachsene Gesprächspartner.*
interruption (l')	*Unterbrechung (w, –, en)*	*Er wurde mehrfach von seiner Assistentin unterbrochen.*
intervention (l')	*Intervention (w, –, en)*	*Der Gruppenleiter hat eine bemerkenswerte Intervention vorgeschlagen.*
intitulé (l')	*Titel (m, s, –)*	*Der Titel war auf der Kopienicht lesbar.*
introduction (l')	*Einführung (w, –, en), Einleitung (w, –, en)*	*Die Einführung dauerte nur 10 Minuten.*
invention (l')	*Erfindung (w, –, en)*	*Die Erfindung der MP3-Technik wird CDs bald überflüssig machen.*
invité, e (l')	*Gast (m, es, ¨-e)*	*Bei der Eröffnung erschienen viele geladene Gäste.*
irritation (l')	*Verärgerung (w, –, en)*	*Auf ihr ständiges Kranksein reagierte die Abteilungsleiterin mehr und mehr mit Verärgerung.*
issue (l')	*Ausgang (m, s, ¨-e), Ende (n, es, n)*	*Der Ausgang des Prozesses war nicht vorhersehbar gewesen.*

jeu de rôles (le)	*Rollenspiel (n, s, e)*	*Das Erlernen einer Sprache kann durch Rollenspiele vereinfacht werden.*
joie (la)	*Freude (w, –)*	*Als Renate ihre Note erfuhr, sprang sie vor Freude in die Luft.*
jugement (le)	*Urteil (n, s, e)*	*Das Urteil der Juroren war vernichtend.*
justesse (la)	*Angemessenheit (w, –, en), Genauigkeit (w, –, en)*	*Die Genauigkeit seiner Messungen überraschte die Professoren.*
lassitude (la)	*Überdruss (m, es), Verdrossenheit (w, –, en)*	*Unter diesen schlechten Arbeitsbedingungen kam es bei den Mitarbeitern schnell zu Verdrossenheit.*
lieu (le)	*Ort (m, es, e)*	*Der Ort für die neue Niederlassung ist noch nicht bekannt.*
liste (la)	*Liste (w, –, n)*	*Die Anwesenheitsliste wird zu Beginn unterschrieben.*
litige (le)	*Streitsache (w, –, n)*	*Die Gegner konnten sich in der Streitsache nicht einig werden.*
lutte d'influence (la)	*Kräftespiel (n, s, e), Kräftemessen (n, s, –)*	*Anna und Emma lieferten sich ein interessantes Kräftemessen.*
lyrisme (le)	*Lyrik (w, –)*	*Lyrik war nicht ihr Lieblingsthema, aber diese Gedichte gefielen Marie.*
maladie (la)	*Krankheit (w, –, en)*	*Durch Krankheit bedingte Abwesenheit nimmt zu.*
marqueur (le)	*Markierer (m, s, –), Textmarker (m, s, –)*	*Textmarker bitte nur in blau und pink benutzen!*
matériel (le)	*Material (n, s, ien)*	*Auf der Materialliste standen u.a. Papier, Filzstifte und Schere.*
méconnaissance (la)	*Unkenntnis (w, –, se)*	*Der Vortrag war in Teilen von frappanter Unkenntnis des Themas durchzogen.*
membre (le)	*Mitglied (n, es, er)*	*Alle Mitgleider der Arbeitsgruppe waren erschienen.*
minute (la)	*Minute (w, –, en)*	*Wir treffen uns in 10 Minuten, ok ?*
mise en perspective (la)	*Eröffnung (w, –, en) neuer Perspektiven*	*Der Bericht eröffnete den Mitarbeitern neue Perspektiven.*
mise en relief (la)	*Hervorhebung (w, –, en)*	*Durch das Einspielen von Videos wurden einzelne Punkte hervorgehoben.*

mise en situation (la)	*Praxisbedingungen (w, –, en), gestllete Situation (w, –, en)*	*Das Arbeiten unter Praxisbedingungen hatte Mark sich schwieriger vorgestellt.*
mise en valeur (la)	*Aufwertung (w, –, en), Betonung (w, –, en)*	*Die Bilder betonten die Qualität des Vortrags.*
modalités (les)	*Modalität (w, –, en)*	*Die Vertragsmodalitäten sind noch zu klären, aber ich heiße Sie dennoch in der Firma herzlich willkommen.*
moquerie (la)	*sich lustig machen*	*Die männlichen Kollegen machten sich über ihre neue Frisur lustig.*
motif (le)	*Grund (m, es, ¨-e), Ursache (w, –, n)*	*Manche Gründe für Abwesenheit sind nur schwer nachvollziehbar.*
motivation (la)	*Motivation (w, –, en)*	*Dem Chef lag es sehr, seine Mitarbeiter neu zu motivieren.*
moyen (le)	*Mittel (n, s, –)*	*Die zur Verfügung stehenden Mittel reichten nicht aus, um die Büros einzurichten.*
multiplication (la)	*Vervielfältigung (w, –, en), Zunahme (w, –, n)*	*Die Änderung der Regelung führte zu einer Zunahme der Anfragen.*
niveau d'exigence (le)	*Anforderung (w, –, en)*	*Das Marketing-Studium stellt hohe Anforderungen an die Studenten.*
note (la)	*Note (w, –, n), Notiz (w, –, en), Rechnung (w, –, en)*	*Mark war mit der Note seiner Seminararbeit zufrieden.*
objectif (l')	*Ziel (n, es, e)*	*Ziel des Meetings ist die Erstellung des neuen Projektplans.*
objection (l')	*Einwand (m, es, ¨-e)*	*Trotz zahlreicher Einwände wurde das neue Sparprogramm eingeführt.*
optimisation (l')	*Optimisierung (w, –, en)*	*Die Optimisierung des Kundenservices erlaubt eine bessere Behandlung der Kunden.*
optimisme (l')	*Optimismus (m, es)*	*Die Jahresversammlung war von Optimismus gekennzeichnet.*
ordre du jour (l')	*Tagesordnung (w, –, en)*	*Die Tagesordnung wurde gestern per Mail verschickt.*
organisation (l')	*Organisation (w, –, en)*	*Er war ein großes Organisationstalent.*
participant, e (le, la)	*Teilnehmer (m, s, –)*	*Alle Teilnehmer müssen sich in eine Liste eintragen.*

passage en revue (le)	*Revue passieren lassen*	*Der Chef hatte das vergangene Geschäftsjahr noch einmal Revue passieren lassen, bevor er die Ziele für das kommende ansprach.*
pause (la)	*Pause (w, –, n)*	*In den Pausen trafen sie sich immer an der Kaffeemaschine.*
perdant, e (le, la)	*Verlierer, -in (m, s, –) (w, –, nen)*	*Die Verlierer mussten ihr Studium selbst finanzieren.*
performance (la)	*Leistung (w, –, en)*	*Der Professor bewertete die Leistungen der Studenten sehr großzügig.*
perspective (la)	*Perspektive (w, –, n), Aussicht (w, –, en)*	*Die Experten versprechen keine guten Aussichten für das kommende Geschäftsjahr.*
persuasion (la)	*Überzeugung (w, –, en), überredung (w, –, en)*	*Eine Stärke dieser Verkäuferin war es, die Kunden zum Kauf zu überreden.*
pessimisme (le)	*Pessimismus (m, es)*	*Der Artikel strahlte Pessimismus aus.*
peur (la)	*Angst (w, –, ¨-e), Furcht (w, –)*	*Einige Mitarbeiter haben Angst, ihre Stelle zu verlieren.*
photocopie (la)	*Fotokopie (w, –, n)*	*Mark versucht, die Zahl der Fotokopien einzugrenzen.*
pièce (la)	*Zimmer (n, s, –), Raum (m, es, ¨-e)*	*Die Räume in der Büroetage waren alle groß und hell.*
plaisir (le)	*Vergnügen (n, s)*	
plan (le)	*Plan (m, s, ¨-e), Vorhaben (n, s, –)*	*Sein Vorhaben einer neuen Filiale würde er auf der nächsten Besprechung bekannt geben.*
plan d'action (le)	*Aktionsplan (m, s, ¨-e)*	*Das Meeting verlief dank Marks Aktionsplan ausgezeichnet.*
planning (le)	*Terminplan (m, s, ¨-e)*	*In der Messewoche ist ihr Terminplan übervoll.*
point (le)	*Punkt (m, es, e)*	*Der Sprecher brachte das Thema auf den Punkt.*
ponctualité (la)	*Pünktlichkeit (w, –, en)*	*Der Professor legt bei seinen Vorlseungen Wert auf Pünktlickeit.*
position (la)	*Position (w, –, en), Stellung (w, –, en)*	*In seiner Position als Marketingleiter konnte er seine Ziele besser umsetzen.*
pratique (la)	*Praxis (w, –), praktische Anwendung (w, –, en)*	*Nun galt es, die Theorie auch praktisch anzuwenden.*

précision (la)	*Genauigkeit (w, –, en)*	*Mit äußerster Genauigkeit hatte er seine Tabellen erstellt.*
préparation (la)	*Vorbereitung (w, –, en)*	*Für den Test war sie gut vorbereitet.*
présence (la)	*Anwesenheit (w, –, en)*	*Die Anwesenheit wurde durch die Unterschriftenliste dokumentiert.*
présentation (la)	*Präsentation (w, –, en)*	*Für meine letzte Präsentation habe ich eine Tabelle erstellt.*
prétexte (le)	*Vorwand (m, es, ¨-e)*	*Unter dem Vorwand eines dringenden Termins verließ Mark die Vorlesung.*
principe (le)	*Prinzip (n, s, ien), Grundsatz (m, es, ¨-e)*	*Im Prinzip wollte er nicht mit Kunden zu tun haben, aber jetzt hatte er doch einen Posten im Kundenservice.*
prise de notes (la)	*Notiz (w, –, en)*	*Die Notizen meiner Kommilitonin waren mir bei der Ausarbeitung des Themas sehr nützlich.*
prise de parole (la)	*Das Wort ergreifen*	*Der Gruppenleiter ergriff gern das Wort während des Workshops.*
problème (le)	*Problem (n, s, e)*	*Mit der Raumaufteilung gab es ein Problem.*
productivité (la)	*Produktivität (w, –, en)*	*...und die Produktivität gesteigert.*
progression (la)	*Fortschritt (m, es, e)*	*Die Einführung des neuen Systems hatte große Fortschritte gemacht.*
propos (le)	*Absicht (w, –, en), Äußerung (w, –, en)*	*Die Äußerungen des Journalisten wurden von den anderen Teilnehmern mit gemischten Gefühlen aufgenommen.*
proposition (la)	*Vorschlag (m, s, ¨-e)*	*Auf den Vorschlag seiner Sekretärin ging er gerne ein.*
public (le)	*Publikum (n, s), Öffentlichkeit (w, –, en)*	*In der Öffentlichkeit zeigte er sein Fachwissen nicht gern.*
question (la)	*Frage (w, –, n)*	*Das neue Thema warf viele Fragen auf.*
rafraichissements (les)	*Erfrischung (w, –, en)*	*In der Pause wurden Erfrischungen gereicht.*
raison (la)	*Grund (m, es, ¨-e)*	*Als Grund für ihren Konzentrationsmangel gab sie zu viel Arbeit an.*
raisonnement (le)	*Argumentation (w, –, en)*	*Mit der Argumentation meiner Kollegin war ich überhaupt nicht einverstanden.*

rappel (le)	*Wiederholung (w, –, en), Erinnerung (w, –, en)*	*Der Gruppenleiter erinnerte noch einmal an die Tagesordnung, bevor er mit dem ersten Punkt begann.*
réalisation (la)	*Durchführung (w, –, en)*	*Die Durchführung der Renovierungsarbeiten führte im Büro zu einem großen Durcheinander.*
recueil (le)	*Sammelband (m, es, ¨-e), Sammlung (w, –, en)*	*Der Artikel erscheint jetzt im neuesten Sammelband.*
recul (le)	*Abstand (m, es, ¨-e), Rückgang (m, es, ¨-e)*	*Die Sekretärin war über den Rückgang der Anmeldungen für das neue Jahr erstaunt.*
rédaction (la)	*Verfassung (w, –, en), Erstellung (w, –, en)*	*Für die Erstellung der Anwesenheitsliste musste er alle Namen auflisten.*
reformulation (la)	*Neuformulierung (w, –, en)*	*Der Teilnehmer musste seine Frage neu formulieren.*
rejet (le)	*Abweisung (w, –, en), Ablehnung (w, –, en)*	*Maria war über ihre Ablehnung als Assistentin sehr erstaunt.*
remarque (la)	*Bemerkung (w, –, en), Kommentar (m, s, e)*	*Nach diesem Vortrag konnte man viel nette Bemerkungen hören.*
rendez-vous (le)	*Termin (m, s, e)*	*Die Sekratärin konnte mir für den 15. einen Termin geben.*
répétition (la)	*Wiederholung (w, –, en), Wiederholen (n, s)*	*Mark schob das Wiederholen des Gelernten vor sich her.*
réplique (la)	*Antwort (w, –, en), Erwiderung (w, –, en)*	*Die Antwort war nicht verständlich.*
réponse (la)	*Antwort (w, –, en)*	*Die Antworten waren nicht immer einfach zu verstehen.*
report (le)	*Verschiebung (w, –, en)*	*Die Verschiebung des Meetings ärgerte die Mitarbeiter.*
représentation (la)	*Vorstellung (w, –, en), Vertretung (w, –, en)*	*Da Marie krank war, hatte Anne die Vertretung übernommen.*
réputation (la)	*Ruf (m, s)*	*Das Sprachinstitut genoss einen sehr guten Ruf und konnte auch die Chefs großer Firmen zu seinen Kunden zählen.*
réservation (la)	*Reservierung (w, –, en)*	*Leider hatte Professor M. vergessen einen Raum zu reservieren.*
résignation (la)	*Resignation (w, –, en)*	*In Krisenzeiten macht sich Resignation breit.*

résolution (la)	*Auflösung (w, –, en)*	*Bei dieser Auflösung war das Bild gut zu erkennen.*
résumé (le)	*Zusammenfassung (w, –, en)*	*Mark hatte eine einseitige Zusammenfassung geschrieben.*
retard (le)	*Verspätung (w, –, en)*	*Diese Woche hate er schon drei Mal mit Verspätung seine Schicht begonnen.*
réticence (la)	*Vorbehalt (m, es, e)*	*Ich hatte zunächst Vorbehalte gegen die Einstellung eines neuen Kollegen, doch jetzt nimmt er mir doch viel Arbeit ab.*
retrait (le)	*Abzug (m, es, ¨-e), Rückruf (m, es, e)*	*Der Verlag hatte die neue Ausgabe wegen Fehlern zurückgerufen.*
réunion (la)	*Besprechung (w, –, en)*	*Wir verzichten also auf die morgige Besprechung und treffen uns übermorgen wieder.*
réunionite (la)	*Sitzungs-Manie (w, –, n)*	*In unserer Firma herrscht eine wahre Sitzungs-Manie !*
réussite (la)	*Erfolg (m, es, e)*	*Dieses Seminar verzeichnet einen großen Publikumserfolg.*
rigueur (la)	*Strenge (w, –)*	*Er war aber auch für seine Strenge bekannt.*
rire (le)	*Lachen (n, s)*	*Das Lachen war ein wichtiges Mittel zur Vertrauensbildung.*
rôle (le)	*Rolle (w, –, n)*	*Jens hat die Rolle des Gruppenleiter-sübernommen.*
sablier (le)	*Sanduhr (w, –, en)*	
salle (la)	*Raum (m, s, ¨-e)*	*Der Vortrag findet in Raum 211 statt.*
sang-froid (le)	*Beherrschung (w, –, en), Gelassenheit (w, –, en)*	*Auch in kritischen Situationen blieb der Abteilungsleiter sehr gelassen.*
schéma (le)	*Schema (n, s, ta), Plan (m, s, ¨-e)*	*Ein gutes Schema ersetzt oft viele Worte.*
scribe (le)	*Schreiber (m, s, –)*	
secrétaire (le, la)	*Sekretär,-in (m, s, e) (w, –, nin)*	*DieSekretärin hatte mit der Organisation des Meetings alle Hände voll zu tun.*
service à table (le)	*Tischbedienung (w, –, en)*	*Für die Gäste war Tischbedienung vorgesehen.*
solution (la)	*Lösung (w, –, en)*	*Im letzten Meeting wurden dann doch kompetente Lösungen gefunden.*

sourire (le)	*Lächeln (n, s)*	*Jeden Kunden mit einem Lächeln zu empfangen gehörte zu ihren täglichen Aufgaben.*
sous-entendu (le)	*Andeutung (w, –, en), Anspielung (w, –, en)*	*Aufgrund langjähriger sexueller Anspielungen hatte sie das Meeting schließlich verlassen.*
sous-thème (le)	*Unterpunkt (m, es, e)*	*Der dritte Unterpunkt war mir nicht verständlich.*
suggestion (la)	*Vorschlag (m, s, ¨-e)*	*Der Gruppenleiter machte dann sehr konstruktive Vorschläge*
suite à donner (la)	*Weiterbearbeitung (w, –, en)*	*Das Protokoll wurde der Sekretärin zur Weiterbearbeitung geschickt.*
sujet (le)	*Thema (n, s, en)*	*Das Thema meiner Diplomarbeit steht endlich fest.*
support (le)	*Unterlagen (w, –, en)*	*Marie hat alle ihre Unterlagen im Kursraum liegen lassen.*
suppression (la)	*Streichung (w, –, en), Aufhebung (w, –, en)*	*Das Thema ‚Reisekosten' wurde von der Themenliste gestrichen.*
synthèse (la)	*Synthese (w, –, n), Zusammenfassung (w, –, en)*	*Die Synthese der Besprechung wird an alle Teilnehmer per Mail verschickt.*
table (la)	*Tisch (m, es, e)*	*Bei der Konferenz standen die Tische in U-Form.*
tableau (le)	*Tafel (w, –, n)*	*Rita hatte nie gern an die Tafel geschrieben.*
taille (la)	*Größe (w, –, n)*	*Er konnte zwischen Schreibtischen verschiedener Größe auswählen.*
terme (le)	*Ende (n, s, n), Element (n, es, e), Fach-Begriff (m, s, e)*	*Bei dem Vortrag warf er mit Fachbegriffen nur so um sich, sodass die Zuhörer nicht viel verstanden.*
test (le)	*Test (m, s, s)*	*Der Einstufungstest im Sprachinstitut war schwieriger als sie gedacht hatte.*
thème (le)	*Thema (n, s, en)*	*Das Thema Umweltschutz wurde kurz angeschnitten.*
théorie (le)	*Theorie (w, –, n)*	*Theorie und Praxis lagen weit auseinander.*
tour de table (le)	*Vorstellungsrunde (w, –, n)*	*Bei der letzten Vorstellungsrunde hat Mark einen neuen Kollegen vorgestellt.*
transparent (le)	*Folie (w, –, n)*	*Der Professor zeigte einen Teil seines Vortrags auf Folie.*

travail (le)	*Arbeit (w, –, en)*	*Nach der Vorlesung kam viel Arbeit auf mich zu.*
travail d'équipe (le)	*Gruppenarbeit (w, –, en)*	*Der Vortrag war in Gruppenarbeit entstanden.*
type (le)	*Typ (m, es, en), Art (w, –, en)*	*Es gibt ganz unterschiedliche Teilnehmertypen.*
validation (la)	*Anerkennung (w, –, en), Bestätigung (w, –, en), Freigabe (w, –, n)*	*Die Bestätigung der Buchung wurde per Mail verschickt.*
video (la)	*Video (n, s, s)*	*Zur Untermalung seiner Seminararbeit zeigte Mark auch ein Video.*
videoprojecteur (le)	*Beamer (m, s, –)*	*Mark hatte für alle Fälle seinen Beamer zur Präsentation mitgebracht.*
vision (la)	*Vision (w, –, en)*	*Der Chef erstellte eine Zukunftsvision für die Mitarbeiter.*
vote (le)	*Abstimmung (w, –, en)*	*Das Ergebnis der Abstimmung war nicht eindeutig.*

Les adjectifs de A à Z

absent, e	*abwesend*
actuel, le	*aktuell*
agité, e	*bewegt, unruhig*
agréable	*angenehm*
agressif, ve	*aggressiv*
aiguisé, e	*scharf*
aimable	*freundlich*
amène	*liebenswürdig*
annuel, le	*jährlich*
antipathique	*unsympathisch*
ardu, e	*schwierig, haarig*
assoupi, e	*dösig*
attentif, ive	*aufmerksam*
bavard, e	*gesprächig, schwatzhaft*
bisannuel, le	*alle zwei Jahre*
bon, ne	*gut*
cacheté, e	*gestempelt*

calculateur, trice	*berechnend, vorausschauend*
calme	*ruhig*
central, e	*zentral*
certain, e	*gewiss, sicher*
court, e	*kurz*
daté, e	*datiert*
délicat, e	*behutsam*
désagréable	*unangenehm*
désireux, euse de	*gewillt, begierig*
désobligeant, e	*ungefällig*
détendu, e	*entspannt*
disponible	*verfügbar*
disposé, e à	*bereit zu +D*
endormi, e	*eingeschlafen*
endurant, e	*ausdauernd*
engagé, e	*engagiert, angefangen*
enthousiaste	*begeistert, enthusiastisch*
expérimenté, e	*erfahren*
fédérateur	*verbindend*
général, e	*allgemein*
généreux, se	*großzügig*
grand, e	*groß*
hebdomadaire	*wöchentlich*
hostile	*feindlich*
houleux, euse	*lebhaft, stürmisch*
hypothétique	*hypothetisch*
imprévu, e	*unvorhergesehen*
improbable	*unwahrscheinlich*
incertain, e	*ungewiss*
intégrateur, trice	*integrierend*
intelligent, e	*intelligent, klug*
intéressant, e	*interessant*
intéressé, e	*interessiert*
interrompu, e	*unterbrochen*
involontaire	*unfreiwillig*
irréalisable	*undurchführbar*
irrité, e	*verärgert*
journalier, ière	*täglich*
long, ue	*lang*

lunatique	*launisch*
malade	*krank*
mauvais, e	*schlecht*
mensuel, le	*monatlich*
mondain, e	*mondän, weltgewandt*
nombreux, euse	*zahlreich*
passionné, e	*leidenschaftlich*
pertinent, e	*aussagekräftig, sachbezogen*
petit, e	*klein*
plein, e	*voll*
plénière	*Voll-*
poli, e	*höflich*
ponctuel, le	*pünktlich*
pondéré, e	*gemäßigt, besonnen*
présent, e	*anwesend*
prévu, e	*vorgesehen, geplant*
proactif, ive	*vorausschauend, proaktiv*
probable	*wahrscheinlich*
professionnel, le	*professionnell*
prudent, e	*vorsichtig*
réactif, ive	*reaktionsfähig*
réalisable	*durchführbar*
rempli, e	*gefüllt, voll*
respectueux, ueuse	*respektvoll*
retardataire	*verspätet, rückständig*
risqué, e	*riskant*
semestriel, le	*halbjährlich -ig*
sensible	*sensibel, empfindlich*
signé, e	*unterschrieben*
soucieux, ieuse de	*bestrebt zu*
souffrant, e	*krank*
spécifique	*spezifisch*
stratégique	*strategisch*
subtil, e	*subtil, unterschwellig*
suffisant, e	*ausreichend*
sûr, e	*sicher*
sympathique	*sympathisch*
tactique	*taktisch*
tendu, e	*gereizt, gespannt*

trimestriel, le	*dreimonatlich -ig*
versatil, e	*sprunghaft*
vide	*leer*
vif, vive	*lebhaft, direkt*
volontaire	*freiwillig*

Les verbes de A à Z

améliorer	*verbessern*
analyser	*analysieren*
annoter	*anmerken, kommentieren*
annuler	*absagen, annulieren*
anticiper	*vorwegnehmen (a, o)*
appeler	*anrufen (ie, u), rufen (ie, u)*
applaudir	*applaudieren, klatschen*
apposer	*anfügen*
approuver	*genehmigen, zustimmen*
argumenter	*argumentieren*
assister	*teilnehmen an +D (a, o), dabei sein*
avancer	*vorziehen (o, o)*
avertir	*warnen vor +D*
aviser	*ankündigen, benachrichtigen*
avoir lieu	*stattfinden (a, u)*
avouer	*zugeben (a, e)*
bailler	*gähnen*
bloquer	*blockieren, sperren*
boire	*trinken (a, u)*
cacheter	*stempeln*
clore	*schließen (o, o)*
collecter	*sammeln*
commenter	*kommentieren*
communiquer	*mit, teilen*
complexifier	*komplexer gestalten*
complimenter	*gratulieren, Komplimente machen*
comprendre	*verstehen (a, a)*
concéder	*einräumen*
conseiller	*raten*
contredire	*widersprechen (a, o)*
convaincre	*überzeugen*

convoquer	*einladen, vorladen (u, a)*
dater	*datieren*
débattre	*diskutieren*
décaler	*verschieben*
déclarer	*erklären*
définir	*definieren, festlegen*
déjeuner	*(zu) Mittag essen (a, e)*
déléguer	*delegieren, übertragen (u, a)*
détailler	*im Einzelnen erklären*
développer	*entwickeln, ausführen*
deviner	*raten (ie, a)*
dîner	*(zu) Abend essen (a, e)*
donner	*geben (a, e)*
éclairer	*erklären*
écourter	*abkürzen*
écrire	*schreiben (ie, ie)*
élucider	*erläutern*
émarger	*auftauchen, erscheinen (ie, ie)*
ennuyer	*ärgern, langweilen*
entendre	*verstehen (a, a), hören*
épiloguer	*lange diskutieren, Kommentare abgeben (a, e)*
étudier	*studieren*
évaluer	*einschätzen, bewerten*
évoquer	*erwähnen, ansprechen (a, o)*
excuser	*entschuldigen*
faciliter	*erleichtern, vereinfachen*
faire participer	*an +D teil-nehmen lassen (ie, a)*
faire répéter	*wiederholen lassen (ie, a)*
féliciter	*beglückwünschen*
fixer	*festsetzen, festlegen*
fournir	*liefern*
gérer	*verwalten, managen, händeln*
harmoniser	*harmonisieren*
imiter	*imitieren*
indiquer	*anzeigen, zeigen*
individualiser	*auf den Einzelfall abstimmen*
informer	*informieren*
innover	*Neuerungen einführen*

inscrire	*einschreiben (ie, ie)*
intéresser	*interessieren*
introduire	*einführen*
inviter	*einladen (u, a)*
isoler	*isolieren, trennen*
juger	*beurteilen*
justifier	*rechtfertigen*
lister	*auflisten*
longer	*entlanggehen (i, a)*
maintenir	*aufrechthalten (ie, a)*
manger	*essen (a, e)*
manœuvrer	*bedienen, betätigen, lenken*
marcher	*laufen (ie, au)*
marquer	*markieren*
mémoriser	*sich einprägen, speichern*
minuter	*minutengenau organisieren*
noter	*notieren, festhalten (ie, a)*
offrir	*anbieten (o, o), schenken*
ordonner	*anordnen*
organiser	*organisieren*
orienter	*richten auf +A, orientieren*
ouvrir	*öffnen*
parapher	*abzeichnen*
parler	*sprechen (a, o)*
participer à	*teilnehmen an +D (a, o)*
persuader	*überzeugen, überreden*
planifier	*planen*
préjuger	*vorgreifen (i, i), vorhersehen (a, e)*
prendre congé	*sich verabschieden, verlassen (ie, a)*
présenter	*vorstellen, präsentieren*
présider	*leiten*
prévoir	*vorsehen (a, e)*
proposer	*vorschlagen (u, a)*
questionner	*befragen, fragen*
rappeler	*erinnern, zurückrufen (ie, u)*
rebondir sur	*sofort reagieren auf +A*
reconnaître	*anerkennen (a, a), erkennen (a, a)*
refuser	*ablehnen*
remercier	*danken*

remettre	*einreichen*
remplir	*ausfüllen, füllen*
répéter	*wiederholen*
répondre	*antworten*
reporter	*verschieben*
repousser	*verschieben (o, o)*
reprendre	*wieder aufnehmen (i, o), weitermachen*
reprocher	*vorwerfen (a, o)*
reproduire	*abbilden, nachbilden, reproduzieren*
réserver	*reservieren, buchen*
restituer	*erstatten, wiedergeben (a, e)*
retarder	*hinauszögern*
retenir	*zurückhalten (ie, a)*
rétorquer	*erwidern*
rire	*lachen*
s'abstenir	*unterlassen (ie, a)*
s'attarder	*sich aufhalten mit +D (ie, a)*
s'authentifier	*sich ausweisen*
s'excuser	*sich entschuldigen*
s'informer	*sich informieren*
s'inscrire	*sich einschreiben (ie, ie), sich anmelden*
saluer	*begrüßen*
se désaltérer	*seinen Durst löschen*
se désinscrire	*sich abmelden*
se désister	*verzichten, von etwas zurücktreten (a, i)*
se moquer	*sich lustig machen über +A*
se passer	*verzichten auf +A*
se produire	*sich ereignen, vorkommen*
se rafraîchir	*sich frisch machen, sich erfrischen*
se regrouper	*sich zusammenschließen (o, o)*
se réjouir	*sich freuen auf +A, über +A*
se reposer	*sich ausruhen*
se retrouver	*sich treffen (a, o), sich wiederfinden (a, u)*
se réunir	*sich versammeln, zusammenkommen (a, o)*
se taire	*schweigen (ie, ie)*
seconder	*helfen +D (a, o), zur Hand gehen (i, a), unterstützen*

signer	*unterschreiben (ie, ie)*
simplifier	*vereinfachen*
sortir	*ausgehen (i, a)*
soumettre	*unterbreiten*
sourire	*lächeln*
supprimer	*löschen, absetzen*
suspendre	*aussetzen*
téléphoner à	*jn anrufen (ie, u)*
terminer	*beenden*
transmettre	*übergeben (a, e)*
travailler	*arbeiten*
veiller à	*achten auf +A, darauf achten*

Les locutions de A à Z

abuser de son temps de parole	*seine Redezeit überschreiten, missbrauchen*
ajouter des chaises	*Stühle hinzustellen*
aller à l'essentiel	*zum Wesentlichen kommen*
aller au 2e étage	*in die 2.Etage gehen, in den 2. Stock gehen*
aller tout droit	*geradeaus gehen, fahren*
apporter son éclairage	*seine Erklärung beisteuern*
arriver à l'heure	*pünktlich ankommen*
arriver en retard	*zu spät ankommen*
assister à une réunion de plein air	*an einer Freiluftversammlung teilnehmen*
assister aux débats	*an der Diskussion teilnehmen*
attirer l'attention d'un participant	*die Aufmerksamkeit eines Teilnehmers wecken*
balayer l'assistance du regard	*die Zuhörer mit einem Blick streifen, überfliegen*
cacher sa réaction	*keine Reaktion zeigen*
cerner les besoins	*die Bedürfnisse erfassen*
changer la disposition des tables	*die Anordnung der Tische verändern*
commander des panier-repas	*Lunchpakete bestellen*
confirmer sa participation	*seine Teilnahme bestätigen*
constater les absences	*die Abwesenheit notieren*
contrôler ses sources	*Seine Quellen überprüfen*
convenir de la prochaine réunion	*das nächste Meeting ansetzen*

corriger une information erronnée	*Eine falsche Info korrigieren*
couper la parole	*ins Wort fallen*
décrypter un message non verbal	*Eine non-verbale Nachricht entschlüsseln*
demander le retour au calme	*Um Ruhe bitten*
demander un travail préparatoire	*Vorbereitung erfordern*
démonter des arguments	*ein Argument auseinandernehmen*
dépasser le temps imparti	*die zugeteilte, erlaubte Zeit überschreiten*
désigner une participante	*Eine Teilnehmerin nennen*
détailler ses références	*seine Quellen anführen*
développer une idée	*eine Idee entwickeln, darlegen*
dévoiler un projet	*ein Projekt bekanntgeben*
donner son opinion	*seine Meinung sagen, abgeben*
dresser un bilan	*eine Bilanz erstellen*
enfiler les réunions les unes après les autres	*eine Besprechung nach der anderen haben*
entraîner les participants sur une fausse piste	*Die Teilnehmer auf eine falsche Fährte führen*
entrer dans les détails	*ins Detail gehen*
entrer en réunion	*ins Meeting gehen*
envoyer les invitations	*Einladungen verschicken*
être de bonne humeur	*gut gelaunt sein*
être de mauvaise humeur	*schlecht gelaunt sein*
être en pleine forme	*In Form, fit sein*
exprimer ses attentes	*seinen Erwartungen Ausdruck verleihen, geben*
faire le point	*zusammenfassen*
faire le tour de table	*jeden am Tisch begrüßen, vorstellen*
faire signe de la main	*winken*
former à la prise de parole en public	*Öffentliches Reden lernen, lernen das Wort in der Öffentlichkeit zu ergreifen*
fouler au pied une théorie	*eine Theorie mit Füßen treten*
froncer les sourcils	*die Stirn runzeln*
gérer le temps de parole	*die Redezeiten einteilen*
griffonner pendant une réunion	*während des Meetings herumkritzeln*
informer les participants	*die Teilnehmer informieren*
interrompre sans cesse	*ständig unterbrechen*

laisser de côté des critiques désobligeantes	*Unangenehme Kritik nicht beachten*
laisser un message	*Eine Nachricht hinterlassen*
lancer la discussion	*das Gespräch lancieren*
lever la main	*die Hand heben*
livrer des retours d'expérience	*ein Feedback geben*
manquer la réunion annuelle	*die Jahresversammlung verpassen*
marquer une pause	*eine Pause machen, einlegen*
modifier l'ordre du jour	*die Tagesordnung ändern*
murmurer la réponse	*die Antwort flüstern*
nommer un secrétaire	*einen Sekretär ernennen*
parachever un discours d'introduction	*die Einführungsrede beenden*
parler à son voisin	*mit seinem Nachbarn sprechen*
passer à la prochaine question	*auf die nächste Frage eingehen*
passer du coq à l'âne	*von Hölzchen auf Stöckchen kommen*
passer en revue l'ordre du jour	*die Tagesordnung Revue passieren lassen*
passer la parole	*das Wort weitergeben*
pointer l'index	*mit dem Finger zeigen*
prendre à droite	*(nach) rechts gehen, fahren*
prendre à gauche	*(nach) links gehen, fahren*
prendre des notes	*Notizen machen*
prendre l'ascenceur	*den Aufzug nehmen*
prendre la parole	*das Wort ergreifen*
prendre place	*Platz nehmen*
présenter ses excuses	*sich entschuldigen*
prévenir de son arrivée	*über seine Ankunft informieren*
provoquer l'hilarité générale	*allgemeine Heiterkeit auslösen*
rédiger le compte-rendu	*das Protokoll schreiben*
régler l'éclairage	*die Beleuchtung einstellen*
relancer le débat	*die Diskussion anfachen*
remercier son auditoire	*seinem Publikum danken, sich beim Publikum bedanken*
remettre en question	*in Frage stellen*
reprendre un participant	*auf einen Teilnehmer eingehen*
réserver une salle	*einen Raum reservieren, buchen*
résoudre un problème	*ein Problem lösen*
s'approprier un concept	*sich ein Konzept zu eigen machen, aneignen*

s'attarder sur un point important	*einen wichtigen Punkt näher ausführen*
s'enquérir de l'état de santé d'une personne	*sich nach dem Gesundheitszustand einer Person erkundigen*
s'immiscer dans une discussion	*sich in ein Gespräch einmischen*
se mettre le public à dos	*das Publikum gegen sich aufbringen*
se rendre à la réunion trimestrielle	*sich zur dreimonatlichen Besprechung begeben*
se rendre indispensable	*sich unersätzlich machen*
se réunir à l'improviste	*sich unverhofft, unvorbereitet, ungeplant treffen*
sortir de réunion	*aus dem Meeting kommen*
survoler les questions subsidiaires	*Zusatzfragen überfliegen*
susciter un vif intérêt	*reges Interesse wecken*
tendre l'oreille	*die Ohren spitzen*
tenir au courant	*auf dem Laufenden halten*
tenir informé, e	*auf dem Laufenden halten*
tenir tête	*Paroli bieten, standhalten*
tenir une réunion	*eine Besprechung abhalten*
transgresser la règle	*die Regel missachten*
transmettre un savoir-faire	*Wissen weitergeben*
travailler par objectifs	*zielgerichtet arbeiten*
valider le planning	*den Terminplan bestätigen*
vulgariser un savoir	*wissen verbreiten*

Mise en situation dialoguée

Etienne et Marion, respectivement directeur et responsable commerciale de Progestor ont une réunion d'urgence afin de trouver un moyen pour se faire connaître auprès des décideurs.

Etienne : Marion, écoutez, je crains que nous n'arrivions pas à identifier les décideurs sur ce nouveau marché. S'agit-il des responsables achat, des RRH ou encore des gestionnaires des paies, voire des trois à la fois ?
Marion : Etienne, j'y ai pensé et notre solution de logiciel de progestion qui vise essentiellement les PME entre 51 et 499 personnes a deux atouts principaux : son faible coût et sa polyvalence entre services. Peut-être que nous devrions externaliser la recherche des décideurs ?
Etienne : Marion, je sens que vous avez une bonne piste, dîtes m'en plus.
Marion : Soit. Je pense à des prestataires qui créeraient des fichiers de contacts qualifiés sur mesure selon les critères que nous leur fournirions. Nous pourrions ensuite acheter ce fichier ou bien le louer et demander des mises à jour.

Etienne : C'est une excellente idée. Cela nous gagnera du temps, mais je me souviens d'une expérience ratée avec un fournisseur qui avait pourtant un fichier de plus de 100 000 contacts, dont des directeurs, des managers, des responsables de services…
Marion : Ici, la différence, c'est que ces sociétés fabriquent le fichier en vérifiant l'information avant de nous la fournir. Ainsi, ils ont déjà des bases de données, mais leurs collaborateurs les agrémentent des fonctions, titres, coordonnées, après avoir appelé les décideurs pressentis. Notre base de données datant un peu, cela pourra nous aider à court-terme et à long-terme.
Etienne : Entendu, demandez des devis avec des conditions générales d'utilisation précises et claires.

Etienne und Marion, Verkaufsleiter bzw. (beziehungsweise) Verkaufsmanagerin bei Progestor sind in einem wichtigen Meeting, um Mittel und Wege zu finden, sich bei den Entscheidungsträgern einen Namen zu machen.

Etienne : *Marion, hören Sie, ich glaube, in dieser neuen Marktnische ist es uns noch nicht gelungen, die Entscheidungsträger ausfindig zu machen. Sind es die Verkaufsleiter, die Personalleiter oder die Verantwortlichen für die Gehälter, oder sogar alle drei zusammen?*
Marion : *Etienne, daran habe ich gedacht und unsere Softwarelösung, die vor allem auf KMU (kleinere und mittlere Unternehmen) mit 51 bis 499 Mitarbeitern abzielt, hat zwei besondere Vorteile : die niedrigen Kosten und die Verwendbarkeit in allen Abteilungen. Vielleicht sollten wir die Suche nach Entscheidungsträgern outsourcen?*
Etienne : Marion, ich merke doch, dass Sie schon eine Lösung parat haben, erzählen Sie mir davon.
Marion : *Also gut. Ich denke an Dienstleister, die nach unseren Kriterien geeignete Kontaktdateien nach Maß erstellen. Anschließend könnten wir diese Dateien kaufen oder mieten und um ein regelmäßiges Update bitten.*
Etienne : *Das ist eine ausgezeichnete Idee. Das erspart uns viel Zeit, aber ich erinnere mich an eine schlechte Erfahrung mit einem Anbieter, der über eine Datei mit über 100 000 Kontakten verfügte, darunter, Direktoren, Manager, Abteilungleiter…*
Marion : *Hier liegt der Unterschied darin, dass diese Firmen ihre Dateien herstellen, indem sie ihre Information zuerst überprüfen, bevor sie sie uns anbieten, liefern. Sie haben also schon Datenbanken, doch ihre Mitarbeiter reichern sie noch mit den Aufgaben, Titeln, persönlichen Angaben an, nachdem sie die ausgewählten Entscheidungsträger angerufen haben. Da unsere Datenbank schon älter ist, könnte uns das kurzfristig und langfristig helfen.*
Etienne : *Einverstanden, bitten Sie also um einen Kostenvoranschlag und die genauen und klarverständlichen Nutzungsbedingungen.*

4.2 Communiquer lors de présentations
Kommunikation in Präsentationen

Les noms de A à Z

absence (l')	*Abwesenheit (w, –, en)*	*Der Chef glänzte mal wieder durch Abwesenheit.*
accord (l')	*Abkommen (n, s, –), Vereinbarung (w, –, en)*	*Das Abkommen war nach langem Hin und Her doch noch zustande gekommen.*
agacement (l')	*Verärgerung (w, –, en)*	
agencement (l')	*Aufteilung (w, –, en), Einrichtung (w, –, en)*	*Die Aufteilung der Büros gefiel der neuen Mitarbeiterin.*
agenda (l')	*Terminkalender (m, s, –), Terminplaner (m, s, –)*	*Sein Terminplaner quoll über von Visitenkarten.*
ajout (l')	*Zusatz (m, es, ¨-e)*	*Nach dem Zusatz von zwei Klauseln war der Vertrag endlich unterschriftsfertig.*
analyse (l')	*Analyse (w, –, n)*	*Die Marktanalyse ließ auf bessere Zeiten hoffen.*
angoisse (l')	*Angst (w, –, ¨-e), Panik (w, –)*	*Jeder hatte Angst vor einer vorzeitigen Entlassung.*
animation (l')	*Leitung (w, –, en), Gestaltung (w, –, en), Animation (w, –, en)*	*Die Gestaltung des Vortrags weckte bei jedem Zuhörer großes Interesse.*
annulation (l')	*Absage (w, –, n), Annulierung (w, –, en)*	*Leider hatte es viele Absagen wegen des Glatteises gegeben.*
anticipation (l')	*Vorwegnahme (w, –, n)*	*Nach der Vorwegnahme des Ziels wurde die Präsentation etwas langatmig.*
aparté (l')	*vertrauliches Gespräch (n, s, e)*	
appariteur (l')	*Pedell (m, s, e)*	
arbitrage (l')	*Schiedsverfahren (n, s, –)*	
argument (l')	*Argument (n, es, e)*	
arrière-plan (l')	*Hintergrund (m, es, ¨-e)*	*Im Hintergrund waren immer Stimmen zu hören, was den Vortrag etwas störte.*
ascenceur (l')	*Aufzug (m, es, ¨-e)*	*Der Aufzug war schon wieder defekt.*

assemblée (l')	*Versammlung (w, –, en)*	*Die Versammlung war mit einem großen applaus zu Ende gegangen.*
atelier (l')	*Workshop (m, s, s), Werkstatt (w, –, ¨-en)*	*Elke würde gern den Workshop zusammen mit Marie besuchen.*
auditoire (l')	*Zuhörerschaft (w, –)*	*Die gesamte Zuhörerschaft wurde durch das langsame Sprechen des Redners eingeschläfert.*
auto-censure (l')	*Selbstzensur (w, –, en)*	
avance (l')	*Vorschub (m, s, ¨-e), Vorsprung (m, s, ¨-e)*	*Ihr Schweigen leisteten den wildesten Gerüchten Vorschub.*
avertissement (l')	*Mahnung (w, –, en), Vorwarnung (w, –, en)*	*Da er nicht bezahlte, erhielt er eine Mahnung nach der anderen.*
avis (l')	*Meinung (w, –, en)*	
bilan (le)	*Bilanz (w, –, en)*	*Mit der Jahresbilanz konnte er zufrieden sein.*
boissons (les)	*Getränk (n, s, e)*	*Für Getränke war gesorgt.*
branchement (le)	*Anschluss (m, es, ¨-e)*	*Nach drei Wochen hatten sie endlich einen Internetanschluss im Büro.*
buffet (le)	*Buffet (n, s, s)*	*Das Buffet war rein vegetarisch, aber sehr lecker.*
but (le)	*Ziel (n, -s, e)*	*Ziel dieser Arbeit war es, standardisierte Verfahren zu entwickeln.*
cable (le)	*Kabel (n, s, –)*	*Ich bevorzuge eine kabellose Maus.*
calendrier (le)	*Kalender (m, s, –)*	*Die Firma verteilte jedes Jhar DIN-A5-Kalender an ihre Kunden.*
cause (la)	*Ursache (w, –, n)*	*Die Ursache für die technische Panne konnte nicht geklärt werden.*
censure (la)	*Zensur (w, –, en)*	
chaise (la)	*Stuhl (m, s, ¨-e)*	*Mark liebt Stûhle mit Armlehnen.*
chiffon (le)	*Lappen (m, s, –)*	
clarté (la)	*Klarheit (w, –, en), Anschaulichkeit (w, –, en)*	*Mark untermalte seinen Vortrag sehr anschaulich mit praktischen Beispielen*
clarté (la)	*Klarheit (w, –, en)*	

clef USB (la)	*USB-Stick (m, s, s)*	*Ich sichere meine Dateien auf einem USB-Stick oder einer externen Festplatte.*
clic (le)	*Klick (m, s, s)*	*Mit einem Klick haben Sie Zugang zu der gesamten Präsentation.*
cohérence (la)	*Kohärenz (w, –, en)*	
collecte (la)	*Sammlung (w, –, en)*	*Für das Jubiläum von Hans wurde eine Sammlung unter den Kollegen veranstaltet.*
compromis (le)	*Kompromiss (m, es, e)*	
compte-rendu (le)	*Protokoll (n, s, e)*	*Das Protokoll schrieb dieses Mal Maria.*
concept (le)	*Konzept (m, es, e)*	*Das Marketing-Konzept wurde gut aufgenommen.*
concision (la)	*Prägnanz (w, –, en)*	*Die Prägnanz und Geneuigkeit seiner Wortwahl war erstaunlich.*
conclusion (la)	*Fazit (n, s, s)*	*Der Chef zog kurz ein Fazit, und dann war die Besprechung endlich zu Ende.*
conférencier, ière (le, la)	*Redner,-in (m, s, –) (w, –, nin)*	*Der Redner konnte die Zuhörer für sein Thema interessieren.*
configuration (a)	*Bestuhlung (w, –, en), Konfiguration (w, –, en)*	*Die Bestuhlung des Raumes läd zur Kommunikation ein.*
congés (le)	*Urlaub (m, s, e)*	*Der Jahresurlaub beläuft sich auf 21 Arbeitstage.*
conseil (le)	*Rat (m, es, schläge)*	*Ratschläge seines Professors waren ihm immer willkommen.*
consensus (le)	*Konsens (m, es)*	*Mit dem Konsens waren alle einverstanden.*
consentement (le)	*Einwilligung (w, –, en), Zustimmung (w, –, en)*	*Die zustimmung zum neuen Projekt war einhellig.*
contenu (le)	*Inhalt (m, es, e)*	*Die Präsentation war interessant gestaltet, der Inhalt aber eher langweilig.*
contraste (le)	*Kontrast (m, es, e)*	*Der Kontrast auf dem Bildschirm war nicht gut eingestellt, und der Text deshalb schwer zu lesen.*
contre-argument (le)	*Gegenargument (n, es, e)*	*Mark konnte die Gegenargument erfolgreich entkräften.*
contre-exemple (le)	*Gegenbeispiel (n, s, e)*	

conviction (la)	*Überzeugung (w, –, en)*	
convocation (la)	*Einladung (w, –, en), Vorladung (w, –, en)*	*Die Einladungen zur Konferenz waren vor einer Woche verschickt worden.*
copieur (le)	*(Foto) Kopierer (m, s, –)*	*Dem Kopierer fehlt schon wieder Toner.*
couleur (la)	*Farbe (w, –, n)*	*Die Schriftfarbe violett gefiel ihr besonders gut.*
craie (la)	*Kreide (w, –, n)*	*Kreide können Sie sich im Sekretariat besorgen !*
créativité (la)	*Kreativität (w, –, en)*	*In diesem Job konnte Anna ihrer Kreativität freien Lauf lassen.*
critique (la)	*Kritik (w, –, en)*	*Wir versuchen, Kritik nur in den Mitarbeitemeetings anzubringen.*
date (la)	*Datum (n, s, en)*	*Alle Messedaten werden mir per Mail mitgeteilt.*
débat (le)	*Diskussion (w, –, en)*	*Die Diskussion hatte ewig gedauert, aber zu guten Ergebnissen geführt.*
début (le)	*Anfang (m, s, ¨-e)*	*Der Anfang des Vortrags verzögerte sich, da der Redner noch nicht eingetroffen war.*
décalage (le)	*Diskrepanz (w, –, en)*	*Es herrschte eine große Diskrepanz zwischen dem, was er sagte, und dem, was er tat.*
défaut (le)	*Fehler (m, s, –), Defekt (m, es, e)*	*Der neue Drucker hatte einen schweren Defekt.*
délai (le)	*Frist (w, –, en), Termin (m, s, e)*	*DieFrist lief am 31. Aus.*
délégation (la)	*Delegation (w, –, en), Abordnung (w, –, en)*	*Die französische Delegation war in der 1.Etage untergebracht.*
départ (le)	*Abfahrt (w, –, en), Abreise (w, –)*	*Die Teilnehmer konnten doch noch pünktlich abreisen.*
déroulement (le)	*Ablauf (m, s, ¨-e)*	*Das Programm detaillierte den Ablauf des Seminars sehr genau.*
désintéressement (le)	*Uneigennützigkeit (w, –, en)*	
désistement (le)	*Rücktritt (m, es, ¨-e), Absage (w, –, n)*	*Die Absage des Redners brachte den gesamten Terminplan durcheinander.*

destinataire (le, la)	*Empfänger (m, s, –)*	*In das Empfängerfenster gab er die neue Mailadresse ein.*
détail (le)	*Detail (n, s, s), Einzelheit (w, –, en)*	*In allen Einzelheiten erzählte er von seiner Geschäftsreise.*
développement (le)	*Entwicklung (w, –, en)*	*Die Entwwicklung auf dem Arbeitsmarkt ist Besorgnis erregend.*
dialogue (le)	*Dialog (m, s, e)*	*In den Dialogen war die Anspannung der Mitarbeiter deutlich spürbar*
diaporama (le)	*Diashow (w, –, s)*	*Wenn auch etwas altmodisch, passte die Diashow bestens zu der Präsentation.*
diapositive (la)	*Dias (n, es, er), Diapositiv (n, s, e)*	*Der Professor war noch von der alten Schule und zeigte während seines Vortrags viele Dias.*
difficulté (la)	*Schwierigkeit (w, –, en)*	*Bei der Erstellung des Organigramms hatten sich Schwierigkeiten ergeben.*
diffusion (la)	*Ausstrahlung (w, –, en), Verbreitung (w, –, en)*	
digression (la)	*Exkurs (m, es, e), Abschweifung (w, –, en)*	*Wenn er einen Vortrag hielt, konnte er Abschweifungen nicht vermeiden.*
dimension (la)	*Dimension (w, –, en), Größe (w, –, n)*	
discours (le)	*Rede (w, –, n)*	
discussion (la)	*Gespräch (n, s, e)*	*Das Gespräch hatte nur 10 Minuten gedauert.*
dispersion (la)	*Streuung (w, –, en), Zerstreuen (n, s)*	*Die Streuung der Filialen war optimal.*
disponibilité (la)	*Verfügbarkeit (w, –, en)*	*Die Verfügbarkeit des Kopierers hing von der Tageszeit ab.*
disposition (la)	*Anordnung (w, –, en), Disposition (w, –, en)*	*Die anordnung der Tische gefiel den Teilnehmern.*
disque (le)	*Festplatte (w, –, n)*	*Mein Computer ist nicht der neueste und hat nicht mehr viel Platz auf der Festplatte.*
document (le)	*Dokument (n, es, e), Unterlagen (w, –, en) -im Plural*	*Alle Dokumente lagen unters-chrieben auf seinem Platz.*

domination (la)	*Beherrschung (w, –, en), Dominanz (w, –, en)*	*Die Dominanz der chinesischen Produkte fiel sofort ins Auge.*
donnée (la)	*Angabe (w, –, n), Eingabe (w, –, n)*	*Er musste alle persönlichen Angaben in ein Formular eintragen.*
dossier (le)	*Akte (w, –, n), Dossier (n, s, s)*	*Die Akte Meier wurde heute vor Gericht verhandelt.*
durée (la)	*Dauer (w, –)*	*Die Dauer der Meetings variiert ständig.*
dynamique (la)	*Dynamik (w, –, en)*	*Die Gruppendynamik war ab dem ersten Test spürbar.*
écart (l')	*Abweichung (w, –, en), Diskrepanz (w, –, en)*	*Zwischen Theorie und Praxis gab es eine große Diskrepanz.*
échéance (l')	*Fälligkeit (w, –, en)*	*Die Zahlung war am 30. Fällig.*
échec (l')	*Misserfolg (m, s, e)*	*Misserfolge steckte er im Allgemeinen immer gut weg.*
écoute (l')	*Aufnahmefähigkeit (w, –, en)*	*Nach drei Stunden Vortrag war die Aufnahmefähigkeit der Zuhörer stark gesunken.*
écran (l')	*Bildschirm (m, se)*	*Für diese Art der Arbeit war der Bildschirm zu klein oder es hätte eines zweiten bedurft.*
efficacité (l')	*Wirksamkeit (w, –, en)*	*Mark hatte die Wirksamkeit des Produktes in den Tests erlebt.*
élaboration (l')	*Ausarbeitung (w, –, en)*	*Mark hatte auch sehr auf die Ausarbeitung seiner Argumente geachtet.*
élocution (l')	*Sprechtechnik (w, –, en)*	
éloquence (l')	*Redegewandtheit (w, –, en)*	*Mit seiner redegewandtheit beeindruckte er viele seiner Kollegen.*
empêchement (l')	*Verhinderung (w, –, en)*	*Frau H. war beim Pressetermin leider verhindert.*
enchaînement (l')	*Verbindung (w, –, en), Verkettung (w, –, en), Ablauf (m, s, ¨-e)*	*Die Verkettung der Ereignisse überstieg das Vorstellungsvermögen.*
encouragement (l')	*Ermutigung (w, –, en)*	*Als Praktikant hatte Ulrich viel Ermutigung durch die Kollegen erhalten.*
endormissement (l')	*Einschlafen (n, s)*	

ennui (l')	*Ärger (m, s), Langeweile (w, –)*	*Mit diesem Kollegen hatte es von Anfang an nur Ärger gegeben.*
enquête de satisfaction (l')	*Zufriedenheitsumfrage (w, –, n)*	
enregistrement (l')	*Aufnahme (w, –, n), Speicherung (w, –, en)*	*Die Aufnahme der Diskussion war nur schwer verständlich.*
envie (l')	*Lust (w, –, ¨-e)*	
envoi (l')	*Sendung (w, –, en), Versand (m, es), Abschicken (n, s)*	*Das Abschicken der Einladungen übernahm die Sekretärin.*
envolée (l')	*Höhenflug (m, s, ¨-e)*	
éparpillement (l')	*Zerstreuung (w, –, en), Verzettelung (w, –, en)*	*Mit der Berechnung der Kosten hatte er sich etwas verzettelt.*
éponge (l')	*Schwamm (m, s, ¨-e)*	*Ich wische die Tafel lieber mit einem Schwamm als mit einem Lappen.*
étape (l')	*Schritt (m, es, e), Etappe (w, –, n)*	*Er tat alles, um den nächsten Schritt auf der Karriereleiter zu tun.*
évaluation (l')	*Einschätzung (w, –, en), Bewertung (w, –, en)*	*Nach Einschätzung der Experten hatte die Firma gute Überlebenschancen.*
examen (l')	*Prüfung (w, –, en), Examen (n, s, –)*	
exception (l')	*Ausnahme (w, –, n)*	
exclusion (l')	*Ausschluss (m, ses, ¨-e)*	*Die Verhandlung wurde unter Ausschluss der Öffentlichkeit geführt.*
excuse (l')	*Entschuldigung (w, –, en)*	*Die entschuldigung ihrer Kollegin verstand sie sehr gut.*
exemple (l')	*Beispiel (n, s, e)*	
expérience (l')	*Erfahrung (w, –, en)*	
explication (l')	*Erklärung (w, –, en)*	*Zur neuen Sitaution wollte der Chef mittags eine Erklärung abgeben.*
facteur (le)	*Faktor (m, s, en)*	*Der Geldfaktor spielte eine große Rolle.*
fatalisme (le)	*Fatalismus (m, ses)*	
félicitation (la)	*Glückwunsch (m, es, e)*	

fiche de synthèse (la)	*Merkblatt (n, es,¨-er)*	
fichier (le)	*Datei (w, –, en)*	*Zu dem thema hatte er zahlreiche Dateien erstellt.*
fin (la)	*Ende (n, s, n), Schluss (m, es,¨-e)*	*Am Schluss bedankte sich das Publikum mit lautem Applaus.*
flottement (le)	*Unschlüssigkeit (w, –, en), Zögern (n, s), Kursschwankung (w, –, en)*	
fonctionnement (le)	*Funktionsweise (w, –, n)*	*Die Funktionsweise des Programms war sehr gut erklärt.*
forme (la)	*Form (w, –, en)*	
frein (le)	*Bremse (w, –, n)*	*Der Mangel an qualifizierten Mitarbeitern ist eine Bremse für den Erfolg der Firma.*
fréquence (la)	*Häufigkeit (w, –, en)*	
frustration (la)	*Frustration (w, –, en)*	
gagnant, e (le, la)	*Gewinner (m, s, –)*	*Unsere Firma ging klar als Gewinner aus den Verhandlungen hervor.*
grammaire (la)	*Grammatik (w, –, en)*	*Sie mochte alles an einer Sprache, aber Grammatik am liebsten.*
graphique (le)	*Grafik (w, –, en)*	*Die Grafik zu erstellen war etwas schwierig.*
groupe (le)	*Gruppe (w, –, n)*	*Jede Gruppe hatte ihren eigenen Begleiter durch die Messe.*
groupe de travail (le)	*Gruppenarbeit (w, –, en)*	
harmonie (l')	*Harmonie (w, –, n)*	
horaire (l')	*Zeit- Terminplan (m, s,¨-e)*	*Der Zeitplan der Mitarbeiterbesprechung ändert sich von woche zu Woche.*
hors-sujet (le)	*Am Thema vorbei*	*Die Hälfte seiner Arbeit war leider am Thema vorbei geschrieben.*
hypothèse (l')	*Hypothese (w, –, n), Annahme (w, –, e)*	*Die Hypothese von der Schließung machte die Runde.*

idée (l')	*Idee (w, –, n)*	*Martin kam gestern auf die Idee mit der Zeichnung.*
identification (l')	*Identifizierung (w, –, en)*	
illustration (l')	*Illustration (w, –, en), Illustrierung (w, –, en), Veranschaulichung (w, –, en)*	
illustration (l')	*Illustration (w, –, en)*	
image (l')	*Bild (n, es, er)*	
imagination (l')	*Vorstellungskraft (w, –, ¨-e)*	*Der Erfolg übertraf jede Vorstellungskraft.*
imprévu (l')	*Etwas Unvorhergesehenes, unvorhergesehener Zwischenfall (m, s, ¨-e)*	*Etwas Unvorhergesehenes war ihr dazwischen gekommen.*
imprimante (l')	*Drucker (m, s, –)*	*Mein Drucker funktioniert auch gleichzeitig als Scanner und Kopierer.*
incident (l')	*Zwischenfall (m, s, ¨-e)*	
incompatibilté (l')	*Unvereinbarkeit (w, –, en)*	*Die Unvereinbarkeit der Charaktere war offensichtlich.*
indicateur (l')	*Anzeiger (m, s, –), Indikator (m, s, en)*	*Wird viel gelacht, ist das ein guter Indikator für das Interesse der Zuhörer.*
indisponibilité (l')	*Nichtverfügbarkeit (w, –, en)*	
individu (l')	*Einzelne, r*	*Jeder Einzelne erhielt einen Besucherausweis.*
inexistence (l')	*Nichtvorhandensein (n, s)*	
insuffisance (l')	*Unzulänglichkeit (w, –, en), Mangelhaftigkeit (w, –, en)*	*Die technische Unzulänglichkeit des Materials machte ein normales Arbeiten unmöglich.*
intégration (l')	*Interierung (w, –, en), Inegration (w, –, en)*	
interlocuteur (l')	*Gesprächspartner (m, s, –)*	*Sein Gesprächspartner hatte sich gut in das Thema eingearbeitet.*
interruption (l')	*Unterbrechung (w, –, en)*	*Mark wurde in seiner Arbeit immer wieder durch anrufe unterbrochen.*
intervention (l')	*Intervention (w, –, en), Eingriff (m, s, e)*	*Die Intervention der Praktikanten kam überraschend.*

intitulé (l')	*Titel (m, s, –)*	*Mit dem Titel des Vortrags konnte er nicht viel anfangen.*
introduction (l')	*Einführung (w, –, en), Einleitung (w, –, en)*	*Für den neuen Sammelband sollte er die Einführung schreiben.*
invention (l')	*Erfindung (w, –, en)*	
invité, e (l')	*Gast (m, es, ¨-e)*	*Die Gäste wohnten im besten Hotel am Platz.*
irritation (l')	*Irritation (w, –, en), Gereiztheit (w, –, en)*	
issue (l')	*Ende (n, s, n), Ausgang (m, s, ¨-e)*	*Mit dem Ausgang der Besprechung konnten alle zufrieden sein.*
jeu de rôles (le)	*Rollenspiel (n, s, e)*	*Das Rollenspiel entspannte die Atmosphäre und stimmte gut auf das Thema ein.*
joie (la)	*Freude (w, –, n)*	*Mit Freude hatte er seine Beförderung aufgenommen.*
jugement (le)	*Beurteilung (w, –, en), Urteil (n, s, e)*	
justesse (la)	*Angemessenheit (w, –, en), Richtigkeit (w, –, en)*	*Angemessen reagierte der Chef auf die schwierige Situation nach dem Unfall.*
lassitude (la)	*Überdruss (m, ses), Verdrossenheit (w, –, en)*	
lecture (la)	*Lesen (n, s)*	*Nach dem Lesen seines Vortrags war er mit sich zufrieden.*
légende (la)	*Legende (w, –, n), Bildunterschrift (w, –, en)*	*Zu jedem Bild und Foto hatte sie eine passende Legende geschrieben.*
lieu (le)	*Ort (m, es, e)*	*Der Ort für die Veranstaltung war noch nicht festgelegt worden.*
ligne (la)	*Linie (w, –, n), Zeile (w, –, n)*	*Der Text bestand aus 20 Zeilen à 50 Zeichen pro Seite.*
liste (la)	*Liste (w, –, n)*	*Die Teilnehmerliste war verlorengegangen.*
litige (le)	*Streitsache (w, –, n)*	*In dieser Streitsache konnten sich die Gegner nicht einigen.*
lutte d'influence (la)	*Kräftemessen (n, s)*	

lyrisme (le)	*Lyrik (w, –, en), poetischer Schwung (m, s, ¨-e)*	*Er hielt seinen Vortrag mit poetischem Schwung und alle waren begeistert.*
maladie (la)	*Krankheit (w, –, en)*	*Bei Krankheit brauchen wir ab dem 2.Tag einen Krankenschein.*
marqueur (le)	*Markierer (m, s, –), Textmarker (m, s, –)*	*Textmarker bitte nur in Blau und Rosa verwenden.*
matériel (le)	*Material (n, s, ien)*	*Alle notwendigen Materialien waren verfügbar.*
méconnaissance (la)	*Unkenntnis (w, –)*	
membre (le)	*Mitglied (m, es, er)*	*Nach Jahren als Vereinsmitglied war er jetzt Vorsitzender geworden.*
message (le)	*Nachricht (w, –, en)*	*Mitten im Vortrag erhielt sie eine wichtige Nachricht auf ihrem Handy und musste den Saal verlassen.*
mise en relief (la)	*Hervorhebung (w, –, en), Herausstellung (w, –, en)*	*Durch die Herausstellung des Namens wurde die Verpackung auffälliger.*
mise en situation (la)	*Gestellte Situation (w, –, en)*	
mise en valeur (la)	*Aufwertung (w, –, en)*	
modalités (les)	*Modalität (w, –, en),*	*Die Vertragsmodalitäten müssen noch festgelgt werden.*
moniteur (le)	*Lehrer (m, s, –), Tutor (m, s, en), Monitor (m, s, en)*	
monologue (le)	*Monolog (m, s, e)*	*Was als Dialog mit den Zuhörern gedacht war, wurde zum Monolog des Redners.*
moquerie (la)	*Verspottung (w, –, en)*	
motif (le)	*Grund (m, es, ¨-e), Anlass (m, es, ¨-e)*	*Der Anlass zu der Feier war sein 25-jähriges Dienstjubiläum.*
motivation (la)	*Motivation (w, –, en)*	
moyen (le)	*Mittel (n, s, –)*	*Es ging nur noch darum, die entsprechenden finanziellen Mittel zu finden.*
multiplication (la)	*Vervielfältigung (w, –, en), Multiplikation (w, –, en)*	
niveau d'exigence (le)	*Anforderungsniveau (n, s, s)*	*Das Anforderungsniveau ist sehr hoch angesetzt.*

nombre (le)	*Zahl (w, –, en)*	*Die Teilnehmerzahl blieb leider hinter den Erwartungen zurück.*
note (la)	*Note (w, –, n), Rechnung (w, –, en)*	*Im restaurant bezahlte grundsätzlich der Chef die Rechnung.*
objectif (l')	*Ziel (n, s, e)*	*Der Verkaufsleiter hatte sich… Euro Umsatz zum Ziel gesetzt.*
objection (l')	*Einwand (m, s, ¨-e), Widerrede (w, –, n)*	*Mark hatte sehr kompetente Einwände gegen die neue Maßnahme.*
optimisation (l')	*Optimisierung (w, –, en)*	*Die Optimisierung des Verteilernetzes hatte oberste Priorität.*
optimisme (l')	*Optimismus (m, ses)*	*Von Optimismus konnte keine Rede sein.*
ordre du jour (l')	*Tagesordnung (w, –, en)*	*Die Tagesordnung umfasst dieses Mal 7 Punkte.*
organisation (l')	*Organisation (w, –, en)*	*Die Organisation der Messe war fabelhaft.*
orthographe (l')	*Rechtschreibung (w, –, en)*	*Er aktivierte immer das Rechtschreibprogramm, wenn er einen Text schrieb.*
participant, e (le, la)	*Teilnehmer -in (m, s, –) (w, –, nen)*	*Alle Teilnehmer haben sich auf der Anwesenheitsliste einzutragen.*
partie (la)	*Teil (m, s, e)*	*Seine Präsentation war in vier Teile unterteilt.*
passage en revue (le)	*Revue passieren lassen*	*Am Ende hatte er das Seminar noch einmal Revue passieren lassen.*
pause (la)	*Pause (w, –, n)*	*In den Pausen wurden ebenfalls Entscheidungen getroffen.*
perdant, e (le, la)	*Verlierer (m, s, –)*	
performance (la)	*Leistung (w, –, en)*	*Die Arbeitsleistung der diesjährigen Praktikanten war erstaunlich gut.*
perspective (la)	*Perspektive (w, –, n)*	*Die Perspektiven für das neue Geschäftsjahr sind positiv.*
persuasion (la)	*Überredung (w, –, en)*	*Seine Überredungskunst war legendär.*
pessimisme (le)	*Pessimismus (m, ses)*	

peur (la)	*Angst (w, –, ¨-e), Furcht (w, –)*	
photocopie (la)	*Fotokopie (w, –, en)*	*Wir brauchen 50 Fotokopien von dem Bericht*
phrase (la)	*Satz (m, es, ¨-e)*	*Mit einem Satz hatte er das Interesse der Zuhörer geweckt.*
plaisir (le)	*Vergnügen (n, s, –)*	*Viel Vergnügen !*
plan (le)	*Plan (m, s, ¨-e)*	
plan d'action (le)	*Aktionsplan (m, s, ¨-e)*	*Ziel des Meetings war die Erstellung eines neuen Aktionsplans.*
planning (le)	*Terminplan (m, s, ¨-e), Planung (w, –, en)*	*Die Planung der Konferenz lag in den Händen der Sekretäre.*
point (le)	*Punkt (m, es, e)*	*Endlich hatten sied as Thema auf den Punkt gebracht.*
pointe (la)	*Spitze (w, –, n)*	*In sein Gespräch ließ er immer wieder kleine Spitzen einfließen.*
ponctualité (la)	*Pünktlichkeit (w, –, en)*	*Seine Pünktlichkeit ließ zu wünschen übrig.*
position (la)	*Position (w, –, en)*	*Trotz der Gegenargumente hielt er an seiner Position fest.*
pratique (la)	*Praxis (w, –, en), praktische Erfahrung (w, –, en)*	*Die Theorie in die Praxis umzusetzen war gar nicht so einfach.*
précision (la)	*Genauigkeit (w, –, en)*	
préparation (la)	*Vorbereitung (w, –, en)*	*Fûr die akribische Vorbereitung bis ins kleinste Detail nahm Mark sich immer sehr viel Zeit.*
présence (la)	*Anwesenheit (w, –, en)*	*Alle Teilnehmer waren anwesend, die Veranstaltung konnte also beginnen.*
présentation (la)	*Vorstellung (w, –, en)*	*Die gegenseitigen Vorstellungen verliefen sehr ungezwungen.*
prétexte (le)	*Vorwand (m, es, ¨-e)*	*Unter keinem Vorwand der Welt wollte er sich die Konferenz entgehen lassen.*
principe (le)	*Prinzip (n, s, ien), Grundsatz (m, es, ¨-e)*	
prise de notes (la)	*Notizen machen*	*Sie machte sich immer mehr Notizen al salle anderen.*

prise de parole (la)	*das Wort ergreifen (i, i)*	*Edmund ergreift gern das Wort, um seine Ideen kundzutun.*
problème (le)	*Problem (n, s, e)*	*Thorsten hatte ein Problem mit dem neuen Programm.*
productivité (la)	*Produktivität (w, –, en)*	*Der Chef wollte die Produktivität noch weiter steigern.*
progression (la)	*Fortschritt (m, es, e)*	
projection (la)	*Projektion (w, –, en)*	*Leider war die Beleuchtung im Raum etwas hell für die Projektion der Tabellen.*
propos (le)	*Äußerung (w, –, en)*	
proposition (la)	*Vorschlag (m, s, ¨-e)*	*Auf den Vorschlag ging niemand ein.*
public (le)	*Publikum (n, s)*	
question (la)	*Frage (w, –, n)*	*Viele Fragen waren offen geblieben.*
rafraichissements (les)	*Erfrischung (w, –, en)*	*Zwischendurch wurden Erfrischungen gereicht.*
raison (la)	*Grund (m, es, ¨-e)*	*Er hatte aus gutem Grund nicht kommen können.*
raisonnement (le)	*Argumentation (w, –, en), Gedankengang (m, s, ¨-e)*	*Er konnte den Gedankengang seines Gesprächspartners nicht nachvollziehen.*
rappel (le)	*Erinnerung (w, –, en)*	*Zur Erinnerung bekam er ein Foto von allen Mitarbeitern.*
réalisation (la)	*Durchfûhrung (w, –, en)*	
recueil (le)	*Sammlung (w, –, en)*	
recul (le)	*Abstand (m, es, ¨-e)*	*Mit dem gehörigen abstand betrachtet war ihre Arbeit sehr gut.*
rédaction (la)	*Redaktion (w, –, en), Ver-Ab-fassen (n, s)*	
référence (la)	*Quellenangabe (w, –, n)*	*Mark achtete immer darauf, alle Quellen genau anzugeben.*
reformulation (la)	*Neu-, Umformulierung (w, –, en)*	*Der Satz wies zuviel Ähnlichkeit mit der Quelle auf und musste deswegen umformuliert werden.*
rejet (le)	*Ablehnung (w, –, en)*	
remarque (la)	*Bemerkung (w, –, en), Kommentar (m, s, e)*	*Der redner reagierte etwas reserviert auf die kritischen Bemerkungen.*

rendez-vous (le)	*Termin (m, s, e), Verabredung (w, –, en), Rendezvous (n, s, s)*	*Zuerst hatte er einen Termin beim Chef, dann eine Verabredung mit einem Kollegen zum Essen und zuletzt ein Rendezvous mit der Frau, die er vorgestern kennen gelernt hatte.*
répétition (la)	*Wiederholung (w, –, en)*	*Den Film habe ich schon drei Mal in der Wiederholung gesehen.*
réplique (la)	*Antwort (w, –, en), Entgegnung (w, –, en)*	
réponse (la)	*Antwort (w, –, en)*	*Mark hatte zum Glück auf jede Frage eine Antwort.*
report (le)	*Übertrag (m, es, ¨-e), Verschiebung (w, –, en)*	
représentation (la)	*Aufführung (w, –, en), Darstellung (w, –, en)*	
réputation (la)	*Ruf (m, s)*	*Die Firma stand in einem guten Ruf.*
réservation (la)	*Reservierung (w, –, en), Buchung (w, –, en)*	*Der Sekretä musste die Reservierung leider stornieren.*
résignation (la)	*Resignation (w, –, en)*	*Bei diesen Aussichten machte sic hunter den Mitarbeitern Resignation breit.*
résolution (la)	*Vorsatz (m, es, ¨-e)*	*Er hatte mit guten Vorsätzen in der neuen Firma angefangen.*
résolution (la)	*Bildauflösung (w, –, en)*	*Die Bildauflösung des neuen Apparates gefiel ihm nicht, weshalb er ihn umtauschte.*
résumé (le)	*Zusammenfassung (w, –, en)*	*Marks Zusammenfassung passte auf eine Seite.*
retard (le)	*Verspätung (w, –, en)*	
réticence (la)	*Unschlüssigkeit (w, –, en), Zurückhaltung (w, –, en)*	*Er musste seine Zurückhaltung überwinden, um in diesem Job bestehen zu können.*
retrait (le)	*Rückruf (m, s, e), Rücktritt (m, es, e)*	*Nach dem Rückruf des Produktes hatten viele Kunden das Vertrauen in die Marke verloren.*

rétroprojecteur (le)	*Overhead-, Tageslichtprojektor (m, s, en)*	*Der Overhead-projektor war zwar eine etwas altmodische Technik, wurde aber in der Sprachschule noch erfolgreich eingesetzt.*
réunionnite (la)	*Sitzungs-Manie (w, –, n)*	
réussite (la)	*Erfolg (m, s, e)*	*Die Präsentation war ein voller Erfolg gewesen.*
rigueur (la)	*Strenge (w, –)*	*Er legte sich einen strengen Arbeitsplan zugrunde.*
rire (le)	*Lachen (n, s)*	*Ein entspanntes Lachen schallte durch den Raum.*
rôle (le)	*Rolle (w, –, n)*	*Mark übernahm zum ersten Mal die Rolle des Konferenzleiters.*
sablier (le)	*Eieruhr (w, –, en)*	
salle (la)	*Raum (m, s, ¨-e), Saal (m, s, ¨-e)*	
sang-froid (le)	*Beherrschung (w, –, en), Gelassenheit (w, –, en)*	*Mit großer Gelassenheit reagierte der Abteilungsleiter auf den Wutanfall seines Mitarbeiters.*
scène (la)	*Szene (w, –, n), Bühne (w, –, n)*	
schéma (le)	*Schema (n, s, ata), Plan (m, s, ¨-e)*	*Der Umstrukturierungsplan musste noch abgesegnet werden.*
scribe (le)	*Schreiber (m, s, –)*	
secrétaire (le, la)	*Sekratär,-in (m, s, e) (w, –, nen)*	*Der neue Sekretär machte seine Arbeit sehr gut.*
service à table (le)	*Tischbedienung (w, –, en)*	*Die Gäste freuten sich über die Tischbedienung.*
solution (la)	*Lösung (w, –, en)*	*Aber der firmeneigene Informatiker hatte immer eine gute Lösung parat.*
sortie de secours (la)	*Notausgang (m, s, ¨-e)*	*Die Notausgänge befinden sich rechts und links im Saal.*
sourire (le)	*Lächeln (n, s)*	
sous-entendu (le)	*Andeutung (w, –, en), Anspielung (w, –, en)*	*Nach der versteckten Anspielung auf seine unkonventionelle Laufbahn war er von dem Kollegen enttäuscht.*
sous-thème (le)	*Unterpunkt (m, es, e)*	

style d'arrière-plan (le)	*Hintergrundbild (s, es, er)*	*Der Hintergrund passte hervorragend zum Thema.*
style de cellule (le)	*Zellenform (w, –, en)*	*Im Endeffekt waren die Zellen nicht groß genug.*
style de police (le)	*Schriftart (w, –, en)*	*Die Schrift, die er gewählt hatte, war nicht sehr gut lesbar.*
suggestion (la)	*Vorschlag (m, s, ¨-e)*	*Es wurden viele Anregungen, aber kein wirklich akzeptabler Vorschlag vorgebracht.*
suite à donner (la)	*Weiterbehandlung (w, –, en)*	
sujet (le)	*Thema (n, s, en)*	*Er hatte sich schon immer für das Thema Informatik begeistern können.*
support (le)	*Unterlage (w, –, n)*	*Die Unterlagen für den neuen Kurs können im Büro abgeholt werden.*
suppression (la)	*Löschen (n, s), Abschaffung (w, –, en), Absetzen (n, s)*	*Durch das Löschen der Dateien hatte er viel Platz geschaffen.*
surface (la)	*Oberfläche (w, –, n)*	*Die gesamte Oberfläche des Schreibtisches war mit Dokumenten bedeckt.*
synthèse (la)	*Synthese (w, –, n), Zusammenfassung (w, –, en)*	*Zum Schluss erhielt jeder Teilnehmer eine Kopie mit der Synthese des Vortrags.*
synthèse (la)	*Synthese (w, –, n), Übersicht (w, –, en)*	*Die Übersicht machte das Thema sehr viel deutlicher als der ganze Bericht.*
table (la)	*Tisch (m, es, e)*	*Lisa zieht Tische in U-Fom vor.*
tableau (le)	*Tafel (w, –, n)*	*Für seine Zeichnung braucht er die ganze Tafel.*
taille de la police (la)	*Schriftgröße (w, –, n)*	*Durch die passende Schriftgröße war der Text auch für die hinteren Reihen gut lesbar.*
téléconférence (la)	*Telefonkonferenz (w, –, en), Konferenzschaltung (w, –, en)*	*Die Konferenzschaltung war nach mehreren Versuchen doch noch zustande gekommen.*
terme (le)	*Ende (n, s, n), Schluss (m, es, ¨-e)*	
test (le)	*Test (m, s, s)*	

thème (le)	*Thema (n, s, en),*	
théorie (le)	*Theorie (w, –, n)*	*Die Quantentheorie hatte er noch nie verstanden.*
tour de table (le)	*Tischrunde (w, –, n)*	
transparent (le)	*Folie (w, –, n)*	
travail (le)	*Arbeit (w, –, en)*	*Nach der Besprechung sah Kerstin viel Arbeit auf sich zukommen.*
travail d'équipe (le)	*Gruppenarbeit (w, –, en)*	*Gruppenarbeit hatt ich schon immer gemocht.*
validation (la)	*Freigabe (w, –, n), Bestätigung (w, –, en)*	*Nach der Freigabe der Pläne konnte mit dem Bau begonnen werden.*
vérification (la)	*Überprüfung (w, –, en)*	*Bei der Überprüfung der Einstellungen fand Mark drei Fehler.*
video (la)	*Video (n, s, s)*	*Das Video der Konferenz liegt auf dem Schreibtisch.*
videoprojecteur (le)	*Beamer (m, s, –)*	
visioconférence (la)	*Videokonferenz (w, –, en)*	*Videokonferenzen sind noch praktischer als Telefonkonferenzen.*
vision (la)	*Vision (w, –, en), Sichtweise (w, –, n)*	
vote (le)	*Abstimmung (w, –, en)*	*Die Abstimmung war zu seinen Gunsten verlaufen.*

Les adjectifs de A à Z

absent, e	*abwesend*
actuel, le	*aktuell*
agité, e	*bewegt, unruhig*
agréable	*angenehm*
agressif, ive	*aggressiv*
aiguisé, e	*scharf*
aimable	*nett, freundlich*
amène	*liebenswürdig*
annuel, le	*Jährlich-ig, Jahres-*
antipathique	*unsympatisch*
ardu, e	*schwierig, haarig*

assoupi, e	*dösend*
attentif, ive	*aufmerksam*
bavard, e	*gesprächig, geschwätzig*
bisannuel, le	*zweijährig, alle zwei Jahre*
bon, ne	*gut*
cacheté, e	*gestempelt*
calculateur, trice	*berechnend*
calme	*ruhig*
central, e	*zentral*
certain, e	*gewiss, bestimmt*
court, e	*kurz*
daté, e	*datiert*
délicat, e	*delikat, rücksichtsvoll, heikel*
désagréable	*unangenehm*
désireux, euse de	*gewillt zu*
désobligeant, e	*anzüglich, ungefällig*
détendu, e	*entspannt*
disponible	*verfügbar*
disposé, e à	*bereit*
endormi, e	*träge*
endurant, e	*ausdauernd*
engagé, e	*engagiert*
enthousiaste	*begeistert, enthusiastisch*
expérimenté, e	*erfahren*
fédérateur	*verbindend, verbündend*
général, e	*generell, allgemein*
généreux, se	*großzügig*
grand, e	*groß*
hebdomadaire	*wöchentlich*
hostile	*feindlich*
houleux, euse	*lebhaft, stürmisch*
hypothétique	*hypothetisch*
imprévu, e	*unvorhergesehen, nicht geplant*
improbable	*unwahrscheinlich*
incertain, e	*ungewiss, unbestimmt*
intégrateur, trice	*integrierend*
intelligent, e	*intelligent, klug*
intéressant, e	*interessant*
intéressé, e	*interessiert*

interrompu, e	*unterbrochen*
involontaire	*ungewollt, unabsichtlich*
irréalisable	*unerfüllbar, unausführbar*
irrité, e	*verärgert, ärgerlich*
journalier, ière	*täglich*
long, longue	*lang*
lunatique	*launenhaft*
malade	*krank*
mauvais, e	*schlecht*
mensuel, le	*monatlich*
mondain, e	*mondän*
nombreux, euse	*zahlreich*
passionné, e	*leidenschaftlich, begeistert*
pertinent, e	*treffend, relevant, sachbezogen*
petit, e	*klein*
plein, e	*voll*
pleinière	*Voll-, Plenar-*
poli, e	*höflich*
ponctuel, le	*pünktlich*
pondéré, e	*besonnen, gemäßigt*
présent, e	*anwesend*
prévu, e	*vorgesehen, geplant*
proactif, ive	*vorausschauend, proaktiv*
probable	*wahrscheinlich*
professionnel, le	*professionnell*
prudent, e	*vorsichtig, umsichtig*
réactif, ive	*reaktionsfähig*
réalisable	*umsetzbar, durchführbar*
rempli, e	*voll, gefüllt*
respectueux, ueuse	*respektvoll*
retardataire	*verspätet, rückständig*
risqué, e	*riskant, heikel*
semestriel, le	*Halbjährlich-ig, Halbjahres-*
sensible	*sensibel, empfindlich*
signé, e	*unterschrieben*
soucieux, ieuse de	*besorgt, bedenklich*
souffrant, e	*krank, unpässlich*
spécifique	*spezifisch*
stratégique	*strategisch*

subtil, e	*subtil, feinsinnig, spitzfindig*
suffisant, e	*ausreichend, genügend*
sûr, e	*sicher*
sympathique	*sympatisch*
tactique	*taktisch*
tendu, e	*angespannt*
trimestriel, le	*dreimonatlich*
versatil, e	*charakterlos, sprunghaft*
vide	*leer*
vif, vive	*lebhaft, direkt, ungestüm*
volontaire	*freiwillig, entschlossen*

Les verbes de A à Z

améliorer	*verbessern*
analyser	*analysieren*
annoter	*kommentieren, mit Anmerkungen versehen (a, e)*
annuler	*annulieren, absagen*
anticiper	*vorwegnehmen (i, o)*
appartenir à	*jm gehören*
appeler	*an-rufen (ie, u)*
applaudir	*applaudieren, klatschen*
apposer	*an-, einfügen*
approuver	*bestätigen*
argumenter	*argumentieren*
assister	*assistieren, dabei sein*
avancer	*vorverlegen, voran bringen*
avertir	*benachrichtigen, Bescheid sagen, warnen*
aviser	*ankündigen, informieren, melden*
avoir lieu	*stattfinden (a, u)*
avouer	*zugeben (a, e)*
bailler	*gähnen*
bloquer	*blockieren*
boire	*trinken (a, u)*
brancher	*anschließen (o, o), verstehen (a, a)*
cacheter	*stempeln*
choisir	*aus-wählen*
clore	*ab-schließen (o, o)*

collecter	*sammeln*
commenter	*kommentieren*
communiquer	*mitteilen*
complexifier	*verkomplizieren (ie, ie)*
complimenter	*Komplimente machen*
comprendre	*verstehen (a, a)*
concéder	*einräumen, zugestehen (a, a)*
conseiller	*raten (ie, a)*
conserver	*konservieren, auf-bewahren*
consulter	*konsultieren, zu Rate ziehen (o, o)*
contenir	*enthalten (ie, a)*
contredire	*widersprechen (a, o)*
convaincre	*überzeugen, überreden*
convoquer	*vorladen (u, a)*
copier	*kopieren*
créer	*schaffen (u, a), kreieren*
dater	*datieren*
débattre	*erörtern, verhandeln*
décaler	*verschieben (o, o)*
déclarer	*erklären*
définir	*definieren, festlegen*
déjeuner	*frühstücken, (zu) Mittag essen (a, e)*
déléguer	*delegieren, Aufgaben verteilen*
détailler	*(im Einzelnen) ausführen, erklären*
développer	*entwickeln, ausarbeiten*
deviner	*erraten (ie, a), raten (ie, a)*
différer	*verschieben, vertagen*
dîner	*(zu) Abend essen (a, e)*
distraire	*unterhalten (ie, a), ablenken*
donner	*geben (a, e)*
éclairer	*erklären, beleuchten*
écourter	*abkürzen*
écrire	*schreiben (ie, ie)*
élucider	*klären, erläutern*
émarger	*am Rand abzeichnen*
empêcher de	*verhindern*
emporter	*mitnehmen (i, o)*
ennuyer	*langweilen, ärgern, nerven*
entendre	*hören*

envisager	*ins Auge fassen*
épiloguer	*kommentieren, lange diskutieren*
étudier	*studieren, untersuchen*
évaluer	*einschätzen, schätzen*
évoquer	*erwähnen, in Erinnerung rufen (ie, u)*
excuser	*entschuldigen*
faciliter	*vereinfachen*
faire participer	*Anteil nehmen lassen, teilhaben lassen (ie, a)*
faire répéter	*wiederholen lassen (ie, a)*
féliciter	*beglückwünschen, gratulieren +D*
fixer	*festlegen (a, e)*
fonctionner	*funktionieren*
fournir	*liefern*
gérer	*führen, leiten, verwalten, bewirtschaften*
harmoniser	*aufeinander abstimmen, angleichen (i, i)*
imiter	*imitieren*
indiquer	*anzeigen, zeigen*
individualiser	*individuell abstimmen*
informer	*informieren*
innover	*Neuerungen einführen, erneuern, erfinden (a, u)*
inscrire	*eintragen (u, a)*
intéresser	*interessieren*
introduire	*einführen*
inviter	*einladen (u, a)*
isoler	*trennen*
juger	*beurteilen, urteilen*
justifier	*rechtfertigen*
lister	*auflisten*
longer	*entlang gehen (i, a)*
maintenir	*aufrechthalten (ie, a)*
manger	*essen (a, e)*
manœuvrer	*bedienen, betätigen, manövrieren, manipulieren*
marcher	*gehen (i, a), laufen (ie, au)*
marquer	*kennzeichnen, markieren*
mémoriser	*speichern*
minuter	*genau einteilen*

noter	*notieren, bemerken*
offrir	*anbieten (o, o)*
ordonner	*anordnen*
organiser	*organisieren*
orienter	*orientieren, richten auf*
ouvrir	*öffnen*
parapher	*abzeichnen*
parler	*sprechen (a, o)*
participer à	*teilnehmen an +D (a, o)*
persuader	*überzeugen*
planifier	*planen*
préjuger	*vorgreifen (i, i)*
prendre congé	*gehen (i, a), verlassen (ie, a), Urlaub nehmen (a, o)*
présenter	*vorstellen*
présider	*vorsitzen (a, e), vorstehen (a, a), leiten*
prévoir	*vorsehen (a, e), planen*
projeter	*projezieren, planen*
proposer	*vorschlagen (u, a)*
questionner	*be-fragen*
rappeler	*erinnern*
rebondir sur	*abprallen*
reconnaître	*erkennen (a, a), anerkennen (a, a)*
réduire	*reduzieren, verkleinern*
refuser	*ablehnen*
remercier	*danken*
remettre	*einreichen, übergeben (a, e), verschieben (o o) (Termin)*
remplir	*aus-, er- füllen*
répéter	*wiederholen*
répondre	*antworten*
reporter	*verschieben (o, o)*
repousser	*verschieben (o, o)*
reprendre	*aufgreifen, fortführen*
reprocher	*vorwerfen (a, o)*
reproduire	*reproduzieren, wiedergeben (a, e)*
réserver	*reservieren, buchen*
restituer	*wiedergeben (a, e)*
restituer	*zurück-erstatten*

retarder	*aufhalten (ie, a), hinauszögern*
retenir	*zurückhalten, behalten (ie, a)*
retirer	*zurückziehen*
rétorquer	*erwidern*
rire	*lachen*
rogner	*kürzen*
s'abstenir	*verzichten auf +A*
s'approprier	*sich aneignen*
s'assurer	*sich vergewissern*
s'attarder	*sich aufhalten mit (ie, a)*
s'authentifier	*sich ausweisen*
s'excuser	*sich entschuldigen*
s'éxécuter	*erledigen, durchführen*
s'informer	*sich informieren*
s'inscrire	*sich einschreiben (ie, ie), sich anmelden*
saluer	*be-grüßen*
se concentrer sur	*sich auf etwas konzentrieren*
se désaltérer	*Durst löschen, stillen*
se désinscrire	*sich abmelden*
se désister	*absagen*
se moquer	*sich lustig machen über +A*
se passer	*vorgehen (i, a), passieren, vorkommen (a, o)*
se produire	*sich ereignen*
se projeter	*sich in etwas hineinversetzen*
se rafraîchir	*sich erfrischen*
se regrouper	*sich zusammenschließen (o, o)*
se réjouir	*sich freuen*
se reposer	*sich ausruhen*
se retrouver	*sich wiederfinden (a, u), sich treffen (a, o)*
se réunir	*sich versammeln*
se taire	*schweigen (ie, ie), den Mund halten*
seconder	*unterstützen, zur Hand gehen (i, a)*
signer	*unterschreiben (ie, ie)*
simplifier	*vereinfachen (a, a)*
sortir	*aus-gehen (i, a)*
soumettre	*unterbreiten*
sourire	*lächeln*
supprimer	*löschen, abschaffen, absetzen*

suspendre	*unterbrechen (a, o), aussetzen, suspendieren*
téléphoner à	*jemanden anrufen (ie, u)*
terminer	*beenden*
transmettre	*übergeben (a, e)*
travailler	*arbeiten*
tronquer	*verstümmeln*
utiliser	*benutzen*
veiller à	*darauf achten zu*
vérifier	*prüfen*

Les locutions de A à Z

abuser de son temps de parole	*seine Redezeit überschreiten*
accéder à l'enregistrement	*Zugang zur Aufnahme, zum Datensatz haben*
activer le mode plein écran	*auf Vollbildmodus einstellen*
ajouter des tables	*Tische dazustellen*
aller à l'essentiel	*zum Wesentlichen kommen*
aller au 1er étage	*in die 1. Etage gehen, in den 1.Stock gehen*
améliorer ses présentations futures	*seine zukünftigen Präsentationen verbessern*
apporter son éclairage	*seine Erläuterung beisteuern*
appréhender le point-presse	*den Pressetermin, die Pressekonferenz fürchten*
archiver la webdiffusion	*die Ausstrahlung, Sendung im, über Internet archivieren*
arriver à l'heure	*pünktlich erscheinen, ankommen*
arriver en avance	*zu früh erscheinen, ankommen*
arriver en retard	*verspätet, zu spät erscheinen, ankommen*
assister à une présentation	*an einer Präsentation teilnehmen*
attirer l'attention d'un participant	*die Aufmerksamkeit eines Teilnehmers wecken*
balayer l'assistance du regard	*den Blick über das Publikum schweifen lassen*
boire une gorgée d'eau	*einen Schluck Wasser trinken*
cacher sa réaction	*seine Reaktion unterdrücken*
cerner les besoins	*Bedürfnisse, Bedarf einschätzen*
changer le tissu des sièges	*Stuhlbezüge wechseln*
choisir un emplacement	*einen Platz suchen*
citer un auteur connu	*einen bekannten Autor zitieren*

cliquer sur « diaporama »	*auf 'Diashow' klicken*
commander des panier-repas	*Lunchpakete bestellen*
commencer la lecture	*die Wiedergabe beginnen*
conformément à	*laut, gemäß, entsprechend*
connaître la réponse	*die Antwort kennen*
constater les absences	*die Abwesenheit feststellen*
contredire la conférencière	*dem Redner widersprechen*
corriger une information erronnée	*eine falsche Info korrigieren, richtig stellen*
couper la parole	*das Wort abschneiden*
décrypter un message non verbal	*eine non-verbale Nachricht entschlüsseln*
demander le retour au calme	*um Ruhe bitten*
dépasser le temps imparti	*die vorgegebene Zeit überschreiten*
désigner une participante	*eine Teilnehmerin ausersehen, ernennen*
détailler ses références	*seine Quellen erläutern*
développer une idée	*eine Idee erläutern*
dévoiler un projet	*ein Projekt enthüllen*
différer l'enregistrement	*die Aufnahme verschieben*
distraire l'attention	*die Aufmerksamkeit ablenken*
donner son opinion	*seine Meinung sagen*
dresser un bilan	*Bilanz ziehen*
écourter le discours d'ouverture	*die Eröffnungsrede abkürzen*
en matière de	*betreffend, bezüglich, was… anbelangt*
entraîner les participants sur une fausse piste	*die Teilnehmer auf eine falsche Fährte führen*
entrer dans les détails	*im Detail, detailliert erklären*
envoyer les cartons d'invitations	*Einladungen verschicken*
étayer des arguments	*seine Argumente untermauern*
être assis en dernière rangée	*in der letzten Reihe sitzen*
être limité dans le temps	*zeitlich begrenzt sein, eine zeitliche Begrenzung haben*
exprimer ses craintes	*seinen Befürchtungen Ausdruck verleihen*
faire du sur-mesure	*maßgeschneidert*
faire le point	*Bilanz ziehen, erörtern*
faire le tour de table	*jeden am Tisch begrüßen*
faire signe de la main	*winken*
faire tourner le micro dans la salle	*das Mikrofon im Saal kursieren lassen*
fixer les objectifs	*Ziele setzen*
former à la prise de parole en public	*Lehren, das Wort in der Öffentlichkeit zu ergreifen*

fouler au pied une théorie	*eine Theorie mit Füßen treten*
froncer les sourcils	*die Stirn runzeln*
garder des questions pour la fin	*Fragen am Schluss stellen*
gérer le temps de parole	*die Redezeit managen*
griffonner pendant une présentation	*während einer Präsentation herumkritzeln*
infirmer sa participation	*seine Teilnahme absagen*
informer les participants	*die Teilnehmer informieren*
laisser de côté des critiques désobligeantes	*ungeachtet ungefälliger Kritik*
lancer le débat	*zur Diskussion stellen, die Diskussion lancieren*
les indications se trouvent ci-dessous	*die Anweisungen befinden sich weiter unten*
lever la main	*die Hand heben*
lire à voix basse	*leise lesen*
lire à voix haute	*laut lesen*
maintenir l'intérêt en éveil	*das Interesse aufrecht erhalten*
marquer une pause	*eine Pause einlegen*
modifier l'ordre du jour	*die Tagesordnung ändern*
modifier légérement le contenu	*den Inhalt leicht ändern*
parachever un discours de clôture	*die Abschlussrede beenden*
passer du coq à l'âne	*von Hölzchen auf Stöckchen kommen*
passer en revue l'ordre du jour	*die Tagesordnung durchgehen, Revue passieren lassen*
passer la parole	*das Wort überlassen*
perdre le fil	*den Faden verlieren*
pointer l'index	*mit dem Zeigefinger zeigen auf +A*
prendre à droite	*(nach) rechts fahren, gehen*
prendre à gauche	*(nach) links fahren, gehen*
prendre des notes	*sich Notizen machen*
prendre l'ascenceur	*den Fahrstuhl nehmen*
prendre la parole	*das Wort ergreifen*
préparer ses arguments	*sich seine Argumente zurechtlegen*
présenter le conférencier	*den Redner vorstellen*
présenter ses excuses	*sich entschuldigen*
prévenir de son arrivée	*über seine Ankunft informieren*
provoquer l'hilarité générale	*allgemeine Heiterkeit auslösen*
raconter une anecdote	*eine Anekdote, einen Witz erzählen*
recevoir un message	*eine Nachricht erhalten*

régler l'éclairage	*die Beleuchtung einstellen*
remercier les invités chaleureusement	*sich bei den Gästen herzlich bedanken*
remercier son auditoire	*sich beim Publikum bedanken*
remettre en question	*in Frage stellen*
renvoyer à la présentation antérieure	*auf die vorherige Präsentation verweisen*
renvoyer à un ouvrage de référence	*auf ein Nachschlagewerk, Standardwerk verweisen*
répondre à la presse spécialisée	*der Fachpresse Rede und Antwort stehen*
reprendre le fil	*den Faden wieder aufnehmen*
réserver une salle	*einen Raum reservieren*
résoudre un problème	*ein Problem lösen*
revenir sur ses pas	*umkehren*
s'approprier un concept	*sich ein Konzept zu Eigen machen*
s'asseoir à sa place	*sich auf seinen Platz setzen*
s'attarder sur un point important	*sich bei, mit einem wichtigen Punkt aufhalten*
se décommander	*absagen*
se mettre le public à dos	*das Publikum gegen sich aufbringen*
se présenter en quelques mots	*sich kurz vorstellen*
se rendre à la présentation annuelle	*sich zur jährlichen Präsentation begeben*
se rendre compte de	*sich klarmachen, sich bewusst werden*
se voir attribuer une place numérotée	*einen numerierten Platz zugewiesen kommen*
souligner une idée-force	*eine Leitidee unterstreichen, hervorheben*
surveiller le comportement du public	*die Publikumsreaktion beobachten*
survoler les questions subsidiaires	*zusätzliche Fragen streifen, überfliegen*
susciter un vif intérêt	*reges Interesse wecken*
tendre l'oreille	*die Ohren spitzen*
tenir au courant	*auf dem Laufenden halten*
tenir informé, e	*informiert halten*
tenir tête	*jm Paroli bieten, jm widerstehen, sich jm widersetzen*
tirer des leçons	*lernen aus +D*
transmettre un savoir-faire	*sein Know-How weitergeben*
veillez trouvez ci-joint	*im Anhang finden Sie*
vous lirez ci-après	*Nachstehend können Sie lesen*
vulgariser un savoir	*Wissen allgemein verständlich machen, weitergeben*

Mise en situation dialoguée

Rachelle PAULY : Aujourd'hui, je me trouve avec mon équipe au salon du e-marketing, porte de Versailles à Paris. Le e-marketing, marketing à distance, avait-il vraiment besoin d'être dans un lieu physique, étonnant, non ? Allons poser la question à quelques professionnels !
Bonjour Madame. Rachelle Pauly de canal business. Auriez-vous 5 minutes à nous consacrer ?
Myriam DUCHENE : De quoi s'agit-il ?
RP : Eh bien nous lançons un micro-trottoir sur ce salon pour permettre aux professionnels du marketing de nous expliquer en quelque mot leur fonction, leur parcours et la raison d'être sur ce salon. Le reportage sera diffusé pendant les 8 prochaines semaines sur canal business à 9 h 15 et à 17 h 45. Ceci vous permettra de valoriser votre entreprise.
MD : C'est entendu.
RP : Allez-y, détendez-vous et regardez bien l'objectif. Je vais reprendre votre nom.
MD : Myriam Duchêne.
RP : Madame Duchêne, depuis combien de temps travaillez-vous dans ce secteur ?
MD : Eh bien, je dirai que je suis tombé dedans étant petite (Rires).
Mon père était publicitaire et m'a très tôt donné le goût du bon message à bien faire passer. Puis des études dans un prestigieux institut allemand m'ont permis d'avoir une vision moins franco-française du métier. Voilà donc 15 ans que je suis dans ce secteur.
RP : Je comprends. Avez-vous toujours occupé la même fonction ?
MD : J'ai déjà d'abord été rattachée au service « statistiques » au sein d'un grand groupe pendant 5 ans : ceci n'a pas été mon poste le plus excitant, mais j'y ai appris une véritable méthode de travail, puis j'ai eu la chance d'être chef de produit successivement dans une grande marque de lingerie puis dans un groupe pharmaceutique avant de voler de mes propres ailes et d'aider les directeurs de filiales d'entreprises germanophones à saisir les meilleurs canaux de communication et de diffusion de leur message, à l'heure du WEB 2.0
RP : C'était parfait. Merci Myriam. Voici ma carte. Si vos clients souhaitent tourner des films en français, n'hésitez pas à me contacter…

Rachel PAULY : *Heute befinde ich mich mit meinem Team auf der E-Marketing-Messe an der Porte de Versailles in Paris. Es ist schon erstaunlich, dass das E-Marketing, das ja ein Marketing aus der Ferne ist, scheinbar einen konkreten Platz braucht, um sich vorzustellen. Stellen wir diese Frage also einigen Profis!*
Guten Tag, Rachel Pauly vom Business-Kanal. Hätten Sie wohl 5 Minuten für uns?
Myriam DUCHENE : *Um was geht's denn?*
RP : *Nun, wir machen eine Umfrage über diese Messe, um den Professionnellen des*

Marketings die Möglichkeit zu geben, uns mit einigen Worten ihren Job und ihre Laufbahn zu erläutern und warum sie auf dieser Messe sind. Die Reportage wird in den kommenden 8 Wochen jeweils um 9 h 15 und um 17 h 45 auf Business-Kanal gesendet. Dadurch können sie Ihre Firma bekannter machen.
MD : *Ok, einverstanden.*
RP : *So, dann entspannen Sie sich ein bisschen und schauen Sie bitte direkt in die Kamera. Ich bitte Sie noch einmal um Ihren Namen.*
MD : *Myriam Duchêne.*
RP : *Frau Duchêne, wie lange arbeiten Sie schon in diesem Bereich ?*
MD : *Also, es hat schon angefangen, als ich sehr jung war (Lachen). Mein Vater war in der Werbebranche, Werbung tätig und hat mir schon sehr früh sein Anliegen vermittelt, jeden mit gut gemachten Informationen vertraut zu machen. Dann konnte ich durch das Studium an einem anerkannten deutschen Institut meinen französischen Scheuklappenblick auf den Beruf erweitern. Jetzt bin ich schon 15 Jahre in der Branche tätig.*
RP : *Verstehe. Haben Sie immer den gleichen Job gemacht ?*
MD : *Zunächst gehörte ich 5 Jahre lang zur Statistik-Abteilung eines großen Konzerns; das war nicht gerade mein aufregendster Job, aber da habe ich gelernt wirklich methodisch zu arbeiten. Danach hatte ich das Glück, nacheinander Produktmanagerin bei einer bekannten Unterwäsche-Marke und einem Pharmakonzern zu werden, bevor ich mich selbstständig gemacht habe und nun den Filialleitern deutschsprachiger Firmen helfe, sich in Zeiten des Web 2.0*
die besten Kommunikationskanäle für die Verbreitung ihrer Informationen zunutze zu machen.
RP : *Wunderbar. Danke Myriam. Hier ist meine Karte. Falls Ihre Kunden Filme in französischer Sprache drehen wollen, kontaktieren Sie mich einfach…*

4.3 Communiquer à l'écrit *Schriftliche Kommunikation*

Les noms de A à Z

abnégation (l')	*Selbstlosigkeit (w, –, en)*	
aboutissement (l')	*Ziel (n, s, e), Ergebnis (n, ses, se), Erfolg (m, s, e)*	
abréviation (l')	*Abkürzung (w, –, en)*	*Die in Deutschland und Österreich übliche Abkürzung 'GmbH' steht für 'Gesellschaft mit beschränkter Haftung'.*
absence (l')	*Abwesenheit (w, –, en)*	
accent (l')	*Akzent (m, es, e)*	
acceptation (l')	*Akzeptanz (w, –, en)*	

actes (les)	*Bericht (m, es, e)*	*Der Jahresbericht wurde an alle Abteilungsleiter per Mail verschickt.*
adresse (l')	*Adresse (w, –, n)*	
agencement (l')	*Aufteilung (w, –, en), Einrichtung (w, –, en)*	*Die Einrichtung der Büros ließ etwas zu wünschen übrig.*
allusion (l')	*Anspielung (w, –, en)*	
analyse (l')	*Analyse (w, –, n)*	
annexe (l')	*Anhang (m, s, ¨-e)*	
aperçu (l')	*Überblick (m, s, e)*	*Nach zwei Tagen hatte er sich einen Überblich über seinen Aufgabenbereich gemacht.*
apostrophe (l')	*Apostroph (m, s, e)*	
apprentissage (l')	*Lehre (w, –, n), Ausbildung (w, –, en)*	
archive (l')	*Archiv (n, s, e)*	*Ins Archiv gelangte man nur durch den Keller.*
argument (l')	*Argument (n, es, e)*	
argumentation (l')	*Argumentation (w, –, en)*	*Die Argumentation war klar und einleuchtend.*
aspect (l')	*Aspekt (m, es, e), Gesichtspunkt (m, es, e)*	
auteur (l')	*Autor (m, s, en)*	
avertissement (l')	*Mahnung (w, –, en)*	
banalité (la)	*Alltäglichkeit (w, –, en), Banalität (w, –, en)*	*Das Tragen eines Anzugs war schließlich zu einer Alltäglichkeit geworden.*
banalités (les)		
bas (le)	*Unterteil (n, s, e), der untere Teil*	
bas de page (le)	*Fuß (m, es, ¨-e) der Seite*	
base de données (la)	*Datenbank (w, –, ¨-e)*	
brouillon (le)	*Skizze (w, –, n), Entwurf (m, s, ¨-e)*	*Sein Entwurf für das neue Projekt war vielversprechend.*
bulletin (le)	*Zeugnis (n, ses, se), Nachrichtenblatt (n, es, ¨-er)*	
but (le)	*Ziel (n, s, e)*	
cahier (le)	*Heft (n, es, e)*	*Jeder Teilnehmer bekam ein eigenes Heft für Notizen.*

calendrier (le)	*Kalender (m, s, –)*	
carte (la)	*Karte (w, –, n)*	
cas général (le)	*Normalfall (m, es, ¨-e)*	*Im Normalfall dauerte sein Arbeitstag von 8 h bis 17 h.*
cas particulier (le)	*Sonderfall (m, es, ¨-e)*	*In Sonderfällen konnte es auch schon mal 22 h werden.*
case (la)	*Feld (n, es, er), Fach (n, s, ¨-er), Kästchen (n, s, –)*	
catalogue (le)	*Katalog (m, s, e)*	*Der neue Katalog gefiel allen Mitarbeitern.*
catégorie (la)	*Kategorie (w, –, n)*	
certitude (la)	*Gewissheit (w, –, en)*	
changement (le)	*Änderung (w, –, en), Wechsel (m, s, –)*	*In der Kategorie Haushaltsprodukte mussten einige Änderungen vorgenommen werden.*
cheminement (le)	*Entwicklung (w, –, en), Werdegang (m, s, ¨-e)*	
chiffre arabe (le)	*Arabische Ziffer, Zahl (w, –, en) (w, –, n)*	
chiffre latin (le)	*Lateinische Ziffer (w, –, n), Zahl (w, –, en)*	
chiffre romain (le)	*Römische Ziffer (w, –, n), Zahl (w, –, en)*	*Jörg hatte in seinen Arbeiten immer schon römische Ziffern bevorzugt.*
choix (le)	*Wahl (w, –, en), Auswahl (w, –, en)*	
citation (la)	*Zitat (n, es, e)*	
clarification (la)	*Klärung (w, –, en), Verdeutlichung (w, –, en)*	
clarté (la)	*Klarheit (w, –, en)*	
cliché (le)	*Klisscheevorstellung (w, –, en)*	
co-auteur (le)	*Co-Autor (m, s, en)*	
code professionnel (le)	*Berufskodex (m, es, e)*	*Unser Berufskodex verlangt absolute Loyalität und Verlässlichkeit.*
cohérence (la)	*Kohärenz (w, –, en)*	
colonne (la)	*Spalte (w, –, n)*	
comité (le)	*Komitee (n, s, s)*	

commentaire (le)	*Kommentar (m, s, e)*	*Zu den Beschlüssen wurden viele qualifizierte und unqualifizierte Kommentare abgegeben.*
comparaison (la)	*Vergleich (m, s, e)*	
composition (la)	*Zusammensetzung (w, –, en) Komposition (w, –, en)*	
compréhension (la)	*Verstehen (n, s), Verständnis (n, ses, se)*	*Manche Wöter in der Liste waren schlicht und ergreifend unverständlich.*
concept (le)	*Konzept (n, es, e), Plan (m, s, ¨-e)*	
concession (la)	*Zugeständnis (n, ses, se)*	
concision (la)	*Prägnanz (w, –, en)*	*Mit äußerster Prägnanz brachte sie das Thema auf den Punkt.*
conclusion (la)	*Schlussfolgerung (w, –, en)*	
conformité (la)	*Konformität (w, –, en), Übereinstimmung (w, –, en)*	
confusion (la)	*Unklarheit (w, –, en), Durcheinander (n, s)*	*Die Personalumstellung führte zunächst zu einem heillosen Durcheinander.*
connaissances (les)	*Kenntnisse (w, –, se)*	
conseil (le)	*Rat (m, es, schläge)*	
consigne (la)	*Anweisung (w, –, en)*	
constat (le)	*Befund (m, es, e), amtliche Feststellung (w, –, en)*	*Nach amtlicher Feststellung musste der entlassene Mitarbeiter wieder eingestellt werden.*
construction (la)	*Bau (m, s, ten), Konstruktion (w, –, en)*	
contenu (le)	*Inhalt (m, es, e)*	
contexte (le)	*Kontext (m, es, e), Zusammenhang (m, s, ¨-e)*	*Von Loyalität konnte in diesem Zusammenhang keine Rede mehr sein.*
contradiction (la)	*Widerspruch (m, es, ¨-e)*	
contrainte (la)	*Zwang (m, s, ¨-e)*	
contre-argument (le)	*Gegenargument (n, es, e)*	*Die Gegenargumente meines Gesprächspartners waren völlig aus der Luft gegriffen.*

contre-argumentation (la)	*Gegenargumentation (w, –, en)*	
contre-sens (le)	*Widersinn (m, s, e)*	
contribution (la)	*Beitrag (m, s, ¨-e)*	*Sein Beistrag zur Präsentation bestand in der Erstellung der Tabellen.*
copie (la)	*Kopie (w, –, n)*	
copieur (le)	*Kopierer (m, s, –)*	
copyright (le)	*Copyright (n, s, s)*	
coquille (la)	*Schreib- Druckfehler (m, s, –)*	*Sie musste den Text nur noch nach Schreibfehlern durchsehen, dann konnte sie ihn abschicken.*
corps du texte (le)	*Textkorpus (m, es)*	
correction (la)	*Korrektur (w, –, en)*	
couleur (la)	*Farbe (w, –, n)*	
courtoisie (la)	*Höflichkeit (w, –, en)*	
crayon (le)	*Stift (m, es, e)*	*Am liebsten schrieb Helga mit einem Bleistift.*
création (la)	*Kreation (w, –, en), Schaffung (w, –, en)*	*Die Schaffung eines internen Chatrooms freute die Angestellten.*
critère (le)	*Kriterium (n, s, en)*	
critique (la)	*Kritik (w, –, en)*	
crochet (le)	*Haken (m, s, –)*	
dactylographie (la)	*Maschineschreiben (n, s)*	
date (la)	*Datum (n, s, en)*	*Den Brief bitte mit heutigem Datum abschicken.*
début (le)	*Anfang (m, s, ¨-e)*	
découpage (le)	*Aufteilung (w, –, en), Ausschneiden (n, s)*	
découverte (la)	*Entdeckung (w, –, en)*	
déduction (la)	*Ableitung (w, –, en)*	
démarche (la)	*Vorgehen (n, s), Vorgehensweise (w, –, n)*	*Die Vorgehensweise des Abteilungsleiters stieß auf harsche Kritik.*
démonstration (la)	*Demonstration (w, –, en), Vorführung (w, –, en)*	
densité (la)	*Dichte (w, –, n)*	

déontologie (la)	*Deontologie (w, –, n), Berufsethos (n, es)*	
description (la)	*Beschreibung (w, –, en)*	*Die Sekretärin übernahm die Beschreibung seiner Aufgaben in allen Einzelheiten.*
détail (le)	*Detail (n, s, s), Einzelheit (w, –, en)*	
développement (le)	*Entwicklung (w, –, en)*	
devise (la)	*Devise (w, –, n)*	
diagramme (le)	*Diagramm (m, s, e)*	
digression (la)	*Exkurs (m, es, e), Abschweifung (w, –, en)*	*Nach einem langen Exkurs über den Firmenerfolg kam er endlich zum eigentlichen Thema zurück.*
directive (la)	*Vorschrift (w, –, en), Richtlinie (w, –, n)*	
discernement (le)	*Unterscheidungsvermögen (n, s)*	*Sein Unterscheidungsvermögen wurde durch sein persönliches Interesse beeinträchtigt.*
discrédit (le)	*Diskreditierung (w, –, en), Verruf (m, s)*	
discussion (la)	*Gespräch (n, es, e)*	
diversité (la)	*Vielfalt (w, –, en), Vielfältigkeit (w, –, en)*	*Lars war über die Vielfalt der Aufgaben erstaunt.*
documentation (la)	*Dokumentierung (w, –, en)*	
dogme (le)	*Dogma (n, s, en), Lehrsatz (m, es, ¨-e)*	
donnée (la)	*Angabe (w, –, n)*	*Persönliche angaben bitte im oberen Teil des Formulars eintragen !*
double-point (le)	*Doppelpunkt (m, es, e)*	
droite (la)	*Rechte (w, –, n)*	
ébranlement (l')	*Schock (m, s, s), Erschütterung (w, –, en)*	
échéance (l')	*Fälligkeit (w, –, en), Frist (w, –, en)*	*Die Abgabefrist läuft Ende der Woche aus.*
écrit (l')	*Schrift (w, –, en)*	
écriture (l')	*Schrift (w, –, en)*	

efficacité (l')	*Effizienz (w, –, en), Leistungsfähigkeit (w, –, en)*	*Die Leistungsfähigkeit des neuen Praktikanten ließ zu Wünschen übrig.*
effort (l')	*Anstrengung (w, –, en), Bemühung (w, –, en), Mühe (w, –, n)*	
élaboration (l')	*Be- Ausarbeitung (w, –, en)*	*Die Ausarbeitung des Fragebogens dauerte 2 Stunden.*
élément (l')	*Element (m, es, e), Teil (m, s, e)*	
émetteur (l')	*Sender (m, s, –)*	
emprunt (l')	*Anleihe (w, –, n), Entlehnung (w, –, en)*	
enquête (l')	*Ermittlung (w, –, en), Umfrage (w, –, n)*	*Bei der Umfrage stellte sich heraus, dass 90 % der Kunden mit dem Service zufrieden waren.*
en-tête (l')	*Briefkopf (m, es, ¨-e)*	
envergure (l')	*Ausmaß (n, es, e)*	
envoi (l')	*Sendung (w, –, en), Versand (m, es)*	*Der Versand der Kataloge erfolgte am 30. September.*
épreuve (l')	*Prüfung (w, –, en)*	
erreur (l')	*Irrtum (m, s, ¨-er)*	
erreur de syntaxe (l')	*Satzbaufehler (m, s, –)*	*Durch die Aufstellung klarer Regeln versuchte sie, Satzbaufehler zu vermeiden.*
esprit de synthèse (l')	*klare und strukturierte Denkweise (w, –, n)*	
esquisse (l')	*Skizze (w, –, n), Entwurf (m, s, ¨-e)*	
essai (l')	*Versuch (m, s, e)*	*Das neue Produkt war einen Versuch wert.*
essentiel (l')	*Wesentliche (n, s)*	
état (l')	*Zustand (m, es, ¨-e), Etat (m, s, s)*	
éthique (l')	*Ethik (w, –, en)*	
étude (l')	*Studie (w, –, n)*	*In der neuesten Marktstudie lag ihr Konzern deutlich vorn.*

évidence (l')	*Offensichtlichkeit (w, –, en)*	
exception (l')	*Ausnahme (w, –, n)*	
exemplaire (l')	*Exemplar (m, s, e)*	*Jeder Autor bekam ein Ansichtsexemplar.*
exhaustivité (l')	*Ausführlichkeit (w, –, en), Gründlichkeit (w, –, en)*	
exigence (l')	*Forderung (w, –, en), anspruch (m, s,¨-e)*	
expérience (l')	*Erfahrung (w, –, en)*	*Mit seiner Erfahrung konnte er die anderen bei vielen Fragen. unterstützen*
expert (l')	*Spezialist (m, en, en), Fachmann (m, s,¨-er)*	
explication (l')	*Erklärung (w, –, en)*	
expression (l')	*Ausdruck (m, s, ¨-e)*	*Auf seinem Gesicht machte sich ein Ausdruck der Verzweiflung breit.*
extrait (l')	*Auszug (m, s,¨-e)*	
fait (le)	*Tatsache (w, –, n), Umstand (m, es,¨-e)*	
familiarité (la)	*Vertrautheit (w, –, en), Vertraulichkeit (w, –, en)*	*Die Vertrautheit unter den Mitarbeitern gefiel ihm von Anfang an.*
faute (la)	*Fehler (m, s, –)*	
faute d'orthographe (la)	*Rechtschreibfehler (m, s, –)*	*Bei der Durchsicht musste sie vor allem auf Rechtschreibfehler achten.*
faux sens (le)	*Falsche Übersetzung (w, –, en)*	*Ein Nicht-Muttersprachler riskierte immer falsche Übersetzungen.*
fax (le)	*Fax (n, es, e)*	
feuille blanche (la)	*Weißes Blatt (Papier) (n, es,¨-er) (n, s, e)*	
feutre (le)	*Filzstift (m, es, e)*	
figure (la)	*Gestalt (w, –, en), Abbildung (w, –, en)*	
fil rouge (le)	*Der rote Faden (m, s,¨-)*	*Während des Vortrags hatte der Redner den roten faden sichtlich verloren.*

fin (la)	*Ende (n, es, en), Schluss (m, es,¨-e)*	
flèche (la)	*Pfeil (m, s, e)*	
fond (le)	*Hinter- Grund (m, es,¨-e)*	*Die Hintergrundgeräusche waren etwas störend.*
format (le)	*Format (n, es, e)*	
forme (la)	*Form (w, –, en)*	
formulation (la)	*Formulierung (w, –, en)*	*Die Schlussformulierung kostete ihn viel Zeit.*
formule (la)	*Formel (w, –, n), Menü (n, s, s), Modell (n, s, e)*	
gain de place (le)	*Platzgewinn (m, s, e)*	
gain de temps (le)	*Zeitgewinn (m, s, e)*	*Sich auch unterwegs ins Netz einloggen zu können stellte einen enormen Zeitgewinn dar.*
gauche (la)	*Linke (w, –, n)*	
généralité (la)	*Allgemeinheit (w, –, en), Mehrzahl (w, –, en)*	
gradation (la)	*Abstufung (w, –, en)*	
grammaire (la)	*Grammatik (w, –, en)*	*Glücklicherweise gab es auch für Grammatik inzwischen ein Korrekturprogramm.*
graphisme (le)	*Die grafische Gestaltung (w, –, en)*	
guillemet (le)	*Anführungzeichen (n, s, –)*	
haut (le)	*Oberseite (w, –, n)*	
héritage (l')	*Hinterlassenschft (w, –, en), Vermächtnis (m, ses, se)*	*Das Vermächtnis des Seniorchefs wurde von allen Mitarbeitern respektiert.*
histogramme (l')	*Histogramm (n, s, e)*	
historique (l')	*Verlauf (m, s,¨-e), chronologischer Überblick (m, s, e)*	
hyperbole (l')	*Übertreibung (w, –, en), Hyperbel (w, –, n)*	
hypothèse (l')	*Hypothese (w, –, n)*	
idéal (l')	*Ideal (n, s, e), Wunschbild (n, es, er)*	*Seinem Wunschbild von einem guten Job entsprach diese Tätigkeit nicht, aber er war zufrieden.*

idée (l')	*Idee (w, –, n), Gedanke (m, ns, n)*	
idée maîtresse (l')	*Leitidee (w, –, n)*	
illustration (l')	*Illustration (w, –, en), Illustrierung (w, –, en)*	
image (l')	*Bild (n, es, er), Image (n, s)*	
immédiateté (l')	*Unverzüglichkeit (w, –, en)*	
imprimante (l')	*Drucker (m, s, –) (Apparat)*	*Erstaunlich, wie viel Tinte dieser Drucker in einer Woche verbrauchen konnte !*
impulsion (l')	*Impuls (m, es, e), Anstoß (m, es, ¨-sse)*	
induction (l')	*Induktion (w, –, en)*	
influence (l')	*Einfluss (m, es, ¨-e)*	*Der Einfluss seines Doktorvaters war in der Arbeit deutlich erkennbar.*
inspiration (l')	*Inspiration (w, –, en), Einfall (m, s, ¨-e)*	
instruction (l')	*Instruktion (w, –, en), Anweisung (w, –, en), Vorschrift (w, –, en)*	
intensité (l')	*Intensität (w, –, en)*	
intérêt (l')	*Interesse (w, –, n), Bedeutung (w, –, en)*	*Dieses Fachbuch sollte noch große Bedeutung bei den Spezialisten erlangen.*
interligne (l')	*Zwischenzeile (w, –, n), Zeilenabstand (m, es, ¨-e)*	
interprétation (l')	*Interpretation (w, –, en)*	
introduction (l')	*Einführung (w, –, en), Einleitung (w, –, en)*	*In der Einleitung bedante er sich für die Unterstützung seiner Familie.*
ironie (l')	*Ironie (w, –, n)*	
jargon (le)	*Jargon (m, s, s), Fachsprache (w, –, n)*	*Die Fachsprache des Textes war für sie völlig unverständlich.*
jeu de mots (le)	*Wortspiel (n, s, e)*	
justesse (la)	*Genauigkeit (w, –, en), Angemessenheit (w, –, en)*	

kyrielle (la)	*Eine ganze Reihe von +D*	*Nach der Veröffentlichung in 24 Sprachen musste sie jeden Tag eine ganze Reihe von Journalisten abwimmeln.*
langue (la)	*Sprache (w, –, n)*	
leçon (la)	*Lektion (w, –, en)*	
lecteur (le)	*Leser (m, s, –)*	
lecture (la)	*Lesen (n, s)*	
légende (la)	*Untertitel (m, s, –), Legende (w, –, n)*	*Jetzt musste sie nur noch die Bildunterschriften schreiben, und das Buch war fertig.*
lettre (la)	*1.Brief (m, s, e), 2.Buchstabe (m, en, en)*	
lexique (le)	*Wortschatz (m, es, ¨-e)*	
lieu commun (le)	*Gemeinplatz (m, es, ¨-e)*	*Banalitäten und Gemeinplätze in den Manuskipten waren ihr ein Greuel.*
lieu d'édition (le)	*Ort (m, es, e) der Herausgabe*	
ligne (la)	*Zeile (w, –, n), Linie (w, –, n)*	
lisibilité (la)	*Lesbarkeit (w, –, en)*	*Diese Schrift erlaubte eine maximale Lesbarkeit.*
liste (la)	*Liste (w, –, n)*	
livraison (la)	*Lieferung (w, –, en)*	
livre (le)	*Buch (n, es, ¨-er)*	
locution (la)	*Ausdruck (m, s, ¨-e), Redewendung (w, –, en)*	*Sein Text war mit zahlreichen idiomatischen Redewendungen gespickt.*
logique (la)	*Logik (w, –, en)*	
longueur (la)	*Länge (w, –, n)*	
magazine (le)	*Zeitschrift (w, –, en)*	
maîtrise (la)	*Beherrschung (w, –, en), Magisterabschluss (m, es, ¨-e)*	*Mit 25 hatte sie endlich ihren Magisterabschluss gemacht und konnte arbeiten.*
majuscule (la)	*Großbuchstabe (m, n, n)*	
manuscrit (le)	*Manuskript (n, es, e)*	
marge (la)	*Rand (m, es, ¨-er),*	
matériaux de base (les)	*Basismaterial (n, s, ien)*	

matériel (le)	*Material (n, s, ien)*	
maximum (le)	*Maximum (n, s, a)*	*Für die Erfüllung der Aufgabe war ein Maximum an Konzentration nötig.*
médias (les)	*Medien (n, s, en)*	
médium (le)	*Mittel (n, s, –), Medium (n, s, en)*	
mention (la)	*Bemerkung (w, –, en), Vermerk (m, s, e), Notiz (w, –, en)*	
message (le)	*Nachricht (w, –, en)*	*Nach seinem Urlaub hatte er 360 Nachrichten in seiner Mailbox.*
métaphore (la)	*Metapher (w, –, n)*	
méthode (la)	*Methode (w, –, n)*	*Während des Praktikums hatte sie zahlreiche Arbeitsmethoden kennen gelernt.*
méthodologie (la)	*Methodik (w, –, en)*	
milieu (le)	*Milieu (n, s, s), Mitte (w, –, n)*	
minimum (le)	*Minimum (m, s, a)*	*Ein Minimum an Respekt war für den Arbeitsalltag notwendig.*
minuscule (la)	*Kleinbuchstabe (m, n, n)*	
mise en attente (la)	*Wartestellung (w, –, en), Warteschleife (w, –, n)*	
mise en avant (la)	*Hervorhebung (w, –, en)*	*Die Hervorhebung des Titels durch eine andere Schrift gefiel allen.*
mise en forme (la)	*Formgebung (w, –, en)*	
mise en garde (la)	*Warnung (w, –, en)*	
mise en page (la)	*Seitenlayout (n, s, s)*	*Das Seitenlayout entsprach den üblichen Vorgaben.*
mise en relief (la)	*Hervorhebung (w, –, en)*	
mise en valeur (la)	*Aufwertung (w, –, en)*	
mode conditionnel (le)	*Im Konditional*	
modèle (le)	*Modell (n, s, e), Vorbild (n, es, er)*	

modification (la)	*Modifikation (w, –, en), Änderung (w, –, en)*	
mot (le)	*Wort (n, es, ¨-er)*	
mot-clef (le)	*Schlüsselwort, Stichwort (n, es, ¨-er)*	
narration (la)	*Erzählung (w, –, en)*	*In seiner Erzählung benutzte er hauptsächlich das Präteritum.*
noir et blanc (le)	*In Schwarz-weiß*	
nom (le)	*Name (m, ns, n)*	
nombre de mots (le)	*Wortzahl (w, –, en)*	*Die Wortzahl erscheint am linken unteren Rand des Bildschirms.*
nombre de signes (le)	*Zahl der Zeichen*	
non-sens (le)	*Unsinn (m, s)*	
note (la)	*Note (w, –, n), Rechnung (w, –, en)*	
note de bas de page (la)	*Fußnote (w, –, n)*	*Seine Fußnoten umfassten ganze 5 Seiten.*
note de cadrage (la)	*informatorische Aufzeichnung (w, –, en)*	
notion (la)	*Begriff (m, s, e), Vorstellung (w, –, en), Kenntnis (w, –, se)*	
numérotation (la)	*Nummerierung (w, –, en)*	*Die Nummerierung war mittig am Fuß der Seite geplant.*
objection (l')	*Einwand (m, es, ¨-e), Wiederrede (w, –, n)*	
objet (l')	*Objekt (n, es, e), Gegenstand (m, es, ¨-e)*	
observation (l')	*Beobachtung (w, –, en)*	
observations (les)	*Vorhaltungen (w, –)*	*Die Vorhaltungen des Kollegen arteten langsam in Belästigung aus.*
opposition (l')	*Einspruch (m, es, ¨-e), Widerstand (m, es, ¨-e)*	
optimisation (l')	*Optimisierung (w, –, en)*	
ordinateur (l')	*Computer (m, s, –)*	
ordinateur portable (l')	*Laptop (m, n, s, s)*	*Mit der Leistung ihres neuen Laptops war sie sehr zufrieden.*
ordonnée (l')	*Koordinate (w, –, n)*	

ordre (l')	*Ordnung (w, –, en), Reihenfolge (w, –, n)*	
ordre d'importance (l')	*nach Wichtigkeit, Dringlichkeit (w, –, en) geordnet*	*Jeden Morgen ordnete sie die Akten nach Dringlichkeit.*
organisation (l')	*Organisation (w, –, en)*	
original (l')	*Original (n, s, e)*	
originalité (l')	*Originalität (w, –, en), Ursprünglichkeit (w, –, en)*	*Die neue Sekretärin bestach durch ihre Originalität.*
origine (l')	*Ursprung (m, s, ¨-e)*	
oubli (l')	*Vergessenheit (w, –), Vergesslichkeit (w, –, en), Versäumnis (n, ses, se)*	*Der Seniorchef war auch nach 10 Jahren noch nicht in Vergessenheit geraten.*
ouverture (l')	*Offenheit (w, –, en), Öffnung (w, –, en)*	
ouvrage (l')	*Werk (n, s, e)*	
page (la)	*Seite (w, –, n)*	
page de garde (la)	*Vorsatzblatt (n, es, ¨-er)*	*Das Vorsatzblatt hätte eigentlich farbig sein sollen.*
page vierge (la)	*weißes Blatt (n, es, ¨-er)*	
pagination (la)	*Seiteneinteilung (w, –, en)*	
papier (le)	*Papier (n, s, e)*	*Es fehlte schon wieder Papier im Kopierer.*
paradoxe (le)	*Paradox (n, s, e)*	
paragraphe (le)	*Abschnitt (m, es, e), Paragraph (m, s, en)*	
parallélisme (le)	*Parallelismus (m, ses, se)*	
parenthèse (la)	*Klammer (w, –, n)*	*Die zahlreichen Klammern im Text erschwerten die Lektüre.*
partie (la)	*Teil (m, s, e)*	
parution (la)	*Erscheinung (w, –, en), Erscheinen (n, s)*	
passage (le)	*Absatz (m, es, ¨-e), Passage (w, –, n)*	*Der letzte Absatz war eine hervorragende Synthese des Berichtes.*
pensée (la)	*Gedanke (m, ns, n)*	
phrase (la)	*Satz (m, es, ¨-e)*	
pique (la)	*Spitze (w, –, e)*	
plan de travail (le)	*Arbeitsplan (m, s, ¨-e), Arbeitsplatte (w, –, n)*	*Seine Arbeitsplatte war mit Ustensilien übersät.*

pléonasme (le)	*Pleonasmus (m, ses, en)*	
point (le)	*Punkt (m, es, e)*	
point d'exclamation (le)	*Ausrufungszeichen (n, s, –)*	
point d'interrogation (le)	*Fragezeichen (n, s, –)*	*Ein großes Fragezeichen stand hinter der Durchführung des anstehenden Projekts.*
point final (le)	*Schlusspunkt (m, es, e)*	
point-virgule (le)	*Semikolon (n, s, s)*	
police (la)	*Schriftart (w, –, en)*	
poncif (le)	*Klischee (n, s, s), abgedroschene Redensart (w, –, en)*	*Herr M. hatte noch nie anders als in Klischees denken und reden können.*
ponctuation (la)	*Satzzeichensetzung (w, –, en)*	
poste de travail (le)	*Arbeitsplatz (m, es, ¨-e)*	
pourcentage (le)	*Prozentsatz (m, es, ¨-e)*	*Ein ansehnlicher Prozentsatz der Lagerbestände konnte im Ausverkauf abgesetzt werden.*
précepte (le)	*Grundsatz (m, es, ¨-e), Prinzip (n, s, ien)*	*Nach dem Gleicheitsprizinzip wurden die beiden Stellen mit einer Frau und einem Mann besetzt.*
précision (la)	*Genauigkeit v, Präzision (w, –, en)*	
prénom (le)	*Vorname (m, ns, n)*	
présence (la)	*Anwesenheit (w, –, en)*	*In Anwesenheit der Abteilungsleiter dauerte die Vorstellung der neuen Praktikanten etwas länger als vorgesehen.*
présentation (la)	*Präsentation (w, –, en), Vorstellung (w, –, en)*	
principe (le)	*Prinzip (n, s, ien), Grundsatz (m, es, ¨-e)*	
prise de notes (la)	*Notizen machen*	
prise de position (la)	*Stellungnahme (w, –, n)*	*Der Konzernleiter wollte keine offizielle Stellungnahme abgeben.*
problématique (la)	*Problematik (w, –, en)*	

problème (le)	*Problem (n, s, e)*	
procédure (la)	*Prozedur (w, –, en), Verfahren (n, s, –)*	*Die Prozedur stellte sich als äußerst kompliziert heraus.*
production (la)	*Produktion (w, –, en), Herstellung (w, –, en)*	
profusion (la)	*Fülle (w, –)*	*Erfrischungen gab es zum Glück in Hülle und Fülle.*
programme (le)	*Programm (n, s, e)*	
propos (le)	*Äußerung (w, –, en)*	
proposition (la)	*Vorschlag (m, s, ¨-e)*	*Auf seinen Titelvorschlag ging der Redakteur bereitwillig ein.*
prose (la)	*Prosa (w, –)*	
proverbe (le)	*Sprichwort (n, es, ¨-er)*	
question (la)	*Frage (w, –, n)*	
questionnement (le)	*Befragung (w, –, en)*	*Nach Befragung der Mitarbeiter wurde die Änderung beschlossen.*
raccourci (le)	*Abkürzung (w, –, en)*	
raisonnement (le)	*Gedankengang (m, es, ¨-e), Argumentation (w, –, en)*	*Sein Gedankengang schien ihm völlig klar und logisch.*
rang (le)	*Rang (m, s, ¨-e), Platz (m, es, ¨-e)*	
rapport (le)	*Bericht (m, es, e), Verhältnis (n, ses, se)*	*Nach jeder Untersuchung musste er einen Bericht verfassen.*
récepteur (le)	*Empfänger (m, s, –)*	
réception (la)	*Empfang (m, s, ¨-e), Rezeption (w, –, en)*	
recherche (la)	*Forschung (w, –, en), Suche (w, –, n)*	*Die Forschung war schon immer sein Lieblingsfachbereich gewesen.*
recommandation (la)	*Empfehlung (w, –, en)*	
recours (le)	*Rückgriff (m, s, e), Berufung (w, –, en), Zuhilfenahme (w, –, n)*	
recto (le)	*Rückseite (w, –, n)*	
rédacteur (le)	*Redakteur (m, s, e)*	*Immerhin hatte der Redakteur seinen Artikel interessant genug gefunden, um ihn zu veröffentlichen.*

rédaction (la)	*Redaktion (w, –, en)*	
rédaction (la)	*Schreiben (n, s), Ab-Verfassung (w, –, en)*	
redondance (la)	*Wiederholung (w, –, en)*	*Unnötige Wiederholungen wurden sofort gestrichen.*
référence (la)	*Quelle (w, –, n)*	
réflexion (l')	*Überlegeung (w, –, en)*	*Nach langer Überlegung wählte er den ersten Vorschlag.*
reformulation (la)	*Umformulierung (w, –, en)*	
refus (le)	*Ablehnung (w, –, en), Weigerung (w, –, en)*	
règle (la)	*Regel (w, –, n)*	
règle de base (la)	*Grundregel (w, –, n)*	*Eine der Grundregeln in der Firma ist Höfflichkeit.*
relecture (la)	*Erneute Lektüre (w, –)*	
relevé (le)	*Aufstellung (w, –, en), Verzeichnis (n, ses, se)*	*Heute sollte sie ein Verzeichnis der Mitarbeiter nach Abteilungen erstellen.*
remarque (la)	*Bemerkung (w, –, en)*	
remerciement (le)	*Dank (m, s)*	
remise (la)	*Übergabe (w, –, n)*	*Die Übergabe der Dokumente war für den 15. Vorgesehen.*
renvoi (le)	*Ausschluss (m, ses, ¨-se), Verweis (m, es, e)*	
répétition (la)	*Wiederholung (w, –, en)*	
réponse (la)	*Antwort (w, –, en)*	
reproductibilité (la)	*Reproduzierbarkeit (w, –, en), Vergleichbarkeit (w, –, en)*	
reprographie (la)	*Reprografie (w, –, n)*	
respect des règles (le)	*Einhaltung (w, –, en) der Regeln (w, –, n)*	*Die Einhaltung der Regeln ist für einen reibungslosen Ablauf der Veranstaltung unerlässlich.*
résultats (les)	*Ergebnis (n, ses, se)*	
résumé (le)	*Zusammenfassung (w, –, en)*	
révision (la)	*Überprüfung (w, –, en)*	
revue (la)	*Zeitschrift (w, –, en)*	

rhétorique (la)	*Rhetorik (w, –, en), Redekunst (w, –, ¨-e)*	*Er hatte schon immer ihre Redekunst bewundert und hörte ihr immer wieder gerne zu.*
richesse (la)	*Reichtum (m, s, ¨-er)*	
rigueur (la)	*Strenge (w, –)*	*Der Chef galt als streng, aber gerecht.*
rythme (le)	*Rhythmus (m, ses, en)*	
schéma (le)	*Schema (n, s, ta)*	
section (la)	*Sektion (w, –, en), Abschnitt (m, es, e)*	
sélection (la)	*Auswahl (w, –, en)*	*Die Themenauswahl war breit gestreut.*
séparation (la)	*Trennung (w, –, en)*	
série (la)	*Serie (w, –, n), Reihe (w, –, n)*	
signal (le)	*Signal (n, s, e)*	*Sie hatten als Startsignal ein Handzeichen vereinbart.*
signe de ponctuation (le)	*Satzzeichen (n, s, –)*	*In den meisten Mails wird auf die Satzzeichen kein Wert gelegt.*
signe divisé (le)	*Divisionszeichen (n, s, –)*	
signe égal (le)	*Gleichheitszeichen (n, s, –)*	
signe moins (le)	*Minuszeichen (n, s, –)*	
signe multiplié (le)	*Multiplikationszeichen (n, s, –)*	
signe plus (le)	*Pluszeichen (n, s, –)*	
signification (la)	*Bedeutung (w, –, en)*	
simplification (la)	*Vereinfachung (w, –, en)*	
soin (le)	*Bemühung (w, –, en), Sorgfalt (w, –)*	*Trotz ihrer Bemühungen hatte die Akte Kaffeeflecken abbekommen.*
sommaire (le)	*Inhaltsverzeichnis (n, ses, se)*	*Das Inhaltsverzeichnis fand auf einer Seite Platz.*
somme (la)	*Summe (w, –, n)*	
soumission (la)	*Angebot (n, es, e), Unterwürfigkeit (w, –, en)*	
source (la)	*Quelle (w, –, n)*	*Seine Quellenangaben waren immer sehr präzise.*
sous-partie (la)	*Unterkapitel (n, s, –)*	

sous-section (la)	*Unterabschnitt (m, es, e)*	
sous-titre (le)	*Untertitel (m, s, –)*	
spécificité (la)	*Besonderheit (w, –, en), Eigenart (w, –, en)*	*Die Besonderheit des Materials kam erst bei großer Hitze zum Tragen.*
spéculation (la)	*Spekulation (w, –, en)*	
stage (le)	*Praktikum (n, s, en)*	*Johannes' Praktikum war zur Zufriedenheit der Firma verlaufen.*
stéréotype (le)	*Stereotyp (m, s, en)*	
structure (la)	*Struktur (w, –, en)*	
style (le)	*Stil (m, s, e)*	
stylo (le)	*Stift (m, es, e)*	
stylo-plume (le)	*Füllhalter, Federhalter (m, s, –), Füller (m, s, –)*	*Am liebsten unterschrieb sie mit ihrem alten Füller.*
subdivision (la)	*Sektion (w, –, en), Unterabteilung (w, –, en), Unterteilung (w, –, en)*	
succès (le)	*Erfolg (m, es, e)*	
support (le)	*Träger (m, s, –), Ständer (m, s, –)*	
supposition (la)	*Annahme (w, –, n)*	
syntaxe (la)	*Syntax (w, –), Satzbau (m, s)*	*Der Satzbau war in dieser Sprache nicht gerade seine Stärke.*
synthèse (la)	*Synthese (w, –, n), Übersicht (w, –, en)*	
système (le)	*System (m, s, e)*	
table des matières (la)	*Stundenplan (m, s, ¨-e)*	*Der Stundenplan war dieses Jahr besonders voll.*
tableau (le)	*Tafel (w, –, n)*	
télécopieur (le)	*Fax (Gerät) (n, es, e)*	
test (le)	*Test (m, s, s)*	
texte (le)	*Text (m, es, e)*	
thème (le)	*Thema (n, s, en)*	
théorie (la)	*Theorie (w, –, n)*	
tiré-à-part (le)	*Sonderdruck (m, s, e)*	
tiret (le)	*Bindestrich (m, s, e)*	
titre (le)	*Titel (m, s, –)*	
ton (le)	*Ton (m, s, ¨-e)*	

tournure (la)	*Redewendung (w, –, en), Formulierung (w, –, en)*	*Einige Formulierungen in dem Brief waren eher unpassend für diesen Anlass.*
tradition (la)	*Tradition (w, –, en)*	
traduction (la)	*Übersetzung (w, –, en)*	*Die Übersetzung der Gebrauchsanweisung war leider sehr fehlerhaft.*
trait (le)	*Strich (m, s, e)*	
traitement (le)	*Behandlung (w, –, en), Bearbeitung (w, –, en)*	
transcription (la)	*Transkription (w, –, en*	
transmission (la)	*Übertragung (w, –, en), Weitergabe (w, –, n)*	*Nach der Lektüre erfolgte die Weitergabe an die übrigen Betroffenen.*
transposition (la)	*Umsetzung (w, –, en), Umstellung (w, –, en)*	
tri (le)	*Aussortieren (n, s), Sortieren*	*Seit einigen Monaten praktizieren wir das Müllsortieren im Büro, und es klappt sehr gut!*
trouvaille (la)	*Geistesblitz (m, es, e)*	
truisme (le)	*Binsenwahrheit (w, –, en)*	*Der Kollege M. geht uns mit seinen ständigen Binsenweisheiten bisweilen auf die Nerven.*
type (le)	*Typ (m, s, en)*	
typographie (la)	*Typografie (w, –, n)*	
unité (l')	*Einheit (w, –, en), Stück (n, s, e)*	
usage (l')	*Gebrauch (m, s), Nutzung (w, –, en)*	*Der Kopierer steht ausschließlich zur beruflichen Nutzung zur Verfügung!*
valeur (la)	*Wert (m, es, e)*	
variante (la)	*Variante (w, –, n), Spielart (w, –, en)*	
variété (la)	*Verschiedenheit (w, –, en), Mannigfaltigkeit (w, –, en)*	*Die verschiedenen Themen wurden eines nach dem anderen behandelt.*
veille (la)	*Bereitschaftsmodus*	

vérification (la)	*Kontrolle (w, –, n), Prüfung (w, –, en)*	*Er überprüfte seine Texte immer zwei Mal, bevor er sie abschickte.*
version (la)	*Version (w, –, en), Fassung (w, –, en)*	*Die zweite Version des Textes gefiel Manfred besser.*
verso (le)	*Rückseite (w, –, n)*	*Vor- und Rückseite der Blätter waren eng beschrieben.*
virgule (la)	*Komma (n, s, ta)*	*Vor den Infinitiv mit 'um… zu' setzt man ein Komma.*
visualisation (la)	*Darstellung (w, –, en), Visualisierung (w, –, en)*	*Die grafische Darstellung des Problems war sehr gut gelungen.*
volet (le)	*Abschnitt (m, es, e), Teil (m, s, e)*	*Der zweite Abschnitt muss noch überarbeitet werden.*
volume (le)	*Volumen (n, s, –), Umfang (m, s, ¨-e), Band (m, es, ¨-e)*	*In Band 15 des Lexikons fand ich, was ich suchte.*

Les adjectifs de A à Z

ampoulé, e	*hochgestochen, e, hochtrabend, e*
écrit, e	*schriftlich, e*
général, e	*allgemein, e, generell, e*
particulier, ère	*besondere, r*
plagié, e	*plagiiert, e*
précieux, se	*wertvoll, e*
précis, e	*genau, e, präzis, e*
stylistique	*stilistisch, e*
transmis, e	*übertragen, e, übermittelt, e*

Les verbes et les locutions de A à Z

aboutir à	*zu einem Ergebnis führen, enden mit +D*
abuser	*missbrauchen*
accepter	*akzeptieren*
achever	*beenden*
achopper	*über etwas stoplern*
acquérir	*erlangen, erreichen*
agencer	*einrichten, anordnen*
agencer les idées-force	*die Leitideen in die richtige Reihenfolge einordnen*

aider	*helfen +D*
ajouter	*hinzufügen*
alléger	*senken, vermindern, erleichter, leichter machen*
aller à la ligne	*eine neue Zeile anfangen*
aller au fait	*zur Sache kommen*
aller du général au particulier	*vom Allgemeinen ins besondere gehen*
améliorer	*verbessern*
analyser	*analysieren*
annexer	*anhängen*
apparaître	*erscheinen*
apporter	*bringen*
apporter des corrections	*Korrekturen vornehmen*
apporter des corrections majeures	*größere Korrekturen vornehmen*
apporter des corrections mineures	*kleinere Korrekturen vornehmen*
argumenter	*Argumente, Gründe anführen*
articuler	*Ausdrücken, äußern, formulieren*
assigner	*berufen, bestimmen*
attirer l'attention du lecteur	*die Aufmerksamkeit des Lesers auf sich ziehen*
augmenter	*erhöhen*
authentifier	*beglaubigen*
avertir	*Bescheid sagen*
aviser	*ankündigen, in Kenntnis setzen*
avoir recours à	*in Anspruch nehmen, anwenden*
cerner le problème	*das Problem einschätzen- umreißen*
changer	*wechseln*
choisir	*aus-wählen*
cibler	*auf jn-etw abzielen, ausrichten*
citer	*zitieren*
clarifier	*klären*
commenter	*kommentieren*
comparer	*vergleichen*
compléter	*vervollständigen*
comprendre	*verstehen (a, a)*
concéder	*einräumen, hinnehmen*
conceptualiser	*in Begriffe fassen, als Konzept erstellen*
concevoir	*entwerfen, konzipieren*
conclure	*abschließen, zu Ende bringen*

confondre	*verwechseln*
conformément à	*gemäß, laut, nach +D*
conjecturer	*mutmaßen, erahnen*
consacrer	*widmen*
consulter	*konsultieren, nachschlagen*
contenir	*enthalten*
contraindre	*zwingen*
contre-argumenter	*gegen argumentieren*
convaincre	*überzeugen*
correspondre à	*entsprechen +D*
corriger	*berichtigen, richtig stellen*
critiquer	*kritisieren*
croître	*steigen, wachsen*
d'emblée	*gleich am Anfang*
dans un premier temps	*zunächst*
découper	*zerteilen*
décroître	*abnehmen*
déduire	*ableiten*
définir	*definieren, festlegen*
délimiter	*eingrenzen, einrahmen*
demander	*fragen, bitten*
démontrer	*beweisen*
dépasser	*überschreiten*
dépendre de	*abhängen von +D*
dessiner	*zeichnen*
détailler	*im Einzelnen erklären*
déterminer	*bestimmen*
développer	*entwickeln*
dévier de son propos	*vom Thema abkommen*
diffuser	*verteilen, ausstrahlen*
diminuer	*ver-mindern, verkleinern*
discerner	*erkennen, wahrnehmen, durchschauen*
disposer de	*verfügen über +A*
diviser	*unterteilen, teilen*
documenter	*dokumentieren*
donner une référence	*eine Quelle angeben*
écrire	*schreiben*
éditer	*herausgeben*
effectuer une recherche	*eine Suche starten*

élaborer	*ausarbeiten*
émailler	*ausschmücken*
émettre des idées	*Ideen äußern, vorbringen*
émettre un avis favorable	*freigeben, zustimmende Beurteilung erteilen*
en second lieu	*an zweiter Stelle*
enchaîner	*aneinander reihen*
enquêter	*ermitteln, herausfinden (a, u)*
enrichir	*anreichern*
entrer dans les détails	*ins Detail gehen (i, a)*
énumérer	*aufzählen*
équilibrer	*ausgleichen*
étayer son propos d'exemples	*seine Äußerungen durch Beispiele untermauern, untermalen*
étayer un point précis	*einen Punkt untermauern*
être en panne d'inspiration	*an Inspiration fehlen*
étudier	*studieren*
évaluer	*einschätzen, bewerten*
éviter	*umgehen, verhindern*
évoluer	*sich entwickeln*
excéder	*übersteigen*
expertiser	*begutachten*
expliquer	*erklären*
exposer	*darlegen*
exprimer	*ausdrücken*
exprimer sa pensée sur le papier	*seine Gedanken zu Papier bringen*
extraire les idées principales	*die Hauptideen herausstellen*
faciliter	*erleichtern*
faire allusion à	*anspielen auf +A*
faire autorité	*als maßgebend gelten (a, o)*
faire circuler l'information	*die Information weitergeben*
faire la lecture à haute voix	*laut vorlesen*
faire part de	*jm etwas mitteilen*
faire référence	*sich beziehen auf +A*
faire ressortir les grandes idées	*die guten Ideen hervorheben*
fixer l'attention	*die Aufmerksamkeit ziehen auf +A*
formuler	*formulieren*
fournir	*liefern*
gêner la lecture	*die Lektüre behindern, beeinträchtigen*

généraliser	*verallgemeinern*
illustrer	*erläutern, veranschaulichen*
illustrer son propos	*seine Äußerung veranschaulichen, erläutern*
imposer	*durchsetzen, aufdrängen*
inclure	*einschließen (o, o)*
indiquer	*anzeigen, zeigen*
induire	*induzieren, irreführen*
informer	*informieren*
insérer une note de bas de page	*eine Fußnote einfügen*
insister sur	*Nachdruck legen auf +A, insistieren*
intégrer	*integrieren, aufnehmen (a, o), aufgenommen werden*
interpréter	*interpretieren, auslegen*
interroger	*befragen*
introduire	*einleiten*
isoler les mots-clefs	*die Schlüsselwörter heraustrennen*
juger	*be-urteilen*
justifier	*rechtfertigen*
laisser une trace	*Spuren hinterlassen (ie, a)*
le cas échéant	*gegebenenfalls*
limiter	*begrenzen*
lire	*lesen (a, e)*
livrer	*liefern, bringen (a, a)*
maîtriser	*beherrschen*
marquer	*markieren, kennzeichnen*
mettre à jour	*updaten, auf den neuesten Stand bringen (a, a)*
mettre au jour	*zu Tage fördern, ans Tageslicht bringen (a, a)*
mettre en avant	*hervorheben (o, o)*
mettre en contexte	*In den Zusammenhang stellen, bringen (a, a)*
mettre en évidence	*nachweisen, sichtbar machen*
mettre en forme	*Form geben (a, e)*
mettre en garde	*warnen*
mettre en gras	*fett schreiben (ie, ie)*
mettre en italique	*kursiv schreiben (ie, ie)*
mettre en page	*Seite einrichten*

mettre en relief	*betonen, hervorheben (o, o)*
mettre en situation	*in die Praxis umsetzen*
mettre en valeur	*hervorheben, zur Geltung bringen (a, a)*
mettre entre crochets	*in Anführungszeichen setzen*
mettre entre parenthèses	*in Klammern setzen*
mettre le doigt sur	*den Kern der Sache treffen (o, o)*
mettre le doigt sur des lacunes	*Lücken aufzeigen*
modifier	*ändern*
montrer	*zeigen*
motiver	*motivieren*
multiplier	*vervielfältigen, multiplizieren*
noter	*notieren, festhalten (ie, a)*
numéroter	*numerieren*
obtenir	*erhalten (ie, a)*
offrir	*anbieten (o, o), bieten (o, o)*
opposer un argument	*gegen ein Argument halten (ie, a)*
optimiser	*optimieren*
ordonner	*ordnen*
organiser	*organisieren*
organiser ses idées de manière logique	*seine Gedanken, Ideen logisch ordnen*
parachever	*abschließen (o, o), beenden, fertig stellen*
persuader	*überzeugen*
planifier	*planen*
porter une affaire devant la justice	*eine Angelegenheit vor Gericht bringen (a, a)*
poser le problème	*das Problem darlegen*
poser les bases	*das Fundament legen*
conclure	*eine Schlussfolgerung ziehen (o, o), ableiten*
préciser	*klarstellen, präzisieren*
préférer	*vorziehen (o, o)*
prendre des notes	*notieren*
prendre position	*Position beziehen (o, o)*
préparer un plan détaillé	*einen genauen Plan vorbereiten, aufstellen*
présenter	*präsentieren, vorstellen*
prétendre à l'exhaustivité	*Vollständigkeit beanspruchen*
prévoir	*vorsehen (a, e), vorhersehen (a, e), einplanen*

privilégier la concision	*die Prägnanz bevorzugen, der Prägnanz den Vorzug geben*
produire	*produzieren, anfertigen, machen*
programmer	*programmieren, planen*
progresser	*Fortschritte machen, vorankommen (a, o)*
projeter	*planen, vorhaben*
proposer	*vorschlagen (u, a)*
proposer une autre interprétation	*eine andere Interpretation vorschlagen (u, a)*
prouver	*beweisen (ie, ie)*
publier	*veröffentlichen*
qualifier	*qualifizieren, einstufen, bewerten*
questionner	*befragen*
récapituler	*rekapitulieren, zusammenfassen*
rechercher	*suchen, nachforschen*
récolter	*ernten, einheimsen, abbekommen (a, o)*
recommander	*empfehlen (a, o)*
recourir	*zurückgreifen auf +A (ie, ie), in Anspruch nehmen (a, o)*
rédiger	*verfassen*
refuser	*ablehnen*
relire	*Korrektur lesen (a, e)*
relire à voix basse	*leise lesen (a, e)*
remarquer	*bemerken*
remercier	*danken +D*
remplacer	*ersetzen*
répartir	*aufteilen, aufschlüsseln*
repérer	*finden (a, u), ausmachen, bemerken*
répéter	*wiederholen*
répondre	*antworten*
réserver	*reservieren, vorbehalten (ie, a)*
résoudre	*lösen*
respecter	*respektieren*
respecter des échéances	*eine Frist einhalten (ie, a)*
restreindre	*einschränken*
résulter de	*hervorgehen aus +D (i, a), ergeben (a, e)*
résumer	*zusammenfassen*
retoucher	*retuschieren, überarbeiten, verbessern*
revoir	*durchsehen (a, e), kontrollieren*
s'ajouter	*hinzukommen (a, o)*

s'attaquer à une partie	*einen Teil in Angriff nehmen (a, o)*
s'étaler	*sich ausbreiten, sich auslassen (ie, a)*
s'inspirer	*sich inspirieren, anregen lassen (ie, a)*
s'interroger	*sich fragen, hinterfragen*
sacrifier un paragraphe	*einen Absatz opfern*
se baser sur différentes sources	*auf verschiedenen Quellen basieren*
se confronter à	*sich mit etwas konfrontieren*
se documenter	*recherchieren*
se fixer des échéances	*sich eine Frist setzen*
se lancer dans l'écriture	*sich ans Schreiben wagen, sich ins Schreiben stürzen*
se lancer dans la rédaction	*sich an die Ausarbeitung wagen*
se référer à	*sich beziehen auf (o, o)*
se repérer	*sich zurechtfinden (a, u)*
se trouver confronté à	*sich… gegenüber sehen (a, e)*
se trouver hors-sujet	*am Thema vorbei…*
sélectionner	*auswählen*
séparer	*trennen*
siéger	*sitzen (a, e), seinen Sitz haben*
signaler	*anzeigen*
signifier	*bedeuten*
simplifier	*vereinfachen*
simplifier des phrases complexes	*komplizierte Sätze vereinfachen*
situer	*einordnen, ansiedeln*
soigner	*sorgfältig behandeln, pflegen (o, o)*
soigner les transitions	*auf die Übergänge, Überleitungen achten*
souligner	*unterstreichen (i, i)*
soumettre	*unterbreiten*
structurer	*strukturieren*
subdiviser	*unterteilen*
suffire	*reichen*
suivre les méandres de la pensée	*den verschlungenen Gedankenpfaden nachgehen (i, a)*
supposer	*annehmen (a, o)*
surligner	*mit Leuchtstift markieren, anstreichen (i, i)*
susciter	*verursachen, auslösen*
susciter l'intérêt du lecteur	*das Leserinteresse wecken*

synthétiser	*zusammenfassen, synthetisieren*
témoigner	*zeugen von, ausdrücken, bekunden*
tenir compte de	*berücksichtigen*
terminer	*beenden, zu Ende bringen-gehen (a, a) (i, a)*
tester	*testen, probieren*
toucher un public	*ein Publikum ansprechen (a, o)*
tout d'abord	*zunächst*
traduire un passage-clef	*eine Schlüsselpassage, einen Schlüsselabsatz übersetzen*
traiter de cas concrets	*einen konkreten Fall behandeln*
traiter un thème	*ein Thema behandeln*
transmettre	*übergeben (a, e), übertragen (u, a), vermitteln*
user	*verbrauchen, abnutzen*
utiliser	*benutzen, nutzen*
utiliser des abréviations	*Abkürzungen benutzen*
valider	*bestätigen, anerkennen (a, a), für gültig erklären*
véhiculer une idée	*eine Idee, einen Gedanken vermitteln*
veiller à	*achten auf +A*
vérifier des références	*Referenzen überprüfen*
viser à	*abzielen auf*
viser un rayonnement international	*internationalen Einfluss anstreben*

4.4. Communiquer électroniquement ***Virtuelle Kommunikation***

Les noms de A à Z

acteurs (les)	*Akteur (m, s, e)*
actualisation (l')	*Aktualisierung (w, –, en)*
adaptation (l')	*Anpassung (w, –, en), Umrüstung (w, –, en), Adaptation (w, –, en)*
affichage (l')	*Ansicht (w, –, n), Anzeige (w, –, n), Display (n, s, s)*
animation (l')	*Animation (w, –, en)*
annexe (l')	*Anhang (m, es, ¨-e)*
annotation (l')	*Anmerkung (w, –, en)*

augmentation (l')	*Erhöhung (w, –, en)*
automatisation (l')	*Automatisierung (w, –, en)*
avantages (les)	*Nutzen (m, s)*
baisse (la)	*Senkung (w, –, en)*
balisage (le)	*Markierung (w, –, en)*
barre de navigation (la)	*Toolbar (w, –, s), Navigationsbar (w, –, s)*
besoin (le)	*Bedarf (m, s), Erfordernis (n, ses, se), Notwendigkeit (w, –, en)*
code (le)	*Code (m, s, s)*
code d'accès (le)	*Zugangscode (m, s, s)*
complémentarité (la)	*Komplementarität (w, –, en)*
conception (la)	*Konzeption (w, –, en), Entwurf (m, es, ¨-e)*
connexion (la)	*Verbindung (w, –, en), Anschluss (m, es, ¨-e)*
consultation (la)	*Konsultation (w, –, en), Beratung (w, –, en)*
copie (la)	*Kopie (w, –, en), Anlage (w, –, en)*
boîte de réception (la)	*Posteingang (m, es, ¨-e)*
critère (le)	*Kriterium (n, s, ien)*
démocratisation (la)	*Demokratisierung (w, –, en)*
diminution (la)	*Verkleinerung (w, –, en), Senkung (w, –, en), Abnahme (w, –, n), Rückgang (m, es, ¨-e)*
disposition (la)	*Disposition (w, –, en), Bestimmung (w, –, en), Verfügung (w, –, en)*
diversification (la)	*Diversifizierung (w, –, en), Fächerung (w, –, en)*
écran (l')	*Bildschirm (m, es, e), Display (n, s, s)*
enjeu (l')	*Herausforderung (w, –, en), Problem (n, s, e), Frage (w, –, n)*
environnement (l')	*Umgebung (w, –, en), Umfeld (n, es, er), Umwelt (w, –, en)*
équipement (l')	*Ausrüstung (w, –, en)*
ère (l')	*Zeitalter (n, s, –), Ära (w, –, en)*
ergonomie (l')	*Ergonomie (w, –, n)*
exploitation (l')	*Ausnutzung (w, –, en), Auswertung (w, –, en)*
fenêtre (la)	*Fenster (n, s, –)*
fonction (la)	*Funktion (w, –, en)*
fond (le)	*Hintergrund (m, es, ¨-e), Inhalt (m, es, e), Fond (m, s, s)*
formule (la)	*Formel (w, –, n), Menü (n, s, s), Methode (w, –, n)*

graphique (le)	*Grafik (w, –, en), Vorlage (w, –, n)*
hausse (la)	*Erhöhung (w, –, en), Steigerung (w, –, en)*
impression (l')	*Druck (m, s, e), Eindruck (m, s, ¨-e)*
inconvénients (les)	*Nachteil (m, s, e)*
informatisation (l')	*Informatisierung (w, –, en), Computerisierung (w, –, en)*
insertion (l')	*Einfügung (w, –, en)*
interactivité (l')	*Interaktivität (w, –, en)*
internaute (l')	*Internetsurfer (m, s, –), Internetnutzer (m, s, –)*
langage (le)	*Sprache (w, –, n)*
licence (la)	*Lizenz (w, –, en)*
lien (le)	*Verbindung (w, –, en)*
liste de discussion (la)	*Gesprächsliste (w, –, n), Themenliste (w, –, n)*
matériel (le)	*Material (n, s, ien)*
médiation (la)	*Mediation (w, –, en)*
mémoire (la)	*Speicher (m, s, –)*
migration (la)	*Migration (w, –, en), Umstellung (w, –, en)*
mode de production (le)	*Produktionsweise (w, –, en)*
mot de passe (le)	*Passwort (n, es, ¨-er)*
moteur de recherche (le)	*Suchmaschine (w, –, en)*
moyen (le)	*Mittel (n, s, –)*
multimédia (le)	*Multimedia (n, s, ien)*
mutation (la)	*Mutation (w, –, en), Wechsel (m, s, –)*
navigateur (le)	*Browser (m, s, –)*
navigation (la)	*Navigation (w, –, en), Browsen (n, s)*
numérique (le)	*Digitaltechnik (w, –, en)*
optimisation (l')	*Optimierung (w, –, en)*
page d'accueil (la)	*Homepage (w, –, s), Startseite (w, –, n)*
périodique (le)	*Zeitschrift (w, –, en)*
phénomène (le)	*Phänomen (n, s, e)*
plate-forme (la)	*Plattform (w, –, en)*
présentation (la)	*Präsentation (w, –, en), Vorstellung (w, –, en)*
profil de recherche (le)	*Suchkriterium (n, s, ien)*
public (le)	*Publikum (n, s)*
publication (la)	*Veröffentlichung (w, –, en)*
rapidité (la)	*Schnelligkeit (w, –, en)*

reconfiguration (la)	*Neukonfiguration, Neukonfigurierung (w, –, en)*
redéfinition (la)	*Neudefinition (w, –, en)*
redistribution (la)	*Neu-, Umverteilung (w, –, en)*
réforme (la)	*Reform (w, –, en)*
regroupement (le)	*Zusammenschluss (m, es, ¨-e)*
repérage (le)	*Sichtung (w, –, n), Ausfindigmachen (n, s, –)*
restriction (la)	*Einschränkung (w, –, en)*
résumé (le)	*Zusammenfassung (w, –, en)*
revue (la)	*Zeitschrift (w, –, en)*
rôle (le)	*Rolle (e, –, n)*
signe (le)	*Zeichen (n, s, –)*
site (le)	*Website (w, –, s), Internetseite (w, –, n)*
table des matières (la)	*Inhaltsverzeichnis (n, ses, se)*
téléchargement (le)	*Download (m, s, s), Herunterladen (n, s)*
texte linéaire (le)	*fortlaufender Text (m, es, e)*
traitement (le)	*Bearbeitung (w, –, en)*
typographie (la)	*Typografie (w, –, n), Druck (m, s, e)*
unité d'information (l')	*Informationseinheit (w, –, en)*
usager (l')	*Anwender (m, s, –)*
utilisateur (l')	*Nutzer (m, s, –)*
utilisation (l')	*Gebrauch (m, s, –), Nutzung (w, –, en)*
vecteur (le)	*Vektor (m, s, en), Träger (m, s, –)*
version (la)	*Version (w, –, en), Fassung (w, –, en)*
vidéoconférence (la)	*Videokonferenz (w, –, en)*
virtuel (le)	*virtuelle Welt (w, –, en)*

ANNEXES

ANHANG

1. LE LEXIQUE DE LA SOCIALISATION *WORTSCHATZ ZUM GESELLSCHAFTLICHEN UMGANG*

bonjour	*Guten Morgen, Guten Tag, Hallo, Servus (Ö, SD), Grüezi (CH), Grüss Gott (Ö, SD) -*	*'Guten Morgen' s'emploie généralement jusqu'à 10 heures voire 11 heures selon la saison, 'Hallo' est employé quand on arrive quelque part*
au revoir	*Auf Wiedersehen, auf Wiederschauen (SD, Ö), Auf Wiederhören*	*'auf Wiederhören' s'emploie par téléphone*
salut	*Hallo, Servus (Ö), Grüezi (CH), Tschüss, Tschö (WD)*	*'Hallo' est employé quand on arrive quelque part ; 'Tschüss' quand on s'en va ; 'Tschö' employé principalement en Rhénanie (Allemagne de l'Ouest)*
à bientôt	*bis bald*	
bonsoir	*Guten Abend, Hallo*	
bonne nuit	*Gute Nacht*	
à plus tard	*bis später*	
à demain	*bis morgen*	
bonne journée	*schönen Tag noch*	
bonne année	*Gutes neues Jahr*	
bonne santée	*Bleiben Sie gesund*	
meilleurs voeux	*Herzlichen Glückwunsch*	
à tes, vos souhaits	*Gesundheit*	
excusez-moi	*Entschuldigung*	
veuillez m'excuser	*Entschuldigen Sie mich*	
à ce soir	*Bis heute Abend*	
à tout à l'heure	*Bis gleich*	
de rien	*Gern(e)*	
merci	*danke*	
merci beaucoup	*Vielen Dank*	
je te remercie	*Ich danke dir*	
je vous remercie	*Ich danke Ihnen*	
je t'en prie	*Bitte sehr !, Gern geschehen*	
je vous en prie	*Bitte sehr !, Gern geschehen*	

il n'y a pas de quoi	*Keine Ursache*	
salut à toi	*Grüß dich*	
salut à vous	*(ich) grüße Sie*	
il ne fallait pas	*Das war doch nicht nötig*	
j'insiste	*Ich bestehe darauf*	
prenez place	*Setzen Sie sich*	
est-ce que cette place est libre ?	*Ist dieser Platz frei ?*	
venez, je vous débarrasse	*Kommen Sie, ich nehme Ihnen das ab*	
mettez-vous à l'aise	*Machen Sie es sich bequem*	
pardonnez-moi	*Verzeihen Sie ! (formel) Entschuldigen Sie !*	
pardonnez mon retard	*Entschuldigen Sie meine Verspätung*	
bon voyage	*Gute Reise !*	
bonne route	*Gute Fahrt !*	
meilleures salutations	*Mit freundlichen Grüßen*	
cordialement	*herzlich*	
bien cordialement	*Mit herzlichen Grüßen*	
sincères salutations	*Mit besten Grüßen*	
salutations distinguées	*Mit freundlichen, besten Grüßen*	*Les formules de politesse à la fin d'une lettre sont beaucoup moins nombreuses dans les pays de langue allemande.*
sincères remerciements	*Aufrichtigen Dank*	
profitez-en bien !	*Genießen Sie es !*	
reviens vite !	*Komm bald zurück !*	
bonjour à Charles	*Grüße an Charles*	
transmettez-lui mes salutations	*Grüßen Sie sie, ihn von mir !*	
bon appétit	*Guten Appetit, Mahlzeit*	
levons nos verres	*Wir wollen unser Glas heben !*	
à ta santé	*Auf Dich !*	
à votre santé	*Zum Wohl !*	
tchin	*Prost !*	
merci encore une fois	*danke nochmals*	
merci d'avance	*Danke im Voraus*	

bienvenue à toi	*(Herzlich) willkommen*	
soyez les bienvenus	*ich heiße Sie, Euch willkommen*	
sois la bienvenue	*ich heiße Dich willkommen*	
(c'est) d'accord	*abgemacht*	
Entendu !	*alles klar !*	
Pas de problèmes.	*das ist nicht schlimm.*	
Ca ne fait rien.	*(das) macht nichts.*	
Ce n'est pas grave.	*das ist nicht schlimm.*	.
Allô ?	*Schröder*	*En Allemagne, les personnes qui décrochent le téléphone s'annoncent avant de parler.*
C'est à quel sujet ?	*Worum geht es ?*	
Et vous êtes Madame… ?	*Sie sind Frau… ?*	
Je parle à Monsieur… ?	*Spreche ich mit Herrn… ?*	
A qui dois-je m'adresser ?	*An wen muss ich mich wenden ?*	
bon rétablissement	*Gute Besserung*	
repose-toi bien	*Erhol dich gut !*	
reposez-vous bien	*Erholen Sie sich gut !*	

2. LES ACRONYMES ET ABRÉVIATIONS *ABKÜRZUNGEN*

B.P.	Boîte Postale	*Post (schließ) fach*
c.-à-d.	c'est-à-dire	*das heißt*
cf.	confer	*vergleiche*
Cie	compagnie	*Gesellschaft*
cpt	comptant	*bar*
C.Q.F.D.	ce qu'il fallait démontrer	*was zu beweisen war*
dest.	destinataire	*Empfänger*
exp.	expéditeur	*Absender*
etc.	et cetera	*und so weiter*
env.	environ	*zirka, gegen*
id.	idem	*desgleichen*
M.	Monsieur	*Herr ; Herrn*
Mme.	Madame	*Frau*
Mlle.	Mademoiselle	*Fräulein*
MM.	Messieurs	*Herren*
N.B.	Nota Bene	*merke*
N.d.T.	Note du Traducteur	*Anmerkung des Übersetzers*
N.F.	Norme Française	*französische Norm*
U.E.	(l') Union Européenne	*Europäische Union*
N. Réf.	notre référence	*unser Zeichen*
P.D.G.	Président Directeur Général	*Generaldirektor*
p. ex.	par exemple	*zum Beispiel*
p.j.	pièce jointe	*Anlage*
P.V.	procès verbal	*Protokoll*
R.A.S.	rien à signaler	*keine besonderen Vorkommnisse*
R.C.	Registre du Commerce	*Handelsregister*
R.S.V.P.	répondez s'il vous plaît	*um Antwort wird gebeten*
S.A.	société anonyme	*Aktiengesellschaft*
S.a.r.l.	société à responsabilité limitée	*GmbH*
S.M.I.C.	salaire minimum interprofessionnel de croissance	*allgemeiner garantierter Mindestlohn*
S.A.S.	société par actions simplifiées	*Kapitalgesellschaft in vereinfachter Form*
Sté	société	*Gesellschaft*
s.v.p.	s'il vous plaît	*bitte*
T.V.	télévision	*Fernsehen*

TVA	taxe sur la valeur ajoutée	*Mehrwertsteuer*
P.M.E.	petites et moyennes entreprises	*KMU*
Afnor.	association française de normalisation	*Französischer Normenverband*
R.F.	République Française	*Französische Republik*
SNCF	Société Nationale des Chemins de Fer	*Französische Eisenbahngesellschaft, entspricht in etwa der DB*
RATP	Régie Autonome des Transports Parisiens	*Pariser Verkehrsbetrieb*
O.P.A.	Offre Publique d'Achat	*Übernahmeangebot (feindlich)*
J.O.	Journal Officiel, Jeux Olympiques	*Olympische Spiele*
I.N.S.E.E.	Institut National des Statistiques et des Etudes Economiques	*Zu vergleichen mit dem Statistischen Bundesamt*
I.U.T.	Institut Universitaire de Technologie	*Fachhochschule*
H.E.C.	Hautes Etudes Commerciales	*Frz. Wirtschaftsstudium ???*
CNRS	Centre National de la Recherche Scientifique	*Nationales Forschungsinstitut*
A.F.P.	Agence France Presse	*Französische Presseagentur, in etwa wie dpa*
S.O.F.R.E.S.	Société Française d'Enquêtes par Sondage	*Französische Meinungsumfragegesellschaft*

3. LES NOMS DE PAYS *LÄNDERNAMEN*

Afghanistan	*Afghanistan*
Afrique du Sud	*Südafrika*
Åland, Îles	*Åland*
Albanie	*Albanien*
Algérie	*Algerien*
Allemagne	*Deutschland*
Andorre	*Andorra*
Angola	*Angola*
Anguilla	*Anguilla*
Antarctique	*Antarktika (Sonderstatus Durch Antarktis-Vertrag)*
Antigua-et-Barbuda	*Antigua Und Barbuda*
Arabie saoudite	*Saudi-Arabien*
Argentine	*Argentinien*
Arménie	*Armenien*
Aruba	*Aruba*
Australie	*Australien*
Autriche	*Österreich*
Azerbaïdjan	*Aserbaidschan*
Bahamas	*Bahamas*
Bahreïn	*Bahrain*
Bangladesh	*Bangladesch*
Barbade	*Barbados*
Bélarus	*Belarus (Weissrussland)*
Belgique	*Belgien*
Belize	*Belize*
Bénin	*Benin*
Bermudes	*Bermuda*
Bhoutan	*Bhutan*
Bolivie, l'État plurinational de	*Bolivien*
Bonaire, Saint-Eustache et Saba	*Bonaire, Sint Eustatius Und Saba (Niederlande)*
Bosnie-Herzégovine	*Bosnien – Herzegowina*
Botswana	*Botswana*
Bouvet, Île	*Bouvetinsel*
Brésil	*Brasilien*

Brunei Darussalam	*Brunei Darussalam*
Bulgarie	*Bulgarien*
Burkina Faso	*Burkina Faso*
Burundi	*Burundi*
Caïmans, Îles	*Kaimaninseln*
Cambodge	*Kambodscha*
Cameroun	*Kamerun*
Canada	*Kanada*
Cap-Vert	*Kapverdische Inseln, Kapverden*
Centrafricaine, République	*Zentralafrikanische Republik*
Chili	*Chile*
Chine	*China, Volksrepublik*
Christmas, Île	*Weihnachtsinsel*
Chypre	*Zypern*
Cocos (Keeling), Îles	*Kokosinseln*
Colombie	*Kolumbien*
Comores	*Komoren*
Congo	*Republik Kongo*
Congo, République démocratique du	*Kongo, Demokratische Republik (Ehem. Zaire)*
Cook, Îles	*Cookinseln*
Corée, République de	*Korea, Republik (Südkorea)*
Corée, République populaire démocratique de	*Korea, Demokratische Volksrepublik (Nordkorea)*
Costa Rica	*Costa Rica*
Côte D'Ivoire	*Côte D'Ivoire (Elfenbeinküste)*
Croatie	*Kroatien*
Cuba	*Kuba*
Curaçao	*Curaçao*
Danemark	*Dänemark*
Djibouti	*Dschibuti*
Dominicaine, République	*Dominikanische Republik*
Dominique	*Dominica*
Égypte	*Ägypten*
El Salvador	*El Salvador*
Émirats arabes unis	*Vereinigte Arabische Emirate*
Équateur	*Ecuador*
Érythrée	*Eritrea*
Espagne	*Spanien*

Estonie	*Estland*
États-Unis	*Vereinigte Staaten von Amerika*
Éthiopie	*Äthiopien*
Falkland, Îles (Malvinas)	*Falklandinseln*
Féroé, Îles	*Färöer-Inseln*
Fidji	*Fidschi-Inseln*
Finlande	*Finnland*
France	*Frankreich*
Gabon	*Gabun*
Gambie	*Gambia*
Géorgie	*Georgien*
Ghana	*Ghana*
Gibraltar	*Gibraltar*
Grèce	*Griechenland*
Grenade	*Grenada*
Groenland	*Grönland*
Guadeloupe	*Guadeloupe*
Guam	*Guam*
Guatemala	*Guatemala*
Guernesey	*Guernsey (Kanalinsel)*
Guinée	*Guinea*
Guinée Équatoriale	*Äquatorialguinea*
Guinée-Bissau	*Guinea-Bissau*
Guyana	*Guyana*
Guyane Française	*Französisch-Guayana*
Haïti	*Haiti*
Heard et Macdonald, Île	*Heard Und Mcdonaldinseln*
Honduras	*Honduras*
Hong Kong	*Hongkong*
Hongrie	*Ungarn*
Île de Man	*Insel Man*
Îles mineures éloignées des États-Unis	*United States Minor Outlying Islands*
Îles Vierges britanniques	*Britische Jungferninseln*
Îles Vierges des États-Unis	*Amerikanische Jungferninseln*
Inde	*Indien*
Indonésie	*Indonesien*
Iran, République islamique d'	*Iran, Islamische Republik*
Iraq	*Irak*
Irlande	*Irland*

Islande	*Island*
Israël	*Israel*
Italie	*Italien*
Jamaïque	*Jamaika*
Japon	*Japan*
Jersey	*Jersey (Kanalinsel)*
Jordanie	*Jordanien*
Kazakhstan	*Kasachstan*
Kenya	*Kenia*
Kirghizistan	*Kirgisistan*
Kiribati	*Kiribati*
Koweït	*Kuwait*
Laos, République démocratique populaire	*Laos, Demokratische Volksrepublik*
Lesotho	*Lesotho*
Lettonie	*Lettland*
Liban	*Libanon*
Libéria	*Liberia*
Libye	*Libysch-Arabische Dschamahirija (Libyen)*
Liechtenstein	*Liechtenstein*
Lituanie	*Litauen*
Luxembourg	*Luxemburg*
Macao	*Macao*
Macédoine, L'ex-République yougoslave de	*Mazedonien, Ehem. Jugoslawische Republik [2B]*
Madagascar	*Madagaskar*
Malaisie	*Malaysia*
Malawi	*Malawi*
Maldives	*Malediven*
Mali	*Mali*
Malte	*Malta*
Mariannes du Nord, Îles	*Nördliche Marianen*
Maroc	*Marokko*
Marshall, Îles	*Marshallinseln*
Martinique	*Martinique*
Maurice	*Mauritius*
Mauritanie	*Mauretanien*
Mayotte	*Mayotte*
Mexique	*Mexiko*
Micronésie, États fédérés de	*Mikronesien*

Moldova, République de	*Moldawien (Republik Moldau)*
Monaco	*Monaco*
Mongolie	*Mongolei*
Monténégro	*Montenegro*
Montserrat	*Montserrat*
Mozambique	*Mosambik*
Myanmar	*Myanmar (Burma)*
Namibie	*Namibia*
Nauru	*Nauru*
Népal	*Nepal*
Nicaragua	*Nicaragua*
Niger	*Niger*
Nigéria	*Nigeria*
Niué	*Niue*
Norfolk, Île	*Norfolkinsel*
Norvège	*Norwegen*
Nouvelle-Calédonie	*Neukaledonien*
Nouvelle-Zélande	*Neuseeland*
Océan Indien, Territoire britannique de l'	*Britisches Territorium Im Indischen Ozean*
Oman	*Oman*
Ouganda	*Uganda*
Ouzbékistan	*Usbekistan*
Pakistan	*Pakistan*
Palaos	*Palau*
Palestinien occupé, Territoire	*Palästinensische Autonomiegebiete*
Panama	*Panama*
Papouasie-Nouvelle-Guinée	*Papua-Neuguinea*
Paraguay	*Paraguay*
Pays-Bas	*Niederlande*
Pérou	*Peru*
Philippines	*Philippinen*
Pitcairn	*Pitcairninseln*
Pologne	*Polen*
Polynésie française	*Französisch-Polynesien*
Porto Rico	*Puerto Rico*
Portugal	*Portugal*
Qatar	*Katar*
Réunion	*Réunion*

Roumanie	*Rumänien*
Royaume-Uni	*Grossbritannien Und Nordirland*
Russie, Fédération de	*Russische Föderation*
Rwanda	*Ruanda*
Sahara Occidental	*Westsahara*
Saint-Barthélemy	*Saint-Barthélemy*
Sainte-Hélène, Ascension et Tristan Da Cunha	*St. Helena*
Sainte-Lucie	*St. Lucia*
Saint-Kitts-Et-Nevis	*St. Kitts Und Nevis*
Saint-Marin	*San Marino*
Saint-Martin (Partie Néerlandaise)	*Sint Maarten (Niederl. Teil)*
Saint-Martin (Partie Française)	*Saint-Martin (Franz. Teil)*
Saint-Pierre-et-Miquelon	*Saint-Pierre Und Miquelon*
Saint-Siège (État de la Cité du Vatican)	*Vatikanstadt*
Saint-Vincent-et-Les Grenadines	*St. Vincent Und Die Grenadinen*
Salomon, Îles	*Salomonen*
Samoa	*Samoa*
Samoa Américaines	*Amerikanisch-Samoa*
Sao Tomé-et-Principe	*São Tomé Und Príncipe*
Sénégal	*Senegal*
Serbie	*Serbien*
Seychelles	*Seychellen*
Sierra Leone	*Sierra Leone*
Singapour	*Singapur*
Slovaquie	*Slowakei*
Slovénie	*Slowenien*
Somalie	*Somalia*
Soudan	*Sudan*
Soudan du Sud	*Südsudan*
Sri Lanka	*Sri Lanka*
Suède	*Schweden*
Suisse	*Schweiz (die)*
Suriname	*Suriname*
Svalbard et Île Jan Mayen	*Svalbard Und Jan Mayen*
Swaziland	*Swasiland*
Syrienne, République arabe	*Syrien, Arabische Republik*
Tadjikistan	*Tadschikistan*
Taïwan, Province de Chine	*Republik China (Taiwan)*

Tanzanie, République-Unie de	*Tansania, Vereinigte Republik*
Tchad	*Tschad*
Tchèque, République	*Tschechische Republik*
Terres australes françaises	*Französische Süd- Und Antarktisgebiete*
Thaïlande	*Thailand*
Timor-Leste	*Osttimor*
Togo	*Togo*
Tokelau	*Tokelau*
Tonga	*Tonga*
Trinité-et-Tobago	*Trinidad Und Tobago*
Tunisie	*Tunesien*
Turkménistan	*Turkmenistan*
Turks-et-Caïcos, Îles	*Turks- Und Caicosinseln*
Turquie	*Türkei (die)*
Tuvalu	*Tuvalu*
Ukraine	*Ukraine (die)*
Uruguay	*Uruguay*
Vanuatu	*Vanuatu*
Venezuela, République bolivarienne du	*Venezuela*
Viet Nam	*Vietnam*
Wallis et Futuna	*Wallis Und Futuna*
Yémen	*Jemen*
Zambie	*Sambia*
Zimbabwe	*Simbabwe*

4. LES RÉGIONS FRANÇAISES ET LES LÄNDER ALLEMANDS *FRANZÖSISCHE REGIONEN UND DEUTSCHE LÄNDER*

Alsace (l')	*Elsass (das)*
Aquitaine (l')	*Aquitanien*
Bade-Wurtemberg (le)	*Baden-Württemberg*
Basse-Saxe (la)	*Niedersachsen*
Bavière (la)	*Bayern*
Berlin	*Berlin*
Bourgogne (la)	*Burgund*
Brandebourg (le)	*Brandenburg*
Brême	*Bremen*
Corse (la)	*Korsika*
Guyane (la)	*Französisch-Guyana*
Hambourg	*Hamburg*
Hesse (la)	*Hessen*
Lorraine (la)	*Lothringen*
Mecklembourg Poméranie Antérieure (le)	*Mecklenburg-Vorpommern*
Rhénanie du Nord Palatinat (la)	*Nordrhein-Westfalen*
Rhénanie-Palatinat (la)	*Rheinland-Pfalz*
Sarre (la)	*Saarland*
Saxe (la)	*Sachsen*
Saxe-Anhalt (la)	*Sachsen-Anhalt*
Schleswig-Holstein (le)	*Schleswig-Holstein*
Thuringe (la)	*Thüringen*

5. QUELQUES NOMS DE VILLES DANS L'ESPACE EUROPÉEN *EINIGE EUROPÄISCHE STÄDTE*

Aix-La-Chapelle	*Aachen*
Athènes	*Athen*
Bâle	*Basel*
Brême	*Bremen*
Brüssel	*Bruxelles*
Bucarest	*Bukarest*
Cologne	*Köln*
Copenhague	*Kopenhagen*
Dresde	*Dresden*
Francfort sur le Main	*Frankfurt am Main*
Genève	*Genf*
Hambourg	*Hamburg*
La Haye	*Den Haag*
Liège	*Lüttich*
Lisbonne	*Lissabon*
Londres	*London*
Luxembourg	*Luxemburg*
Moscou	*Moskau*
Munich	*München*
Nice	*Nizza*
Nuremberg	*Nürnberg*
Prague	*Prag*
Rome	*Rom*
Sarrebruck	*Saarbrücken*
Spire	*Speyer*
Strasbourg	*Straßburg*
Varsovie	*Warschau*
Vienne	*Wien*

6. LISTE DE QUELQUES LANGUES PARLÉES DANS LE MONDE *VERZEICHNIS EINIGER SPRACHEN DER WELT*

Afrikaans	*Afrikaans*
Albanais	*Albanisch*
Allemand	*Deutsch*
Anglais	*Englisch*
Basque	*Baskisch*
Biélorusse	*Belorussisch (Weissrussisch)*
Bosniaque	*Bosnisch*
Breton	*Bretonisch*
Bulgare	*Bulgarisch*
Catalan	*Katalanisch*
Chinois	*Chinesisch*
Comorian	*Komoro*
Coréen	*Koreanisch*
Corse	*Korsisch*
Croate	*Kroatisch*
Danois	*Dänisch*
Écossais	*Schottisch*
Espagnol	*Spanisch*
Estonien	*Estnisch*
Finnois	*Finnisch*
Flamand	*Flämisch (Vlaams)*
Français	*Französisch*
Frison	*Friesisch*
Galicien	*Galizisch*
Gallois	*Walisisch*
Géorgien	*Georgisch*
Grec	*Griechisch*
Hongrois	*Ungarisch*
Islandais	*Isländisch*
Italien	*Italienisch*
Japonais	*Japanisch*
Kurde	*Kurdisch*
Letton	*Lettisch*
Lituanien	*Litauisch*
Luxembourgeois	*Luxemburgisch*
Macédonien	*Mazedonisch*

Maltais	*Maltesisch*
Mandarin	*Mandarin*
Néerlandais	*Niederländisch*
Norvégien	*Norwegisch*
Occitan	*Okzitanisch*
Polonais	*Polnisch*
Portugais	*Portugiesisch*
Roumain	*Rumänisch*
Russe	*Russisch*
Serbe	*Serbisch*
Serbo-croate	*Serbokroatisch*
Slovaque	*Slowakisch*
Slovène	*Slowenisch*
Sorabe	*Sorbisch*
Suédois	*Schwedisch*
Tchèque	*Tschechisch*
Tibétain	*Tibetisch*
Turc	*Türkisch*
Ukrainien	*Ukrainisch*
Yue (Cantonais)	*Yue (Kantonesisch)*

DEUTCH-
FRANZÖSISCHES
BERUFSLEXIKON

PARTIE II

1. DIE BERUFLICHEN HANDLUNGSTRÄGER *LES ACTEURS DU MONDE PROFESSIONNEL*

1.1 Die Entscheidungsträger in Wirtschaft und Finanzwelt *Les décideurs dans les domaines économiques et financiers*

Les noms de A à Z

Abschreibung (w, –, en)	*amortissement (l')*
Abtretung (w, –, en)	*cession (la)*
Administrator (m, s, en)	*administrateur (l')*
Adressbuch (n, s,¨-er)	*carnet d'adresses (le)*
Agentur (w, –, en)	*agence (l')*
Akte (w, –, n)	*dossier (le)*
Aktionär (m, s, e)	*actionnaire (l')*
Aktionariat (n, s, e)	*actionnariat (l')*
Aktivist (m, en, en)	*activiste (l')*
Aktivität (w, –, en)	*activité (l')*
Angestellte (m, en, en)	*agent (l'), salarié, e (le, la)*
Anleihe (w, –, n)	*emprunt (l')*
Anmietung (w, –, en)	*location (la)*
Ansiedlung (w, –, en)	*implantation (l')*
Anstellungshilfe (w, –, n)	*aide à l'embauche (l')*
Anteil (m, s, e)	*part (la)*
Anwalt (m, es,¨-e)	*avocat (l')*
Arbeitgeber (m, s,-)	*employeur (l')*
Arbeitsbedingungen (w, –, en)	*cadre de travail (le)*
Arbeitsraum (m, s,¨-e)	*espace de travail (l')*
Arbitrageur (m, s, e)	*arbitragiste (l')*
Archiv (n, s, e)	*service des archives (le)*
Aufsichtsratmitglied (n, s, er)	*administrateur (l')*
Aufstellung (w, –, en)	*liste (la)*
Aufwertung (w, –, en)	*valorisation (la)*
Ausbildung (w, –, en)	*formation (la) initiale*
Ausgaben (w, –, en)	*dépenses (les)*
Ausgang (m, s,¨-e)	*sortie (la)*
Auslieferer (m, s,-)	*expéditeur (l')*

Ausrüstung (w, –, en)	*équipement (l')*
Ausschwärmen (n, s)	*essaimage (l')*
Austausch (m, es, e)	*échange (l')*
Bank (w, –, en)	*banque (la)*
Beamter -Beamtin	*fonctionnaire (le, la)*
Beauftragter (m, s, e)	*mandataire (le)*
Begleitung (w, –, en)	*accompagnement (l')*
Begünstigter (m, en, e)	*bénéficiaire (le)*
Beistand (m, es)	*assistance (l')*
Berater-in	*conseiller, ère (le, la)*
Bereitschaftsdienst (m, es, e)	*permanence (la)*
Berufserfahrung (w, –, en)	*expertise-métier (l')*
Beschlussfassung (w, –, en)	*prise de décision (la)*
Beteiligung (w, –, en)	*prise de participation (la)*
Beteiligung (w, –, en) (an einer Firma)	*actionnariat (l')*
Betrag (m, s,¨-e)	*montant (le)*
Betreiber (m, s,-)	*opérateur (l')*
Betreiber-in	*gérant, e (le, la)*
Betreuer	*curateur (le)*
Betreuung (w, –, en)	*suivi (le)*
Betriebsprüfer (m, s,-)	*auditeur (l')*
Betriebsprüfung (w, –, en)	*audit (l')*
Bewerbung (w, –, en)	*candidature (la)*
Bilanz (w, –, en)	*bilan (le)*
Börse (w, –, n)	*bourse (la)*
Börseneinführung (w, –, en)	*introduction en bourse (l')*
Börsenmakler (m, s,-)	*trader (le)*
Branche (w, –, n)	*branche (la), filière (la)*
Broker-in, Handelsmakler-in	*courtier, ière (le, la)*
Broschüre (w, –, n)	*brochure (la)*
Buchhalter (m, s,-)	*comptable (le)*
Buchhaltung (w, –, en)	*service comptabilité (le)*
Bündelung (w, –, en)	*mutualisation (la)*
Büro (n, s, s)	*bureau (le) (lieu de travail)*
Chef (m, s, s)	*chef (le)*
Chefin (w, –, en)	*chef (la)*
Darlehen (n, s,-)	*crédit (le)*
Devise (w, –, n)	*devise (la)*
Diagnose (w, –, n)	*diagnostic (le)*

Dienstleister (m, s,-)	*prestataire de services (le)*
Direktion (w, –, en)	*direction (la)*
Direktionssekretärin (w, –, nen)	*secsrétaire de direction (le, la)*
Direktor (m, s, en)	*directeur (le)*
Direktorin (w, –, en)	*directrice (la)*
Diversifizierung (w, –, en)	*diversification (la)*
Domizilierung (w, –, en)	*domiciliation (la)*
Drittel (n, s,-)	*tiers (le)*
Durchführung (w, –, en)	*mise en œuvre (la)*
Eigentümer-in	*propriétaire (le, la)*
Einkommenssteuer (w, –, n)	*impôt sur le revenu (l')*
Einnahmen (w, –, en)	*recettes (les)*
Einrichtung (w, –, en)	*structure (la)*
Einstellung (w, –, en)	*recrutement (le)*
Emergenz (w, –, en)	*émergence (l')*
Empfänger (m, s,-)	*destinataire (le, la)*
Entscheidung (w, –, en)	*décision (la)*
Entscheidungsträger (m, s,-)	*décideur (le)*
Entwicklung (w, –, en)	*développement (le)*
Erfahrung (w, –, en)	*expérience (l')*
Erfüllung (w, –, en)	*concrétisation (la)*
Erlangung (w, –, en)	*obtention (l')*
Erreichbarkeit (w, –, en)	*accessibilité (l')*
Erwerb (m, s, e)	*achat (l')*
Erwerber (m, s,-)	*acquéreur (l')*
Erzeuger (m, s,-)	*producteur (le)*
Fachberater-in	*consultant, e (le, la), expert, e (l')*
Fächerung (w, –, en)	*diversification (la)*
Fachmann (m, es,¨-er oder Fachleute)	*expert, e (l')*
Filiale (w, –, n)	*filiale (la)*
Finanzamt (n, es,¨-er)	*services fiscaux (les)*
Finanzanalytiker (m, s,-)	*analyste financier (l')*
Finanzbuchhalter (m, s,-)	*expert-comptable (l')*
Finanzier (m, s, s)	*financier (le)*
Finanzierung (w, –, en)	*financement (le)*
Firma (w, –, en)	*société (la)*
Firma (w, –, en) im Aufbau	*société en création (la)*
Fiskus (m)	*comptable de l'Etat (le)*
Flexibilität (w, –, en)	*flexibilité (la)*

Forschung (w, –, en)	*recherche (la)*
Freiberufliche Tätigkeit (w, –, en)	*profession libérale (la)*
Freiberuflicher Mitarbeiter (m, s,-), freiberufliche Mitarbeiterin (w, –, nen)	*travailleur, se non salarié, e (le, la)*
Freistellung (w, –, en)	*exonération (l')*
Führungskräfte (die)	*encadrement (l')*
Geistiges Eigentum (n, s,¨-er)	*propriété intellectuelle (la)*
Geldinstitut (n, es, e)	*banque (la)*
Geldverleiher (m, s,-)	*bailleur de fonds (le)*
Genehmigung (w, –, en)	*agrément (l')*
Gerichtsvollzieher (m, s,-)	*huissier (l')*
Geschäft (n, es, e)	*commerce (le)*
Geschäftsanwalt (m, es,¨-e)	*avocat d'affaires (l')*
Geschäftsführer-in	*gérant, e (le, la)*
Geschäftsimmobilien (w, –, n)	*immobilier d'entreprise (l')*
Geschäftsplan (m, s,¨-e)	*plan d'affaires (le)*
Gesellschaft (w, –, en)	*société (la)*
Gesellschaft bürgerlichen Rechts (w, –, en) (GbR)	*société civile (la)*
Gesellschaftssteuer (w, –, n)	*impôt sur les sociétés (l')*
Gewerbliches Eigentum (n, s,¨-er)	*propriété industrielle (la)*
Gläubiger-in	*créancier, ière (le, la)*
Gründerzentrum (n, s, en)	*pépinière d'entreprises (la)*
Gutachten (n, s,-)	*expertise (l')*
Handel (m, s)	*commerce (le)*
Handelsvertreter (m, s,-)	*agent commercial (l')*
Händler-in (m, s,-) (w, –, nen)	*commerçant, e (le, la)*
Handlungsrahmen (m, s,-)	*feuille de route (la)*
Handwerker (m, s,-)	*artisan (l')*
Handwerkskammer (w, –, n)	*chambre des metiers (la)*
Harmonisierung (w, –, en)	*harmonisation (l')*
Hersteller (m, s,-)	*producteur (le)*
Hilfe (w, –, n)	*aide (l')*
Inangriffnahme (w, –, n),	*mise en route (la)*
Inbetreibnahme (w,-n)	*mise en marche (la)*
Indossant (m, en, en)	*cédant (le)*
Infrastruktur (w, –, en)	*infrastructure (l')*
Insolvenzkammer (w, –, n)	*chambre des procédures collectives (la)*
Insolvenzverwalter (m, s,-)	*liquidateur judiciaire (le), mandataire judiciaire (le)*

Internationalisierung (w, –, en)	*internationalisation (l')*
Investment-Fond (m, s, s)	*fonds d'investissement (le)*
Investor (m, s, en)	*investisseur, se (l')*
Jurist-in	*juriste (le, la)*
Juristische Person (w, –, en)	*personne morale (la)*
Kämmerer-Kämmerin (w, –, nen)	*trésorier, ière (le, la)*
Kanzlei (w, –, en)	*cabinet (le) (d'avocats)*
Kapital (n, s)	*capital (le)*
Kartellamt (n, es,¨-er)	*autorité de la concurrence (l')*
Katalog (m, s, e)	*catalogue (le)*
Katalysator (m, s, en)	*catalyseur (le)*
Kauf (m, s,¨-e)	*achat (l')*
Käufer (m, s,-)	*acquéreur (l')*
Kommanditist (m, en, en)	*commanditaire (le)*
Kommissianär (m, s, e)	*commissionnaire (le)*
Kompetenzzentrum (n, s, en)	*centre d'excellence (le), pôle de compétences (le)*
Konsolidierung (w, –, en)	*consolidation (la)*
Konzern (m, s, e)	*groupe (le)*
Koordinator-in	*coordinateur, trice (le, la)*
Körperschaftssteuer (w, –, n)	*impôt sur les sociétés (l')*
Kredit (m, s,-)	*crédit (le)*
Kreditnehmer (m, s,-)	*emprunteur (l')*
Kulanz (w, –, en)	*souplesse (la)*
Kursangabe (w, –, n)	*quotation (la)*
Label (n, s, s)	*label (le)*
Lagerarbeiter-in	*manutentionnaire (le, la)*
Lagerverwalter (m, s,-)	*magasinier (le)*
Landwirtschaftskammer (w, –, n)	*chambre d'agriculture (la)*
Lastenheft (n, es, e)	*cahier des charges (le)*
Leasing (n, s, s)	*credit-bail (le)*
Leiter (m, s,-)	*chef (le), directeur (le)*
Leiterin (w, –, en)	*directrice (la), responsable (la)*
Leitung (w, –, en)	*direction (la)*
Liste (w,-n)	*liste (la)*
Lizenz (w, –, en)	*licence (la)*
Logistik (w, –, en)	*logistique (la)*
Management (n, s, s)	*gestion (la)*
Manager-in	*dirigeant, e (le, la)*

Markt (m, es,¨-e)	*marché (le)*
Marktuntersuchung (w, –, en)	*étude de marché (l')*
Mäzen (m, s, e)	*mécène (le)*
Mehrwert (m, es, e)	*plus-value (la)*
Messe (w, –, n)	*salon (le)*
Mikrokredit (m, es, e)	*micro-crédit (le)*
Mitgeschäftsführer-in (m, s,-) (w, –, nen)	*co-gérant, e (le, la)*
Mittel (n, s,-), Maßnahme (w, –, en)	*dispositif (le)*
Mittelsmann (m, es,¨-er)	*intermédiaire (l')*
Mobilisierung (w, –, en)	*mobilisation (la)*
Natürliche Person (w, –, en)	*personne physique (la)*
Networking (n, s)	*mise en réseau (la)*
Neuerung (w, –, en)	*innovation (l')*
Niederlassung (w, –, en)	*établissement (l')*
Nutzer-in (m, s,-) (w, –, nen)	*utilisateur, trice (l')*
Oberfläche (w, –, n)	*surface (la)*
Partnerschaft (w, –, en)	*partenaire (le)*
Patentanmeldung (w, –, en)	*dépôt de brevet (le)*
Personalabteilung (w, –, en)	*service du personnel (le)*
Perspektive (w, –, n)	*perspective (la)*
Phase (w, –, n)	*phase (la)*
Planung (w, –, en)	*planification (la)*
Portfolio (n, s, ein)	*portefeuille (le)*
Positionierung (w, –, en)	*positionnement (le)*
Post (w,-)	*courrier (le)*
Postausgang (m, s,¨-e)	*départ du courrier (le)*
Posteingang (m, s,¨-e)	*arrivée du courrier (l')*
Potential (n, s, e)	*potentiel (le)*
Präsident (m, en, en)	*président, e (le, la)*
Praxis (w, –, xen)	*cabinet (le)*
Projektmanagement (m, s, s)	*gestion de projets (la)*
Prospekt (m, es, e)	*brochure (la)*
Prospekt (m, es, e)	*plaquette (la)*
Prozessrecht (n, es)	*droit du contentieux (le)*
Qualifizierter Arbeiter – qualifizierte Arbeiterin	*ouvrier qualifié, ouvrière qualifiée (l')*
Rahmenabkommen (n, s,-)	*accord cadre (l')*
Rat (m, es,¨-e)	*conseil (le)*
Ratgeber-in	*consultant, e (le, la), expert, e (l')*

Raum (m, s,¨-e)	*salle (la)*
Reaktionsfähigkeit (w, –, en)	*réactivité (la)*
Rechtsabteilung (w, –, en)	*service contentieux (le)*
Referanz (w, –, en)	*référence (la)*
Referent (m, en, en)	*intervenant, e (l')*
Regelungs- Steuerungssystem (n, s, e)	*gouvernance (la)*
Reichtum (m, s,¨-er)	*richesse (la)*
Rentabilität (w, –, en)	*rentabilité (la)*
Richter (m, s,-)	*juge (le)*
Risikokapital (n, s)	*capital-risque (le)*
Rückendeckung (w, –, en)	*soutien (le)*
Saal (m, s,¨-e)	*salle (la)*
Sachregister (n, s,-)	*répertoire (le)*
Schalter (m, s,-)	*guichet (le)*
Schatzmeister-in	*trésorier, ière (le, la)*
Scheckaussteller (m, s,-)	*souscripteur (le)*
Schrank (m, s,¨-e)	*armoire (l')*
Schreibtisch (m, es, e)	*bureau (le) (mobilier)*
Schuldenabteilung (w, –, en)	*service de la dette (le)*
Schuung (w, –, en)	*formation (la), séminaire (le)*
Sensibilisierung (w, –, en)	*sensibilisation (la)*
Sichtbarkeit (w, –, en)	*visibilité (la)*
Spediteur (m, s, e)	*transporteur (le)*
Spekulant (m, en, en)	*spéculateur (le)*
Spende (w, –, n)	*don (le)*
Start-up (n, s, s)	*start-up (la)*
Status (m, ses, se)	*statut (le)*
Steuersenkung (w, –, en)	*réduction d'impôt (la)*
Steuerumfeld (n, es, er)	*environnement fiscal (l')*
Steuerung (w, –, en)	*pilotage (le)*
Steuerwesen (n, s,-)	*fiscalité (la)*
Stiftung (w, –, en)	*fondation (la)*
Strategie (w, –, n)	*stratégie (la)*
Strukturierung (w, –, en)	*structuration (la)*
Studie (w, –, n)	*étude (l')*
Stuhl (m, s,¨-e)	*chaise (la)*
Subvention (w, –, en)	*subvention (la)*
Suche (w, –, n)	*recherche (la)*
Taktik (w, –, en)	*tactique (la)*

Technologiepark (m, s, s)	*technopôle (le)*
Technologietransfer (m, s)	*transfert de technologie (le)*
Teilhaber (m, s,-)	*associé, e (l')*
Telefon- Jahrbuch (n, s,¨-er)	*annuaire (l')*
Test (m, s, s)	*test (le)*
Thematik (w, –, en)	*thématique (la)*
Tilgung (w, –, en)	*amortissement (l')*
Tochtergesellschaft (w, –, en)	*filiale (la)*
Tool (n, s, s)	*outil (l')*
Treffen (n, s,-)	*rencontre (la)*
Trend (m, s, s)	*tendance (la)*
Treuhänderschaft (w, –, en)	*fiduciaire (la)*
Umsetzung (w, –, en)	*mise en situation (la)*
Unterbringung (w, –, en)	*hébergement (l')*
Unternehmen (n, s,-), Firma (w, –, en)	*entreprise (l')*
Unternehmensgründung (w, –, en)	*création d'entreprises (la)*
Unternehmenssteuer (w, –, n)	*impôt sur les sociétés (l')*
Unternehmensverikauf (m, s,¨-e)	*cession (la)*
Unternehmer-in	*entrepreneur, se (l')*
Unternehmertum (n, s)	*entreprenariat (l')*
Unterstützung (w, –, en)	*appui (l'), soutien (le)*
Veräußerer (m, s,-)	*cédant (le)*
Veräußerung (w, –, en)	*cession (la)*
Verband (m, es,¨-e)	*association (l')*
Verbindungsausschuss (m, es,¨-e)	*comité de liaison (le)*
Verbraucher-in	*consommateur, trice (le, la)*
Verbund (m, es, e)	*groupement (le), association (l')*
Verein (m, s, e)	*club (le)*
Vereinfachung (w, –, en)	*simplification (la)*
Vereinigung (w, –, en)	*association (l')*
Verhandlung (w, –, en)	*négociation (la)*
Vermarktung (w, –, en)	*commercialisation (la)*
Vermittler (m, s,-)	*intermédiaire (l')*
Vermögenssteuer (w, –, n)	*impôt sur la fortune (l')*
Versicherer (m, s,-)	*assureur (l')*
Versicherungsgesellschaft (w, –, en)	*compagnie d'assurance (la), assureur (l')*
Versicherungsnehmer (m, s,-)	*souscripteur (le), assuré, e (l')*
Vertraulichkeit (w, –, en)	*confidentialité (la)*
Vertreter (m, s,-)	*représentant (le)*

Verwahrer (m, s,-)	*consignataire (le)*
Verwalter (m, s,-)	*curateur (le)*
Verwalter (m, s,-)	*économe (l')*
Verzeichnis (n, ses, se)	*liste (la)*
Visitenkarte (w, –, n)	*carte de visite (la)*
Vorarbeiter (m, s,-)	*contremaître (le)*
Vorgehensweise (w, –, n)	*procédure (la)*
Vorsitzender (m, en, e)	*président, e (le, la)*
Vorstellung (w, –, en)	*présentation (la)*
Wachstum (n, s)	*croissance (la)*
Warenausgang (m, s,¨-e)	*service des expéditions (le)*
Weiterbildung (w, –, en)	*formation (la) continue*
Weiterverfolgung (w, –, en)	*suivi (le)*
Werbeabteilung (w, –, en)	*service publicité (le)*
Werbefachmann (m, es,¨-er)	*concepteur publicitaire (le)*
Werbung (w, –, en)	*publicité (la)*
Werkstatt (w, –,¨-en)	*atelier (l')*
Werkzeug (m, s, e)	*outil (l')*
Wert (m, es, e)	*valeur (la)*
Wettbewerb (m, s, e)	*concours (le)*
Wettbewerbsbehörde (w, –, n)	*autorité de la concurrence (l')*
Wettbewerbsstudie (w, –, n)	*étude de la concurrence (l')*
Wirtschaftsrecht (n, es, e)	*droit des affaires (le)*
Zahlungsmittel (n, s,-)	*devise (la)*
Zedant (m, en, en)	*cédant (le)*
Zertifizierung (w, –, en)	*certification (la)*
Zessionär (m, s, e)	*cessionnaire (le)*
Zollbeamte (m, en, en)	*agent en douane (l')*
Zollbüro (n, s, s)	*bureau de douane (le)*
Zollunion (w, –, en)	*union douanière (l')*
Zugänglichkeit (w, –, en)	*accessibilité (l')*
Zulassung (w, –, en)	*agrément (l')*
Zusammenarbeit (w, –, en)	*coopération (la)*
Zusammenbau (m, s)	*montage (le)*
Zusammenschluss (m, es,¨-e)	*groupement (le)*
Zustand (m, es,¨-e)	*état (l')*
Zweig (m, es, e)	*filière (la)*
Zweigstelle (w, –, n)	*agence (l')*

Les adjectifs de A à Z

abgelehnt	*refusé, e*
abgeordnet	*délégué, e*
abgestimmt	*accordé, e*
allgemein	*général, e*
angeschlossen	*connecté, e*
angesiedelt	*implanté, e*
angestellt	*salarié, e*
attraktiv	*attractif, tive*
aufgelistet	*listé, e*
ausgerüstet	*équipé, e*
äuβer	*externe*
befördert	*promu, e*
beteiligt an +D	*associé, e*
bezogen auf +A	*référent, e*
breit gefächert	*diversifié, e*
deutlich	*clair, e*
durchdacht	*conçu, e*
effizient	*efficace*
ehemalig	*ancien, ne*
eingebunden	*impliqué, e*
eingegliedert	*intégré, e*
eingezahlt	*versé, e*
einleuchtend	*lumineux, euse*
einzigartig	*unique*
endogen	*endogène*
eng	*étroit, e*
erfahren	*expérimenté, e*
erlangt	*acquis, e*
erlaubt	*autorisé, e*
europäisch	*européen, ne*
experimentell	*expérimental, e*
extern	*externe*
fachübergreifend	*interdisciplinaire*
familiär	*familial, e*
finanziell	*financier, cière*
fleiβig	*appliqué, e*
fördernd	*incitatif, tive*

freiberuflich	*non salarié, e*
gemeinsam	*commun, e*
genehmigt	*validé, e*
geräumig	*spacieux, euse*
geregelt	*réglementé, e*
geschätzt	*côté, e*
gesellschaftlich	*sociétal, e*
geteilt	*partagé, e*
gleichförmig	*uniforme*
global	*global, e*
grenzüberschreitend	*transfrontalier, ière*
handwerklich	*artisanal, e*
häufig	*fréquent, e*
identisch	*identique*
individuell	*individuel, le*
innere, r	*interne*
innovative	*innovant, e*
institutionell	*institutionnel, le*
intensiv	*soutenu, e, intensif, ive*
intern	*interne*
international	*international, e*
isoliert	*isolé, e*
juristisch	*juridique*
kommerziell	*commercial, e*
kreativ	*créatif, ive*
landwirtschaftlich	*agricole*
local	*local, e*
logistisch	*logistique*
methodisch	*méthodologique*
möbliert	*meublé, e*
multinational	*multinational, e*
nachrangig	*chirographaire*
national	*national, e*
neu	*nouveau, nouvelle*
organisatorisch	*organisationnel, le*
organisiert	*organisé, e*
politisch	*politique*
privat	*privé, e*
privilegiert	*privilégié, e*

qualitative	*qualitatif, tive*
quantitative	*quantitatif, tive*
rationell	*rationnel, le*
regional	*régional, e*
richterlich	*judiciaire*
sachkundig	*expert, e*
saisonal	*saisonnier, ière*
sauber	*propre*
schnell	*rapide*
selbstständig	*indépendant, e*
selbstständig	*indépendant, e*
sozial	*social, e*
spezialisiert	*spécialisé, e*
steuerlich	*fiscal, e*
strategisch	*stratégique*
taktisch	*tactique*
technologisch	*technologique*
thematisch	*thématique*
ungedeckt	*découvert, e*
untergebracht	*hébergé, e*
unternehmerisch	*entrepreneurial, e*
unterschiedlich	*différent, e*
verschieden	*différent, e*
vertagt	*ajourné, e*
vielförmig	*multiforme*
vorgeschlagen	*proposé, e*
vorzeitig	*précoce*
wirtschaftlich	*économique*
zivil	*civil, e*
zukunftsorientiert	*prospectif, tive*
zwischenmenschlich	*relationnel, le*

Les verbes de A à Z

ablehnen	*refuser*
abzielen auf +A, bestimmen	*cibler*
aktualisieren	*mettre à jour, actualiser*
anhäufen	*cumuler*
ankurbeln	*relancer*

annehmen (a, o)	*supposer*
anreichern	*enrichir*
anrufen (ie, u)	*appeler (par telephone)*
anwenden (a, e)	*appliquer, mettre en œuvre*
anziehen (o, o)	*attirer*
aufrechthalten (ie, a)	*maintenir*
ausarbeiten	*élaborer*
ausleihen	*emprunter*
auslösen	*catalyser*
ausnutzen	*exploiter*
ausrüsten mit +D	*équiper*
auswählen	*choisir, sélectionner*
bagatellisieren	*minimiser*
begleiten	*accompagner*
begrenzen	*limiter*
begünstigen	*favoriser*
begutachten	*expertiser*
beschleunigen	*accélérer*
beschließen (o, o)	*decider*
besetzen	*investir*
bewegen (o, o)	*inciter*
bewilligen	*accorder*
bezahlen	*payer*
bündeln	*mutualiser*
definieren	*définir*
dynamisieren	*dynamiser*
einkassieren	*encaisser*
einplanen	*budgétiser*
einrichten	*aménager*
einrichten	*meubler*
einschätzen	*évaluer, estimer*
einstellen	*recruter*
einziehen (o, o)	*recouvrer*
empfehlen (a, o)	*préconiser*
entscheiden (ie, ie)	*trancher, decider*
entwickeln	*developer*
erhöhen	*augmenter*
erlauben	*autoriser*
ermutigen	*encourager*

erreichen	*atteindre*
erschließen (o, o)	*viabiliser*
erwägen	*peser le pour et le contre*
finanzieren	*financer*
fördern	*promouvoir*
fortbilden	*former*
füllen mit +D	*remplir*
garantieren	*garantir*
genehmigen	*valider, agréer*
harmonisieren	*harmoniser*
helfen (a, o)	*aider*
herunterspielen	*minimiser*
hören	*écouter*
interagieren	*interagir*
investieren in +A	*investir dans*
kaufen	*acheter*
klarstellen	*préciser*
leiten	*gérer*
liefern	*livrer*
maximieren	*maximaliser*
mieten	*louer (en tant que locataire)*
modernisieren	*moderniser*
nachgeben (a, e)	*céder*
niederlassen (ie, a)	*installer*
outsourcen	*externaliser*
planen	*planifier*
prägen	*jalonner*
professionalisieren	*professionnaliser*
rationalisieren	*rationaliser*
rechtfertigen	*justifier*
regeln	*régler*
rekapitalisieren	*recapitaliser*
schaffen	*créer*
senken	*diminuer*
sensibilisieren	*sensibiliser*
sich (weiter) entwickeln	*évoluer*
sich anpassen +D	*s'adapter*
sich erkundigen	*se renseigner*
sich informieren	*s'informer*

sich niederlassen (ieβ, a)	*s'installer*
sich stützen auf	*s'appuyer sur*
strukturieren	*structurer*
subventionieren	*subventionner*
suchen	*rechercher*
teilen	*diviser*
transportieren	*transporter*
übergeben (a, e)	*transmettre*
überlagern	*superposer*
überreden	*persuader*
überweisen (ie, ie)	*transférer (argent)*
überzeugen	*convaincre*
umfassen	*impliquer, comprendre*
unterschreiben (ie, ie)	*signer*
unterstützen	*soutenir*
untersuchen	*explorer, examiner, sonder*
verbinden (a, u)	*connecter*
verbinden (a, u)	*associer*
verbuchen	*comptabiliser*
vereinfachen	*simplifier*
vergrößern	*accroître*
verhandeln	*négocier*
verkaufen	*vendre*
verlangsamen	*ralentir*
vermieten	*louer (en tant que propriétaire)*
verschwenden	*gaspiller*
versichern	*assurer*
verstärken	*renforcer*
vertagen	*ajourner*
verteidigen	*défendre*
vertreten (a, e)	*representer*
verwalten	*gérer*
vorgeben (a, e)	*prétendre*
vorstellen	*présenter*
weiterleiten	*acheminer*
werben für +A	*démarcher*
zentralisieren	*centraliser*
zertifizieren	*certifier*
zulassen (ie, a)	*agréer*

zusammenarbeiten mit +D	*collaborer*
zusammenlegen	*mettre en commun*

Les locutions de A à Z

Auktionär (m, s, e)	*commissaire-priseur (le)*
Eintrag (m, s,¨-e) im Handelsregister	*immatriculation au R.C.S. (l')*
Einzelhandel (m, s)	*commerce de détail (le)*
Geschäftsstelle (w, –, n) des Handelsgerichts	*greffe du tribunal de Commerce (le)*
Groβhandel (m, s)	*commerce de gros (le)*
Handelsgesellschaft (w, –, en)	*société commerciale (la)*
Holding (w, –, s)	*société holding (la)*
Investmentberater (m, s,-)	*conseiller en investissements financiers (le)*
Kapitalgesellschaft (w, –, en)	*société de capitaux (la)*
Landwirtschaftliche Kooperative	*société coopérative agricole (la)*
Muttergesellschaft (w, –, en)	*société mère (la)*
Personengesellschaft (w, –, en)	*société de personnes (la)*
Sofortbeauftragter	*mandataire ad-hoc (le)*
Trittbrettfirma (w, –, en)	*entreprise de marche (l')*
Umsatzlose Firma (w, –, en)	*entreprise dormante ou entreprise en sommeil (l')*
Vertreter der Gläubiger	*représentant des créanciers (le)*

1.2 Die politischen Entscheidungsträger *Les décideurs politiques*

Les noms de A à Z

Abgeordnete, r	*député (le)*	*Le député est élu par les électeurs de sa circonscription.*
Abkommen (n, s,-)	*traité (le)*	*Les traités entre les Etats membres de l'Union Européenne laissent un grand champ d'action aux citoyens.*
Anwendung (w, –, en) des Gesetzes	*application de la loi (l')*	*Le service du personnel doit veiller à l'application de la loi.*

Arbeitsgesetzbuch (n, es, e)	*Code du Travail (le)*	*Le code du Travail comprend des lois, des règlements et des décrets.*
Buch (n, es,¨-er)	*livre (le)*	*Le code du Travail est divisé en livres.*
Bundesgesetzblatt (n, es,¨-er)	*Journal officiel (le)*	*Les lois paraissent au Journal officiel.*
Bundeskanzler, in		
Bundespräsident (m, en, en)		
Bundesrat (m, es,¨-e)		
Bundestag (m, es)		
Bundestagspräsident (m, en, en)		
Dekret (n, es, e)	*décret (le)*	*Le gouvernement a finalisé le décret sur la pénibilité.*
Erlass (m, es, e)	*décret (le)*	
Erscheinungsdatum (n, s, en)	*date de parution (la)*	*La date de parution du décret sur l'emploi des travailleurs frontaliers n'a pas encore été divulguée.*
Exekutive (w, –, n)	*pouvoir exécutif (le)*	*Le pouvoir exécutif est un des trois pouvoirs de l'ordre démocratique.*
Gesetz (n, es, e)	*Loi (la)*	*La Loi ne connaît pas d'exception.*
Gesetzesartikel (m, s,-)	*article de loi (l')*	*L'article de loi a beau avoir été modifié, il laisse une large place à l'interprétation.*
Gesetzesverkündung (w, –, en)	*promulgation (la)*	*La loi vient d'être promulguée.*
Gesetzesvorhaben (n, s,-)	*projet de loi (le)*	*Le projet de loi a été adopté par les députés de la majorité et ceux de l'opposition.*
Gesetzgeber (m, s,-)	*législateur (le)*	*Le législateur a suivi les recommandations des professionnels du secteur.*

Gesetzgebungsverfahren (n, s,-)	*procédure législative (la)*	*La procédure législative est lancée par les instances appartenant au pouvoir législatif.*
Haushaltsbewilligung (w, –, en)	*vote du budget (le)*	*Le vote du budget a suscité de vifs débats.*
Judikative (w, –, n)	*pouvoir judiciaire (le)*	*Le pouvoir judiciaire est un des trois pouvoirs de l'ordre démocratique.*
Kabinettsdirektor-in	*directeur, trice de cabinet (le, la)*	*Le directeur de cabinet travaille dans l'ombre du ministre.*
Legislative (w, –, n)	*pouvoir législatif (le)*	*Le pouvoir législatif est un des trois pouvoirs de l'ordre démocratique.*
Mehrheitsregierung (w, –, en)	*gouvernement majoritaire (le)*	*Le gouvernement peut compter sur une large majorité à l'Assemblée nationale.*
Minderheitsregierung (w, –, en)	*gouvernement minoritaire (le) (CA)*	*Un gouvernement minoritaire peut conduire à une certaine instabilité.*
Minister (m, s,-)	*ministre (le)*	*Le ministre fait partie du gouvernement.*
Nationalversammlung (w, –, en)	*Assemblée nationale (l')*	*L'Assemblée nationale a donné première lecture d'un projet de loi sur les rémunérations des grands patrons.*
Parlament (n, es, e)	*parlement (le)*	*Le Parlement réintègre ses locaux après des travaux d'entretien.*
Politiker (m, s,-)	*homme politique (l')*	*A côté de mes fonctions de responsable formation, j'exerce le mandat de maire dans un village.*
Politische Partei (w, –, en)	*parti politique (le)*	*On compte environ huit à dix grands partis politiques par démocratie.*

Referendum (n, s, en)	*référendum (le)*	*Le référendum donne une grande responsabilité aux votants.*
Reform (w, –, en)	*réforme (la)*	*La réforme des régimes de retraite dure depuis plus de vingt ans.*
Reglementierung (w, –, en)	*réglementation (la)*	*La réglementation en vigueur permet aux associations de devenir des organismes de formation.*
Senat (m, es, e)	*Sénat (le)*	*Le Sénat est parfois appelé la Chambre haute.*
Senator (m, s, en)	*sénateur (le)*	*En Belgique, les sénateurs se répartissent en deux collèges électoraux.*
Staat (m, es, en)	*Etat (l')*	*L'Etat est à la fois une notion abstraite et une réalité concrète.*
Tarifvertrag (m, s,¨-e)	*convention collective (la)*	*La convention collective comprend des annexes importantes.*
Verfassung (w, –, en)	*Constitution (la)*	*La Constitution liste la majorité des droits des citoyens et des citoyennes.*
Verordnung (w, –, en)	*arrêté (l'), ordonnance (l')*	*L'arrêté publié par le ministère de la formation professionnelle n'a pas satisfait tous les professionnels.*
Wähler-in	*électeur, trice (l')*	*Les électeurs feront passer leur message dans les urnes.*
Zweikammersystem (n, s, e)	*bicamérisme (le)*	*Le bicamérisme est le fruit d'une longue tradition politique.*

Les adjectifs de A à Z

alltäglich	*quotidien, ne*
besteuert	*imposé, e*
dreimonatlich	*bimestriel, le*

erfahren	*averti, e, expérimenté, e*
gesetzgebend	*législateur, trice*
gewarnt	*averti, e (mis en garde)*
halbjährig	*semestriel, le*
jährlich	*annuel, le*
kulant	*souple*
monatlich	*mensuel, le*
standhaft	*ferme*
vierteljährig	*trimestriel, le*
wöchentlich	*hebdomadaire*
zweimal jährlich	*bisannuel, le*
zweimal pro Monat	*bimensuel, le*

Les verbes de A à Z

abschaffen	*abroger*
abstimmen	*voter*
anwenden (a, e)	*appliquer*
ausstatten mit +D	*doter*
auswählen	*choisir, sélectionner*
berichten	*rapporter*
beziffern	*chiffrer*
einführen	*instaurer*
einsetzen	*instituer*
entscheiden (ie, ie)	*décider*
erlassen (ie, a)	*promulguer*
verkünden	*promulguer*
erweitern	*élargir*
klären	*clarifier*
lockern	*assouplir*
präzisieren	*préciser*
reglementieren	*réglementer*
verbieten (a, o)	*interdire*
verfassen	*rédiger*
vorsehen	*prévoir*
wählen	*élire*

Les locutions de A à Z

am internen Weiterbildungsprogramm teilnehmen (a, o)	*participer aux programmes de formation internes*
an der Stärkung der Warnkapazitäten arbeiten	*renforcer les capacités d'alerte*
auf eine Ausschreibung antworten	*répondre à un appel d'offres*
Aufnahmeprogramme anbieten (o, o)	*proposer des programmes d'accueil*
beachtliche Mittel aufwenden	*apporter des moyens conséquents*
den Ausbildungsbedarf erfüllen	*répondre aux besoins de formation initiale*
den Risiken im Zusammenhang mit der Veröffentlichung der Ergebnisse vorgreifen (i, i)	*anticiper les risques liés aux publications des résultats*
den Status eines teilhabenden Mitglieds erlangen	*obtenir un statut de membre associé*
den strategischen Kurs befürworten	*valider des orientations stratégiques*
den Weiterbildungsbedarf erfüllen	*répondre aux besoins de formation continue*
der Forschung zu einem neuem Aufschwung verhelfen	*donner un nouvel essor à la recherche*
die Abstimmung organisieren	*organiser la concertation*
die Aktionen bündeln	*mutualiser les actions*
die Anziehungskraft des beruflichen Werdegangs hervorheben	*mettre en relief l'attractivité des carrières*
die Aufnahme der Post-Doktoranden dynamisieren	*dynamiser l'accueil des post-doctorants*
die Auswahlkriterien beachten	*respecter des critères de sélection*
die Bewertung der Pilotprojekte vornehmen	*effectuer l'évaluation des opérations pilotes*
die Bindungen zwischen Forschung und Lehre stärken	*renforcer les liens entre recherche et formation*
die Forschungen koordinieren	*coordonner les recherches*
die forschungstechnischen Berufe fördern	*promouvoir les métiers de techniciens de recherche*
die gesellschaftliche Entwicklung berücksichtigen	*prendre en compte les évolutions sociétales*
die infrastrukturelle Entwicklung unterstützen	*soutenir le développement d'infrastructures*
die Lohnpolitik verbessern	*améliorer la politique de rémunération*

die Profile identifizieren	*identifier des profils*
die Projektbewertung koordinieren	*coordonner la valorisation des projets*
die spezifischen Fragen auf den neuesten Stand bringen	*mettre à jour des enjeux spécifiques*
die Teams durch gemeinsame Projekte zusammenbringen	*fédérer les équipes autour de projets communs*
die Teams in sektorübergreifende Projekte einbinden	*impliquer les équipes sur des sujets transversaux*
die Teams strukturieren	*structurer les équipes*
die Verfahren aufeinander abstimmen	*harmoniser les procédures*
die weltweite Sichtbarkeit der Technologiezentren sicherstellen	*garantir la visibilité mondiale des technopôles*
die wissenschaftliche Produktion stärken	*renforcer la production scientifique*
ein europäisches Netzwerk erstellen	*établir un réseau européen*
ein Infoblatt erstellen	*créer un journal d'information*
ein Infoportal erstellen	*réaliser un portail d'informations*
ein Leistungsverzeichnis erstellen	*définir un cahier des charges*
ein Nachweisgutachten vorschlagen	*proposer une expertise avérée*
eine Ausschreibung veröffentlichen	*lancer un appel d'offres*
eine Bilanz des technologischen Fortschritts ziehen	*dresser un bilan des avancées technologiques*
eine Fachzeitschrift herausgeben	*lancer une revue scientifique*
eine gemeinsame Strategie entwickeln	*définir une stratégie commune*
eine Partnerschaft umsetzen	*mettre en œuvre un partenariat*
einen Beobachtungsposten einrichten	*mettre en place un observatoire*
einen Leitfaden verfassen	*rédiger une charte de bonne pratique*
Entschädigungsmaßnahmen ergreifen	*prendre des mesures indemnitaires*
Ergebnisse veröffentlichen	*publier des résultats*
europäische Partnerschaften einrichten	*mettre en place des partenariats européens*
fachübergreifende Fortbildungen vorziehen	*favoriser les formations interdisciplinaires*
Forscher vom Fach einstellen	*recruter des chercheurs confirmés*
Forschungsergebnisse sichtbar, zugänglich machen	*rendre visible la production scientifique*
Forschungsplattformen entwickeln	*développer des plateformes de recherche*
Forschungsprojekte ablehnen	*décliner les actions de recherche*

gemeinsame Kommunikation sicherstellen	*assurer une communication commune*
gemeinsame politische Aktionene verabschieden	*adopter des politiques communes*
gemeinsame Prioritäten festlegen	*définir des priorités partagées*
junge Forscherteams zu Tage treten lassen	*faire émerger des équipes de jeunes chercheurs*
Pilotbewertungen einrichten	*mettre en place des évaluations pilotes*
Post-Doktoranden anziehen (o, o)	*attirer les post-doctorants*
private Geschäftspartner beteiligen	*associer des partenaires privés*
sich in einen internationalen Zusammenhang stellen	*se placer dans un contexte international*
sich über die Standortpolitik absprechen (a, o)	*se concerter en matière de politique de site*
Spitzenteams schaffen (u, a)	*créer des équipes de pointe*
Studenten anziehen (o, o)	*attirer les étudiants*
technische Herausforderungen annehmen	*soutenir les défis technologiques*
über eine solide Finanzierung verfügen	*disposer de solides financements*
unter Zeitdruck arbeiten	*travailler en contexte d'urgence*
zur Stärkung der Forschung beitragen (u, a)	*contribuer au renforcement de la recherche*

1.3 Kunden und Verbraucher
Les cibles : clients et consommateurs

Abhängigkeit (w, –, en)	*dépendance (la)*	
Abneigung (w, –, en),	*aversion (l')*	
Adresse (w, –, n)	*adresse (l')*	
Kundenwerbung (w, –, en)	*prospection (la)*	*La prospection de nouveaux territoires passe par une stratégie cohérente.*
Akteur (m, es, e)	*acteur (l')*	
Aktualisierung (w, –, en)	*mise à jour (la)*	*La mise à jour d'un fichier d'assurés a constitué l'essentiel de ma période d'essai.*

Alter (n, s)	*âge (l')*	*L'âge moyen du client de RENO a évolué de 5 % en 20 ans.*
Analyse (w, –, n)	*analyse (l')*	
Anerkennung (w, –, en)	*reconnaissance (la)*	
Angebot (n, es, e)	*offre (l')*	*Une offre claire et aérée donne une première bonne impression.*
Animation (w, –, en)	*animation (l')*	
Anpassung (w, –, en)	*adaptation (l')*	
Anruf (m, s, e)	*appel (l')*	
Ansatz (m, es,¨-e)	*approche (l')*	*Notre approche est novatrice et va plaire à de nouvelles cibles.*
Ansporn (m, s)	*incitation (l')*	
Antwort (w, –, en)	*réponse (la)*	
Arbeitslose, r	*chômeur, euse (le, la)*	
Arbeitsplatz (m, es,¨-e)	*lieu de travail (le)*	*C'est sur le lieu de travail que nous pourrons atteindre nos cibles, pas lorsqu'elles seront arrivées à la maison !*
Arbeitssuchende, r (m, en, en) (w, –, n)	*demandeur, euse d'emploi (le, la)*	
Argument (n, es, e)	*argument (l')*	*Nous avons listé 4 arguments qui devraient convaincre les jeunes de nous faire confiance.*
Aufmerksamkeit (w, –, en)	*attention (l')*	
Ausarbeitung (w, –, en)	*élaboration (l')*	
Ausländer (m, s,-)	*étranger (l')*	
Austeller (m, s,-)	*exposant (l')*	
Auswahl (w, –, en)	*choix (le), sélection (la)*	
Bedarf (m, s)	*besoin (le)*	
Befragung (w, –, en)	*questionnement (le)*	
Bereich (m, s, e)	*domaine (le), secteur (le)*	
Anzeige (w, –, n)	*plainte (la)*	
Besucher-in	*visiteur, euse (le, la)*	

Betrug (m, s)	*tromperie (la)*	*Certaines mentions manquant sur le catalogue de voyages, notamment le prix par personne, des clients de cette agence se sont sentis trompés.*
Bevölkerungsgruppe (w, –, n)	*population (la)*	*A quelle population devons-nous nous adresser : ceux vivant en milieu urbain ou bien en milieu superurbain ?*
Beziehung (w, –, en)	*relation (la)*	*La relation de confiance instaurée par nos équipes de commerciaux va nous faciliter l'arrivée des nouvelles portes et fenêtres.*
Botschaft (w, –, en)	*message (le)*	
Verlauf (m, s,¨-e)	*historique (l')*	*L'historique d'achat de la famille Durant dans notre grande surface est un véritable thermomètre de l'activité.*
Datei (w, –, en)	*fichier (le)*	
Datenbank (w, –, en)	*base de données (la)*	
Definition (w, –, en)	*définition (la)*	
Demographie (w, –, n)	*démographie (la)*	*Les campagnes se vidant, nous avons dû fermer 2 points de vente dans le centre du pays et ouvrir un relais en pleine banlieue : chose impensable il y a encore 10 ans !*
Duft (m, es,¨-e)	*parfum (le)*	
Ehrlichkeit (w, –, en)	*honnêteté (l')*	
Einfluss (m, es,¨-e),	*impact (l')*	
Schluss (m, es,¨-e)	*fin (la), fermeture (la)*	
Ende (n, s, n)	*fin (la)*	
Erfassung (w, –, en)	*recensement (le)*	
Zählung (w, –, en)	*recensement (le)*	

Erfolg (m, s, e)	*réussite (la), succès (le)*	*La réussite d'une vente passe par un bon packaging des produits et services.*
Ergonomie (w, –, n)	*ergonomie (l')*	
Umfrage (w, –, n)	*enquête (l'), sondage (le)*	
Erhöhung (w, –, en)	*augmentation (l')*	*L'augmentation des tarifs a été mal perçue par nos nouveaux clients.*
Erneuerung (w, –, en)	*renouvellement (le)*	
Erwachsener (m, en, en)	*adulte (l')*	
Erwerbstätiger (m, en, en)	*actif (l')*	*Les actifs n'aiment pas être dérangés par des campagnes de téléprospection le vendredi soir, ni le samedi, d'ailleurs.*
Etikett (n, s, en)	*étiquette (l')*	*L'étiquette apposée sur la manche de nos nouveaux blousons permet d'identifier notre marque plus facilement.*
Faktor (m, s, en)	*facteur (le)*	
Fan (m, s, s)	*fan (le)*	*Pour récompenser nos nombreux fans, nous leur avons envoyé des échantillons par voie postale.*
Farbe (w, –, n)	*couleur (la)*	
Färbung (w, –, en)	*teinte (la)*	
Fehlschlag (m, s, ¨-e)	*échec (l')*	
Form (w, –, en)	*forme (la)*	
Formulierung (w, –, en)	*formulation (la)*	
Frage (w, –, n)	*question (la)*	
Frequentierung (w, –, en)	*fréquentation (la)*	*La fréquentation de notre boutique en ligne a baissé de manière drastique.*
Geld (n, es, er)	*argent (l')*	
Gelegenheit (w, –, en)	*opportunité (l')*	
Geographie (w, –, n)	*géographie (la)*	

Geruch (m, s,¨-e)	*odeur (l')*	
Gesamtheit (w,-)	*ensemble (l')*	
Geschäft (n, es, e)	*point de vente (le), magasin (le)*	*C'est en augmentant les points de vente dans les grandes villes que nous devrions nous rendre mieux visibles.*
Verkaufsstelle (w, –, n)	*point de vente (le)*	
Geschäftsplan (m, s,¨-e)	*plan d'affaires (le)*	
Geschenk (n, s, e)	*cadeau (le)*	
Geschenkidee (w, –, n)	*idée-cadeau (l')*	
Geschenk-Set (n, s, s)	*coffret-cadeau (le)*	
Geschmack (m, s,¨-er)	*goût (le)*	
Gesetz (n, es, e)	*loi (la)*	*La loi ne nous autorise pas à diffuser à des tiers des données personnelles.*
Gewinn (m, s, e)	*profit (le)*	
Gewinnspanne (w, –, n)	*marge (la)*	
Gewohnheit (w, –, en)	*habitude (l')*	
Grundlage (w, –, n)	*base (la)*	
Gruppe (w, –, n)	*groupe (le)*	*Le groupe A se distingue du groupe B par sa fidélité au produit.*
Aktion (w, –, en)	*action (l')*	
Heterogenität (w, –, en)	*hétérogénéité (l')*	
Homogenität (w, –, en)	*homogénéité (l')*	
Einheitlichkeit (w, –, en)	*homogénéité (l')*	
Erkennung (w, –, en)	*identification (l')*	*Mon stagiaire a bien avancé dans l'identification des cibles de nos principaux concurrents.*
Image (n, s, s)	*image de marque (l')*	*Suite à la marée noire, l'image de marque du pétrolier a été écornée.*
Individuum (n, s, uen)	*individu (l')*	
Anregung (w, –, en)	*inspiration (l')*	*Les résultats obtenus lors des dernières ventes en porte-à-porte nous ont inspiré pour dresser le profil du client idéal !*

Interaktion (w, –, en)	*interaction (l')*	
Interesse (n, s, n)	*intérêt (l')*	*L'intérêt renouvelé a été perceptible dès le salon ayant lieu en mars.*
Investition (w, –, en)	*investissement (l')*	
Jugend (w,-)	*jeunes (les)*	
Jugendlicher (m, en, en)	*adolescent, e (l')*	
Kampagne (w, –, n)	*campagne (la)*	
Laufbahn (w, –, en)	*parcours (le)*	
Katalog (m, s, e)	*catalogue (le)*	
Kategorie (w, –, n)	*catégorie (la)*	*La catégorie à laquelle appartiennent nos clients est facile à déterminer.*
Konkurrent (m, en, en),	*concurrent (le)*	
Konkurrenz (w, –, en)	*concurrence (la)*	*La concurrence ne dort pas et propose des produits comparables aux nôtres.*
Kategorisierung (w, –, en)	*catégorisation (la)*	
Käufer (m, s,-)	*acheteur (l')*	
Kernzielgruppe (w, –, n)	*cœur de cible (le)*	
Kind (n, es, er)	*enfant (l')*	
Kleingeld (n, es)	*monnaie (la) (petite monnaie)*	
Währung (w, –, en)	*monnaie (la), devise (la)*	
Wettbewerber (m, s,-)	*concurrent (le)*	
Wettbewerb (m, s)	*concurrence (la)*	*La concurrence ne dort pas et propose des produits comparables aux nôtres.*
Konservierung (w, –, en)	*conservation (la)*	
Kreativität (w, –, en)	*créativité (la)*	
Kriterium (n, s, ien)	*critère (le)*	
Kunde (m, n, n)	*client (le)*	*M. Dupont est un client fidèle qui achète nos voitures depuis des années.*
Kundin (w, –, nen)	*cliente (la)*	

Kundenservice (m, es,-)	*service client (le)*	*Le service-client est débordé d'appels, c'est un risque auquel nous n'avions pas pensé.*
Kundenstamm (m, s)	*portefeuille-client (le)*	
Dienstleistung (w, –, en)	*prestation (la)*	
Liste (w, –, n)	*liste (la)*	
Mangel (m, s,¨-)	*manque (le)*	
Manie (w, –, n)	*manie (la)*	
Marke (w, –, n)	*marque (la)*	*Après avoir déposé 3 marques, nous avons réduit la contrefaçon.*
Marktanteil (m, s, e)	*part de marché (la)*	
Markteroberung (w, –, en)	*conquête (la)*	
Marktsegmentierung (w, –, en)	*segmentation du marché (la)*	
Maβnahme (w, –, n)	*mesure (la)*	
Meinung (w, –, en)	*opinion (l'), avis (l')*	
Merkmal (n, s, e)	*caractéristique (la)*	
Messe (w, –, n)	*salon (le)*	
Messestand (m, es,¨-e)	*stand (le) (salon)*	
Verkaufsstand (m, es,¨-e)	*stand (le) (marché)*	
Mittel (n, s,-)	*moyen (le)*	
Ressourcen (w, –, n)	*ressources (les)*	
Modifizierung (w, –, en),	*modification (la)*	
Mund-zu-Mund-Propaganda (w)	*bouche-à-oreille (le)*	
Neuformulierung (w, –, en)	*reformulation (la)*	
Niedergang (m, s,¨-e)	*déclin (le)*	
Orientierung (w, –, en)	*orientation (l')*	
Parfüm (n, s, s)	*parfum (le)*	*Les clients sont sensibles aux parfums placés dans les rayons des supermarchés.*
Person (w, –, en)	*personne (la)*	
Aussicht (w, –, en)	*perspective (la)*	*La perspective de proposer des gammes de voitures tous les 2 ans augure un gros effort à fournir de la part des collaborateurs du service marketing.*

Politik (w, –, en)	*politique (la)*	
Postleitzahl (w, –, en)	*code postal (le)*	
Potential, Potenzial (n, s)	*potentiel*	
Preis (m, es,e)	*prix (le)*	*Le prix est ce que nos clientes regardent en premier, les temps ont changé…*
Privatperson (w, –, en)	*particuliers (les)*	*Les particuliers ne représentent que 12 % de notre chiffre d'affaires.*
Produkt (n, es, e)	*produit (le)*	*La gamme de nos produits d'assurance-vie n'a pas évolué depuis plus de 5 ans.*
Profis	*professionnels (les)*	
Profil (n, s, e)	*profil (le)*	
Publikum (n, s)	*audience (l')*	
Qualität (w, –, en)	*qualité (la)*	*La qualité ressort de toutes les enquêtes d'opinion comme un critère important.*
Rang (m, s,¨-e)	*rang (le)*	*Les seniors arrivent au 2e rang de nos clients.*
Stelle (w, –, n)	*rang (le)*	
Religion (w, –, en)	*religion (la)*	
Rentner-in	*retraité, e (le, la)*	
Respekt (m, s)	*respect (le)*	
Risiko (n, s, en)	*risque (le)*	
Ruf (m, s)	*réputation (la)*	*Depuis plus de 15 ans, nos systèmes de télésurveillance jouissent d'une bonne réputation.*
Quote (w, –, n)	*taux (le)*	*Le taux de rebond sur notre site nous a incités à changer de couleurs et de police.*
Schaffung (w, –, en),	*création (la)*	
Segment (n, es, e)	*segment (le)*	
Sektor (m, s, en)	*secteur (le)*	
Senkung (w, –, en)	*baisse (la)*	
Kundenbindung (w, –, en)	*fidélisation (la)*	

Sorge (w, –, n)	*préoccupation (la)*	
Status (m, ses, se)	*statut (le)*	
Strategie (w, –, n)	*stratégie (la)*	
Support (m, s, e)	*support (le)*	
Täuschung (w, –, en),	*dûperie (la)*	
Technik (w, –, en)	*technique (la)*	
Tendenz (w, –, en)	*tendance (la)*	
Verabredung (w, –, en),	*rendez-vous (le)*	
Transaktion (w, –, en)	*transaction (la)*	
Übereinstimmung (w, –, en)	*concordance (la)*	
Überredung (w, –, en)	*persuasion (la)*	
Überzeugung (w, –, en)	*conviction (la)*	
Umfrage (w, –, n)	*sondage (le)*	*Malgré des sondages effectués pendant 4 mois, nous ne parvenons pas encore à cibler notre marché porteur à l'export.*
Umwandlung (w, –, en)	*mutation (la)*	
Umwelt (w,-)	*environnement (l')*	
Unternehmen (n, s,-)	*entreprise (l')*	*Les entreprises de négoce de moins de 50 salariés restent difficiles à atteindre.*
Unterscheidung (w, –, en)	*distinction (la)*	
Veränderung (w, –, en)	*changement (le)*	
Verblendung (w, –, en)	*aveuglement (l')*	
Verbraucher-in	*consommateur, trice (le, la)*	*Les consommateurs sont devenus vigilants et soucieux de la maîtrise des dépenses.*
Vereinbarung (w, –, en)	*accord (l')*	
Verhalten (n, s,-)	*comportement (le)*	*Au niveau du paiement, les comportements ont vraiment évolué, ce qui nous fournit de nouveaux arguments.*
Verkauf (m, s,¨-e)	*vente (la)*	
Verlust (m, es, e)	*perte (la)*	
Verpackung (w, –, en)	*emballage (l')*	

Verständnis (n, ses)	*compréhension (la)*	
Verteidigung (w, –, en)	*défense (la)*	
Verteilung (w, –, en)	*distribution (la)*	
Vertrauen (n, s)	*confiance (la)*	*C'est par sa franchise naturelle qu'il obtint la confiance des clients.*
Verwaltung (w, –, en)	*gestion (la), administration (l')*	
Sichtweise (w, –, n)	*vision (la)*	*La vision de notre directrice ne va pas être évidente à mettre en place, même si elle est très prometteuse.*
Wachstum (n, s)	*croissance (la)*	*Nous tablons sur une croissance de 8 % au niveau de la division aéronautique.*
Warnung (w, –, en)	*avertissement (l')*	*Cette perte d'hégémonie est un avertissement à prendre en compte par la direction du marketing.*
Wartezeit (w, –, en)	*attente (l')*	
Werbeseite (w, –, n)	*page de pub (la)*	*A grand renfort de pages de pub, nous allons nous faire connaître du grand public.*
Werbung (w, –, en)	*publicité (la), pub (la)*	
Wohnsitz (m, es, e)	*domicile (le)*	
Wunsch (m, es,¨-e)	*désir (le)*	*Susciter le désir grâce à ce nouveau parfum ne doit pas nous faire oublier la dernière campagne catastrophique et ruineuse.*
Zahlungsform (w, –, en)	*mode de paiement (le)*	
Zeit (w, –, en)	*temps (le)*	*Le temps alloué pour ce projet ne nous permettra de décrire les habitudes que de 2 groupes de consommateurs.*

Ziel (n, s, e)	*but (le), objectif (l')*	*En se fixant des objectifs à court-terme pour fidéliser des clients, notre filiale a fait preuve de clairvoyance.*
Zielgruppe (w, –, n)	*cible (la)*	*Notre cible serait le ou la jeune cadre dynamique célibataire ayant des animaux de compagnie.*
Zielmarktfestlegung (w, –, en)	*ciblage (le)*	
Zufriedenheit (w, –, en)	*satisfaction (la)*	*La satisfaction peut se mesurer aux témoignages dans notre Livre d'Or.*
Zuhören (n, s)	*écoute (l')*	
Zukunftsforschung (w, –, en)	*prospective (la)*	
Zweifel (m, s,-)	*doute (le)*	*En cas de doute sur le bon écoulement de nos produits, les commerciaux nous contactent dans les meilleurs délais.*

Mise en situation dialoguée :

Die Firma Yopalait hat Verbraucher eingeladen, um einen neuen Joghurt zu testen. Der Testleiter ergreift das Wort.

Testleiter : Guten Tag, vielen Dank, dass Sie sich einverstanden erklärt haben, an dieser Kundenbefragung zu unserem neuen cremigen und kalorienarmen Joghurt teilzunehmen. Rechts von Ihnen sehen Sie 10 von 1-10 numerierte Joghurtbecher. Vor Ihnen finden Sie eine ausreichende Anzahl von Löffeln, um sie einen nach dem anderen zu probieren, sowie ein Glas Wasser, um sich nach jedem Test den Mund auszuspülen. Links von Ihnen finden Sie einen Fragebogen, den Sie bitte vor dem Test sorgfältig durchlesen mögen. Haben Sie noch Fragen, bevor wir beginnen? Ja bitte?
Teilnehmerin A : Entschuldigen Sie, können wir denselben Joghurt mehrmals probieren?
Testleiter : Gute Frage! Doch leider nicht, denn Ihr erster Eindruck wird Ihnen ein definitives Urteil erlauben. Gibt es noch etwas zu klären?
Teilnehmerin B : Entschuldigen Sie die Frage, aber gibt es für den Test eine Entschädigung oder Einkaufsgutscheine?

Testleiter : Es gibt beides zur Auswahl. Denken Sie im Übrigen daran, sich die Fahrtkosten bis zu unserem Labor ersetzen zu lassen, gehen Sie durch die Einkaufsabteilung, dritte Tür links, am Ende des Gangs. Guten Appetit!

La société Yopalait a réuni des consommateurs afin de leur faire tester un nouveau yaourt. L'animateur de la séance de test prend la parole.

Animateur : *Bonjour à tous, merci d'avoir donné votre accord pour participer à ce sondage sur notre nouveau yaourt onctueux et allégé. Vous pouvez voir, sur votre droite, 10 pots de yaourt numérotés de 1 à 10. Devant vous, des cuillères en nombre suffisant pour les goûter à tour de rôle et un verre d'eau pour vous rincer la bouche entre chaque test. Sur votre gauche, vous trouverez un questionnaire que je vous demanderai de lire scrupuleusement avant de commencer à goûter. Des questions avant de démarrer? Oui, Madame ?*
Participante A : *Excusez-moi, mais pouvons-nous goûter plusieurs fois le même yaourt ?*
Animateur : *Très bonne question ! En fait, je pense que non, car c'est votre première sensation qui va vous conduire à porter un jugement définitif. D'autres choses à élucider ?*
Participante B : *Pardonnez cette question, mais aurons-nous des cadeaux ou des bons d'achat à l'issue du test ?*
Animateur : *Nous avons les deux au choix. Par ailleurs, pensez à vous faire rembourser les frais de déplacement jusqu'à notre laboratoire, en passant par le service achats, 3e porte à gauche, au fond du couloir. Bonne dégustation !*

2. DAS PERSONALWESEN *LA GESTION DES RESSOURCES HUMAINES*

2.1 Die Berufsausbildung *La formation à un métier*

Les noms de A à Z

Abendveranstaltung (w, –, en)	*soirée (la)*
Ablehnung (w, –, en)	*refus (le)*
Anerkennung (w, –, en)	*validation (la)*
Anfang (m, s, ¨-e)	*début (le)*
Anmerkung (w, –, en)	*commentaires (les)*
Apotheke (w, –, n)	*pharmacie (la)*
Archivar (m, s, e)	*archiviste (l')*
Archive (n, s, e)	*archives (les)*
Artikel (m, s,-)	*article (l')*
Austauschprogramm (n, s, e)	*programme d'échange (le)*
Benutzername (m, s,-)	*nom d'utilisateur (le)*
Bericht (m, es, e)	*report (le)*
Beschluss (m, es,¨-e)	*délibération (la)*
Betreuung (w, –, en)	*encadrement (l')*
Bibliografie (w, –, en)	*bibliographie (la)*
Buch (n, es,¨-er)	*livre (le)*
Büffelei (w, –, en)	*bachotage (le)*
Chat (m, s, s)	*clavardage (le), chat (le)*
die Professoren (m, s, en)	*professeurs (les)*
Diplom (m, s, e)	*diplôme (le)*
Diskussionsforum (n, s, en)	*forum de discussion (le)*
Disziplinarausschuss (m, es,¨-e)	*commission de discipline (la)*
Doktorvater (m, s,¨-)	*directeur, trice de thèse (le, la)*
Einschreibung (w, –, en)	*inscription (l')*
Einschreibungsrecht (n, s, e)	*droits d'inscription (les)*
Ende (n, es, n)	*fin (la)*
Entlassung (w, –, en)	*renvoi (le)*
Entscheidungsform (w, –, en)	*techniques de décision (les)*
Ergonomie (w, –, n)	*ergonomie (l')*
Fach (n, es,¨-er)	*matière (la)*
Fakultät (w, –, en)	*Faculté (la)*

Festchrift (w, –, en) für	*mélanges offerts à (les)*
Firmenkommunikationspolitik (w,-)	*politique de communication en entreprise (la)*
Firmenpraktikum (n, s, ka)	*stages en entreprise (les)*
Forschungsfeld (n, es, er)	*champ de recherche (le)*
Forschungsgruppe (w, –, n)	*équipe de recherche (l')*
Forschungsinstitut (n, s, e)	*institut de recherche (l')*
Forschungsmethode (w, –, n)	*méthodologie de recherche (la)*
Fortbildungsplattform (w, –, en)	*plate-forme d'apprentissage (la)*
Fremdsprachen (w, –, en)	*langues étrangères (les)*
Geisteswissenschaftliche Fakultät (w, –, en)	*Faculté des lettres et des sciences humaines (la)*
Gesamtnote (w, –, n)	*note de synthèse (la)*
Gleichzeitiger Kurs	*cours synchrone (le)*
Handbuch (n, s,¨-er)	*manuel (le)*
Iddenaustausch (m, es, e)	*débat d'idées (le)*
Informationstechnik (w, –, en)	*techniques d'information (les)*
Integration (w, –, en)	*intégration (l')*
Integrationsfeier (w, –, n)	*soirée d'intégration (la)*
Internat (n, es, e)	*internat (l')*
Internetkurs (m, es, e)	*cours en ligne (le)*
Jahresabschlussfest (n, es, e)	*gala de fin d'année (le)*
Job (m, s, s)	*job (le)*
Juristische Fakultät (w, –, en)	*Faculté de droit (la)*
Kalender (m, s,-)	*calendrier (le)*
Kolloquium (n, s, ien)	*colloque (le)*
Kolloquiums-Bericht (m, - [e] s, -e)	*actes (les)*
Kommentar (m, s, e)	*commentaires (les)*
Kommunikationstechnik (w, –, en)	*techniques de communication (les)*
Konferenz (w, –, en)	*conférence (la)*
Konservator (m, s, en), -in (w, –, nen), Bibliothekar (m, s, e), -in (w, –, nen)	*conservateur, trice (le, la)*
Kredit (m, es, e)	*crédit (le)*
Kurs (m, es, e)	*cours (le)*
Kursprogramm (n, s, e)	*programme des cours (le)*
Kursraum (m, s,¨-e)	*lieu des cours (le)*
Labor (n, s, atorien)	*laboratoire (le)*
Lehre (w, –, n)	*apprentissage (l')*
Lehrerzimmer (n, s,-)	*salle des professeurs (la)*

Lehrmeister (m, s,-)	*maître d'apprentissage (le)*
Lehrstuhl (m, s,¨-e)	*chaire (la)*
Lehrteam (n, s, s)	*équipe pédagogique (l')*
Leitung (w, –, en)	*tutelle (la)*
Lernende (m, s,-)	*apprenant, e (l')*
Master (m, s,-)	*master (le)*
Medizin (w, –, en)	*médecine (la)*
Medizinische Fakultät (w, –, en)	*Faculté de médecine (la)*
Mensa (w, –, en)	*restaurant universitaire (le)*
Mensa (w, –, en)	*restaurant universitaire (le)*
Nachprüfung (w, –, en)	*rattrapage (le)*
Naturwissenschaftliche Fakultät (w, –, en)	*Faculté des sciences (la)*
Note (w, –, n)	*note (la)*
Organisationsanalyse (w, –, n)	*analyse des organisations (l')*
Partnerschaft (w, –, en)	*partenariat (le)*
Partneruniversität (w, –, en)	*université partenaire (l')*
Passwort (n, es,¨-er)	*mot de passe (le)*
Paukerei (w, –, en)	*bachotage (le)*
Philosophie (w, –, n)	*philosophie (la)*
Plagiat (n, es, e)	*plagiat (le)*
Praktikumsbetreuer (m, s,-)	*directeur, trice de mémoire de stage (le, la)*
Projektmethodik (w, –, en)	*méthodologie de projet (la)*
Promotion (w, –, en)	*doctorat (le)*
Protokoll (n, s, e)	*compte-rendu (le)*
Prüfung (w, –, en)	*épreuve (l')*
Psychologie (w, –, n)	*psychologie (la)*
Redner (m, s,-)	*orateur (l')*
Rehabilitation (w, –, en)	*réhabilitation (la)*
Sabbatjahr (n, es, e)	*année sabbatique (l')*
Schein (r, s, e)	*attestation (l'), crédit (note)*
Schul- Semesteranfang (m, es,¨-e)	*rentrée (la)*
Semesterabschlussprüfung (w, –, en)	*partiel (le)*
Seminararbeit (w, –, en)	*dissertation (la)*
Soziologie (w, –, n)	*sociologie (la)*
Sprachlabor (n, s, atorien)	*laboratoire de langues (le)*
Statistik (w, –, en)	*statistiques (les)*
Stipendium (n, s, ien)	*bourse (la)*

Studentenbüro (n, s, s)	*bureau des étudiants (le)*
Stundenplan (m, s,¨-e)	*calendrier des cours (le)*
Subvention (w, –, en)	*subvention (la)*
Symposium (n, s, en)	*symposium (le)*
Technologiepark (m, s, s)	*technopôle (le, la)*
Terminplanung (w, –, en)	*planning (le)*
Test (m, s, s)	*test (le)*
Titel (m, s,-)	*titre (le)*
Übergabe (w, –, n)	*remise (la)*
Übung (w, –, en) zur Vorlesung (w, –, en)	*travaux dirigés (les)*
Universität (w, –, en)	*université (l')*
Universitätsdekan (m, s, e)	*doyen de l'université (le)*
Universitätspräsident (m, en, en)	*président, e de l'université (le, la)*
Unternehmen (n, s,-)	*entreprise (l')*
Unterstützung (w, –, en)	*subvention (la), allocation (l')*
Vereinigung (w, –, en)	*association (l')*
Versicherung (w, –, en)	*assurance (l')*
Vertagung (w, –, en)	*ajournement (l')*
Verwaltungsrat (m, es,¨-e) der Universität	*conseil d'administration de l'université (le)*
Vorlesung (w, –, en)	*cours magistral (le)*
Vortrag (m, s, ¨-e)	*conférence (la)*
Wiederholen (n, s)	*révision (la)*
Willkommensumtrunk (m, es, e)	*pot de bienvenue (le)*
Wirtschaft (w, –, en)	*économie (l')*
Zeitschrift (w, –, en)	*périodique (le), magazine (le), revue (la)*
Zertifikat (n, es, e)	*certificat (le)*
Zeugnis (n, ses, se)	*certificat (le), bulletin (le)*
Zulassung (w, –, en)	*admission (l')*
Zulassungsanspruch (m, s,¨-e)	*admissibilité (l')*
Zusammenfassung (w, –, en)	*résumé (le)*
Zwischenmenschliche Kommunikation (w, –, en)	*communication interpersonnelle (la)*

Les noms de A à Z

arbeiten	*travailler*
dem Prüfer standhalten	*tenir tête à l'examinateur*
die Urheberschaft einer Erfindung fordern, beanspruchen	*revendiquer la paternité d'une invention*

die Zusammenfassung eines Artikel verfassen, schreiben	*rédiger un compte-rendu d'article*
durchfallen (ie, a), scheiter	*échouer*
ein Fach wiederholen, vorbereiten	*réviser une matière*
ein Guthaben anerkennen lassen	*valider un crédit*
ein Referat halten	*faire un exposé*
ein Thema überfliegen	*survoler une matière*
eine Arbeitsgruppe bilden	*former un groupe de travail*
eine Präsentation vorbereiten	*faire une présentation*
eine universitäre Laufbahn einschlagen	*embrasser la carrière universitaire*
eine Vorlesung besuchen	*suivre un cours magistral*
in der Uni-Bibliothek arbeiten	*travailler à la bibliothèque universitaire*
in einer Zeitschriftenredaktion sitzen	*siéger au comité d'une revue*
schaffen, jm gelingt etw	*réussir*
scheitern	*échouer*
sein Autoren-, Urheberrecht geltend machen	*faire valoir ses droits d'auteur*
sich auf ein Examen vorbereiten	*se préparer à un examen*
sich vorstellen, sich melden	*se présenter*
sich zu einer Semesterprüfung melden	*se représenter à un partiel*
Sondergenehmigung beantragen	*demander une dérogation de passage*
studieren	*étudier*
vor einem Examen pauken	*bachoter avant un examen*
zwei Diplome gleichzeitig, parallel machen	*mener deux diplômes de front*

Donnerstag, 30.März, 18Uhr42
Betreff : Hochschule für online-Marketing – Grenoble 2 ???? Eurer Meinung nach…
Marc : Hallo zusammen, ich habe fast mein Diplom in online-Marketing in Rouen fertig, beendet und würde gerne wissen, ob jemand über den Wert des Masters Bescheid weiß, sich mit dem Wert des Masters auskennt Online-Marketing – Internationale Strategien? Danke im Voraus für eure Antworten!!

Freitag, 2.Mai, 19Uhr45
Antw : Hochschule für online-Marketing – Grenoble 2 ???? Eurer Meinung nach…
Marie : Hallo Marc, ich bin Abgängerin des Jahrgangs 2008-2009. Du brauchst dir überhaupt keine Sorgen über die Qualität der Lehrinhalte und die Erfahrung des Lehrpersonals zu machen (die Hälfte besteht aus noch aktiven Fachmännern,-frauen). Außerdem erlauben dir die Pflichtpraktika im Ausland eine Annäherung an andere Gegebenheiten und andere kulturelle Ansätze, was äußerst bereichernd ist.

Samstag, 3.Mai, 8Uhr19
AntwAntw : Hochschule für online-Marketing – Grenoble 2 ???? Eurer Meinung nach...
Amadou : Hallo Marc, Marie hat vollkommen recht. Ichmache gerade in Grenoble den Master 2, und obwohl das Arbeitspensum recht hoch ist, habe ich den Eindruck, dass die Ausbildung für die entsprechenden Berufe sehr gut ist. Die Studiengebühren sind aber doch recht hoch... Viel Glück!

Jeudi 30 mars, 18 h 42
Objet : Sup de Co- emarketing – Grenoble 2 ??? à votre avis...
Marc : Bonjour à tous, ayant quasiment fini ma licence en webmarketing à Rouen, je voulais savoir si quelqu'un avait des informations sur la valeur du master I E-marketing – stratégies internationales (Grenoble 2) ? Merci de vos réponses !!

Vendredi 2 mai, 19 h 45
Re : Sup de Co- emarketing – Grenoble 2 ??? à votre avis...
Marie : bonjour Marc, je suis une ancienne de la promo 2008-2009 et tu n'as aucun souci à te faire sur la qualité des enseignements et l'expérience des enseignants (la moitié est constituée professionnels encore en activité). De plus, les stages à l'étranger obligatoires te permettent de te confronter à d'autres réalités, d'autres approches culturelles, c'est extrêmement enrichissant.

Samedi 3 mai, 8 h 19
Re : Re : Sup de Co- emarketing – Grenoble 2 ??? à votre avis...
Amadou : bonjour Marc, Marie a tout à fait raison. Moi, je suis actuellement les cours à Grenoble en Master 2 et le rythme de travail a beau être très soutenu, j'ai l'impression que nous sommes bien formés aux métiers qui nous attendent. Les frais d'inscription restent quand même un peu élevés... Bonne chance à vous !

2.2 Beschäftigungs-und Kompetenzplanung *La gestion prévisionnelle des emplois et des compétences*

Les noms de A à Z

Abkommensunterzeichner	*signataires d'un accord (les)*
Absolvent-in	*diplomé, e (le, la)*
Anerkennung (w, –, en) der Diplome	*bilan de compétences (le)*
Anfänger (m, s,-)	*débutant (le)*

Anforderung (w, –, en)	*exigences (du poste, d'expérience) (les)*	
Angebot (n, es, e)	*offre (l')*	
Anstellung (w, –, en)	*embauche (l'), recrutement (le)*	
Anstellungsgespräch (n, se)	*entretien (d'embauche, de recrutement) (l')*	
Anzeige (w, –, n)	*annonce (l')*	*Notre entreprise comprend plus de 3 000 personnes et notre service RH lance des offres d'emplois en permanence donc il s'agit de gérer les fluxs.*
Arbeitgeberleistungen (w, –, en)	*avantages sociaux (les)*	*Les avantages sociaux sont un outil essentiel de l'entretien d'embauche.*
Arbeitsbedingungen (w, –, en)	*conditions de travail (les)*	*Le ministre du Travail belge a insisté sur l'amélioration des conditions de travail pour les saisonniers.*
Arbeitsgesetzbuch (n, s,¨-er)	*Code du Travail (le)*	*Le code du Travail fixe le cadre dans lequel nous devons faire preuve de créativité pour gérer les ressources humaines tout en respectant la législation.*
Arbeitskraft (w, –,¨-e)	*main d'œuvre (la)*	
Arbeitslosigkeit (w, –, en)	*chômage (le)*	*Le chômage contraint beaucoup de personnes à gérer leur retour à l'emploi comme une véritable compétition.*
Arbeitsmarkt (m, es,¨-e)	*marché du travail (le)*	*Le marché du travail oblige les recruteurs à prendre en considération des critères externes à la politique de l'entreprise.*
Arbeitsplatz (m, es,¨-e)	*lieu de travail (le)*	

Arbeitsrecht (n, s, e)	*droit du travail (le)*	
Arbeitsumfeld (m, es, er)	*cadre de travail (le)*	
Arbeitsvertrag (m, s,¨-e)	*contrat de travail (le)*	*J'ai mis fin au contrat de travail après seulement quinze jours.*
Arbeitszeit (w, –, en)	*temps de travail (le)*	
Arbeitszeiten (w, –, en)	*horaires (de travail) (les)*	*Le candidat nous a expliqué que la gestion des heures de travail n'était pas informatisée chez son ancien employeur.*
Auskunft (w, –,¨-e)	*renseignements (les)*	*Pour obtenir plus de renseignements, il faut vous adresser au service des ressources humaines.*
Aussicht auf eine Anstellung	*perspective d'emploi (la)*	
Auswahl (w, –, en)	*sélection (la), choix (le)*	
Auswahlkomitee (n, s, s)	*jury de sélection (le)*	
Auswahlkriterien (n, s, ien)	*critères de sélection (les)*	
Auswahltest (m, s, s)	*test de sélection (le)*	
Auswahlverfahren (n, s,-)	*processus de sélection (le)*	*Le responsable des ressources humaines a repris le processus de sélection, étape par étape.*
Berater-in	*conseiller (le)*	
Beratung (w, –, en)	*conseil (le)*	*Nous avons tissé un partenariat avec un cabinet de conseil qui nous aide à manager notre personnel.*
Beruf (m, s, e)	*métier (le)*	
Berufliche Ausrichtung (w, –, en)	*orientation professionnelle (l')*	
Berufliche Gelegenheit (w, –, en)	*opportunité professionnelle (l')*	
Berufliche Laufbahn (w, –, en)	*carrière (la)*	*Une carrière doit être bien pensée dès le départ : la cohérence importe énormément au recruteur.*

Berufliche Referenzen (w, –, en)	*références pour un poste (les)*	
Berufsberater-in	*conseiller d'orientation (l')*	
Berufserfahrung (w, –, en)	*expérience professionnelle (l')*	*Cataloguer les expériences professionnelles des différents candidats relève d'une bonne gestion de l'information.*
Berufsmilieu (n, s, s)	*milieu professionnel (le)*	*En tant que commercial terrain, j'ai travaillé dans quatre milieux professionnels differents.*
Bewerber-in	*candidat, e (le, la)*	*Le candidat a bien géré son temps de préparation.*
Bewerberprofil (n, s-)	*profil d'un candidat (le)*	*Cerner le profil du candidat n'autorise aucune improvisation.*
Bewerbungsakte (w, –, n)	*dossier de candidature (le)*	
Bewerbungsschreiben (n, s,-)	*lettre de motivation (la)*	*La lettre de motivation nous intéresse beaucoup moins que le CV.*
Bezahlung (w, –, en)	*rémunération (la)*	
Bruttoeinkommen (n, s,-)	*revenu brut (le)*	
Bruttogehalt (n, es,¨-er)	*salaire brut (le)*	
Bürozeiten (w, –, en)	*horaires de bureau (les)*	*Les horaires de bureau flexibles permettent aux salariés de gérer leur charge de travail.*
Datenbank (w, –,¨-e)	*base de données (la)*	
Dienstleister (m, s,-)	*prestataires de service (les)*	
Dienstleistungssektor (m, s, en)	*secteur du tertiaire (le)*	*Le secteur du tertiaire est le secteur qui recrute le plus de personnel féminin.*
Diplom (n, s, e)	*diplôme (le)*	*Il s'est présenté à nous bardé de diplômes.*
Direktanstellung (w, –, en)	*recrutement (par approche direct) (le)*	
Ehrenamtliche Tätigkeit (w, –, en)	*bénévolat (le)*	
Einkommenssteuer (w, –, n)	*impôt sur le revenu (l')*	

Einstellung mit Probezeit	*engagement avec une période d'essai (l')*	*Un bon manager doit toujours prévoir une voie de secours : la période d'essai permet de s'engager tout en testant le salarié.*
Einstellung (w, –, en)	*recrutement (le), embauche*	
Einstellungspolitik (w, –, en)	*politique de recrutement (la)*	*Notre politique de recrutement est calquée sur la stratégie du groupe.*
Einstellungsverfahren (n, s,-)	*processus de recrutement (le)*	*Le processus de recrutement a été interrompu à la suite de la fermeture du poste.*
E-Mail-Adresse (w, –, n)	*adresse mail (l')*	
Empfehlung (w, –, en)	*recommandation (la)*	
Empfehlungsschreiben (n, s,-), -brief (m, s, e)	*lettre de recommandation (la)*	*Une lettre de recommandation attire toujours l'attention du recruteur.*
Ende (n, s, n) der Probezeit (w, –, en)	*terme de la période d'essai (le)*	
Entscheidung (w, –, en)	*décision (la)*	*Le DRH n'est pas revenu sur sa décision de rencontrer les trois finalistes lors de la même reunion.*
Entwicklung (w, –, en)	*développement (le)*	
Erscheinungsdatum (n, s, en)	*date de parution (la)*	
Facharbeiter (m, s,-)	*ouvrier qualifié (l')*	*Gérer une population d'ouvriers qualifiés, même intérimaires, est bien plus aisée que de travailler avec des ouvriers non qualifiés ou des étudiants.*
Fähigkeit (w, –, en)	*capacité (la)*	
Familienstand (m, es,¨-e)	*situation familiale (la)*	*Sa situation familiale a changé depuis notre dernier entretien.*

Fremdsprache (w, –, n)	*langue étrangère (la)*	
Funktion (w, –, en)	*fonction (la)*	
Gehaltsskala (w, –, en)	*barème des salaires (le)*	
Gehaltsspektrum (n, s, en)	*éventail des salaires (l')*	
Geste (w, –, n)	*geste (le)*	
Gleichheit (w, –, en)	*égalité (l')*	
Gratifikation (w, –, en)	*gratification (la)*	
Grundsätze (m, es,¨-e)	*principes (les)*	
Halbtagsjob (m, s, s)	*travail à mi-temps (le)*	
Handschriftlicher Brief (m, s, e)	*lettre manuscrite (la)*	
Handynummer (w, –, n)	*numéro de telephone portable (le)*	
Haushalt (m, es, e)	*budget (le)*	
Headhunter (m, s,-)	*chasseur de têtes (le)*	
Hochschulwesen (n, s)	*enseignement supérieur (l')*	
Interessengebiet (m, es, e)	*centres d'intérêt (les)*	*Mes centres d'intérêts tournent autour de mon travail, car je suis informaticien.*
Interessenkonflikt (m, s, e)	*conflit (d'intérêt) (le)*	
Jobbörse (w, –, n)	*salon du recrutement (le)*	
Karriereplan (m, s,¨-e)	*plan de carrière (le)*	
Kategorie (w, –, n)	*catégorie (la)*	
Kostenüberschreitung (w, –, en)	*dépassement des coûts (le)*	
Laufbahn (w, –, en)	*parcours (le)*	
Lebenslauf (m, s,¨-e)	*curriculum vitae (le)*	*Dans son CV, le manager a mis en avant ses compétences et ses expériences dans le secteur de la logistique.*
Lehre (w, –, n)	*enseignement (l'), apprentissage (l')*	
Leitende Stelle (w, –, n)	*poste à pourvoir (la)*	
Letzte Frist (w, –, en)	*date limite (la)*	*La date limite de réception des candidatures est fixée au 31 mars.*
Lieferant (m, en, en)	*fournisseur (le)*	

Liste (w, –, n)	*liste (la)*	
Manager (m, s,-)	*manager (le)*	
Motivation (w, –, en)	*motivation (la)*	
Muttersprache (w, –, n)	*langue maternelle (la)*	
Nettogehalt (n, es,¨-er)	*salaire net d'impôt (le)*	*Actuellement, les candidats négocient en parlant d'un salaire net d'impôt.*
Notfall (m, s,¨-e)	*urgence (l')*	
Nutznießer-in	*bénéficiaire (le, la)*	
Personalbedarf (m, s)	*besoin en personnel, en effectifs (le)*	
Personalfluktuation (w, –, en)	*turnover (le)*	
Personalleiter (m, s,-)	*chef du personnel (le)*	
Personalleiter-in	*responsable du recrutement (le, la)*	*La responsable du recrutement a déjà rencontré quarante-huit candidats.*
Personalmangel (m, s)	*manque d'effectif (le)*	*Le manque d'effectif perpétuel nous oblige à renouveler sans cesse nos offres d'emploi.*
Personal-Service-Agentur (w, –, en)	*agence d'intérim (l')*	*C'est par l'agence d'interim que j'ai mis un pied chez ce grand constructeur automobile.*
Personalvermittler -in	*recruteur, se (le, la)*	
Personalvermittlung (w, –, en)	*recrutement (le), embauche (l')*	
Personalvermittlungssektor (m, s, en)	*secteur du recrutement (le)*	
Personalvermittlungswebsite (w, –, s)	*site de recrutement (le)*	
Persönlichkeitstest (m, s, s)	*test de personnalité (le)*	*Le test de personnalité obéit à des règles strictes.*
Potenzial, Potential (n,s)	*potentiel (le)*	
Praktikant im Studium, Student im Praktikum	*étudiant stagiaire (l')*	

Praktikum (n, s, en)	*stage (le)*	*Chaque chef de service se voit confier un ou une stagiaire pendant trois mois et doit déceler un futur collaborateur.*
Qualifizierung (w, –, en), Qualifikation (w, –, en)	*qualifications (les)*	*Les qualifications attendues par les recruteurs dépassent allégrement ce que les candidats peuvent proposer.*
Referat (n, es, e)	*exposé (l')*	*Dans son exposé, lors de la mise en situation, on a demandé aux candidates de simuler un entretien annuel.*
Risiko (n, s, en)	*risque (le)*	*En confiant à un stagiaire en Master II GRH le recrutement de techniciens maintenance, j'ai pris un risque calculé.*
Sachverstand (m, es)	*expertise (l'), savoir-faire (le)*	
Saisonarbeit (w, –, en)	*travail saisonnier (le)*	
Schichtarbeit (w, –, en)	*travail en 3×8 (le), travail par roulement (le)*	*Le travail par roulement intéresse souvent des candidats célibataires.*
Spitzenqualifikation (w, –, en)	*qualifications pointues (les)*	
Sprache (w, –, n)	*langue (la)*	*La langue est devenue un critère de selection et permet de trier les candidatures.*
Stellen (w, –, n)	*postes (les)*	
Stellenangebot (n, es, e)	*offre d'emploi (l')*	*L'offre d'emploi résume les principaux avantages et les obligations liées au poste à pourvoir.*
Stellenbeschreibung (w, –, en)	*profil de poste (le)*	

Stellensuche (w, –, n)	*recherche d'emploi (la)*	*La recherche d'emploi nécessite de l'endurance et du recul.*
Stellenverlust (m, es, e)	*perte d'emploi (la)*	*La perte d'emploi relative à la fusion des deux filiales a exigé de Paul une grande adaptabilité.*
Studienabschluss (m, ses,¨-se)	*niveau d'études (la)*	*Le niveau d'études n'est pas forcément le meilleur critère de selection, surtout si le candidat a une longue expérience professionnelle.*
Stunde (w, –, n)	*heure (l')*	
Tägliche Arbeit (w, –, en)	*travail quotidien (le)*	
Tarifvertrag (m, s,¨-e)	*convention collective (la)*	*La convention collective nous permet de créer une pyramide des métiers, bien utile lors de recrutements.*
Tätigkeitsbereich (m, s, e)	*secteur d'activité (le)*	
Teamarbeit (w, –, en)	*travail en équipe (le)*	
Teilzeit (w, –, en)	*temps partiel (le)*	
Teilzeitarbeit (w, –, en)	*travail à temps partiel (le)*	
Telefonnummer (w, –, n)	*numéro de téléphone (le)*	
Test (m, s, s)	*test (le)*	
Universität (w, –, en)	*université (l')*	
Unterlagen (w, –, n)	*documents (les)*	
Unterschrift (w, –, en)	*signature (la)*	
Verantwortung (w, –, en)	*responsabilité (la)*	
Verfügbarkeit (w, –, en)	*disponibilité (la)*	
Verhandlung (w, –, en)	*négociation (la)*	*La négociation s'est révélée ardue car le candidat a l'expérience de ce type de rendez-vous.*
Versetzung (w, –, en)	*mutation (la)*	*Grâce à sa mutation à l'international, il a relancé sa carrière.*
Vertragswortlaut (m, es, e)	*termes d'un contrat (les)*	
Vertreter (m, s,-)	*représentant (le)*	

Vielseitigkeit (w, –, en)	*polyvalence (la)*	*Mon N +1 cherche constamment des nouveaux collègues ayant une polyvalence avérée.*
Vollzeitarbeit (w, –, en)	*travail à temps plein (le)*	
Vollzeitjob (m, s, s)	*travail à temps plein (le)*	
Vorstellungsgespräch (n, s, e)	*entretien de recrutement (l')*	*L'entretien de recrutement répond à des codes précis selon les pays, d'où l'intérêt de mes études en management interculturel.*
Website (w, –, s)	*site web (le)*	*Notre site web rappelle aux candidats les documents à fournir.*
Zeitarbeit (w, –, en)	*travail temporaire (le)*	
Zeitarbeitsfirma (w, –, en)	*agence de travail temporaire (l')*	
Ziel (n, s, e)	*but (le)*	
Zulieferer (m, s,-)	*sous-traitant (le)*	

Les adjectifs de A à Z

akademisch	*universitaire*
aktiv	*actif, ive*
ambivalent	*ambivalent, e*
analytisch	*analytique*
angepasst	*adapté, e*
anpassungsfähig	*adaptable*
anständig	*honorable*
antezedent	*antécédent, e*
aufmerksam	*observateur, trice*
aufopferungsvoll	*dévoué, e (à)*
ausdauernd	*endurant, e*
auserwählt	*sélectionné, e*
ausländisch	*étranger, ère*
autonom	*autonome*
außendienstlich	*itinérant, e*
außergewöhnlich	*exceptionnel, le*
beauftragt mit +D	*chargé, e (de)*

bedeutend,	*significatif, ive*
beharrlich	*persévérant, e*
behindert	*handicapé, e*
beispielhaft	*exemplaire*
bereichernd	*enrichissant, e*
bessere, r, s	*meilleur, e (comparaison entre 2 personnes)*
beste, r, s	*meilleur, e (comparaison entre 3 personnes et plus)*
bestimmt	*déterminé, e*
brutto	*brut, e*
dazwischenliegend	*intermédiaire*
diplomatisch	*diplomate*
direkt	*direct, e*
diszipliniert	*discipliné, e*
dringend	*urgent, e*
dynamisch	*dynamique*
effizient	*efficace*
ehrgeizig	*ambitieux, euse*
ehrlich	*honnête, sincère*
einfach	*facile*
eingeladen	*invité, e*
eingeschrieben	*inscrit, e*
einsetzbar	*opérationnel, le*
emotional	*émotionnel, le*
energisch	*énergique*
engagiert	*engagé, e*
entfernt	*éloigné, e*
entscheidend	*décisif, ve*
ernannt	*nommé, e*
ernst	*sérieux, euse*
erstaunlich	*étonnant, e*
eventuell	*éventuel, le*
fakultativ	*facultatif, ive*
fantasievoll	*imaginatif, ve*
fehlerhaft	*fautif, ive*
fest	*fixe*
finanziell	*financier, ère*
fleiβig	*travailleur, euse*

flexibel	*flexible*
fortschrittlich	*progressif, ive*
geboren	*né, e*
gebürtig	*natif, ve*
gelassen	*serein, e*
gelesen	*lu, e*
genau	*précis, e*
gerecht	*juste*
gestikulierend	*gestuel, e*
gewiss	*certain, e*
gewöhnlich	*habituel, le*
global	*global, e*
groß	*grand, e*
großzügig	*généreux, euse*
günstig	*favorable*
handschriftlich	*manuscrit, e*
hartnäckig	*obstiné, e, tenace*
hilfsbereit	*serviable*
hochqualifiziert	*hautement qualifié, e*
höflich	*poli, e*
identifiziert	*identifié, e*
impulsiv	*impulsif, ive*
innovativ	*innovateur, trice*
intelligent	*intelligent, e*
interessant	*intéressant, e*
intuitiv	*intuitif, ive*
ironisch	*ironique*
kämpferisch	*combatif, ive*
klarsichtig	*lucide*
kohärent	*cohérent, e*
konform	*conforme (à)*
konstant	*constant, e*
kreativ	*créatif, ive*
kulant	*conciliant, e*
langsam	*lent, e*
ledig	*célibataire*
legal	*légal, e*
leicht	*léger, ère*
lieber, liebe	*cher, chère*

listig	*rusé, e*
logisch	*logique*
medizinisch	*médical, e*
menschlich	*humain, e*
mental	*mental, e*
methodisch	*méthodique*
mitinbegriffen	*impliqué, e*
möglich	*possible*
monatlich	*mensuel, le*
motiviert	*motivé, e*
mutig	*audacieux, euse*
nachhaltig	*durable*
natürlich	*naturel, le*
negativ	*négatif, ive*
nicht steuerpflichtig	*non-imposable*
nützlich	*utile*
offen	*ouvert, e d'esprit, franc, franche*
optimistisch	*optimiste*
ordentlich	*ordonné, e*
organisiert	*organisé, e*
polyvalent	*polyvalent, e*
professionell	*professionnel, le*
pünktlich	*ponctuel, le*
rechtlich	*juridique*
reserviert	*réservé, e*
richterlich	*judiciaire*
ruhig	*calme*
sachlich	*impartial, e*
schwach	*faible*
sektorübergreifend	*transverse*
selbstbeherrscht	*maître de soi*
selbstverständlich	*évident, e*
sinnvoll	*judicieux, euse*
sorgfältig	*soigneux, euse*
spannend	*captivant, e*
spät	*tardif, ive*
spielerisch	*ludique*
stabil	*stable*
stark	*fort, e*

steuerlich	*fiscal, e*
steuerpflichtig	*imposable*
strategisch	*stratégique*
streng	*rigoureux, se*
systematisch	*systématique*
täglich	*journalier, ère*
taktisch	*tactique*
talentiert	*talentueux, euse*
tolerant	*tolérant, e*
traditionell	*traditionnel, le*
treu	*loyal, e*
überqualifiziert	*surqualifié, e*
umgänglich	*sociable*
unbefugt	*non-autorisé, e*
unbesetzt	*non-pourvu, e*
unbewusst	*inconscient, e*
unbezahlt	*non-rémunéré, e*
unerlaubt	*illicite*
unfähig	*incapable*
ungenau	*imprécis, e*
ungerecht	*injuste*
unhöflich	*impoli, e*
universell	*universel, le*
unzufrieden	*insatisfait, e*
unzureichend	*insuffisant, e*
verantwortlich	*responsable*
verboten	*interdit, e*
vereint	*uni, e*
verfügbar	*disponible*
verheiratet	*marié, e*
verlässlich	*fiable*
vertrauensvoll	*confiant, e*
vertrauenswürdig	*digne de confiance*
vorgeschrieben	*imposé, e par*
vorsichtig	*prudent, e*
vorsortiert	*présélectionné, e*
wechselhaft	*changeant, e*
wesentlich	*essentiel, le*
wichtig	*important, e*

widerstandsfähig	*résistant, e*
zahlreich	*nombreux, euse*
zentral	*central, e*
zertifiziert	*certifié, e*
zweimal monatlich	*bimensuel, le*
zweimal wöchentlich	*bihebdomadaire*
zweisprachig	*bilingue*

Les verbes de A à Z

abhängen von +D (i, a)	*dépendre*
aktualisieren	*actualiser*
akzeptieren	*accepter*
anbieten (a, o)	*offrir*
angleichen (i, i)	*réajuster*
ansiedeln	*situer*
anstellen	*engager, recruter*
antworten	*répondre*
anwenden (a, e)	*appliquer*
aufbauen	*bâtir*
auflisten	*lister*
aufrechterhalten (ie, a)	*maintenir*
ausbilden	*former*
ausfragen	*débriefer*
ausgleichen (i, i)	*équilibrer, amortir*
auslösen	*générer*
ausnutzen	*exploiter, utiliser*
ausrichten auf +A	*orienter selon*
ausüben	*exercer*
ausverkaufen	*liquider*
auswählen	*sélectionner, choisir*
beantragen	*solliciter*
bedeuten	*signifier*
beeinflussen	*influencer*
beenden	*finir*
befragen	*questionner*
beginnen (a, o)	*commencer*
begrenzen	*limiter*
begünstigen	*favoriser*

beherrschen	*maîtriser*
beifügen	*joindre*
beitragen	*apporter*
beitreten (a, e)	*souscrire à*
beiwohnen +D	*assister à*
bekommen (a, o)	*recevoir, avoir*
belästigen	*harceler*
belohnen	*récompenser*
beobachten	*observer*
berechtigen	*habiliter*
beschäftigen	*employer*
besetzen	*occuper*
bestätigen	*confirmer*
bestimmen	*déterminer, fixer*
bewerten	*évaluer*
bewilligen	*octroyer*
bezahlen	*payer, rémunérer*
bezeugen	*témoigner*
bremsen	*freiner*
definieren	*définir*
digitalisieren	*numériser*
drucken	*imprimer*
durchblättern	*feuilleter*
ebnen	*égaliser*
ehren	*honorer*
ein Team bilden	*faire équipe*
eine Karriere anstreben	*embrasser une carrière*
einen Termin verschieben (o, o)	*décaler un rendez-vous*
einen Vertrag unter Dach und Fach bringen (ach, ach)	*entériner un accord*
einer Gewerkschaft beitreten (a, e)	*(se) syndiquer*
einführen	*lancer, introduire*
einladen (u, a)	*inviter*
einrichten	*installer*
einschätzen	*mesurer, estimer*
entfernen	*éliminer*
enthalten (ie, a)	*contenir*
enthüllen	*révéler*
erhöhen	*hausser, accroître, grandir*

erkennen (a, a)	*1.percevoir, 2. reconnaître, identifier*
erlangen	*acquérir*
erlauben	*permettre*
erleichtern	*faciliter*
ernennen	*nommer*
ernennen (a, a)	*nominer*
erneuern	*renouveler*
erreichen	*atteindre, obtenir*
erscheinen	*figurer*
erwähnen	*évoquer, mentionner*
erweitern	*élargir*
existieren	*exister*
fertigen	*manufacturer*
feststellen	*constater*
finanzieren	*financer*
folgen	*suivre*
fordern	*revendiquer*
fördern	*promouvoir*
formulieren	*formuler*
funktionieren	*fonctionner*
garantieren	*garantir*
genehmigen	*homologuer*
gewinnen (a, o)	*gagner*
glauben	*croire*
halten (ie, a)	*tenir*
handeln	*opérer*
harmonisieren	*harmoniser*
herstellen	*fabriquer, produire*
hinausgehen über +A (i, a)	*outrepasser*
hoffen	*espérer*
hören	*entendre*
identifizieren	*identifier*
informieren	*informer*
ins Auge fassen	*envisager*
interagieren	*interagir*
interviewen	*interviewer*
jonglieren mit +D	*jongler*
kämpfen	*lutter*
kombinieren	*combiner*

kommunizieren	*communiquer*
kompensieren	*compenser*
kontrollieren	*contrôler*
koordinieren	*coordonner*
kopieren	*copier*
lernen	*s'instruire*
lesen (a, e)	*lire*
liefern	*livrer, fournir*
lösen	*solutionner*
loslassen (ie, a)	*lâcher*
machen	*faire*
managen	*diriger, gérer*
maximieren	*maximaliser*
mitarbeiten an +D	*collaborer à*
motivieren	*motiver*
müssen	*devoir*
nachdenken (ach, ach)	*réfléchir*
nehmen (a, o)	*prendre*
neu orientieren	*réorienter*
neuorganisieren	*réorganiser*
notieren	*noter*
nummerieren	*numéroter*
offiziell mitteilen	*notifier*
öffnen	*ouvrir*
optimisieren	*optimiser*
ordnen	*ordonner*
Personal einstellen	*embaucher du personnel*
planen	*planifier, programmer*
praktizieren	*pratiquer*
präzisieren	*préciser*
profitieren	*bénéficier*
qualifizieren	*qualifier*
rechnen	*calculer*
rechtfertigen	*justifier*
reinigen	*nettoyer*
respektieren	*respecter*
sanktionieren	*sanctionner*
scheinen	*sembler*
schreiben (ie, ie)	*écrire*

schwanken	*osciller*
sein	*être*
sich aufteilen	*se diviser*
sich ausdrücken	*s'exprimer*
sich auszeichnen	*se caractériser*
sich behaupten	*s'imposer*
sich beruflich umorientieren	*se reconvertir*
sich bewerben (a, o)	*déposer une candidature*
sich dazugesellen	*se joindre à*
sich einbringen (ach, ach)	*s'impliquer*
sich einschreiben (ie, ie)	*s'inscrire*
sich entfalten	*s'épanouir*
sich erkundigen	*se renseigner*
sich gewöhnen an +A	*s'habituer*
sich integrieren	*s'intégrer*
sich kennenlernen	*faire connaissance*
sich konzentrieren auf +A	*se concentrer*
sich niederlassen (ie, ie)	*s'installer*
sich rechtfertigen für +A	*se justifier de*
sich stoβen an +D (ie, o)	*se heurter*
sich unterhalten mit +D	*s'entretenir*
sich weiterentwickeln	*évoluer*
sich widmen	*se consacrer*
sollen	*devoir*
sparen	*économiser, sauvegarder*
spielen	*jouer*
steigen (ie, ie)	*croître*
strukturieren	*structurer*
studieren	*étudier*
suchen	*rechercher, chercher*
systematisieren	*systématiser, formaliser*
telefonieren	*téléphoner*
thematisieren	*thématiser*
treffen (a, o)	*rencontrer*
überführen	*transférer*
überlassen (ie, a)	*céder*
übersetzen	*traduire*
überzeugen	*convaincre*
urteilen	*juger*

verallgemeinern	*généraliser*
verändern	*transformer*
veranstalten	*organiser*
verbessern	*améliorer, perfectionner*
verdienen	*mériter*
vereinbaren	*convenir (d'un rdv)*
vergleichen (i, i)	*comparer*
verhandeln	*négocier*
verlangen	*exiger, nécessiter*
verlassen (ie, a)	*quitter*
vermeiden (ie, ie)	*éviter*
vernachlässigen	*négliger*
veröffentlichen	*publier*
verstehen (a, a)	*comprendre*
verstoßen gegen +A	*enfreindre*
versuchen	*essayer*
vertreten (a, e)	*représenter*
vervollständigen	*compléter*
verwirklichen	*réaliser*
verzögern	*retarder*
vorbereiten	*préparer*
vorgehen (i, a)	*procéder*
vorwegnehmen (a, o)	*anticiper*
wagen	*oser*
warten	*attendre*
wecken	*éveiller*
wieder einstellen	*réembaucher*
wissen (u, u)	*connaître, savoir*
wohnen	*habiter*
zeigen	*montrer*
Zeit gewinnen (a, o)	*temporiser*
Ziele aufstellen	*établir des objectifs*
zielen auf	*cibler*
zögern	*hésiter*
zu Rate ziehen (o, o)	*consulter*
zufriedenstellen	*satisfaire*
zurücksetzen	*rétrograder*
zusammenfassen	*grouper, regrouper*
zweifeln	*douter*

2.3 TeamFührung
La gestion des individus et des équipes

Les noms de A à Z

Abmahnung (w, –, en)	*avertissement (l')*	*Il a reçu un avertissement à cause de son manque d'interaction dans les réunions.*
Abschnitt (m, es, e)	*phase (la)*	
Absicht (w, –, en)	*intention (l')*	
Abwesenheit (w, –, en)	*absentéisme (l')*	
Alphabetisierung (w, –, en)	*alphabétisation (l')*	
Altenversorgung (w, –, en)	*soins aux personnes âgées (les)*	
Alter (n, s,-)	*âge (l')*	
Anerkennung (w, –, en)	*reconnaissance (la)*	*Pendant sa période d'essai, la jeune chargée de recrutement cherche la reconnaissance.*
Annahme (w, –, n)	*hypothèse (l'), supposition (la)*	
Arbeit (w, –, en)	*travail (le)*	
Arbeitskräftepool (m, s, s)	*réservoir de main d'œuvre (le)*	
Arbeitsplatz (m, es,¨-e)	*lieu de travail (le)*	
Art (w, –, en)	*genre (le)*	
Aspekt (m, es, e)	*aspect (l')*	
Attraktivität (w, –, en)	*attractivité (l')*	*L'attractivité d'un nouvel emploi en interne trouve vite écho auprès des intéressés.*
Aufgabe (w, –, n)	*tâche (la)*	
Aufhebung (w, –, en)	*suspension (la)*	
Auftrag (m, s,¨-e)	*mission (la)*	
Ausgleich (m, s) zwischen Arbeit und Privatleben	*équilibre vie-travail (l')*	
Auslöser (m, s,-)	*déclencheur (le)*	
Autorität (w, –, en)	*autorité (l')*	
Bedarf (m, s)	*besoin (le)*	

Beförderung (w, –, en)	*promotion (la)*	*Elle a eu sa promotion le mois dernier bien que j'aie une plus grande ancienneté.*
Beherrschung (w, –, en)	*maîtrise (la)*	
Behinderung (w, –, en)	*handicap (le)*	
Beitrag (m, e,¨-e)	*contribution (la)*	
Beitritt (m, s, e)	*adhésion (l')*	
Belästigung (w, –, en)	*harcèlement (le)*	
Belohnung (w, –, en)	*récompense (la), prix (le)*	*Il a reçu un prix pour la cohésion d'équipe.*
Besetzung (w, –, en)	*occupation (l')*	
Bewertung (w, –, en),	*évaluation (l')*	
Bewusstsein (n, s)	*conscience (la)*	
Bezahlung (w, –, en)	*rémunération (la)*	
Blockade (w, –, n)	*barrières (les)*	
Chancengleichheit (w, –, en)	*égalité des chances (l')*	
Charakter (m, s, e)	*caractère (le)*	
Coaching (n, s, s)	*coaching (le)*	
Demographie (w, –, n)	*démographie (la)*	
Demotivierung (w, –, en)	*démotivation (la)*	
Diskriminierung (w, –, en)	*discrimination (la)*	
Durcheinander (n, s)	*confusion (la), chaos (le)*	
Durchführung (w, –, en)	*réalisation (la)*	*La réalisation de nos objectifs est due à notre travail d'équipe.*
Ehestatus (m, ses,-)	*statut marital (le)*	
Ehrgeiz (m, es)	*ambition (l')*	*L'ambition du manager est contagieuse.*
Eigenständigkeit (w, –, en)	*autonomie (l')*	*Travailler en autonomie est souvent appréciable.*
Einen Krankenschein haben (m, s, e)	*absence pour maladie (l')*	
Einfühlungsvermögen (n, s)	*empathie (l')*	
Einkommen (n, s,-)	*revenu (le)*	
Einschluss (m, es,¨-e)	*inclusion (l')*	

Einstellung (w, –, en)	*recrutement (le)*	*Lors du recrutement, j'ai pour habitude de recevoir les gens en tête-à-tête puis en mini-groupe.*
Einstellung (w, –, en)	*alignement (l'), position (la)*	
Einzelperson (w, –, en)	*individu (l')*	
Elternstatus (m, ses,-)	*statut parental (le)*	
Empfänglichkeit (w, –, en)	*réceptivité (la)*	
Engagement (n, s, s)	*engagement (l')*	*L'engagement montré dans la conduite du projet par le nouvel assistant a été bien apprécié par le directeur.*
Enthusiasmus (m, ses)	*enthousiasme (l')*	*Son enthousiasme est très communicatif.*
Entlassung (w, –, en)	*mise à pied (la), licenciement (le)*	
Entscheidungsfreiheit (w, –, en)	*libre arbitre (le)*	
Entschlossenheit (w, –, en)	*determination (la)*	
Erbe (n, s)	*héritage (l')*	
Erfolg (m, s, e)	*succès (le)*	
Fahrgemeinschaft (w, –, en)	*co-voiturage (le)*	
Farbe (w, –, n)	*couleur (la)*	
Fehler (m, s,-)	*faute (la)*	*Il a mis la faute sur le dos de sa collègue alors qu'elle se trouvait en congé.*
Finanzielle Kompensierung (w, –, en)	*compensation financière (la)*	
Fortschritt (m, es, e)	*progrès (le)*	
Frau (w, –, en)	*femme (la)*	
Fremdenfeindlichkeit (w, –, en)	*racisme (le)*	
Freund-in	*ami, e (l')*	
Freundschaft (w, –, en)	*amitié (l')*	
Gebrechen (n, s,-)	*infirmité (l')*	
Gefühl (n, s, e)	*émotion (l')*	
Gehalt (n, es,¨-er)	*salaire (le)*	*Le treizième mois de salaire motive souvent l'équipe.*

Geistige Behinderung (w, –, en)	*handicap mental (le)*	
Geistige Gesundheit (w,-)	*santé mentale (la)*	
Gelegenheit (w, –, en)	*opportunité (l'), occasion (l')*	*Kevin a saisi l'opportunité qui se présentait pour se mettre en avant.*
Gemütsverfassung (w, –, en)	*moral (le)*	
Geografische Lage (w, –, n)	*localisation géographique (la)*	
Geschicklichkeit (w, –, en)	*dextérité (la)*	
Gewerkschaftler (m, s,-)	*activiste (l')*	
Gläserne Decke (w, –, n)	*plafond de verre (le)*	
Gleiche Behandlung (w, –, en)	*égalité de traitement (l')*	
Gleichheit (w, –, en)	*égalité (l')*	*Notre charte interne prévoit l'égalité entre les individus, indépendamment de leur âge, sexe, religion ou de leur appartenance politique.*
Grund (m, s,¨-e)	*raison (la)*	
Gut (n, s,¨-er)	*bien (le)*	
Haltung (w, –, en)	*attitude (l')*	*L'attitude du manager a choqué certains membres de l'équipe.*
Headhunter (m, s-)	*chasseur, se de têtes (le, la)*	*La chasseuse de têtes a confié à l'équipe de management la peine qu'elle a à approcher des cadres intermédiaires en ces temps de crise.*
Herausforderung (w, –, en)	*défi (le)*	*Encore un défi à relever pour notre équipe !*
Hindernis (n, ses, se)	*obstacle (l')*	*C'est ensemble que nous allons surmonter les obstacles !*
Humor (m, s)	*humour (l')*	*L'humour, manié avec justesse, détend souvent l'atmosphère.*

Kämpfernatur (w, –, en)	*battant (le)*	
Kinderbetreuung (w, –, en)	*garde d'enfants (la)*	
Klarsicht (w, –, en)	*clairvoyance (la)*	
Kollege (m, n, n)	*collègue (le)*	
Kompliment (n, es, e)	*compliment (le)*	*A la fin de sa présentation, elle a reçu les compliments du DAF.*
Konstruktive Kritik (w, –, en)	*critique constructive (la)*	
Körperliche Möglichkeiten (w, –, en)	*capacités physiques (les)*	
Körperliches Unvermögen (n, s)	*incapacité physique (l')*	*Nous avons créé des postes spécifiques pour les personnes souffrant d'incapacités physiques.*
Kultureller Kontext (m, es, e)	*contexte culturel (le)*	
Laune (w, –, n)	*humeur (l')*	
Lebenslanges Lernen (n, s)	*apprentissage tout au long de la vie (l')*	
Leistung (w, –, en)	*performance (la)*	
Lob (n, s)	*éloge (l'), louange (la)*	
Lohn (m, s,¨-e)	*salaire (le)*	
Loyalität (w, –, en)	*loyauté (la)*	
Mangel (m, s,¨-)	*manque (le)*	
mehr Freiheiten (w, –, en)	*élargissement des libertés (l')*	
Menschliches Kapital (n, s)	*capital humain (le)*	
Minderheit (w, –, en)	*minorité (la)*	
Missetat (w, –, en)	*méfait (le)*	
Missverständnis (n, ses, se)	*malentendu (le)*	*On note que le nombre de malentendus a considérablement diminué depuis qu'un poste de coordinateur a été créé.*
Mitarbeiter-in	*collaborateur, trice (le, la)*	
Mitgefühl (n, s, e)	*compassion (la)*	
Mitglied (n, s, er)	*membre (le)*	
Moral (w,-)	*morale (la)*	

Motivation (w, –, en)	*motivation (la)*	*La motivation est tout aussi importante que les objectifs pour fédérer le groupe.*
Nationalität (w, –, en)	*nationalité (la)*	
Neuankömmling (m, s, e)	*nouvelle recrue (la)*	
Personalwechsel (m, s,-)	*rotation du personnel (la)*	
Persönlickeit (w, –, en)	*personnalité (la)*	*De fortes personnalités ont tendance à écraser le groupe et prendre le jeu à leur compte.*
Perspektive (w, –, n)	*perspective (la)*	
Pflicht (w, –, en)	*devoir (le)*	
Polemik (w, –, en)	*polémique (la)*	
Positive Diskriminierung (w, –, en)	*discrimination positive (la)*	
Prämie (w, –, n)	*prime (la)*	*Il n'y aura pas de primes cette année, les résultats sont en berne.*
Problem (n, s, e)	*obstacle (l')*	*Les congés, les arrêts-maladies sont autant d'obstacles que le chef de groupe doit surmonter au quotidien.*
Provision (w, –, en)	*commission (la)*	*La commission versée tous les mois aux forces de vente est à la hauteur de leur travail.*
Psychometrie (w, –, n)	*psychométrie (la)*	
Quote (w, –, n)	*quota (le)*	
Radikale Änderung (w, –, en)	*changement radical (le)*	
Reichtum (m, s,¨-er)	*richesse (la)*	
Religion (w, –, en)	*religion (la)*	
Sachbezüge (n, s,¨-e)	*avantage en nature (l')*	*En plus d'un bon salaire, les avantages en nature qui vont avec le poste sont nombreux.*
Scherz (m, es, e)	*blague (la)*	
Schritt (m, es, e)	*étape (l') (ici)*	

Schwangerschaft (w, –, en)	*grossesse (la)*	*Il a fallu que le service des ressources humaines propose à l'assistante-comptable un demi-poste au sein du service des achats pour pallier le départ de Marie, actuellement enceinte.*
Schwangerschafturlaub (m, s, e)	*congé de maternité (le)*	
Selbstachtung (w,-)	*estime de soi (l')*	
Selbstbewusstsein (n, s)	*conscience de soi (la)*	
Selbstmotivierung (w, –, en)	*auto-motivation (l')*	
Sexismus (m, ses, men)	*sexisme (le)*	
Sexuelle Ausrichtung (w, –, en)	*orientation sexuelle (l')*	
Sexuelle Belästigung (w, –, en)	*harcèlement sexuel (le)*	
Sexuelle Identität (w, –, en)	*identité sexuelle (l')*	
Sichtweise (w, –, n)	*vision (la)*	
Soldat (m, en, en)	*militaire (le)*	
Spannung (w, –, en)	*tension (la)*	
Spiel (n, s, e)	*jeu (le)*	
Staatsangehörigkeit (w, –, en)	*citoyenneté (la)*	
Stammkapital (n, s)	*capital social (le)*	
Standpunkt (m, es, e)	*point de vue (le)*	
Status (m, ses,-)	*statut (le)*	
Stereotyp (m, s, en)	*stéréotype (le)*	
Stolperstein (m, s, e)	*entrave (l')*	
Stratege (m, n, n)	*stratège (le, la)*	
Stress (m, es)	*stress (le)*	*Il a pu partager avec sa proche collaboratrice le stress occasionné par cette présentation chez le client.*
Subjektivität (w, –, en)	*subjectivité (la)*	
Talent (n, s, e)	*talent (le)*	
Taugenichts (m,-e)	*bon à rien (le)*	

Teamarbeit (w, –, en)	*travail en équipe (le)*	*Le travail en équipe est une des clefs du développement de l'entreprise et de l'individu.*
Temperament (n, es, e)	*tempérament (le)*	
Tendenz (w, –, en), Modeerscheinung (w, –, en)	*tendance (la)*	
Typologie (w, –, n)	*typologie (la)*	
Unbefangenheit (w, –, en)	*impartialité (l')*	
Uneinheitlichkeit (w, –, en)	*hétérogénéité (l')*	
Unfall (m, s,¨-e)	*accident (l')*	
Unglück (n, s, e)	*malheur (le)*	
Urlaub (m, s, e)	*congé (le)*	
Vaterschaftsurlaub (m, s, e)	*congé de paternité (le)*	
Verantwortliche, r	*responsable (le, la)*	
Verantwortung (w, –, en)	*responsabilité (la)*	
Verbesserung (w, –, en)	*amélioration (l')*	
Verbundenheit (w, –, en)	*communion (la)*	
Verdienst (m, es, e)	*salaire (le)*	
Vergnügen (n, s)	*plaisir (le)*	
Vermittler (m, s,-)	*médiateur (le)*	
Vermittlung (w, –, en)	*médiation (la)*	
Vertrauen (n, s)	*confiance (la)*	*La confiance entre une secrétaire et son directeur doit être indéfectible pour créer un tandem qui roule dans la bonne direction.*
Vorgabe (w, –, n)	*handicap (le)*	
Vorteil (m, s, e)	*avantage (l')*	
Vorurteil (n, s, e)	*a priori (l')*	
Wachstum (n, s)	*croissance (la)*	
Wahrnehmungsvermögen (n, s)	*perception (la)*	
Wechsel (m, s,-)	*changement (le)*	

Weiterbildung (w, –, en)	*formation (la)*	*En demandant à chaque membre de s'inscrire à une formation interne et à une formation externe, le manager a gagné les faveurs de son équipe.*
Werdegang (m, s,¨-e)	*parcours (le)*	
Werkstatt (w, –,¨-en)	*atelier (l')*	
Wettbewerb (m, s, e)	*concurrence (la)*	
Wettbewerber (m, s,-)	*concurrent (le)*	
Wiederholung (w, –, en)	*redondance (la)*	
Witz (m, es, e)	*esprit (l')*	
Zauberer (m, s,-)	*magicien (le)*	
Zug (m, es,¨-e)	*trait (le)*	
Zurückhaltung (w, –, en)	*rétention (la)*	

Les adjectifs de A à Z

adäquat	*adéquat, e*
akzeptabel	*acceptable*
analytisch	*analytique*
angestellt	*employé, e*
ängstlich	*anxieux, euse*
aufmerksam	*attentif, ive*
aufnahmebereit	*réceptif, ive*
aufrichtig	*honnête, sincère*
ausdauernd	*persévérant, e, endurant, e*
ausreichend	*suffisant, e*
authentisch	*authentique*
autoritär	*directif, ve*
bedürftig	*nécessiteux, euse*
begrenzt	*restreint, e*
behindert	*handicapé, e*
beschaulich	*contemplatif, ive*
bewusst	*conscient, e*
definitiv	*définitif, ve*
demographisch	*démographique*
direkt	*direct, e*
diszipliniert	*discipliné, e*
durchschnittlich	*moyen, ne*

dynamisch	*dynamique*
ehrgeizig	*ambitieux, euse*
ehrlich	*honnête, sincère*
eigenständig	*autonome*
einschließlich	*inclusif, ive*
eng	*étroit, e*
enthusiastisch	*enthousiaste*
entscheidend	*décisif, ve*
enttäuscht	*déçu, e*
ergeben	*dévoué, e*
ethisch	*éthique*
festgelegt	*défini, e*
fleißig	*travailleur, euse*
geduldig	*patient, e*
geeignet	*approprié, e*
gehörend	*appartenant, e*
geistesgegenwärtig	*vif, vive d'esprit*
geistreich	*profond, e*
gelungen	*réussi, e*
gemeinsam	*commun, e*
geschätzt	*apprécié, e*
glaubhaft	*crédible*
glücklich	*heureux, euse*
hartnäckig	*opiniâtre*
heikel	*délicat, e*
hintergründig	*profond, e*
holistisch	*holistique*
indirekt	*indirect, e*
integer	*intègre*
kompetent	*compétent, e*
konstruktiv	*constructif, ive*
kooperativ	*coopératif, ve*
kritisch	*critique*
kulturell	*culturel, le*
langsam	*lente, e*
lasterhaft	*vicieux, euse*
logisch	*logique*
mehrsprachig	*multilingue*
mitfühlend	*compatissant, e, empathique*

moralisch	*moral, e*
motiviert	*motivé, e*
multikulturell	*multiculturel, le*
nachsichtig	*indulgent, e*
neugierig	*curieux, se*
oberflächlich	*superficiel, le*
offen	*ouvert, e*
organisiert	*organisé, e*
pedantisch	*pédant, e*
perfektionistisch	*perfectionniste*
pfiffig	*futé, e*
pragmatisch	*pragmatique*
psychometrisch	*psychométrique*
rationell	*rationnel, le*
ratlos	*embarrassé, e*
reaktionsschnell	*réactif, ive*
realistisch	*réaliste*
richtig	*juste*
ruhig	*calme*
scharfsinnig	*perspicace*
schnell	*rapide*
schwierig	*difficile*
selbstbewusst	*confiant, e en soi*
selbstkritisch	*autocritique*
sensibel	*sensible*
spezialisiert	*expert, e*
spirituell	*spirituel, le*
sprachlich	*linguistique*
standhaft	*ferme*
stimmig	*cohérent, e*
streng	*rigoureux, euse*
subjektiv	*subjectif, ve*
tolerant	*tolérant, e*
treu	*loyal, e*
üblich	*conventionnel, le*
umgänglich	*sociable*
unauslöschlich	*indélébile*
unbeständig	*inconstant, e*
uneinheitlich	*hétérogène*

unentschlossen	*indécis, e*
unerbittlich	*coriace*
unterdurchschnittlich	*en, au-dessous de la moyenne*
unternehmerisch	*entrepreneurial, e*
unterschiedlich	*différent, e*
unterstützend	*supporteur, trice*
unverantwortlich	*irresponsable*
unvergesslich	*inoubliable*
unverschämt	*insolent, e*
verbal	*verbal, e*
verblüffend	*épatant, e*
vergesslich	*distrait, e*
vernünftig	*sage*
verschieden	*divers, e*
vertrauenswürdig	*digne de confiance*
voll	*rempli, e*
vorausschauend	*proactif, ve*
weit	*large*
wild	*féroce*
wirkungsvoll	*efficace*
zufrieden	*satisfait, e*
zugänglich	*accessible*
zurückhaltend	*discret, ète*

Les verbes de A à Z

(Freude) zum Ausdruck bringen (ach, ach)	*manifester (de la joie)*
ableiten	*déduire*
absetzen	*suspendre*
absorbieren	*absorber*
abstimmen	*voter*
aklimatisieren	*acclimater*
akzeptieren	*accepter*
analysieren	*analyser*
anerkennen (a, a)	*reconnaître*
ansehen (a, e)	*considérer*
anstellen	*engager*
anziehen (o, o)	*attirer*
auferlegen	*imposer*

aufpassen auf +A	*faire attention à*
aufrechthalten (ie, a)	*maintenir*
ausgrenzen	*marginaliser*
bauen	*construire*
beachten	*prendre en compte*
beachten	*respecter*
befreien	*libérer*
beitragen zu +D (u, a)	*contribuer*
belohnen	*récompenser*
beruhigen	*rassurer*
bestrafen	*punir*
bestrafen	*sanctionner*
bezahlen	*payer*
bremsen	*freiner*
coachen	*coacher*
danken	*remercier*
denken (ach, ach)	*penser*
einen Scherz machen	*blaguer, plaisanter*
einstellen	*embaucher, employer*
entlassen (ie, a)	*licencier, virer*
erinnern	*rappeler*
erklären	*expliquer*
erlangen	*acquérir*
erlauben	*permettre*
erleichtern	*faciliter*
ermutigen	*encourager*
erreichen	*atteindre*
errichten	*établir*
festlegen	*définir*
fördern	*promouvoir*
füllen	*remplir*
genießen (o, o)	*apprécier*
herabwürdigen	*dénigrer*
herausfordern	*défier*
herbeirufen (ie, u), winken	*héler*
hinauszögern	*retarder*
ignorieren	*ignorer*
in Verruf bringen (ach, ach)	*discréditer*
informieren	*informer*

inspirieren	*inspirer*
kommandieren	*commander*
Komplimente machen	*complimenter*
lernen	*apprendre*
loben	*vanter*
löschen	*éliminer*
loslegen	*se mettre en route*
manipulieren	*manipuler*
messen (a, e)	*mesurer*
missbilligen	*désapprouver*
nach Hause schicken	*renvoyer chez lui, elle*
ordnen	*ranger, classer*
provozieren	*provoquer*
richten an +A	*adresser*
sammeln	*collecter*
schlecht über jn sprechen (a, o)	*médire*
sich absetzen gegen +A	*contraster*
sich beschweren	*se plaindre*
sich erinnern	*se souvenir*
sich mit jm anfreunden	*se lier*
stillschweigend annehmen (a, o)	*sous-entendre*
streiken	*faire grève*
teilen	*partager*
teilnehmen (a, o)	*participer*
tolerieren	*tolérer*
überschätzen	*surestimer*
überschreiten (i, i)	*dépasser, excéder*
Umrisse zeichnen	*esquisser les contours*
unterlassen (ie, a)	*s'abstenir*
unterschätzen	*sous-estimer*
unterstützen	*soutenir*
untersuchen	*examiner*
verdienen	*mériter*
vergleichen (i, i)	*comparer*
verhindern	*empêcher*
verpflichten	*obliger*
verschieben (o, o)	*reporter, décaler*
versichern	*assurer*
versprechen (a, o)	*promettre*

verstehen (a, a)	*comprendre*
verteidigen	*défendre*
verurteilen	*réprouver*
verwerten	*accommoder*
vorrangig behandeln	*prioriser*
vorsehen (a, e)	*prévoir*
vorwegnehmen (a, o)	*anticiper*
vorwerfen (a, o)	*reprocher*
wählen	*élire*
weitergeben (a, e)	*déléguer*
wiegen (o, o)	*peser*
Zeit gewinnen (a, o)	*temporiser*
zu Geld machen	*capitaliser*
zufriedenstellen	*satisfaire*
zur Verantwortung ziehen (o, o)	*responsabiliser*
zurechtweisen (ie, ie)	*réprimander*
zusammenarbeiten	*coopérer*
zwingen (a, u)	*contraindre*

Mise en situation dialoguée

Boris : Guten Tag, ich heiße Boris Prieur, seit 2010 Personalleiter in der Biscuiterie Bretonne. Danke, dass sie sich noch ein zweites Mal hierher bemüht haben. Bitte sehr, nehmen Sie doch Platz.

Maria Bragard : Guten Tag, vielen Dank. Also, ich heiße Maria Bragard, bin 22 Jahre und Studentin Master II für „Marketing und Export" an der Universität in Rennes. Für die Anerkennung des Masters am Ende des Jahres benötige ich ein Praktikum und könnte am 1.März anfangen, wie ich Ihrer Assistentin bereits erklärt habe.

BP : Sehr schön, Frau Bragard. Möchten Sie etwas trinken, bevor wir beginnen?

MB : Nein danke, ich habe gerade einen Kaffee getrunken.

BP : Perfekt. Ich habe sowohl Ihren Lebenslauf als auch Ihren fehlerlosen Bewerbungsbrief gelesen, was heutzutage immer seltener vorkommt (Lachen). Ist es richtig, dass Sie ein Jahr in Bristol studiert haben, insbesondere Marktforschung?

MB : In der Tat. Über die Ausbildung hinaus habe ich mein Englisch stark verbessern können, meine dritte Sprache nach Französisch und Spanisch, das ich perfekt spreche, da meine Mutter Argentinierin ist.

BP : Sehr interessant, denn das Praktikumsprojekt betrifft eine Marktanalyse bezüglich unserer potentiellen Kunden in Kalifornien. Unsere direkte Konkurrenz hat sich dort noch nicht angesiedelt. Außer dem haben wir auf den beiden letzten Messen ein neu auflebendes Interesse bestimmter kalifornischer Verbraucher für

unsere beiden führenden Produkte feststellen können : Die Appetitthäppchen mit Schinken- und Lauchwürfeln und die Makronen mit Champagner rosé. Ihre Arbeit bestünde hauptsächlich im Ausfindigmachen dort bereits angesiedelter, wirtschaftlich gesunder Vertriebsfirmen mit gutem Ruf, und außerdem darin, unseren Kontakten vor Ort zu erklären, wie sie unsere unverfälschten und geschmackvollen, doch vor allem raffinierten Produkte am besten verkaufen…
MB : Das hört sich spannend an. Umfasst das Praktikum auch häufige Geschäftsreisen?
BP : Nicht unbedingt, jedenfalls werden Sie in den ersten beiden Monaten mit dem Marketing-Team zusammen arbeiten, um sich mit der Produktpalette, ihrer Entsehungsgeschichte und ihrer Entwicklung vertraut zu machen. Wir erwarten von Ihnen einen Beitrag zu den Verkaufsmaßnahmen und den monatlichen statistischen Analysen. Wenn Ihr Praktikum zu unserer Zufriedenheit verläuft, können Sie eventuell mit einem festen Arbeitsvertrag rechnen. Ah… da ist unsere Produktleiterin Marie-Odile Klein, die Ihnen die Fabrik zeigen wird. Marie-Odile, ich vertraue Ihnen unsere neue Praktikantin an, Frau Marie Bragard. Ich zähle auf sie, um ihr das Räderwerk einer Keksfabrik näher zu bringen.
MOK : In Ordnung, Boris. In einer halben Stunde leite ich ein Info-Meeting zu den neuen geltenden Rechtsvorschriften. Kann Frau Bragard so lange bleiben, um daran teilzunehmen?…..

Boris Prieur : *Bonjour. Je m'appelle Boris Prieur, R.R.H. de la Biscuiterie Bretonne depuis 2010. Je vous remercie de vous être déplacée une seconde fois. Je vous en prie, prenez place.*
Maria Bragard : *Bonjour, je vous remercie. Eh bien, je m'appelle Maria Bragard, j'ai 22 ans, et je suis donc étudiante en Master II « marketing et export » à l'Université de Rennes. Un stage est donc nécessaire pour valider mon Master en fin d'année. Je suis disponible dès le 1er mars, comme je l'avais indiqué à votre assistante.*
BP : *Très bien Melle Bragard. Est-ce que vous souhaitez un rafraîchissement avant de commencer ?*
MB : *Non, merci, j'ai déjà bu un café avant de venir.*
BP : *Parfait. J'ai pris connaissance de votre CV et de votre lettre de motivation, vierge de fautes d'orthographes… ce qui devient rare actuellement (Rires). Est-il bien exact que vous avez étudié pendant 1 an à Bristol, et notamment la mercatique ?*
MB : *Oui, tout à fait. Au-delà des cours suivis, j'ai pu améliorer mon niveau en langue anglaise qui est ma troisième langue après le français et l'espagnol que je maîtrise parfaitement, ma mère étant argentine.*
BP : *Très intéressant, car le projet de stage concerne une étude de marché en direction de nos potentielles cibles en Californie. Nos concurrents directs n'y sont pas encore implantés. De plus, lors de divers salons, nous avons noté un regain d'intérêt de certains consommateurs californiens pour nos deux produits-phare : l'amuse-bouche aux dés de poireau et de jambon et les macarons au champagne rosé. Votre travail consistera principalement à sélectionner des relais de distribution bien implantés,*

qui seront des affaires saines jouissant d'une bonne réputation, mais également à expliquer à nos contacts sur place comment vendre nos produits authentiques et savoureux, mais surtout raffinés...

MB : *Cela semble passionnant. Est-ce que ce stage implique des déplacements fréquents sur place ?*

BP : *Pas forcément, en tout cas, durant les deux premiers mois, vous allez accompagner l'équipe marketing pour vous imprégner des gammes, de leur historique et développement. Nous attendons de votre part une contribution aux outils d'aide à la vente et aux analyses mensuelles des statistiques. Si votre stage s'avère concluant, sachez qu'il y aura des possibilités de signer un contrat de travail... Ah ! mais voici notre chef produit, Marie-Odile Klein qui va vous faire visiter l'usine. Marie-Odile, je vous confie notre nouvelle stagiaire : mademoiselle Maria Bragard. Je compte sur vous pour lui faire connaître les rouages de la biscuiterie.*

MOK : *Entendu, Boris. J'anime une réunion d'information sur les nouvelles mentions légales en vigueur après la visite, dans une demi-heure. Est-ce que mademoiselle Bragard peut rester pour y assister ?...*

2.4 Anforderungen in der Berufspraxis
Les aptitudes requises à l'exercice d'un métier

Les noms de A à Z

Analysefähigkeit (w, –, en)	*capacité d'analyse (la)*
Anpassungsfähigkeit (w, –, en)	*capacité d'adaptation (la)*
Arbeitsausdauer (w,-)	*endurance au travail (l')*
Aufnahmenfähigkeit (w, –, en)	*capacité d'écoute (la)*
Ausdauer (w,-)	*persévérance (la)*
Diagnosefähigkeit (w, –, en)	*capacité de diagnostic (la)*
Dynamik (w, –, en)	*dynamisme (le)*
Effizienz (w, –, en)	*efficacité (l')*
Eingebung (w, –, en)	*intuition (l')*
Fähigkeit	*compétence (la)*
Geduld (w,-)	*patience (la)*
Handlungsfähigkeit (w, –, en)	*capacité d'action (la)*
Integrität	*intégrité (l')*
Kenntnis (w, –, se)	*connaissance (la)*
Können (n, s)	*savoir-faire (le)*
Neugierde (w,-)	*curiosité (la)*
Scharfsinnigkeit (w, –, en)	*perspicacité (la)*
Schlagfertigkeit (w, –, en)	*vivacité d'esprit (la)*

Selbstdisziplin (w, –, en)	*discipline personnelle (la)*
Selbstständigkeit (w, –, en)	*autonomie (l')*
Selbstvertrauen (n, s)	*confiance en soi (la)*
Sensibilität (w, –, en)	*sensibilité (la)*
Strenge (w,-)	*rigueur (la)*
Stressunempfindlichkeit (w, –, en)	*résistance au stress (la)*
Taktgefühl (n, s, e)	*tact (le)*
Tauglichkeit (w, –, en)	*aptitude (l')*
Toleranz (w, –, en)	*esprit de tolérance (l')*
Unnachgiebigkeit	*opiniâtreté (l')*
Urteilsfähigkeit (w, –, en)	*capacité de jugement (la)*
Wissen (n, s)	*savoir (le)*

Les adjectifs de A à Z

analytisch	*capable d'analyser*
anpassungsfähig	*capable de s'adapter*
aufnahmefähig	*capable d'écouter*
aufrichtig	*honnête*
ausdauernd	*endurant, e*
beharrlich	*persévérant, e*
autonom	*autonome*
autoritär	*directif, ive*
dialogfreudig	*goût du dialogue (le)*
diagnostizierbar	*capable de diagnostiquer*
unauffälig	*discret, e*
diszipliniert	*discipliné, e*
lebhaft	*dynamique*
ehrgeizig	*ambitieux, se*
ehrlich	*sincère*
empfindlich	*délicat, e*
fleiβig	*travailleur, se*
geduldig	*patient, e*
schlagfertig	*vif, vive d'esprit*
gerecht	*juste*
handlungsfähig	*capable d'agir*
integer	*intègre*
kohärent	*cohérent, e*
kompetent	*compétent, e*

konstruktiv	*constructif, ive*
kreativ	*créatif, ive*
kritisch	*critique*
fair	*loyal, e*
fröhlich	*gai, e*
motiviert	*motivé, e*
nachvollziehbar	*capable de concevoir*
neugierig	*curieux, curieuse*
zugänglich	*ouvert, e, accessible*
organisiert	*organisé, e*
perfektionistisch	*perfectionniste*
pragmatisch	*pragmatique*
reaktionsschnell	*réactif, ive*
realistisch	*réaliste*
rigoros	*rigoureux, euse*
besonnen	*calme*
scharfsinnig	*perspicace*
selbstbewusst	*confiant en soi*
selbstkritisch	*autocritique*
empfindlich	*sensible*
entschlossen	*ferme*
tolerant	*tolérant, e*
umgänglich	*sociable*
unerbittlich	*indulgent, e*
dickköpfig	*opiniâtre*
urteilsfähig	*capable de porter un jugement*
vertrauenswürdig	*digne de confiance*
vorausschauend	*proactif, ive*
wirksam	*efficace*

Rachel PAULY : Heute befinde ich mich mit meinem Team auf der E-Marketing-Messe an der Porte de Versailles in Paris. Es ist schon erstaunlich, dass das E-Marketing, das ja ein Marketing aus der Ferne ist, scheinbar einen konkreten Platz braucht, um sich vorzustellen. Stellen wir diese Frage also einigen Profis!
Guten Tag, Rachel Pauly vom Business-Kanal. Hätten Sie wohl 5 Minuten für uns?
Myriam DUCHENE : Um was geht's denn?
RP : Nun, wir machen eine Umfrage über diese Messe, um den Professionellen des Marketings die Möglichkeit zu geben, uns mit einigen Worten ihren Job und ihre Laufbahn zu erläutern und warum sie auf dieser Messe sind. Die Reportage wird in den kommenden 8 Wochen jeweils um 9 h 15 und um 17 h 45 auf

Business-Kanal gesendet. Dadurch können sie Ihre Firma aufwerten.
MD : Ok, einverstanden.
RP : So, dann entspannen Sie sich ein bisschen und schauen Sie bitte direkt in die Kamera. Ich bitte Sie noch einmal um Ihren Namen.
MD : Myriam Duchêne.
RP : Frau Duchêne, wie lange arbeiten Sie schon in diesem Bereich ?
MD : Also, es hat schon angefangen, als ich sehr jung war (Lachen). Mein Vater war in der Werbebranche tätig und hat mir schon sehr früh sein Anliegen vermittelt, gut gemachte Informationen richtig an den Mann und die Frau zu bringen. Dann konnte ich durch das Studium an einem anerkannten deutschen Institut meinen französischen Scheuklappenblick, zu französischen Blick auf den Beruf erweitern. Jetzt bin ich schon 15 Jahre in der Branche tätig.
RP : Verstehe. Haben Sie immer den gleichen Job gemacht ?
MD : Zunächst gehörte ich 5 Jahre lang zur Statistik-Abteilung eines groβen Konzerns; das war nicht gerade mein aufregendster Job, aber da habe ich gelernt wirklich methodischzu arbeiten. Danach hatte ich das Glück, nacheinander Produktmanagerin bei einer bekannten Unterwäsche-Marke und einem Pharmakonzern zu werden, bevor ich mich selbstständig gemacht habe und nun den Filialleitern deutschsprachiger Firmen helfe, sich in Zeiten des Web 2.0
die besten Kommunikationskanäle für die Verbreitung ihrer Informationen zunutze zu machen.
RP : Wunderbar. Danke Myriam. Hier ist meine Karte. Falls Ihre Kunden Filme in französischer Sprache drehen wollen, kontaktieren Sie mich einfach…

Rachelle PAULY : *Aujourd'hui, je me trouve avec mon équipe au salon du e-marketing, porte de Versailles à Paris. Le e-marketing, marketing à distance, avait-il vraiment besoin d'être dans un lieu physique, étonnant, non ? Allons poser la question à quelques professionnels !*
Bonjour Madame. Rachelle Pauly de canal business. Auriez-vous 5 minutes à nous consacrer ?
Myriam DUCHENE : *De quoi s'agit-il ?*
RP : *Eh bien nous lançons un micro-trottoir sur ce salon pour permettre aux professionnels du marketing de nous expliquer en quelque mot leur fonction, leur parcours et la raison d'être sur ce salon. Le reportage sera diffusé pendant les 8 prochaines semaines sur canal business à 9 h 15 et à 17 h 45. Ceci vous permettra de valoriser votre entreprise.*
MD : *C'est entendu.*
RP : *Allez-y, détendez-vous et regardez bien l'objectif. Je vais reprendre votre nom.*
MD : *Myriam Duchêne.*
RP : *Madame Duchêne, depuis combien de temps travaillez-vous dans ce secteur ?*
MD : *Eh bien, je dirai que je suis tombé dedans étant petite (Rires).*
Mon père était publicitaire et m'a très tôt donné le goût du bon message à bien faire passer. Puis des études dans un prestigieux institut allemand m'ont permis d'avoir

une vision moins franco-française du métier. Voilà donc 15 ans que je suis dans ce secteur.
RP : *Je comprends. Avez-vous toujours occupé la même fonction ?*
MD : *J'ai déjà d'abord été rattachée au service « statistiques » au sein d'un grand groupe pendant 5 ans : ceci n'a pas été mon poste le plus excitant, mais j'y ai appris une véritable méthode de travail, puis j'ai eu la chance d'être chef de produit successivement dans une grande marque de lingerie puis dans un groupe pharmaceutique avant de voler de mes propres ailes et d'aider les directeurs de filiales d'entreprises germanophones à saisir les meilleurs canaux de communication et de diffusion de leur message, à l'heure du WEB 2.0*
RP : *C'était parfait. Merci Myriam. Voici ma carte. Si vos clients souhaitent tourner des films en français, n'hésitez pas à me contacter…*

3. MANAGEMENT IN DER BERUFSWELT *LE MANAGEMENT EN MILIEU PROFESSIONNEL*

3.1 Strategie-Management *Le management stratégique*

Les noms de A à Z

Abteilung (w, –, en)	*service (le), division (la)*	*Le DAF a listé les dépenses prioritaires de chaque service.*
Aktion (w, –, en)	*action (l')*	
Aktionär (m, s, e)	*actionnaire (l')*	*Notre actionnaire principal veut se débarrasser de ses actions, notre modèle économique ne l'intéressant plus.*
Aktionsplan (m, s,¨-e)	*plan d'action (le)*	
Aktiva (n, s, a)	*actif (l')*	
Anerkennung (w, –, en)	*reconnaissance (la)*	
Anführer-in	*meneur, se (le, la)*	*Les meneurs d'hommes sont souvent issus du monde sportif.*
Angemessenehit (w, –, en)	*adéquation (l')*	
Anhäufung (w, –, en)	*concentration (la)*	
Ansatz (m, es,¨-e)	*approche (l')*	
Anschaffung (w, –, en)	*acquisition (l')*	*L'acquisition de nouvelles machines a été décidée en comité de direction.*
Anschub (m, s,¨-e)	*poussée (la)*	
Anstrengung (w, –, en)	*effort (l')*	
Anwärter-in	*prétendant, e (le, la)*	
Anzeiger (m, s,-)	*indicateur (l')*	
Anzug (m, es,¨-e)	*costume (le)*	
Arena (w, –, en)	*arène (l')*	
Ärger (m, s)	*ennui (l')*	*Les investisseurs ont commencé à poser des problèmes lors du partage des dividendes.*
Audit (n, s, s)	*audit (l')*	

Aufsichtsrat (m, es,¨-e)	*conseil d'administration (le)*	*Le conseil d'administration a été dissous comme le souhaitaient les actionnaires.*
Aufsichtsratsvorsitzender (m, en, en)	*président du conseil d'administration (le)*	
Auftauchen (n, s)	*émergence (l')*	
Auftragserklärung (w, –, en)	*déclaration de mission (la)*	*La déclaration de mission qui figure sur la page d'accueil de notre site Internet vous en dira plus sur nos objectifs et nos activités.*
Ausgliederung (w, –, en)	*externalisation (la)*	
Auswirkung (w, –, en)	*impact (l')*	*L'impact de leur service après-vente renvoie à leur stratégie agressive.*
Autorität (w, –, en)	*autorité (l')*	*L'autorité naturelle du directeur des ventes a été remise en cause au moment des résultats trimestriels.*
Befehl (m, s, e)	*ordre (l')*	
Berater (m, s,-)	*consultant (le)*	
Bericht (m, es, e)	*rapport (le)*	*Un rapport détaillé sur l'évolution de nos activités sera envoyé à chaque responsable.*
Beteiligter (m, en, en)	*partie prenante (la)*	
Bewertung (w, –, en)	*évaluation (l')*	
Bewusstsein (n, s)	*conscience (la)*	
Beziehung (w, –, en)	*relation (la)*	
Bild (n, es, er)	*image (l')*	
bittere Pille (w, –, n)	*pilule empoisonnée (la)*	
Bockspringen (n, s)	*saute-mouton (le)*	
Börsenmarkt (m, es,¨-e)	*marché boursier (le)*	
Büro (n, s, s)	*agence (l')*	
Dauer (w,-)	*durée (la)*	
Denunziant (m, en, en)	*dénonciateur (le)*	
Deregulierung (w, –, en)	*dérégulation (la)*	

Dienstanweisung (w, –, en)	*note de service (la)*	*Le chef a demandé à la secrétaire de préparer une note de service concernant les fumeurs.*
Dilemma (n, s, s)	*dilemme (le)*	*Créer un réseau de franchises ou se diversifier vers d'autres activités, quel dilemme pour le gérant ?*
Direktor, -in	*directeur, ice (le, la)*	
Durchschnitt (m, s, e)	*moyenne (la)*	
Einfluss (m, es,¨-e)	*influence (l')*	*L'influence des marchés s'est fait sentir à partir du mois de décembre.*
Einkommensquelle (w, –, n)	*ressource (la)*	
Einsatzbereitschaft (w, –, en)	*engagement (l')*	*L'engagement du chef de service à diriger tout en respectant la stratégie globale a fait l'unanimité.*
Einschätzung (w, –, en)	*évaluation (l')*	
Entschlossenheit (w, –, en)	*détermination (la)*	
Erfahrung (w, –, en)	*expérience (l')*	
Erfolg (m, s, e)	*succès (le)*	*Sa réussite a fait pâlir plus d'un collègue.*
Erwartung (w, –, en)	*attente (l')*	*Les attentes face au nouvel assistant marketing sont élevées : il lui appartient de nous faire connaître en Asie !*
Ethik (w, –, en)	*éthique (l')*	
Exekutive (w, –, n)	*exécutif (l')*	
Fabrik (w, –, en)	*usine (l')*	
Fabrikant (m, en, en)	*fabricant (le)*	
Fabrikation (w, –, en)	*fabrication (la)*	
Fächerung (w, –, en)	*diversification (la)*	*La diversification des produits haut-de-gamme garantit de nouveaux clients.*
Finanzwelt (w, –, en)	*finance (la)*	
Firma (w, –, en)	*entreprise (l')*	
Fonds (m, –,-)	*fonds (le)*	
Forderung (w, –, en)	*exigence (l')*	

Formulierung (w, –, en)	*formulation (la)*	
Franchising (n, s, s)	*franchise (la)*	*C'est un des moyens de développer la taille de la société que de créer des franchises.*
Führungsgremium (n, s, ein)	*comité directeur (le), comité de conduite (le)*	
Gebiet (m, es, e)	*zone (la), endroit (l')*	
Gemeinschaftsunternehmen (n, s,-)	*co-entreprise (la)*	*La co-entreprise présente des avantages et des inconvénients qu'il va falloir clarifier.*
Genie (m, s, s)	*génie (le)*	
Gewerkschaft (w, –, en)	*syndicat (le)*	*Les syndicats ont repensé leur management et leur stratégie globale.*
Gewinn (m, s, e)	*bénéfice (le)*	*Le bénéfice net contraste avec le plan social annoncé.*
Gewissheit (w, –, en)	*certitude (la)*	
Glaubwüdigkeit (w, –, en)	*crédibilité (le)*	
Globalisierung (w, –, en)	*mondialisation (la)*	*La mondialisation est une invention du XIXe siècle.*
Größe (w, –, n)	*taille (la)*	
Haushalt (m, es, e)	*budget (le)*	*Une personne s'est abstenue lors du vote du budget.*
Hierarchie (w, –, n)	*hiérarchie (la)*	*La hiérarchie a été bousculée à nouveau, à cause de la crise financière.*
Hindernis (n, ses, se)	*barrière (la)*	
Identität (w, –, en)	*identité (l')*	
Information (w, –, en)	*information (l')*	
Inhalt (m, es, e)	*contenu*	
Institutionalisierung (w, –, en)	*institutionnalisation (l')*	
Investition (w, –, en)	*investissement (l')*	*Au vu des liquidités, le gérant a décidé de procéder à des investissements en communication.*

Justizgewalt (w, –, en)	*juridiction (la)*	
Katastrophe (w, –, n)	*catastrophe (la)*	
Kenntnis (w, –, se)	*connaissance (la)*	*Notre ingénieur a une somme de connaissances dans son domaine, mais il ne sait pas lire la stratégie.*
Konsolidierung (w, –, en)	*consolidation (la)*	*La société a décidé que la consolidation du portefeuille client était une priorité.*
Kontext (m, es, e)	*contexte (le)*	
Kontrolle (w, –, n)	*contrôle (le)*	
Kriegskasse (w, –, n)	*trésor de guerre (le)*	
Kriterien (n, s, en)	*critères (les)*	
Kultur (w, –, en)	*culture (la)*	
Kunst (w, –,¨-e)	*art (l')*	
Kürze (w,-)	*brièveté (la)*	
Legislative (w,-)	*législation (la)*	
Leistung (w, –, en)	*puissance (la)*	
Leitfigur (w, –, en)	*figure de proue (la)*	
Liquidität (w, –, en)	*liquidité (la)*	*Nous venons de percevoir plus de 35 000 euros de factures impayées, ce qui nous donne un surplus de liquidités.*
Lösung (w, –, en)	*solution (la)*	
Machbarkeit (w, –, en)	*faisabilité (la)*	
Macht (w, –,¨-e)	*pouvoir (le)*	*Le pouvoir doit être géré avec parcimonie au risque de prendre la stratégie de vitesse.*
Matrix (w, –, en)	*matrice (la)*	
Medium (n, s, ien)	*média (le)*	
Meilenstein (m, s, e)	*jalon (le)*	
Menge (w, –, n)	*quantité (le)*	
Minderheit (w, –, en)	*minorité (le)*	
Mittel und Wege	*moyens (les)*	
Modell (n, s, e)	*modèle (le)*	
Moral (w,-)	*moral (le)*	
Mut (m, es)	*courage (le)*	

Nachfolge (w, –, n)	*succession (la)*	
Nachricht (w, –, en)	*message (le)*	*Le message de bienvenue nous a remotivés : la stratégie est claire et pleine de promesses.*
Neuerung (w, –, en)	*innovation (l')*	*Notre stratégie est clairement tournée vers l'innovation.*
Öffentlichkeit (w, –, en)	*public (le)*	
Operation (w, –, en)	*opération (l')*	
Organisation (w, –, en)	*organisation (l')*	*L'organisation d'une société doit refléter son modèle économique.*
Paradigma (n, s, en)	*paradigme (le)*	
Partner-in	*partenaire (le, la)*	
Partnerschaft (w, –, en)	*partenariat (le)*	
Passiva (n, s, a)	*passif (le)*	
Patent (n, es, e)	*brevet (le)*	
Plan (m, s,¨-e)	*plan (le)*	
Politik (w, –, en)	*politique (la)*	*La politique officielle souhaitée par les ambassadeurs en poste à Bruxelles est contraire à celle menée par leurs gouvernements respectifs.*
Politiker-in	*politicien, ne (le, la)*	*La politicienne a fait preuve de force de caractère en se ralliant au camp adverse.*
Portfolio (n, s, ien)	*portefeuille (le)*	*Le portefeuille a doublé en trois ans, grâce à l'application rigoureuse de notre stratégie.*
Präsident-in	*président, e (le, la)*	
Presse (w, –, n)	*presse (la)*	
Privatisierung (w, –, en)	*privatisation (la)*	*L'Etat encourage les privatisations de grandes entreprises : cette stratégie se verra-t-elle récompensée par les urnes ?*

Problem (n, s, e)	*problème (le)*	
Produktion (w, –, en)	*production (la)*	
Prognose (w, –, n)	*prévision (la)*	*Les prévisions ont été revues à la baisse depuis le départ de notre meilleur vendeur. Nous allons orienter la stratégie vers un bon suivi après-vente.*
Prozess (m, es, e)	*procès (le)*	
Qualifikation (w, –, en)	*qualification (la)*	
Qualität (w, –, en)	*qualité (la)*	
Quelle (w, –, n)	*source (la)*	
Resultat (n, es, e)	*résultat (le)*	
Risiko (n, s, en)	*risque (le)*	*Nous venons d'engager un manager en gestion des risques, orienté clients.*
Rivale (m, n, n), Rivalin (w, –, nen)	*rival, e (le, la)*	
Rivalität (w, –, en)	*rivalité (la)*	
Roulette (n, s, s)	*roulette (la)*	
Sachregister (n, s)	*répertoire (le)*	
Sanierung (w, –, en)	*redressement (le)*	
Schätzung (w, –, en)	*estimation (l')*	
Scheitern (n, s)	*échec (l')*	*L'échec des négociations avec les partenaires sociaux a entraîné la paralysie de l'activité.*
Schema (n, s, ta)	*schéma (le)*	
Sicherheit (w, –, en)	*sécurité (la), sûreté (la)*	
Sichtbarkeit (w, –, en)	*visibilité (la)*	
Signal (n, s, e)	*signal (le)*	
Spionage (w, –, n)	*espionnage (l')*	*Est-ce que l'espionnage ne serait pas une stratégie liée à certaines cultures d'entreprise ?*
Spitzenposition (w, –, en)	*leadership (le)*	
Sprecher (m, s,-)	*porte-parole (le)*	
Statistik (w, –, en)	*statistique (la)*	

Strategie (w, –, n)	*stratégie (la)*	*Sans stratégie, le développement et la gestion vont s'essouffler d'eux-mêmes.*
Straβe (w, –, n)	*route (la)*	
Stress (m, es)	*stress (le)*	*Certains parlent de stress positif, d'autres veulent manager par le stress, ce qui est une mauvaise stratégie sur le moyen-terme.*
Synergie (w, –, n)	*synergie (la)*	*Travailler en synergie peut s'avérer contraire à la stratégie initiale.*
Szenario (n, s, ien)	*scénario (le)*	
Taktik (w, –, en)	*tactique (la)*	
Tatsache (w, –, n)	*fait (le)*	*Le fait du jour : 2 % de chômeurs longue durée en moins. Le gouvernement se félicite de sa stratégie.*
Tendenz (w, –, en)	*tendance (la)*	
Toleranz (w, –, en)	*tolérance (la)*	
Tragweite (w, –, n)	*portée (la)*	
Überblick (m, s, e)	*aperçu (l')*	
Umsetzung (w, –, en)	*mise en œuvre (la)*	
Umstrukturierung (w, –, en)	*restructuration (la)*	*Après la perte de son principal client, le comité a décidé de procéder à une restructuration interne.*
Unstetigkeit (w, –, en)	*discontinuité (la)*	
Unternehmen (n, s,-)	*entreprise (l')*	
Unterstützung (w, –, en)	*soutien (le)*	*Le soutien de notre banque vient renforcer notre stratégie de développement.*
Verantwortung (w, –, en)	*responsabilité (la)*	
Verbindung (w, –, en)	*liaison (la)*	
Verinnerlichungsprozess (m, es, e)	*internalisation (l')*	
Verlust (m, es, e)	*perte (la)*	
Vermögen (n, s,-)	*capital (le)*	

Verpflichtung (w, –, en)	*obligation (l')*	
Verzweigung (w, –, en)	*ramification (la)*	*Les multiples ramifications de notre groupe nécessitent un management de tous les instants.*
Vielfalt (w,-)	*variété (la)*	
Vize-Präsident (m, en, en)	*vice-président (le)*	
Vorgehensweise (w, –, n)	*procédure (la)*	
Vorhinein (n)	*préalable (le)*	
Vorschlag (m, s,¨-e)	*proposition (la)*	
Vorstand (m, es,¨-e)	*conseil de direction (le)*	*Le conseil de direction a approuvé les comptes du 1er semestre.*
Wachstum (n, s)	*croissance (la)*	*La croissance serait revenue, selon certains experts.*
Weg (m, s, e)	*chemin (le)*	
Weiβer Ritter	*chevalier blanc (le)*	*Dans le cadre de cette OPA hostile, le sidérurgiste russe a tenté de jouer le rôle du chevalier blanc.*
Wert (m, es, e)	*valeur (la)*	*Notre stratégie se résume par quatre valeurs : engagement, patience, partage, probité*
Wirtschaft (w, –, en)	*économie (l')*	
Wissenschaft (w, –, en)	*science (la)*	
Zeittafel (w, –, n)	*échelle de temps (l')*	
Ziel (n, s, e)	*but (le)*	
Zumutbarkeit (w, –, en)	*acceptabilité (l')*	
Zusammenschluss (m, es,¨-e)	*fusion (la)*	*La fusion de nos entités européennes et asiatiques annonce un bouleversement du marché.*

Les adjectifs de A à Z

allgemein	*général, e*
analytisch	*analytique*
arrogant	*arrogant, e*
attraktiv	*attractif, ive*
aufmerksam	*attentif, ive*
ausreichend	*suffisant, e*
außen	*extérieur, e*
außergewöhnlich	*exceptionnel, le*
bescheiden	*modeste*
betroffen	*concerné, e*
bewährt	*éprouvé, e*
breit	*large*
brutal	*brutal, e*
chaotisch	*chaotique*
dauerhaft	*durable*
dominant	*dominant, e*
durchführbar	*réalisable*
dynamisch	*dynamique*
eifrig	*diligent, e*
energetisch	*énergétique*
eng	*étroit, e*
enthusiastisch	*enthousiaste*
entscheidend	*décisif, ive*
ergonomisch	*ergonomique*
ethisch	*éthique*
extern	*externe*
feindlich	*hostile*
flüssig	*fluide*
freundschaftlich	*amical, e*
führend	*éminent, e*
funktional	*fonctionnel, le*
geeignet	*approprié, e*
gelungen	*réussi, e*
geprüft	*testé, e*
geteilt	*fragmenté, e*
gewidmet	*dédié, e*
glaubwürdig	*crédible*

heterogen	*hétérogène*
homogen	*homogène*
inkremental	*incrémental, e*
innen	*intérieur, e*
intensiv	*intensif, ive*
intern	*interne*
jährlich	*annuel, le*
komplett	*complet, ète*
kontinuierlich	*continu, e*
konzentriert	*concentré, e*
kräftigend	*tonique*
kritisch	*critique*
kühn	*audacieux, euse*
kurzfristig	*à court terme*
langfristig	*à moyen terme*
langsam	*lent, e*
legal	*légal, e*
leidenschaftlich	*passionné, e*
logisch	*logique*
lokal	*local, e*
machiavellisch	*machiavélique*
mittelfristig	*à long terme*
möglich	*possible*
monatlich	*mensuel, le*
mutig	*courageux, euse*
nachlässig	*négligent, e*
nicht erreichbar	*hors de portée*
nützlich	*utile*
organisch	*organique*
politisch	*politique*
respektvoll	*respectueux, euse*
ruhig	*calme*
schnell	*rapide*
schwierig	*difficile*
sofortig	*immédiat, e*
spezifisch	*spécifique à*
stabil	*stable*
turbulent	*turbulent, e*
unbeständig	*volatile*

unentschlossen	*indécis, e*
unmöglich	*impossible*
unschlagbar	*invincible*
unvorausschauend	*manquant de prévoyance*
verantwortlich für +A	*responsable*
vielfältig	*varié, e*
vierteljährlich	*trimestriel, le*
vorausschauend	*proactif, ive*
vorläufig	*temporaire*
weit	*vaste, large*
weitgehend	*extensif, ive*
weitsichtig	*prévoyant, e*
weltweit	*mondial, e*
wirtschaftlich	*économique*
wöchentlich	*hebdomadaire*
zur Zusammenarbeit bereit	*collaboratif, ive*

Les verbes de A à Z

(sich) beschränken auf	*se limiter à*
abhacken	*tailler à la hache*
ableiten	*déduire*
absetzen	*vendre*
ähneln	*ressembler*
analysieren	*analyser*
anbieten (o, o)	*offrir*
ankündigen	*prononcer, annoncer*
annehmen (a, o)	*supposer*
annulieren	*faire annuler*
anschaffen	*acquérir*
ansehen (a, e)	*considérer*
antworten	*répondre*
anziehen (o, o)	*attirer*
argumentieren	*argumenter, débattre*
aufhören	*cesser*
aufrichten	*redresser*
ausdrücken	*articuler*
auseinander gehen (i, a)	*défusionner*
ausführen	*exécuter*

ausklügeln	*comploter*
auslöschen	*éliminer*
ausnutzen	*exploiter*
ausspionieren	*espionner*
ausüben	*pratiquer, exercer*
auswählen	*sélectionner*
bauen	*construire*
befehlen (a, o)	*commander*
begreifen (i, i)	*concevoir*
behandeln	*traiter*
beherrschen	*dominer*
beitragen (u, a)	*contribuer*
berücksichtigen	*prendre en compte*
besitzen (a, e)	*posséder*
bestätigen	*confirmer*
bestimmen	*déterminer*
bewerten	*évaluer*
bewilligen	*allouer*
bilden	*former, constituer*
darstellen	*représenter*
definieren	*définir*
den Plan fassen zu	*faire le plan de*
den Puffer bilden	*faire le tampon*
denken (ach, ach)	*penser*
diktieren	*dicter*
doppeln	*dupliquer*
ein Angebot machen	*faire une offre*
einrichten	*établir*
einschätzen	*évaluer*
einstellen	*engager*
einstufen	*classifier*
einstürzen	*s'effondrer*
einteilen	*classifier*
entsprechen (a, o)	*correspondre*
entwerfen (a, o)	*concevoir*
entwickeln	*développer*
erklären	*expliquer*
ermutigen	*encourager*
ernennen (a, a)	*nommer*

erreichen	*réussir*
ersetzen	*remplacer*
erteilen	*délivrer*
erwerben (a, o)	*acheter*
fächern	*diversifier*
fallen (ie, a)	*chuter*
fallen (ie, a)	*tomber*
folgen	*suivre*
formen	*modeler, former*
für die Betreuung sorgen	*assurer le suivi*
glauben	*croire*
gründen	*baser*
hinwegsteigen über (ie, ie)	*enjamber*
hochschnellen	*monter en flèche*
im Einzelnen erklären	*détailler*
in Gang setzen	*faire marcher*
ins Auge fassen	*envisager*
investieren	*investir*
kaufen	*acheter*
kontrastieren	*contraster*
konvertiere	*convertir*
kreieren	*créer*
leihen (ie, ie)	*emprunter*
leiten	*commander, diriger*
markieren	*surligner*
messen	*mesurer*
nachdenken (ach, ach)	*réfléchir*
nennen (a, a)	*nommer*
neu bewerten	*réévaluer*
organisieren	*organiser*
schaden	*nuire à*
scheinen (ie, ie)	*sembler*
schlagen (u, a)	*sonner*
sich erinnern	*rappeler*
sich Sorgen machen	*s'inquiéter*
sich verschwören gegen +A	*comploter*
sich versorgen mit +D	*s'approvisionner*
sich zusammenschließen (oss, oss)	*fusionner*
Strategien ausarbeiten	*élaborer des stratégies*

tätigen	*effectuer*
teilen	*partager*
trennen	*séparer*
überführen	*transférer*
überreden	*convaincre*
überschätzen	*surestimer*
überschreiten (i, i)	*dépasser, excéder*
übertreffen (a, o)	*surpasser*
überzeugen	*persuader*
Umrisse zeichnen	*dessiner les contours*
unter dem Ziel bleiben	*être en dessous des objectifs*
unterschätzen	*sous-estimer*
untersuchen	*examiner*
unterweisen (ie, ie)	*instruire*
urteilen	*juger*
verbessern	*améliorer*
vereinheitlichen	*unifier*
vergleichen (i, i)	*comparer*
verhandeln	*négocier*
vernachlässigen	*négliger*
versammeln	*assembler, recueillir*
versteigern	*mettre aux enchères*
verwalten	*gérer*
vorrangig behandeln	*prioriser*
vorstellen	*présenter*
wachsen (u, a)	*croître, grandir*
wiegen (o, o)	*peser*
zählen auf +A	*compter sur*
zu Geld machen	*capitaliser*
zurückziehen (o, o)	*retirer*
zusammenfassen	*résumer*

3.2 Projektmanagement *La gestion de projets*

Les noms de A à Z

Abhängigkeit (w, –, en)	*dépendance (la)*
Abkommen (n, s,-)	*accord (l')*

Abschluss (m, es,¨-e)	*clôture (la), achèvement (l')*	*La clôture de l'exercice comptable ne coïncide pas forcément avec la fin des projets engagés.*
Abschnitt (m, s, e)	*phase (la)*	*Durant la première phase, il a clairement affiché son hostilité.*
Absicht (w, –, en)	*intention (l')*	
Abstand (m, s,¨-e)	*recul (le)*	*Avec du recul, le manager a compris qu'il avait surestimé l'esprit d'initiative de son équipe.*
Akte (w, –, n)	*dossier (le)*	
Aktion (w, –, en)	*action (l')*	*Chaque action est codifiée, analysée et reproduite.*
Aktionsplan (m, s,¨-)	*plan d'action (le)*	
Aktivität (w, –, en)	*activité (l')*	
Analyse (w, –, n)	*analyse (l')*	
Änderung (w, –, en)	*modification (la)*	
Anfang (m, s,¨-e)	*démarrage (le)*	
Angabe (w, –, n)	*donnée (la)*	
Angestellter (m, en, en), Angestellte (w, –, n)	*salarié, e (le, la)*	
Anhaltspunkt (m, es, e)	*repère (le)*	
Animation (w, –, en)	*animation (l')*	
Anstrengung (w, –, en)	*effort (l')*	*Nos efforts ont été récompensés.*
Anzeige (w, –, n)	*indicateur (l')*	*L'indicateur de performance repose sur des critères sélectifs.*
Arbeitsplanung (w, –, en)	*ordonnancement (l'), planification (la)*	
Archivierung (w, –, en)	*archivage (l')*	*L'archivage est primordial afin de constituer une mémoire des événements.*
Artikulation (w, –, en)	*articulation (l')*	
Aspekt (m, s, e)	*aspect (l')*	
Aufgabe (w, –, n)	*tâche (la)*	*Les tâches de mes cinq collaborateurs sont visibles grâce à un système de couleurs.*

Aufteilung (w, –, en)	*découpage (le)*	*Le découpage du projet en trois phases bien marquées a été validé par notre direction.*
Auftraggeber-in	*commanditaire (le, la)*	*La commanditaire de la nouvelle campagne de sensibilisation n'a pas bien quantifié les ressources humaines dans son cahier des charges.*
Ausarbeitung (w, –, en)	*rédaction (la)*	
Ausführung (w, –, en)	*exécution (l')*	
Auswahl (w, –, en)	*choix (le), sélection (la)*	
Auszeichnung (w, –, en)	*distinction (la)*	
Autonomie (w, –, n)	*autonomie (l')*	*Le projet doit comporter des phases de regroupement et des phases d'autonomie.*
Beauftragte (w, –, n) Beauftragter (m, en, en)	*chargé, e (le, la),* *responsable (le, la)*	
Bedürfnis (n, ses, se)	*besoin (le)*	
Behandlung (w, –, en)	*traitement (le)*	*Le traitement de la réclamation a pris plus de temps que prévu. Le chef de projet s'en est rendu compte juste à temps.*
Beherrschung (w, –, en)	*maîtrise (la)*	*Le manager doit bien connaître le degré de maîtrise de ses collaborateurs avant de leur confier une tâche.*
Beitrag (m, s,¨-e)	*apport (l')*	
Benutzer,-in	*utilisateur, trice (l')*	
Bericht (m, es, e)	*rapport (le)*	*Le rapport confidentiel a été remis au directeur.*
Berücksichtigung (w, –, en)	*prise en compte (la)*	
Beruf (m, s, e)	*métier (le)*	
Beschreibung (w, –, en)	*description (la)*	*La description du plan d'accès ne semble pas bien claire.*

Bestandsaufnahme (w, –, n)	*état des lieux (l')*	*Avant de démarrer, vous dresserez un état des lieux de notre relation avec les consommateurs de yaourts allégés.*
Betreuung (w, –, en)	*suivi (le)*	*Un suivi informatique n'est pas suffisant. Il faut que vous alliez rendre visite aux clients.*
Betreuung (w, –, en)	*encadrement (l')*	*L'encadrement a eu vent du nouveau projet de nos concurrents brésiliens.*
Beziehung (w, –, en)	*relation (la)*	
Bilanz (w, –, en)	*bilan (le)*	*Le bilan est positif malgré des erreurs de l'ordre du détail.*
Bürgschaft (w, –, en)	*aval (l')*	
Darstellung (w, –, en)	*représentation (la)*	
Datum (n, s, en)	*date (la)*	
Dauer (w,-)	*durée (la)*	
Definition (w, –, en)	*définition (la)*	
Diagramm (n, s, e)	*diagramme (le)*	
Dialog (m, s, e)	*dialogue (le)*	
Disziplin (w, –, en)	*discipline (la)*	
Dossier (n, s, s)	*dossier (le)*	
Drohung (w, –, en)	*menace (la)*	*Le directeur financier a menacé de réduire de 30 % notre enveloppe budgétaire.*
Durchführung (w, –, en)	*réalisation (la)*	
Effizienz (w, –, en)	*efficacité (l')*	
Ehrgeiz (m, es)	*ambition (l')*	
Einbindung (w, –, en)	*implication (l')*	
Einfahren (n, s)	*rodage (le)*	
Einführung (w, –, en)	*lancement (le)*	*Le lancement de la campagne de sensibilisation à nos produits a été pensé il y a plus de deux ans.*
Einhaltung (w, –, en)	*respect (le)*	*Le respect des délais correspond à l'aboutissement du projet.*

Einsatz (m, es,¨-e)	*mise en œuvre (la)*	*C'est grâce à notre nouvelle recrue que nous avons mis en œuvre le plan de communication dans les temps.*
Einsatzfeld (n, es, er)	*champ d'intervention (le)*	
Element (n, es, e)	*élément (l')*	
Entscheidung (w, –, en)	*prise de décision (la)*	
Entschlossenheit (w, –, en)	*détermination (la)*	
Entwicklung (w, –, en)	*développement (le)*	*Le développement du projet n'est pas forcément prévisible.*
Entwicklung (w, –, en)	*évolution (l')*	
Erfahrung (w, –, en)	*expérience (l')*	
Erfolg (m, s, e)	*réussite (la)*	
Erklärung (w, –, en)	*explicitation (la)*	
Erlangung (w, –, en)	*acquisition (l')*	*L'acquisition de nouvelles connaissances nécessite de déterminer les pré-requis de stagiaires.*
Etappe (w, –, n)	*étape (l')*	*Dix étapes composent le projet.*
Fachwissen (n, s)	*technicité (la)*	
Fälligkeit (w, –, en)	*échéance (l')*	*Les échéances doivent prévoir une marge temporelle.*
Feedback (n, s, s)	*retour d'expériences (le)*	*Les utilisateurs de la plate-forme ont rempli une première enquête afin d'expliquer le retour d'expérience.*
Fehlschlag (m, s,¨-e)	*échec (l')*	
Feindlichkeit (w, –, en)	*hostilité (l')*	*Le manager n'arrive pas à s'expliquer l'hostilité des membres de son équipe depuis l'annonce d'une nouvelle commande pour le client russe.*
Fertigkeit (w, –, en)	*capacité (la)*	
Finalität (w, –, en)	*finalité (la)*	
Fixierung (w, –, en)	*fixation (la)*	

Fokussierung (w, –, en)	*focalisation (la)*	*A force de trop se concentrer sur un projet, le manager en a oublié les deux autres.*
Forderung (w, –, en)	*exigence (l')*	
Formalisierung (w, –, en)	*formalisation (la)*	
Fortschritt (m, s, e)	*avancement (l')*	*L'avancement du projet est remis en cause par l'arrêt-maladie prolongé de la responsable R & D.*
Fragestellung (w, –, en)	*questionnement (le)*	
Freigabe (w, –, n)	*validation (la)*	
Frist (w, –, en)	*délai (le)*	*Le délai imposé par le client ne sera pas tenu.*
Frist (w, –, en)	*terme (le), échéance (l')*	
Führerschaft (w, –, en)	*leadership (le)*	
Funktionsstörung (w, –, en)	*dysfonctionnement (le)*	*Nous avons cherché pendant des semaines la cause du dysfonctionnement interne.*
Gelegenheit (w, –, en)	*opportunité (l')*	
Gesprächspartner (m, s,-)	*interlocuteur (l')*	*Notre nouvel interlocuteur chez l'équipementier automobile adore les diagrammes de Grant.*
Gewandtheit (w, –, en)	*aisance (l')*	*L'aisance du manager de projets se remarque au nombre de projets gérés en parallèle.*
Gewinnspanne (w, –, n)	*marge (la)*	
Glück (n, s)	*chance (la)*	
Grenze (w, –, n)	*limite (la)*	
Grund (m, es,¨-e)	*cause (la)*	
Grundlage (w, –, n)	*bases (les)*	
Grundlage (w, –, n)	*fondamentaux (les)*	
Grundsatz (m, es,¨-e)	*fondements (les)*	
Handgriff (m, s, e)	*prise en main (la)*	

Handlungsträger (m, s,-)	*acteur (l')*	*Identifier les acteurs du projet est une étape importante afin de repérer les décideurs, les suiveurs et les éventuels bloqueurs.*
Haushalt (m, s, e)	*budget (le)*	*Le budget prévisionnel est sans cesse ajusté.*
Herausforderung (w, –, en)	*enjeu (l')*	
Herstellung (w, –, en)	*production (la)*	
Hierarchie (w, –, n)	*hiérarchie (la)*	
Hindernis (n, ses, se)	*blocage (le)*	
Improvisierung (w, –, en)	*improvisation (l')*	*Le management de projet ne doit pas laisser le champ libre à l'improvisation.*
Kapitalisierung (w, –, en)	*capitalisation (l')*	
Know-How (n, s)	*savoir-faire (le)*	
Kommunikation (w, –, en)	*communication (la)*	*Expliquer à ses équipes la finalité du projet et les moyens à mettre en œuvre relève de la communication interne.*
Kompetenz (w, –, en)	*compétence (la)*	
Komplexität (w, –, en)	*complexité (la)*	
Komponente (w, –, n)	*composante (la)*	
Kompromiss (m, es, e)	*compromis (le)*	*Un bon chef de projet est amené à trouver des compromis, car il doit ménager ses équipes, satisfaire son client, et ajouter de la valeur à l'entreprise.*
Konfiguration (w, –, en)	*configuration (la)*	
Konflikt (m, es, e)	*conflit (le)*	
Konfliktfeld (n, es, er)	*zone de conflit (la)*	
Kontext (m, es, e)	*contexte (le)*	*Le contexte culturel ne doit pas être occulté.*
Kontrolle (w, –, n)	*contrôle (le)*	*Chaque tâche, chaque étape doivent être contrôlées par mon N + 1.*

Kontrollpunkt (m, es, e)	*point de contrôle (le)*	
Konzept (n, es, e)	*concept (le)*	
Koodinierung (w, –, en)	*coordination (la)*	
Kosten (w,-)	*coût (le)*	*Le coût est clairement un des trois piliers de la gestion de projet.*
Kunde (m, en, en), Kundin (w, –, nen)	*client, e (le, la)*	
Last (w, –, en)	*charge (la)*	
Lastenheft (n, s, e)	*cahier des charges (le)*	*Le cahier des charges ne répondait pas à toutes nos attentes. Nous avons demandé un rendez-vous avec les acheteurs.*
Lebensabschnitt (m, es, e)	*cycle de vie (le)*	
Leitung (w, –, en)	*pilotage (le)*	
Lieferant (m, en, en)	*fournisseur, euse (le, la)*	
Lieferung (w, –, en)	*livraison (la)*	
Machbarkeit (w, –, en)	*faisabilité (la)*	*Dans le service public, la faisabilité d'un projet dépend des fonds alloués.*
Markt (m, es,¨-e)	*marché (le)*	
Matrix (w, –, en)	*matrice (la)*	
Maβ (n, es, e)	*mesure (le)*	
Meilenstein (m, s, e)	*jalon (le)*	*Le management a dégagé quatre jalons qui correspondent assez bien aux quatre semestres de l'année à venir.*
Menschen (m, en, en)	*hommes (les)*	
Methode (w, –, n)	*méthode (la)*	
Methodik (w, –, en)	*méthodologie (la)*	
Mittel und Wege	*moyens (les)*	*Tous les moyens sont bons pour venir à nos fins.*
Mitunternehmer (m, s,-)	*cotraitant, e (le, la)*	
Modalität (w, –, en)	*modalité (la)*	
Modellierung (w, –, en)	*modélisation (la)*	
Motivierung (w, –, en)	*motivation (la)*	*La motivation des équipes est une de mes préoccupations.*
Nachfolge (w, –, n)	*succession (la)*	

Netzwerk (n, s, e)	*réseau (le)*	
Notfall (m, s,¨-e)	*urgence (l')*	
Nützlichkeit (w, –, en)	*utilité (l')*	
Nutznießer-in	*bénéficiaire (le, la)*	*Le bénéficiaire du projet doit être différencié du payeur.*
Optik (w, –, en)	*optique (l')*	
Optimierung (w, –, en)	*optimisation (l')*	*L'optimisation de nos procédures est un projet interne.*
Option (w, –, en)	*option (l')*	
Orchestrierung (w, –, en)	*orchestration (l')*	
Organigramm (n, se)	*organigramme (l')*	*L'organigramme a mis en évidence le manque d'encadrement.*
Organisation (w, –, en)	*organisation (l')*	
Partner-in	*partenaire (le, la)*	*Grâce au respect de nos engagements, nos clients sont devenus des partenaires.*
Partnerschaft (w, –, en)	*partenariat (le)*	*Au vu des frais de dossier très élévés, nous avons remis en cause notre partenariat avec notre fournisseur en bureautique.*
Passiva (w,-)	*passifs (les)*	
Phänomen (n, s, e)	*phénomène (le)*	
Planung (w, –, en)	*planification (la)*	*La planification des achats a débuté avec un mois de retard.*
Potential, Potenzial (n, s, e)	*potentiel (le)*	*Le potentiel de son marché lui a été révélé par un stagiaire qui a été chargé du projet d'étudier la concurrence.*
Praktiken	*pratiques (les)*	
Praxis (w,-)	*pratique (la)*	
Prinzip (n, s, ein)	*principe (le)*	
Problem (m, s, e)	*problème (le)*	

Projekt (n, s, e)	*projet (le)*	*Le projet représente la colonne vertébrale du management.*
Projektleiter (m, s, -)	*chef de projet (le)*	
Projektleitung (w, –, en)	*gestion de projet (la)*	*La gestion de projet a été théorisée de nombreuses fois.*
Prozess (m, es, e)	*processus (le)*	
Prüfung (w, –, en)	*vérification (la)*	
Qualität (w, –, en)	*qualité (la)*	*La qualité doit habiller le projet.*
Rationalität (w, –, en)	*rationalité (la)*	
Reaktion (w, –, en)	*réaction (la)*	*La réaction du client ne s'est pas fait attendre : il était exaspéré.*
Realisierung (w, –, en)	*réalisation (la)*	
Reduzierung (w, –, en)	*réduction (la)*	
Ressourcen (w,-)	*ressources (les)*	*Les ressources humaines et matérielles ne peuvent pas être traitées de la même manière.*
Resultat (n, s, e)	*résultat (le)*	
Rhythmus (m, ses, en)	*rythme (le)*	*Le rythme fixé par les conditions météorologiques a été une mauvaise surprise pour le développement du tracteur.*
Rolle (w, –,n)	*rôle (le)*	
Sammlung (w, –, en)	*collecte (la)*	
Schema (n, s, ata)	*schéma (le)*	
Schwäche (w, –, n)	*faiblesse (la)*	*La faiblesse du projet réside dans l'éparpillement géographique des clients.*
Schwierigkeit (w, –, en)	*difficulté (la)*	*Face aux difficultés, l'équipe a fait front.*
Sektor (m, s, en)	*domaine (le), secteur (le)*	
Sektor (m, s, en)	*secteur (le)*	
Simulation (w, –, en)	*simulation (la)*	
Stabilität (w, –, en)	*stabilité (la)*	

Stärke (w, –, n)	*force (la)*	*Une fois que l'on connait les faiblesses des équipes, on parvient souvent à les convertir en force.*
Statusbericht (m, s, e)	*tableau de bord (le)*	
Stimmigkeit (w, –, en)	*cohérence (la)*	
Störung (w, –, en)	*perturbation (la)*	
Strategie (w, –, n)	*stratégie (la)*	*La stratégie est l'art d'anticiper les réactions de son adversaire et de préparer des ripostes adaptées.*
Struktur (w, –, en)	*structure (la)*	*La structure du projet est très complexe, car plus de cinquante acteurs sont impliqués.*
Studie (w, –, n)	*étude (l')*	
Subunternehmer (m, s,-)	*sous-traitant, e (le, la)*	*Nos sous-traitants ont été formés à nos procédures internes.*
System (n, s, e)	*système (le)*	
Szenario (n, s, ien)	*scénario (le)*	*Chaque responsable de projet doit écrire au moins trois à quatre scénarios avant de se décider.*
Team (n, s, s)	*équipe (l')*	*Notre équipe est polycompétente et spécialisée en gestion de projets complexes.*
Teammitglied (n, ser)	*équipier (l')*	
Teil (m, s, e)	*partie (la)*	
Transfer (m, s, s)	*transfert (le)*	*Le transfert s'est opéré d'un compte à l'autre sans trop de difficultés.*
Übereinstimmung (w, –, en)	*adéquation (l')*	
Überlegung (w, –, en)	*réflexion (la)*	
Umgebung (w, –, en)	*environnement (l')*	
Untereinheit (w, –, en)	*sous-ensemble (le)*	
Unvorhersehbarkeit (w, –, en)	*imprévu (l')*	*Prévoir, c'est éviter les imprévus.*

Variabel (w, –, n)	*variable (la)*	
Verantwortlicher (m, en, en)	*pilote (le), responsable (le, la), chargé, e (le, la)*	*Je n'arrive pas à piloter plus de trois projets de front, ce qui représente tout de même 6 000 heures, consultant.*
Verhalten (n, s)	*conduite (la), comportement (le)*	
Verhandlung (w, –, en)	*négociation (la)*	
Verkettung (w, –, en)	*enchaînement (l')*	
Versicherung (w, –, en)	*assurance (l')*	
Verspätung (w, –, en)	*retard (le)*	*Aucun autre retard dans l'envoi des documents ne sera toléré.*
Verwirklichung (w, –, en)	*aboutissement (l')*	*Notre travail des trois dernières années a abouti à la création d'une presse à balles rondes.*
Vorgehensweise (w, –, n)	*démarche (la)*	
Vorläufer (m, s,-)	*pionnier (le)*	
Vorrang (m, s,¨-e)	*importance (l')*	
Vorrang (m, s,¨-e)	*priorité (la)*	*La priorité a été mise sur la fidélisation des grands comptes et l'embauche d'un(e) responsable de projets.*
Vorrichtung (w, –, en)	*dispositif (le)*	
Vorsprung (m, s,¨-e)	*avancée (l')*	
Vorteil (m, s,-)	*avantage (l')*	
Wartezeit (w, –, en)	*attente (l')*	
Wechsel (m, s,-)	*changement (le)*	*Le changement de direction s'est passé en douceur.*
Weg (m, s, e)	*chemin (le)*	*Le chemin sera jalonné d'embûches.*
Weg (m, s, e)	*voie (la)*	*La voie à suivre n'est pas encore bien dessinée.*
Werkzeug (n, s, e)	*outil (l')*	*Notre outil de gestion est accessible à tous les employés.*

Wert (m, es, e)	*valeur (la)*	
Wert (m, es, e)	*valeur (la)*	*Un projet doit faire ressortir les valeurs de la structure qui le porte.*
Widerstand (m, es,¨-e)	*résistance (la)*	*Plus de 40 % du personnel a montré de la résistance face au nouveau projet de plan Etat-région.*
Widerständler (m, s,-)	*résistants (les)*	
Wille (m, n)	*volonté (la)*	
Wirkung (w, –, en)	*impact (l')*	
Zeit (w, –, en)	*temps (le)*	
Zeitdruck (m, s)	*urgence (l')*	
Zwang (m, s,¨-e)	*contrainte (la)*	*Travailler sous la contrainte peut parfois aider à faire preuve de créativité.*
Zweifel (m, s,-)	*doute (le)*	*Le commanditaire commence à douter de ma capacité de fédérer les membres autour du projet.*
Zweifler (m, s,-)	*sceptique (le)*	

Les adjectifs de A à Z

adaptiv	*adaptatif, ive*
adäquat	*adéquat, e*
aktiv	*actif, ive*
akzeptabel	*acceptable*
allein	*seul, e*
allgemein	*général, e*
anspruchsvoll	*exigeant, e*
anvisiert	*ciblé, e*
aufeinanderfolgend	*successif, ive*
auferlegt	*imposé, e*
aufgebaut	*construit, e*
aussagekräftig	*pertinent, e*
bahnbrechend	*pionnier, ère*
beherrschbar	*maîtrisable*

besondere, r	*particulier, ère*
besorgt	*soucieux, euse*
brutal	*brutal, e*
detailliert	*détaillé, e*
diszipliniert	*discipliné, e*
divergent	*divergent, e*
effizient	*efficient, e*
einbezogen	*impliqué, e*
engagiert	*engagé, e*
erhellend	*élucidateur, trice*
erreicht	*obtenu, e*
eventuell	*éventuel, le, envisageable*
faktisch	*factuel, le*
finanziell	*financier, ère*
fortschrittlich	*progressif, ive*
freiwillig	*volontaire*
funktionell	*fonctionnel, le*
garantiert	*garanti, e*
gegensätzlich	*opposant, e*
gegenüberstellend	*confrontant, e*
gerechtfertigt	*justifié, e*
geschrieben	*écrit, e*
global	*global, e*
hauptsächlich	*principal, e*
heuristisch	*heuristique*
intuitiv	*intuitif, ive*
klar	*clair, e*
konkurrierend	*concurrentiel, le*
kritisch	*critique*
lebenswichtig	*vital, e*
lieferbar	*livrable*
logistisch	*logistique*
materiell	*matériel, le*
menschlich	*humain, e*
methodisch	*méthodologique*
mündlich	*oral, e*
nötig	*nécessaire*
nützlich	*bénéfique*
objektiv	*objectif, ive*

passiv	*passif, ive*
persönlich	*personnel, le*
politisch	*politique*
pragmatisch	*pragmatique*
quantifizierbar	*quantifiable*
schnell	*rapide*
schwach	*faible*
sich überschneidend	*convergent, e*
skeptisch	*sceptique, dubitatif, ve*
stark	*fort, e*
streng	*rigoureux, euse*
tatsächlich	*réel, le*
technisch	*technique*
teilnahmslos	*indifférent, e*
total	*total, e*
tragend	*porteur, euse*
umlaufend	*périphérique*
unbeugsam	*irréductible*
unentschlossen	*indécis, e*
unförmlich	*informel, le*
unternommen	*entrepris, e*
ursprünglich	*initial, e, originel, le*
verbündet	*allié, e*
vereinbart	*convenu, e*
vereinbart	*défini, e*
vereinfachend	*facilitant, e*
verfügbar	*disponible*
verjährt	*prescrit, e*
vermittelnd	*intermédiaire*
vernünftig	*raisonnable*
verschieden	*différent, e*
vielfach	*multiple*
vorausschauend	*prévisionnel, le*
vorbereitet	*préparé, e*
vorrangig	*primordial, e*
widerstrebend	*résistant, e*
wirkungsvoll	*impacté, e*
wirtschaftlich	*économique*
zentral	*central, e*

zögernd	*hésitant, e*
zweifelhaft	*sceptique, dubitatif, ve*
zweifelhaft	*douteux, euse*
zwischenmenschlich	*relationnel, le*

Les verbes de A à Z

abgrenzen	*délimiter*
abhängen von +D (i, a)	*dépendre de*
abziehen (o, o)	*soustraire*
anfangen (i, a)	*démarrer, commencer*
anordnen	*ordonner*
anpassen an +A	*adapter à*
argumentieren	*argumenter*
auf die Beine stellen	*mobiliser*
aufbauen	*construire*
aufrecht halten (ie, a)	*maintenir*
ausarbeiten	*élaborer*
ausfindig machen	*repérer*
ausfragen	*debriefer*
ausnutzen	*exploiter*
bedeuten	*signifier*
beenden	*achever*
beenden	*terminer*
befragen	*questionner*
beginnen (a, o)	*débuter*
begrenzen	*limiter*
beraten (ie, a)	*conseiller*
beruhen auf +D	*reposer sur*
bewerten	*évaluer*
briefen	*briefer*
buchen	*réserver*
darstellen	*représenter*
dienen zu +D	*servir à*
einräumen	*allouer, concéder*
erahnen	*supputer, conjecturer*
erhalten (ie, a)	*obtenir*
erstellen	*établir*
fahren (u, a)	*conduire*

festmachen	*fixer*
folgen	*suivre*
freigeben (a, e)	*valider*
gelingen zu +D (a, u)	*parvenir à*
handeln	*agir*
hinzufügen	*ajouter*
identifizieren	*identifier*
ins Auge fassen	*envisager*
integrieren	*intégrer*
interpretieren	*interpréter*
kommunizieren	*communiquer*
konzentrieren auf +A	*focaliser*
leiten	*piloter*
modellieren	*modéliser*
optimieren	*optimiser*
organisieren	*organiser*
planen	*planifier*
prägen	*jalonner*
privilegieren	*privilégier*
prüfen	*vérifier*
quantifizieren	*quantifier*
realisieren	*réaliser*
respektieren	*honorer*
sich anpassen an +A	*s'adapter à*
sich äußern zu +D	*s'articuler sur*
sich den Weg bahnen	*cheminer*
sich fragen	*s'interroger*
sich unterscheiden (ie, ie)	*se différencier*
sich verstehen (an, an)	*s'entendre*
sich verstehen (an, an)	*s'entendre*
sich vorstellen	*imaginer*
simulieren	*simuler*
spezifizieren	*spécifier*
stabilisieren	*stabiliser*
staffeln	*échelonner*
strukturieren	*structurer*
symbolisieren	*symboliser*
systematisieren	*formaliser*
teilen	*diviser*

übertragen (u, a)	*conférer*
überzeugen	*convaincre*
überzeugen	*convaincre, persuader*
unterscheiden (ie, ie)	*différencier*
unterstützen	*épauler*
verdeutlichen	*expliciter*
verfeinern	*affiner*
vermuten	*conjecturer*
verteidigen	*défendre*
vervielfältigen	*multiplier*
verzeichnen	*lister*
visualisieren	*visualiser*
vorausahnen	*subodorer*
vorgehen (i, a)	*procéder*
vorhaben	*projeter*
vorrangig behandeln	*prioriser*
vorsehen (a, e)	*prévoir*
zerschneiden (i, i)	*découper*
zwingen (a, u)	*contraindre*

Mise en situation dialoguée

E-Mail an das Projekt-Team :
Liebe Kollegen,
wir Ihr sicher schon erfahren habt, wurde ich mit der Durchführung des neuen Projekts für Dex Services beauftragt. Mit dieser Mail möchte ich das Team zusammenrufen, um über das Projekt an sich, das Leistungsverzeichnis, den Zeitplan usw. zu sprechen. Da die Zeit drängt, möchte ich zu einem Meeting am Freitag, dem 12.Juli um Punkt 9Uhr im Saal, Raum Kanada einladen. Bringt Eure besten Ideen mit, denn wir müssen Kühnheit und Kreativität an den Tag legen. Kaffee und heiße Croissants erwarten Euch!
Liebe Grüße

Tina
Projektleiterin-IT Solutions Limited

E-mail à l'équipe du projet :
Chers tous,
Comme vous l'avez sans doute appris, j'ai été désignée pour mener le nouveau projet pour Dex Services. Je vous envoie cet email pour rassembler l'équipe et discuter du projet en lui-même, du cahier des charges, du calendrier, etc. Comme le temps nous est compté, j'aimerais que nous nous réunissions dans la salle Canada ce vendredi

12 juillet à 9 heures précises pour une durée maximale de deux heures. Merci de préparer vos meilleures idées car nous allons devoir faire preuve d'audace et de créativité. Du café et des croissants chauds vous attendront à votre arrivée.
Salutations,

Tina
Responsable de projets – IT Solutions Limited

3.3 Haushalts- und Finanzplanung
Le contrôle financier et budgétaire

Les noms de A à Z

Abgabe (w, –, n)	*impôt (l')*
Absatz (m, es,¨-e)	*débit (le)*
Agentur (w, –, en)	*agence (l')*
Aktionär (m, s, e)	*actionnaire (l')*
Amortisierung (w, –, en)	*amortissement (l')*
Amortisierung (w, –, en) der Investitionen	*retour sur investissement (le)*
Anleihe (w, –, n)	*emprunt (l')*
Audit (n, s, s)	*audit (l')*
Auditor-in	*auditeur, trice (l')*
Ausgabe (w, –, n)	*dépense (la)*
Bemessungsgrenze (w, –, n)	*plafond (le)*
Bestandsaufnahme (w, –, n)	*inventaire (l')*
Betrag (m, s,¨-e)	*montant (le)*
Betriebsprüfer-in	*auditeur, trice (l')*
Betriebsprüfung (w, –, en)	*audit (l')*
Bilanz (w, –, en)	*bilan (le)*
Buchhalter (m, s,-)	*comptable (le)*
Buchhaltung (w, –, en)	*comptabilité (la)*
Buchhaltungsstand (m, es,¨-e)	*état comptable (l')*
Buchung (w, –, en)	*écriture comptable (l')*
Budget (n, s, s)	*budget (le)*
Controller (m, s,-)	*contrôleur (le)*
Darlehen (n, s,-)	*emprunt (l')*
Diskrepanz (w, –, en)	*écart (l')*

Einnahme (w, –, n)	*recettes (la)*
Eintreibung (w, –, en) (finanziell)	*recouvrement (le)*
Entwicklung (w, –, en)	*évolution (l')*
Ergebnis (n, ses, se)	*résultat (le)*
Ermäßigung (w, –, en)	*réduction (la)*
Erwerb (m, s, e)	*acquisition (l')*
Fälligkeit (w, –, en)	*créance (la)*
Filiale (w, –, n)	*succursale (la)*
Finanzamt (n, s,¨-er)	*centre des impôts (le)*
Finanzierung (w, –, en)	*financement (le)*
Firmenname (m, ns, n)	*raison sociale (la)*
Firmensitz (m, es, e)	*siège social (le)*
Geschäftsjahr (n, s, e)	*exercice (l')*
Geschäftspartner (m, s,-)	*associé, e (l')*
Geschäftszahlen (w, –, en)	*fiche financière (la), états financiers (les)*
Gesellschaft (w, –, en),	*société (la)*
Gewinn (m, s, e)	*bénéfice (le)*
Gläubiger (m, s,-)	*créancier (le)*
Gleichgewicht (n, es, e)	*balance (la)*
Guthaben (n, s,-)	*solde (le)*
Haupt- Schuldbuch (n, es,¨-er)	*grand livre (le)*
Haushaltsbuchhaltung (w, –, en)	*comptabilité budgétaire (la)*
Haushaltssperre (w, –, n)	*arrêt du budget (l')*
Herstellung (w, –, en)	*production (la)*
Info-Tafel (w, –, n)	*tableau de bord*
Inventar (n, s, ien)	*inventaire (l')*
Jahresleistungsbericht (m, es, e)	*rapport annuel de performance (le)*
Jahresleistungsplan (m, s,¨-e)	*projet annuel de performance (le)*
Jahresrate (w, –, n)	*annuité (l')*
Jahreszahlung (w, –, en)	*annuité (l')*
Kapital (n, s)	*capital (le)*
Kauf (m, es,¨-e)	*achat (l')*
Kontenrahmen (m, s,-)	*plan comptable (le)*
Konto (n, s, en)	*compte (le)*
Kontrolle (w, –, n)	*contrôle (le)*
Kredit (m, es, e)	*crédit (le)*
Kunde (m, n, n)	*client (le)*
Lastenheft (n, es, e)	*cahier des charges (le)*
Liquiditätsfluss (m, es,¨-e)	*flux de trésorerie (le)*

Liquiditätsguthaben (n, s,-)	*solde de trésorerie (le)*
Management (n, s, s)	*gestion (la)*
Muttergesellschaft (w, –, en)	*société mère (la)*
Operation (w, –, en)	*opération (l')*
Passiv (n, s, a)	*passif (le)*
Pauschale Haushaltszusage	*engagement budgétaire global (l')*
Pauschale Rentabilitätsquote (w, –, n)	*taux de rendement global (le)*
Pauschale vorläufige Zusage, Engagement	*engagement provisionnel global (l')*
Preis (m, es, e)	*prix (le)*
Preisspanne (w, –, n)	*marge (la)*
Produkt (n, es, e)	*produit (le)*
Produktivität (w, –, en)	*productivité (la)*
Provision (w, –, en)	*provision (la)*
Quotient (m, en, en)	*ratio (le)*
Rechnung (w, –, en)	*facture (la)*
Rechnungsjahr (n, s, e)	*exercice comptable (l')*
Rechnungsperiode (w, –, n)	*période comptable (la)*
Rentabilität (w, –, en)	*rentabilité (la)*
Rentabilitätsschwelle (w, –, n)	*seuil de rentabilité (le)*
Ressource (w, –, n)	*ressource (la)*
Satz (m, es,¨-e)	*taux (le)*
Schuld (w, –, en)	*dette (la)*
Schuldenlast (w, –,¨-e)	*charge (la)*
Schuldner (m, s,-)	*débiteur (le)*
Selbstkostenpreis (m, es, e)	*prix de revient (le)*
Senkung (w, –, en)	*baisse (la)*
Stammhaus (n, es,¨-er)	*maison mère (la)*
Steigerung (w, –, en)	*augmentation (l'), hausse (la)*
Steuerprüfer (m, s,-)	*contrôleur (le)*
Subvention (w, –, en)	*subvention (la)*
Suche (w, –, n)	*recherche (la)*
Überschuss (m, es,¨-e)	*excédent (l')*
Umsatz (m, es,¨-e)	*chiffre d'affaires (le)*
Unternehmen (n, s,-)	*entreprise (l')*
Verbesserung (w, –, en)	*amélioration (l')*
Verlust (m, es, e)	*perte (la)*
Vermögen (n, s)	*actif (l')*
Wertminderung (w, –, en)	*dépréciation (la)*

Zahlstelle (w, –, n)	*caisse (la)*
Zahlungseingang (m, s,¨-e)	*encaissement (l')*
Zeitung (w, –, en)	*journal (le)*
Ziel (n, s, e)	*cible (la)*
Zulieferer (m, s,-)	*fournisseur (le)*
Zuschuss (m, es,¨-e)	*subvention (la)*

Les adjectifs de A à Z

billig	*bon marché*
durchsichtig	*transparent, e*
einfach	*simple*
extern	*externe*
hoch	*haut, e*
indexabhängig	*indexé, e*
intern	*interne*
komplex	*complexe*
niedrig	*bas, se*
stochastisch	*stochastique*
teuer, teure	*cher, chère*
undurchsichtig	*opaque*

Les verbes de A à Z

(finanziell) einplanen	*budgéter*
ablehnen	*refuser*
absetzen	*débiter*
abstreiten (i, i)	*nier*
abziehen (o, o)	*soustraire*
addieren	*additionner*
analysieren	*analyser*
annehmen (a, o)	*supposer*
annehmen (a, o)	*supputer*
annulieren	*annuler*
anrufen (ie, u)	*appeler*
argumentieren	*argumenter*
auditieren	*auditer*
aufnehmen (a, o)	*recueillir*
ausgeben (a, e)	*dépenser*
beantragen	*solliciter*

beauftragen mit +D	*charger*
beifügen	*joindre*
berechnen	*calculer*
bestätigen	*affirmer*
billigen	*sanctionner*
bitten (a, e)	*prier*
durchsetzen	*imposer*
einsparen	*économiser*
enthüllen	*révéler*
entkräften	*infirmer*
erfassen	*saisir*
erklären	*expliquer*
erreichen	*atteindre*
finanzieren	*financer*
führen	*diriger*
für gültig erklären	*valider*
geheim halten (ie, a)	*cacher, tenir secret*
gutschreiben (ie, ie)	*créditer*
helfen (a, o)	*aider*
hinausgehen über +A (i, a)	*dépasser*
kaschieren	*masquer*
kaufen	*acheter*
kommentieren	*commenter*
kontrollieren	*contrôler*
leiten	*gérer*
lösen	*résoudre*
neu berechnen	*recalculer*
schicken	*envoyer*
schreiben (ie, ie)	*écrire*
teilen	*diviser*
überprüfen	*réviser*
überprüfen	*vérifier*
verbessern	*améliorer*
verbrauchen	*consommer*
verheimlichen	*taire*
vervielfältigen	*multiplier*
verwalten	*administrer*
vorbereiten	*préparer*
vorgreifen (i, i)	*anticiper*

vorlegen	*soumettre*
vorsehen (a, e)	*prévoir*
warnen	*prévenir*
widersprechen (a, o)	*contredire*
zugestehen (a, a)	*accorder*
zuteilen	*allouer*

4. KOMMUNIKATION IN DER BERUFSWELT *LA COMMUNICATION EN MILIEU PROFESSIONNEL*

4.1 Kommunikation im Meeting *Communiquer en réunion*

Les noms de A à Z

Abkommen (n, s,-)	*accord (l')*	
Ablauf (m, es,¨-e)	*déroulement (le)*	*Le déroulement en 3 étapes a bien plu aux participants.*
Ablehnung (w, –, en)	*rejet (le), refus (le)*	*L'animateur doit régulièrement rejeter un argument hors-sujet.*
Abmahnung (w, –, en)	*avertissement (l')*	
Absicht (w, –, en), Äußerung (w, –, en)	*propos (le)*	*Elle a tenté de cadrer le propos dès les premières minutes.*
Abstand (m, es,¨-e)	*recul (le), distance (la)*	
Abstimmung (w, –, en)	*vote (le)*	*Aucun vote par procuration n'a été enregistré.*
Abwesenheit (w, –, en)	*absence (l')*	
Abwesenheit (w, –, en)	*absence (l'), inexistence (l')*	
Aktionsplan (m, s,¨-e)	*plan d'action (le)*	*Grâce au plan d'action fourni par Marc, Murielle a pu aisément gérer la réunion.*
Analyse (w, –, n)	*analyse (l')*	
Anfang (m, s,¨-e)	*début (le)*	*Dès le début, elle avait bien compris que le climat allait être lourd.*
Anforderung (w, –, en)	*niveau d'exigence (le)*	
Angabe (w, –, n)	*donnée (la)*	
Angst (w, –,¨-e)	*peur (la), angoisse (l')*	
Animation (w, –, en)	*animation (l')*	*L'animation ne laisse rien au hasard.*
Annulierung (w, –, en)	*annulation (l')*	
Anordnung (w, –, en)	*disposition (la)*	*La disposition des tables dépend de celui qui préside la réunion.*

Anspielung (w, –, en)	*sous-entendu (le), allusion (l')*	
Antwort (w, –, en)	*réponse (la)*	*Est-ce que ma réponse vous convient ?*
Anwesenheit (w, –, en)	*présence (la)*	
Arbeit (w, –, en)	*travail (le)*	*A la fin de la réunion, il y a souvent plus de travail que pendant la réunion.*
Arbeitsgruppe (w, –, n)	*groupe de travail (le)*	*Nous avons créé 4 groupes de travail homogènes.*
Argument (n, es, e)	*argument (l')*	*Son dernier argument n'a pas été pris en compte.*
Argumentation (w, –, en)	*raisonnement (le), argumentation (l')*	*Ce raisonnement présente une faille.*
Art (w, –, en)	*type (le), sorte (la)*	*Il existe plusieurs types de réunion.*
Auflösung (w, –, en)	*résolution (la)*	
Aufteilung (w, –, en)	*agencement (l'), répartition (la)*	
Aufzug (m,es,¨-e)	*ascenceur (l')*	*L'ascenceur étant encore en panne, nous devons prendre les escaliers.*
Ausgang (m, s,¨-e)	*issue (l')*	*A l'issue de la réunion, les participants se sont félicités.*
Ausnahme (w, –, n)	*exception (l')*	*Ce participant a tendance à chercher une exception à chaque règle.*
Ausschluss (m, es,¨-e)	*exclusion (l')*	*Suite à son comportement intolérable, le participant a pris la porte.*
Beamer (m, s,-)	*videoprojecteur (le)*	
Begriff (m, s, e)	*terme (le), concept (le)*	
Beherrschung (w, –, en)	*sang-froid (le), maîtrise (la)*	*Il a décrit le graphique des mauvais résultats de l'année dernière avec un sang-froid incroyable.*
Beispiel (n, s, e)	*exemple (l')*	*Remarquez comment il illustre chaque idée d'une illustration.*

Bemerkung (w, –, en)	*remarque (la)*	*Les participants ont adressé leurs remarques par écrit à l'intervenant.*
Beredsamkeit (w, –, en)	*éloquence (l')*	*Son éloquence est particulièrement prisée.*
Besprechung (w, –, en)	*réunion (la)*	*La réunion permet de rassembler des personnes autour de la même table et du même sujet.*
Bestätigung (w, –, en)	*validation (la)*	*Les divers éléments portés à l'ordre du jour ont été validés.*
Bewertung (w, –, en)	*évaluation (l')*	*L'évaluation des thèmes demande du temps.*
Bild (n, es, er)	*image (l')*	
Bremse (w, –, n)	*frein (le)*	*Ses longues questions qui exigent une réponse pointue freinent notre avancée.*
Buffet (n, s, s)	*buffet (le)*	
Büro (n, s, s)	*bureau (le) (la pièce)*	
Datum (n, s, en)	*date (la)*	*La date de la réunion devrait nous être communiquée sous peu.*
Dauer (w,-)	*durée (la)*	*Selon l'animateur, la durée des activités n'est jamais la même.*
Delegation (w, –, en)	*délégation (la)*	
Detail (n, s, s)	*détail (le)*	
Dia (n, s, s)	*diapositive (la)*	*A une certaine époque, beaucoup d'animateurs illustraient leurs propos par des diapositives.*
Dimension (w, –, en)	*dimension (la)*	
Diskrepanz (w, –, en)	*écart (l'), fossé (le)*	
Diskussion (w, –, en)	*débat (le)*	*Le débat devenant assez houleux, l'animateur a préféré le stopper.*
Dispersion (w, –, en)	*dispersion (la)*	

Dominanz (w, –, en)	*domination (la)*	*Benoît a tendance à vouloir prendre le dessus sur les autres participants.*
Durchführung (w, –, en)	*réalisation (la)*	
Dynamik (w, –, en)	*dynamique (la)*	
Einführung (w, –, en)	*introduction (l')*	*L'introduction n'a pas duré plus de 10 minutes.*
Einschlafen (n, s)	*endormissement (l')*	
Einverständnis (m, ses, se)	*consentement (le), accord (l')*	*Elsa recherche très souvent le consentement de tous les participants avant de passer au point suivant, ce qui nous perd du temps.*
Einwand (m, es,¨-e)	*objection (l')*	*C'est grâce à son objection que nous avons pensé au facteur 'coût' qui nous avait échappé.*
Einzelperson (w, –, en),	*individu (l')*	
Empfänger, -in (m, s,-) (w, –, nen)	*destinataire (le, la)*	*Pourquoi es-tu également le destinataire de cette convocation ? Il s'agit bien d'une réunion entre techniciens.*
Ende (s, s, n)	*fin (la), terme (le)*	*A la fin de la séance, nous étions épuisés.*
Entschuldigung (w, –, en)	*excuse (l')*	
Entwicklung (w, –, en)	*développement (le)*	
Erfahrung (w, –, en)	*expérience (l')*	
Erfindung (w, –, en)	*invention (l')*	
Erfolg (m, es, e)	*réussite (la), succès (le)*	
Erfrischung (w, –, en)	*rafraichissements (les)*	*Les rafraîchissements sont les bienvenus, la climatisation étant en panne.*
Erklärung (w, –, en)	*explication (l')*	*Les explications du consultant n'ont pas séduit le public.*
Ermutigung (w, –, en)	*encouragement (l')*	

Erstellung (w, –, en)	*rédaction (la)*	*La rédaction de listes de présences m'a pris plus de temps que prévu.*
Erwiderung (w, –, en)	*réplique (la)*	
Etappe (w, –, n)	*étape (l')*	
Fälligkeit (w, –, en)	*échéance (l')*	*La réunion inter-services est une échance à ne pas rater.*
Fatalismus (m, es)	*fatalisme (le)*	
Fazit (n, s, e)	*bilan (le)*	*Isabelle demande au consultant de dresser un bilan de la réunion et de lui envoyer.*
Folie (w, –, n)	*transparent (le)*	
Fortschritt (m, es, e)	*progression (la)*	
Fotokopie (w, –, n)	*photocopie (la)*	
Frage (w, –, n)	*question (la)*	*Murielle a déjà posé plus de 15 questions en 1 heure. Elle est très curieuse.*
Freude (w,-)	*joie (la)*	
Frist (w, –, en)	*délai (le)*	*Nous n'avons pas pu respecter le délai imparti.*
Frust (m, es)	*frustration (la)*	*La fin de la réunion ayant été annoncée avant la clôture des débats, beaucoup ont été assez frustrés.*
Gast (m, es,¨-e)	*invité, e (l')*	
Gegenargument (n, es, e)	*contre-argument (le)*	
Gegenbeispiel (n, s, e)	*contre-exemple (le)*	
Genauigkeit (w, –, en)	*précision (la)*	
Genauigkeit (w, –, en)	*justesse (la), précison (la)*	*La justesse de ses mots ont permis de calmer la cliente.*
Gereiztheit (w, –, en)	*agacement (l')*	
Gespräch (n, s, e)	*discussion (la)*	
Gesprächspartner (m, s,-)	*interlocuteur (l')*	*En réunion, je préfére me trouver en face d'interlocuteurs ayant déjà des connaissances du sujet.*

Gestalt (w, –, en)	*forme (la)*	
Getränk (n, s, e)	*boissons (les)*	*Pamela nous a apporté des boissons chaudes.*
Gewinner, -in (m, s,-) (w, –, nen)	*gagnant, e (le, la)*	
Glückwunsch (m, es,¨-e)	*félicitation (la)*	*Les participantes ont chaudement félicité l'intervenant extérieur.*
Größe (w, –, n)	*taille (la)*	*La taille de la salle Paris correspond aux nombres de personnes.*
Grund (m, es,¨-e)	*raison (la)*	*Lui as-tu demandé la raison de son manque évident de préparation ?*
Grund (m, es,¨-e)	*motif (le), raison (la)*	*Les motifs des absences donnés par Pierre ne sont pas très solides.*
Grundsatz (m, es,¨-e)	*principe (le)*	
Gruppe (w, –, n)	*groupe (le)*	
Gruppenarbeit (w, –, en)	*travail d'équipe (le)*	*En réunion, le travail d'équipes me rebute un peu.*
Harmonie (w, –, n)	*harmonie (l')*	
Häufigkeit (w, –, en)	*fréquence (la)*	*La réunion a lieu toutes les semaines : c'est une fréquence convenable.*
Hervorhebung (w, –, en)	*mise en relief (la)*	
Höhenflug (m, es,¨-e)	*envolée (l')*	
Hypothese (w, –, n)	*hypothèse (l')*	
Idee (w, –, n)	*idée (l')*	*Je suis ressorti de cette réunion, enrichi de nouvelles idées.*
Identifizierung (w, –, en)	*identification (l')*	*Les stagiaires ont besoin d'un temps d'adaptation pour reconnaître les différents acteurs du projet.*
Illustration (w, –, en)	*illustration (l')*	
Inhalt (m, es, e)	*contenu (le)*	*L'animateur a revu le contenu de chaque thème.*
Integrierung (w, –, en)	*intégration (l')*	

Intervention (w, –, en)	*intervention (l')*	*Le chef d'équipe a fait une intervention remarquée.*
Kalender (m, s,-)	*calendrier (le)*	*Le calendrier prévisionnel a encore été modifié.*
Klarheit (w, –, nen)	*clarté (la)*	
Kohärenz (w, –, en)	*cohérence (la)*	*Des idées, des arguments et des illustrations qui s'enchaînent démontrent la cohérence du propos.*
Kompromiss (m, es, e)	*compromis (le)*	
Konfiguration (w, –, en)	*configuration (la)*	*La configuration de la salle donne envie d'échanger.*
Konsens (m, es)	*consensus (le)*	*Notre directrice n'aime pas forcément les discussions qui mènent systèmatiquement à une position unanime.*
Konzept (n, es, e)	*concept (le)*	
Kräftespiel (n, s, e)	*lutte d'influence (la)*	*J'ai remarqué à quelle lutte d'influence Anna et Emma se sont livrées.*
Krankheit (w, –, en)	*maladie (la)*	
Kreativität (w, –, en)	*créativité (la)*	*C'est par sa créativité que Sébastien compense son manque de cohérence.*
Kreide (w, –, n)	*craie (la)*	*Nous n'avons plus de craies de couleur. Utilisons les craies blanches !*
Kritik (w, –, en)	*critique (la)*	*Dans notre service, nous apprécions les critiques ouvertes mais raisonnées.*
Lächeln (n, s)	*sourire (le)*	*Dans cette réunion en tête-à-tête, son sourire en disait plus long que des paroles.*
Lachen (n, s)	*rire (le)*	
Langeweile (w,-)	*ennui (l')*	
Lappen (m, s,-)	*chiffon (le)*	*J'emmène toujours mon propre chiffon pour essuyer le tableau.*

Leistung (w, –, en)	*performance (la)*	
Leistungsfähiglkeit (w, –, en)	*efficacité (l')*	*Organiser les réunions des responsables de 3 départements différents demande à la secrétaire une efficacité maximale.*
Liste (w, –, n)	*liste (la)*	
Lösung (w, –, en)	*solution (la)*	*C'est en réunion que nous nous apportons des solutions mutuelles.*
Lust (w, –,¨-e)	*envie (l')*	
Lyrik (w,-)	*lyrisme (le)*	
Mangelhaftigkeit (w, –, en)	*insuffisance (l')*	*L'insuffisance d'éclairage fait mal aux yeux.*
Markierer (m, s,-)	*marqueur (le)*	
Material (n, s, ien)	*matériel (le)*	*le formateur a passé en revue le matériel nécessaire : tableau, feutre, papier…*
Meinung (w, –, en)	*avis (l')*	
Merkblatt (n,-s,¨-er)	*fiche de synthèse (la)*	*Chaque fiche de synthèse garantit un suivi des sujets traités.*
Minute (w, –, en)	*minute (la)*	*Une minute dure 60 secondes.*
Mitglied (n, es, er)	*membre (le)*	
Mittel (n, s,-)	*moyen (le)*	*Les moyens mis en œuvre sont assez faibles.*
Modalität (w, –, en)	*modalités (les)*	
Motivation (w, –, en)	*motivation (la)*	
Neuformulierung (w, –, en)	*reformulation (la)*	
Nichterscheinen (n, s)	*désistement (le)*	*En cas de désistement, les frais d'inscription ne seront pas remboursés.*
Nichtverfügbarkeit (w, –, en)	*indisponibilité (l')*	
Notiz (w, –, en)	*prise de notes (la), note (la)*	*Ayant été en congés pendant 3 semaines, j'ai pu profiter de l'excellente prise de notes de ma collègue de travail.*

Öffentlichkeit (w, –, en)	*public (le)*	
Optimisierung (w, –, en)	*optimisation (l')*	*Les directeurs ont demandé à leurs chefs de service de mieux optimiser le temps passé en réunion.*
Optimismus (m, es)	*optimisme (l')*	
Organisation (w, –, en)	*organisation (l')*	*Marie a tout prévu, elle est bien organisée.*
Ort (m, es, e)	*lieu (le)*	*le lieu de la réunion n'est pas encore fixé.*
Panik (w,-)	*angoisse (l'), panique (la)*	
Pause (w, –, n)	*pause (la)*	
Pedell (m, s, e)	*appariteur (l')*	
Perspektive (w, –, n)	*perspective (la)*	
Pessimismus (m, es)	*pessimisme (le)*	
Prägnanz (w, –, nen)	*concision (la)*	
Präsentation (w, –, en)	*présentation (la)*	*Je préfére les présentations claires suivies de questions précises.*
Praxis (w,-)	*pratique (la)*	
Problem (n, s, e)	*problème (le)*	*La réunion permet souvent d'exposer des problèmes.*
Produktivität (w, –, en)	*productivité (la)*	
Protokoll (m, s, e)	*compte-rendu (le)*	*Il doit manquer une partie au compte-rendu, je ne trouve pas la conclusion…*
Prüfung (w, –, en)	*examen (l')*	
Publikum (n, s)	*auditoire (l')*	*L'auditoire est captivé par son intervention.*
Punkt (m, es, e)	*point (le)*	
Pünktlichkeit (w, –, en)	*ponctualité (la)*	*Le manque de ponctualité est sanctionné dans certains pays.*
Raum (m, s,¨-e)	*salle (la)*	
Rede (w, –, n)	*discours (le)*	
Redegewandtheit (w, –, nen)	*élocution (l')*	
Reservierung (w, –, en)	*réservation (la)*	

Resignation (w, –, en)	*résignation (la)*	
Revue passieren lassen	*passage en revue (le)*	*Nadège a énoncé tous les thèmes et les sous-thèmes devant faire l'objet d'une réunion.*
Rolle (w, –, n)	*rôle (le)*	
Rollenspiel (n, s, e)	*jeu de rôles (le)*	*Les jeux de rôles permettent rarement aux apprenants de travailler la théorie.*
Rückruf (m, es, e)	*retrait (le), rappel (le)*	
Ruf (m, s)	*réputation (la)*	
Sammelband (m, es,¨-e)	*recueil (le)*	
Sammlung (w, –, nen)	*collecte (la)*	*Sa méthode consiste en une collecte des impressions des uns et des autres.*
Sanduhr (w, –, en)	*sablier (le)*	
Scheitern (n, s)	*échec (l')*	*Aucune proposition concrète n'ayant été formulée, elle s'est conclue par un échec.*
Schema (n, s, ta)	*schéma (le)*	*Un bon schéma vaut souvent de vaines explications.*
Schiedsverfahren (n, s,-)	*arbitrage (l')*	
Schlussfolgerung (w, –, en)	*conclusion (la)*	
Schreiber (m, s,-)	*scribe (le)*	
Schwamm (m, s,¨-e)	*éponge (l')*	*L'éponge a encore disparu. Je vais alors me servir de mon chiffon.*
Schwierigkeit (w, –, en)	*difficulté (la)*	
Sekretär,-in (m, s, e) (w, –, nin)	*secrétaire (le, la)*	
Selbstzensur (w, –, en)	*auto-censure (l')*	
Sendung (w, –, en)	*envoi (l')*	*L'envoi des invitations en masse en vue de l'assemblée générale est reporté à ce soir.*

Sitzungs-Manie (w, –, n)	*réunionnite (la)*	*Beaucoup de salariés vont de réunion en réunion ce qui représente une fin en soi.*
Spitzfindigkeit (w, –, en)	*ergotage (l')*	
Spott (m, es, e)	*moquerie (la)*	
Stellung (w, –, en)	*position (la)*	
Streichung (w, –, en)	*suppression (la)*	*Marina a supprimé le point 'note de frais' de l'ordre du jour.*
Streitsache (w, –, n)	*litige (le)*	
Strenge (w,-)	*rigueur (la)*	
Streuung (w, –, en)	*dispersion (la)*	*La dispersion des invitations a entraîné un retard considérable de la mise en paiement.*
Stuhl (m, s,¨-e)	*chaise (la)*	*Marc adore les chaises avec des accoudoirs.*
Stundenplan (m, s,¨-e)	*horaire (l')*	*Ils ont encore modifié l'horaire des réunions d'équipes.*
Tafel (w, –, n)	*tableau (le)*	*Tom n'a pas beaucoup de place pour écrire au tableau.*
Tagesordnung (w, –, en)	*ordre du jour (l')*	*L'ordre du jour a été remanié 3 fois en 2 heures.*
Teilnehmer (m, s,-)	*participant, e (le, la)*	*Les participants sont au complet.*
Termin (m, s, e)	*rendez-vous (le)*	
Terminplan (m, s,-)	*planning (le), agenda (l')*	*Veuillez noter dans vos agendas la date et l'horaire de la prochaine réunion.*
Test (m, s, s)	*test (le)*	
Textmarker (m, s,-)	*marqueur (le)*	*Le marqueur ne fonctionne plus.*
Thema (n, s, en)	*sujet (le), thème (le)*	*Les nanotechnologies sont un sujet passionnant.*
Theorie (w, –, n)	*théorie (le)*	*L'animateur s'appuie sur des théories assez classiques.*

Tisch (m, es, e)	*table (la)*	*Lisa a une préférence pour les tables en U.*
Tischbedienung (w, –, en)	*service à table (le)*	
Titel (m, s,-)	*intitulé (l')*	*je n'ai pas bien saisi l'intitulé de la réunion.*
Überdruss (m, es)	*lassitude (la)*	
Überredung (w, –, en)	*persuasion (la)*	*Le langage non-verbal est souvent utile à la persuasion d'interlocuteurs hésitants.*
Überzeugung (w, –, en)	*conviction (la)*	*Des éléments factuels vont convaincre un public de tacticiens.*
Umsetzung (w, –, en)	*mise en situation (la)*	*Son expérience garantit des mises en situation très vraisemblables.*
Uneigennützigkeit (w, –, en)	*désintéressement (le)*	
Unentschlossenheit (w, –, en)	*indécision (l'), flottement (le)*	*Suite à sa question très vague, il y a eu un temps de flottement dans la salle.*
Unkenntnis (w, –, se)	*méconnaissance (la)*	*Les 3 participants ont dû rendre compte de la méconnaissance du dossier par l'animatrice.*
Unterbrechung (w, –, en)	*interruption (l')*	*L'assistante du directeur a déjà interrompu 3 fois la réunion.*
Unterlagen (w, –, en)	*document (le)*	
Unterlagen (w, –, en)	*support (le)*	
Unterpunkt (m, es, e)	*sous-thème (le)*	
Urlaub (m, s, e)	*congé (le)*	*Mélanie étant en congés, la réunion trimestrielle se tiendra sans elle.*
Ursache (w, –, n)	*cause (la)*	
Urteil (n, s, e)	*jugement (le)*	
Verärgerung (w, –, en)	*irritation (l')*	*Suite aux absences à répétition de Mme Durant, notre responsable syndical n'a pu cacher son irritation.*

Vereinbarung (w, –, en)	*accord (l')*	
Verfügbarkeit (w, –, en)	*disponibilité (la)*	*Les agendas éléctroniques étant connectés, je peux m'assurer de la disponibilité de chacun.*
Vergnügen (n, s)	*plaisir (le)*	
Verhinderung (w, –, en)	*empêchement (l')*	*La visite des clients me contraint à annuler la réunion R & D.*
Verlierer, -in (m, s,-) (w, –, nen)	*perdant, e (le, la)*	
Versammlung (w, –, en)	*assemblée (l')*	*L'assemblée vient de délibérer.*
Verschiebung (w, –, en)	*report (le), décalage (le)*	*A cause d'une formation obligatoire, je dois procéder au décalage de la réunion sur la gestion du budget à après-demain.*
Verspätung (w, –, en)	*retard (le)*	
Vertrauliches Gespräch (n, es, e)	*aparté (l')*	*Quel long aparté entre les deux chercheurs, en plein milieu de mon intervention !*
Vertretung (w, –, en)	*représentation (la)*	*Marie étant souffrante, elle a dû demander à Anne de la représenter.*
Vervielfältigung (w, –, en)	*multiplication (la)*	
Verzettelung (w, –, en)	*éparpillement (l')*	*Il y avait un tel éparpillement chez ce collaborateur qu'il rattrapait son retard au lieu d'être en réunion.*
Video (n, s, s)	*video (la)*	
Vision (w, –, en)	*vision (la)*	
Vorbehalt (m, es, e)	*réticence (la)*	
Vorbereitung (w, –, en)	*préparation (la)*	*La préparation de chaque réunion dure plus de 20 minutes.*
Vorhaben (n, s,-)	*plan (le)*	

Vorladung (w, –, en)	*convocation (la)*	*La convocation a été envoyée seulement 3 heures avant la réunion.*
Vorschlag (m, s,¨-e)	*proposition (la), suggestion (la)*	*Marie émet de nombreuses suggestions, pleines d'à-propos.*
Vorsprung (m, s,¨-e)	*avance (l')*	
Vorstellungskraft (w, –,¨-e)	*imagination (l')*	
Vorstellungsrunde (w, –, n)	*tour de table (le)*	*lors du dernier tour de table, Jean a présenté un nouveau collègue.*
Vorurteil (n, s, e)	*a priori (l'), préjugé (le)*	
Vorwand (m, es,¨-e)	*prétexte (le)*	
Vorwegnahme (w, –, n)	*anticipation (l')*	
Weggang (m, es,¨-e)	*départ (le)*	
Weiterbearbeitung (w, –, en)	*suite à donner (la)*	
Wiederholung (w, –, en)	*répétition (la), rappel (le)*	*L'animateur a demandé à une participante de rappeler l'ordre du jour.*
Workshop (m, s, s)	*atelier (l')*	*Ma collègue et moi-même, nous ne sommes jamais dans le même atelier.*
Zensur (w, –, en)	*censure (la)*	
Ziel (n, es, e)	*objectif (l')*	
Zimmer (n, s,-)	*pièce (la)*	
Zufriedenheitsumfrage (w, –, en)	*enquête de satisfaction (l')*	*L'animateur en a remis une à chaque participant.*
Zusammenfassung (w, –, en)	*synthèse (la), résumé (le)*	
Zusammenfassung (w, –, en)	*résumé (le)*	
Zusatz (m, es,¨-e)	*ajout (l')*	
Zwischenfall (m, es,¨-e)	*incident (l')*	*Nous n'avons eu aucun incident à déplorer l'année dernière.*

Les adjectifs de A à Z

abwesend	*absent, e*
aggressiv	*agressif, ve*
aktuell	*actuel, le*
allgemein	*général, e*
angenehm	*agréable*
anwesend	*présent, e*
aufmerksam	*attentif, ive*
ausdauernd	*endurant, e*
ausreichend	*suffisant, e*
aussagekräftig	*pertinent, e*
begeistert	*enthousiaste*
begierig	*désireux, euse de*
behutsam	*délicat, e*
berechnend	*calculateur, trice*
bereit zu +D	*disposé, e à*
bestrebt zu	*soucieux, ieuse de*
bewegt	*agité, e*
datiert	*daté, e*
dösig	*assoupi, e*
dreimonatlich	*trimestriel, le*
durchführbar	*réalisable*
eingeschlafen	*endormi, e*
empfindlich	*1.sensible, 2. Susceptible*
engagiert	*engagé, e*
entspannt	*détendu, e*
erfahren	*expérimenté, e*
feindlich	*hostile*
freiwillig	*volontaire*
freundlich	*aimable*
gefüllt	*rempli, e*
gemäßigt	*pondéré, e*
geplant	*prévu, e*
gereizt	*tendu, e*
gesprächig	*bavard, e*
gestempelt	*cacheté, e*
gewillt	*désireux, euse de*
gewiss	*certain, e*

groß	*grand, e*
großzügig	*généreux, se*
gut	*bon, ne*
halbjährlich	*semestriel, le*
höflich	*poli, e*
hypothetisch	*hypothétique*
integrierend	*intégrateur, trice*
interessant	*intéressant, e*
interessiert	*intéressé, e*
jährlich	*annuel, le*
klein	*petit, e*
klug	*intelligent, e*
krank	*souffrant, e, malade*
kurz	*court, e*
lang	*long, ue*
launisch	*lunatique*
lebhaft	*vif, vive*
leer	*vide*
leidenschaftlich	*passionné, e*
liebenswürdig	*amène*
monatlich	*mensuel, le*
mondän	*mondain, e*
proaktiv	*proactif, ive*
professionnell	*professionnel, le*
pünktlich	*ponctuel, le*
reaktionsfähig	*réactif, ive*
respektvoll	*respectueux, ueuse*
riskant	*risqué, e*
ruhig	*calme*
scharf	*aiguisé, e*
schlecht	*mauvais, e*
schwierig	*ardu, e, complexe*
sensibel	*sensible*
sicher	*sûr, e, certain, e*
spezifisch	*spécifique*
sprunghaft	*versatil, e*
strategisch	*stratégique*
stürmisch	*houleux, euse*
sympathisch	*sympathique*

täglich	*journalier, ière*
taktisch	*tactique*
unangenehm	*désagréable*
undurchführbar	*irréalisable*
unfreiwillig	*involontaire*
ungefällig	*désobligeant, e*
ungewiss	*incertain, e*
unsympathisch	*antipathique*
unterbrochen	*interrompu, e*
unterschrieben	*signé, e*
unterschwellig	*subtil, e*
unvorhergesehen	*imprévu, e*
unwahrscheinlich	*improbable*
verärgert	*irrité, e*
verbindend	*fédérateur*
verfügbar	*disponible*
verspätet	*retardataire*
vorsichtig	*prudent, e*
wahrscheinlich	*probable*
wöchentlich	*hebdomadaire*
zahlreich	*nombreux, euse*
zentral	*central, e*

Les verbes de A à Z

abkürzen	*écourter*
ablehnen	*refuser, rejeter*
absagen	*annuler*
abzeichnen	*parapher*
achten auf +A	*veiller à*
an +D teil-nehmen lassen (ie, a)	*faire participer*
analysieren	*analyser*
anbieten (o, o)	*offrir, proposer*
anerkennen (a, a)	*reconnaître*
anfügen	*apposer*
anmerken	*annoter*
anordnen	*ordonner*
anrufen (ie, u)	*appeler (par téléphone)*
anrufen (ie, u)	*téléphoner à*

ansprechen (a, o)	*évoquer*
antworten	*répondre*
anzeigen	*indiquer*
arbeiten	*travailler*
ärgern	*énerver*
argumentieren	*argumenter*
auflisten	*lister*
aufrechthalten (ie, a)	*maintenir*
ausfüllen	*remplir*
ausgehen (i, a)	*sortir*
aussetzen	*suspendre*
beenden	*terminer*
befragen	*questionner*
beglückwünschen	*féliciter*
begrüßen	*saluer*
benachrichtigen	*aviser*
beurteilen	*juger*
blockieren	*bloquer*
buchen	*réserver*
danken	*remercier*
datieren	*dater*
diskutieren	*débattre*
einführen	*introduire*
einladen (u, a)	*inviter, convoquer*
einräumen	*concéder, reconnaître*
einreichen	*remettre*
einschätzen	*évaluer, estimer*
einschreiben (ie, ie)	*inscrire*
entlanggehen (i, a)	*longer*
entschuldigen	*excuser*
entwickeln	*développer*
erinnern	*rappeler*
erklären	*1. éclairer, 2. déclarer*
erläutern	*élucider*
erwidern	*rétorquer*
essen (a, e)	*manger*
festlegen	*définir*
festlegen	*fixer*
gähnen	*bailler*

geben (a, e)	*donner*
genehmigen	*approuver*
gratulieren	*complimenter*
harmonisieren	*harmoniser*
hinauszögern	*retarder*
imitieren	*imiter*
informieren	*informer*
interessieren	*intéresser*
isolieren	*isoler*
klatschen	*applaudir*
kommentieren	*commenter*
komplexer gestalten	*complexifier*
lächeln	*sourire*
lachen	*rire*
langweilen	*ennuyer*
laufen (ie, au)	*marcher*
leiten	*présider*
lenken	*manœuvrer*
liefern	*fournir*
löschen	*supprimer*
markieren	*marquer*
minutengenau organisieren	*minuter*
mitteilen	*communiquer*
nachbilden	*reproduire*
notieren	*noter*
öffnen	*ouvrir*
organisieren	*organiser*
planen	*planifier*
präsentieren	*présenter*
raten (ie, a)	*conseiller, deviner*
rechtfertigen	*justifier*
richten auf +A	*orienter*
rufen	*appeler*
sammeln	*collecter*
schließen (o, o)	*clore*
schreiben (ie, ie)	*écrire*
schweigen (ie, ie)	*se taire*
seinen Durst löschen	*se désaltérer*
sich zusammenschließen (o, o)	*se regrouper*

sich abmelden	*se désinscrire*
sich anmelden	*s'inscrire, s'annoncer*
sich aufhalten mit +D (ie, a)	*s'attarder*
sich ausruhen	*se reposer*
sich ausweisen	*s'authentifier*
sich einprägen	*mémoriser*
sich entschuldigen	*s'excuser*
sich ereignen	*se produire*
sich erfrischen	*se rafraîchir*
sich freuen auf +A	*se réjouir de (instant à venir)*
sich freuen über +A	*se réjouir de (instant présent)*
sich informieren	*s'informer*
sich lustig machen über +A	*se moquer*
sich treffen (a, o)	*se retrouver*
sich verabschieden	*prendre congé*
sofort reagieren auf +A	*rebondir sur*
sprechen (a, o)	*parler*
stattfinden (a, u)	*avoir lieu*
stempeln	*cacheter*
studieren	*étudier*
teilnehmen an +D (a, o)	*participer à, assister*
trinken (a, u)	*boire*
übergeben (a, e)	*transmettre*
überreden	*persuader*
übertragen (u, a)	*déléguer*
überzeugen	*convaincre*
unterbreiten	*soumettre*
unterlassen (ie, a)	*s'abstenir*
unterschreiben (ie, ie)	*signer*
unterstützen	*seconder*
unterzeichnen	*signer, émarger*
verbessern	*améliorer*
vereinfachen	*faciliter*
vereinfachen	*simplifier*
verschieben (o, o)	*décaler, reporter, repousser*
verstehen (a, a)	*comprendre, entendre*
verwalten, managen, händeln	*gérer*
verzichten auf +A	*se passer*
von etwas zurücktreten (a, i)	*se désister*

vorschlagen (u, a)	*proposer*
vorsehen (a, e)	*prévoir*
vorwegnehmen (a, o)	*anticiper*
vorwerfen (a, o)	*reprocher*
vorziehen (o, o)	*avancer*
warnen vor +D	*avertir*
widersprechen (a, o)	*contredire*
wieder aufnehmen (i, o)	*reprendre*
wiedergeben (a, e)	*restituer*
wiedergeben (a, e)	*restituer*
wiederholen	*répéter*
wiederholen lassen (ie, a)	*faire répéter*
zugeben (a, e)	*avouer*
zurückhalten (ie, a)	*retenir*
zusammenkommen (a, o)	*se réunir*

Les locutions de A à Z

allgemeine Heiterkeit auslösen	*provoquer l'hilarité générale*
an der Diskussion teilnehmen	*assister aux débats*
an einer Freiluftversammlung teilnehmen	*assister à une réunion de plein air*
auf dem Laufenden halten	*tenir au courant, tenir informé, e*
auf die nächste Frage eingehen	*passer à la prochaine question*
auf einen Teilnehmer eingehen	*reprendre un participant*
aus dem Meeting kommen	*sortir de réunion*
das Gespräch lancieren	*lancer la discussion*
das nächste Meeting ansetzen	*convenir de la prochaine réunion*
das Protokoll schreiben	*rédiger le compte-rendu*
das Publikum gegen sich aufbringen	*se mettre le public à dos*
das Wort weitergeben	*passer la parole*
das Wort ergreifen	*prendre la parole*
den Aufzug nehmen	*prendre l'ascenceur*
den Terminplan bestätigen	*valider le planning*
die Abwesenheit notieren	*constater les absences*
die Anordnung der Tische verändern	*changer la disposition des tables*
die Antwort flüstern	*murmurer la réponse*
die Aufmerksamkeit eines Teilnehmers wecken	*attirer l'attention d'un participant*
die Bedürfnisse erfassen	*cerner les besoins*
die Beleuchtung einstellen	*régler l'éclairage*

die Diskussion anfachen	*relancer le débat*
die Einführungsrede beenden	*parachever un discours d'introduction*
die Hand heben	*lever la main*
die Jahresversammlung verpassen	*manquer la réunion annuelle*
die Ohren spitzen	*tendre l'oreille*
die Redezeiten einteilen	*gérer le temps de parole*
die Regel missachten	*transgresser la règle*
die Stirn runzeln	*froncer les sourcils*
die Tagesordnung ändern	*modifier l'ordre du jour*
die Tagesordnung Revue passieren lassen	*passer en revue l'ordre du jour*
die Teilnehmer auf eine falsche Fährte führen	*entraîner les participants sur une fausse piste*
die Teilnehmer informieren	*informer les participants*
die zugeteilte Zeit überschreiten	*dépasser le temps imparti*
die Zuhörer mit einem Blick streifen, überfliegen	*balayer l'assistance du regard*
ein Argument auseinandernehmen	*démonter des arguments*
ein Feedback geben	*livrer des retours d'expérience*
ein Problem lösen	*résoudre un problème*
ein Projekt bekanntgeben	*dévoiler un projet*
eine Besprechung abhalten	*tenir une réunion*
eine Besprechung nach der anderen haben	*enfiler les réunions les unes après les autres*
eine Bilanz erstellen	*dresser un bilan*
eine falsche Info korrigieren	*corriger une information erronnée*
eine Idee entwickeln	*développer une idée*
eine Nachricht hinterlassen	*laisser un message*
eine non-verbale Nachricht entschlüsseln	*décrypter un message non verbal*
eine Pause einlegen	*marquer une pause*
eine Teilnehmerin nennen	*désigner une participante*
eine Theorie mit Füßen treten	*fouler au pied une théorie*
einen Raum buchen	*réserver une salle*
einen Sekretär ernennen	*nommer un secrétaire*
einen wichtigen Punkt näher ausführen	*s'attarder sur un point important*
Einladungen verschicken	*envoyer les invitations*
geradeaus gehen, fahren	*aller tout droit*
gut gelaunt sein	*être de bonne humeur*
in die 2.Etage gehen, in den 2. Stock gehen	*aller au 2e étage*

in Form sein	*être en pleine forme*
in Frage stellen	*remettre en question*
ins Detail gehen	*entrer dans les détails*
ins Meeting gehen	*entrer en réunion*
ins Wort fallen	*couper la parole*
keine Reaktion zeigen	*cacher sa réaction*
links gehen, fahren	*prendre à gauche*
Lunchpakete bestellen	*commander des panier-repas*
mit dem Finger zeigen	*pointer l'index*
mit seinem Nachbarn sprechen	*parler à son voisin*
Notizen machen	*prendre des notes*
Paroli bieten	*tenir tête*
Platz nehmen	*prendre place*
pünktlich ankommen	*arriver à l'heure*
rechts gehen, fahren	*prendre à droite*
reges Interesse wecken	*susciter un vif intérêt*
schlecht gelaunt sein	*être de mauvaise humeur*
seine Erklärung beisteuern	*apporter son éclairage*
seine Meinung äußern	*donner son opinion*
seine Quellen anführen	*détailler ses références*
seine Quellen überprüfen	*contrôler ses sources*
seine Redezeit überschreiten	*abuser de son temps de parole*
seine Teilnahme bestätigen	*confirmer sa participation*
seinen Erwartungen Ausdruck verleihen	*exprimer ses attentes*
sich beim Publikum bedanken	*remercier son auditoire*
sich ein Konzept aneignen	*s'approprier un concept*
sich entschuldigen	*présenter ses excuses*
sich in ein Gespräch einmischen	*s'immiscer dans une discussion*
sich nach dem Gesundheitszustand einer Person erkundigen	*s'enquérir de l'état de santé d'une personne*
sich unersätzlich machen	*se rendre indispensable*
sich unvorbereitet treffen	*se réunir à l'improviste*
sich zur dreimonatlichen Besprechung begeben	*se rendre à la réunion trimestrielle*
ständig unterbrechen	*interrompre sans cesse*
Stühle hinzustellen	*ajouter des chaises*
über seine Ankunft informieren	*prévenir de son arrivée*
um Ruhe bitten	*demander le retour au calme*
unangenehme Kritik nicht beachten	*laisser de côté des critiques désobligeantes*

von Hölzchen auf Stöckchen kommen	*passer du coq à l'âne*
Vorbereitung erfordern	*demander un travail préparatoire*
während des Meetings herumkritzeln	*griffonner pendant une réunion*
winken	*faire signe de la main*
Wissen verbreiten	*vulgariser un savoir*
Wissen weitergeben	*transmettre un savoir-faire*
zielgerichtet arbeiten	*travailler par objectifs*
zu spät ankommen	*arriver en retard*
zum Wesentlichen kommen	*aller à l'essentiel*
zusammenfassen	*faire le point*
Zusatzfragen überfliegen	*survoler les questions subsidiaires*

Mise en situation dialoguée

Etienne und Marion, Verkaufsleiter bzw. (beziehungsweise) Verkaufsmanagerin bei Progestor sind in einem wichtigen Meeting, um Mittel und Wege zu finden, sich bei den Entscheidungsträgern einen Namen zu machen.

Etienne : Marion, hören Sie, ich glaube, in dieser neuen Marktnische ist es uns noch nicht gelungen, die Entscheidungsträger ausfindig zu machen. Sind es die Verkaufsleiter, die Personalleiter oder die Verantwortlichen für die Gehälter, oder sogar alle drei zusammen?
Marion : Etienne, daran habe ich gedacht und unsere Softwarelösung, die vor allem auf KMU (kleinere und mittlere Unternehmen) mit 51 bis 499 Mitarbeitern abzielt, hat zwei besondere Vorteile : die niedrigen Kosten und die Verwendbarkeit in allen Abteilungen. Vielleicht sollten wir die Suche nach Entscheidungsträgern outsourcen?
Etienne : Marion, ich merke doch, dass Sie schon eine Lösung parat haben, erzählen Sie mir davon.
Marion : Also gut. Ich denke an Dienstleister, die nach unseren Kriterien geeignete Kontaktdateien nach Maβ erstellen. Anschlieβend könnten wir diese Dateien kaufen oder mieten und um ein regelmäβiges Update bitten.
Etienne : Das ist eine ausgezeichnete Idee. Das erspart uns viel Zeit, aber ich erinnere mich an eine schlechte Erfahrung mit einem Anbieter, der über eine Datei mit über 100 000 Kontakten verfügte, darunter, Direktoren, Manager, Abteilungleiter…
Marion : Hier liegt der Unterschied darin, dass diese Firmen ihre Dateien herstellen, indem sie ihre Information zuerst überprüfen, bevor sie sie uns anbieten, liefern. Sie haben also schon Datenbanken, doch ihre Mitarbeiter reichern sie noch mit den Aufgaben, Titeln, persönlichen Angaben an, nachdem sie die ausgewählten Entscheidungsträger angerufen haben. Da unsere Datenbank schon älter ist, könnte uns das kurzfristig und langfristig helfen.

Etienne : Einverstanden, bitten Sie also um einen Kostenvoranschlag und die genauen und klarverständlichen Nutzungsbedingungen.

Etienne et Marion, respectivement directeur et responsable commerciale de Progestor ont une réunion d'urgence afin de trouver un moyen pour se faire connaître auprès des décideurs.

Etienne : *Marion, écoutez, je crains que nous n'arrivions pas à identifier les décideurs sur ce nouveau marché. S'agit-il des responsables achat, des RRH ou encore des gestionnaires des paies, voire des trois à la fois ?*
Marion : *Etienne, j'y ai pensé et notre solution de logiciel de progestion qui vise essentiellement les PME entre 51 et 499 personnes a deux atouts principaux : son faible coût et sa polyvalence entre services. Peut-être que nous devrions externaliser la recherche des décideurs ?*
Etienne : *Marion, je sens que vous avez une bonne piste, dîtes m'en plus.*
Marion : *Soit. Je pense à des prestataires qui créeraient des fichiers de contacts qualifiés sur mesure selon les critères que nous leur fournirions. Nous pourrions ensuite acheter ce fichier ou bien le louer et demander des mises à jour.*
Etienne : *C'est une excellente idée. Cela nous gagnera du temps, mais je me souviens d'une expérience ratée avec un fournisseur qui avait pourtant un fichier de plus de 100 000 contacts, dont des directeurs, des managers, des responsables de services…*
Marion : *Ici, la différence, c'est que ces sociétés fabriquent le fichier en vérifiant l'information avant de nous la fournir. Ainsi, ils ont déjà des bases de données, mais leurs collaborateurs les agrémentent des fonctions, titres, coordonnées, après avoir appelé les décideurs pressentis. Notre base de données datant un peu, cela pourra nous aider à court-terme et à long-terme.*
Etienne : *Entendu, demandez des devis avec des conditions générales d'utilisation précises et claires.*

4.2 Kommunikation in Präsentationen *Communiquer lors de présentations*

Les noms de A à Z

Ablauf (m, s,¨-e)	*déroulement (le)*
Ablehnung (w, –, en)	*rejet (le)*
Abordnung (w, –, en)	*délégation (la)*
Abreise (w,-)	*départ (le)*
Abschicken (n, s)	*envoi (l')*
Abstand (m, es,¨-e)	*recul (le)*
Abstimmung (w, –, en)	*vote (le)*
Abweichung (w, –, en)	*écart (l')*

Abwesenheit (w, –, en)	*absence (l')*	
Aktionsplan (m, s,¨-e)	*plan d'action (le)*	
Analyse (w, –, n)	*analyse (l')*	
Andeutung (w, –, en)	*sous-entendu (le)*	
Anfang (m, s,¨-e)	*début (le)*	*Dès le début, elle avait bien compris que le climat allait être lourd.*
Anforderungsniveau (n, s, s)	*niveau d'exigence (le)*	
Angabe (w, –, n)	*donnée (la)*	
Anlass (m, es,¨-e)	*motif (le)*	
Annulierung (w, –, en)	*annulation (l')*	
Anordnung (w, –, en)	*disposition (la)*	
Anschaulichkeit (w, –, en)	*clarté (la)*	
Anschluss (m, es,¨-e)	*branchement (le)*	
Antwort (w, –, en)		
réponse (la)	*Est-ce que ma réponse vous convient ?*	
Anwesenheit (w, –, en)	*présence (la)*	
Arbeit (w, –, en)	*travail (le)*	*A la fin de la réunion, il y a souvent plus de travail que pendant la réunion.*
Arbeitsgruppe (w, –, en)	*groupe de travail (le)*	*Nous avons créé 4 groupes de travail homogènes.*
Argument (n, es, e)	*argument (l')*	
Aufführung (w, –, en)	*représentation (la)*	
Aufnahme (w, –, n)	*enregistrement (l')*	
Aufnahmefähigkeit (w, –, en)	*écoute (l')*	
Aufteilung (w, –, en)	*agencement (l')*	
Aufwertung (w, –, en)	*mise en valeur (la)*	
Aufzug (m, es,¨-e)	*ascenceur (l')*	
Ausarbeitung (w, –, en)	*élaboration (l')*	
Ausgang (m, s,¨-e)	*issue (l')*	*A l'issue de la réunion, les participants se sont félicités.*
Ausnahme (w, –, n)	*exception (l')*	
Ausschluss (m, ses,¨-e)	*exclusion (l')*	
Äuβerung (w, –, en)	*propos (le)*	
Beamer (m, s,-)	*videoprojecteur (le)*	

Beherrschung (w, –, en)	*sang-froid (le), maîtrise (la)*	
Beispiel (n, s, e)	*exemple (l')*	
Bemerkung (w, –, en)	*remarque (la)*	*Les participants ont adressé leurs remarques par écrit à l'intervenant.*
Bestuhlung (w, –, en)	*configuration (a)*	*La configuration de la salle donne envie d'échanger.*
Betreuung (w, –, en)	*animation (l')*	*L'animation ne laisse rien au hasard.*
Beurteilung (w, –, en)	*jugement (le)*	
Bilanz (w, –, en)	*bilan (le)*	
Bild (n, es, er)	*image (l')*	
Bildauflösung (w, –, en)	*résolution (la) de l'image*	
Bildschirm (m, se)	*écran (l')*	
Bildunterschrift (w, –, en)	*légende (la)*	
Bremse (w, –, n)	*frein (le)*	
Buffet (n, s, s)	*buffet (le)*	
Bühne (w, –, n)	*scène (la)*	
Datei (w, –, en)	*fichier (le)*	
Datum (n, s, en)	*date (la)*	*La date de la réunion devrait nous être communiquée sous peu.*
Dauer (w,-)	*durée (la)*	*Selon l'animateur, la durée des activités n'est jamais la même.*
Dia (n, s, s)	*diapositive (la)*	
Dialog (m, s, e)	*dialogue (le)*	*Sa présentation assez ennuyeuse n'a pas laissé la place au dialogue interculturel souhaité.*
Diapositiv (n, s, e)	*diapositive (la)*	
Diashow (w, –, s)	*diaporama (le)*	
Diskrepanz (w, –, en)	*décalage (le)*	
Diskussion (w, –, en)	*débat (le)*	*Le débat devenant assez houleux, l'animateur préféré le stopper.*
Dokument (n, es, e)	*document (le)*	
Dominanz (w, –, en)	*domination (la)*	

Dossier (n, s, s)	*dossier (le)*	
Drucker (m, s,-)	*imprimante (l')*	
Durchführung (w, –, en)	*réalisation (la)*	
Dynamik (w, –, en)	*dynamique (la)*	
Eieruhr (w, –, en)	*sablier (le)*	
Einfall (m, s,¨-e)	*idée (l') soudaine*	
Einführung (w, –, en)	*introduction (l')*	
Eingriff (m, s, e)	*intervention (l')*	*Le chef d'équipe a fait une intervention remarquée.*
Einladung (w, –, en)	*convocation (la)*	
Einschätzung (w, –, en)	*évaluation (l')*	*L'évaluation des thèmes demande du temps.*
Einschlafen (n, s)	*endormissement (l')*	
Einzelheit (w, –, en)	*détail (le)*	
Einzelne, r	*individu (l')*	
Empfänger (m, s,-)	*destinataire (le, la)*	
Ende (n, s, n)	*fin (la)*	*A la fin de la séance, nous étions épuisés.*
Entgegnung (w, –, en)	*réplique (la)*	
Entschluss (m, es,¨-e)	*décision (la), résolution (la)*	
Entschuldigung (w, –, en)	*excuse (l')*	
Entwicklung (w, –, en)	*développement (le)*	
Erfahrung (w, –, en)	*expérience (l')*	
Erfindung (w, –, en)	*invention (l')*	
Erfolg (m, s, e)	*réussite (la)*	
Erfrischung (w, –, en)	*rafraichissements (les)*	
Erinnerung (w, –, en)	*rappel (le)*	
Erklärung (w, –, en)	*explication (l')*	
Ermutigung (w, –, en)	*encouragement (l')*	
Etappe (w, –, n)	*étape (l')*	
Etwas Unvorhergesehenes	*imprévu (l')*	
Examen (n, s,-)	*examen (l')*	
Exkurs (m, es, e), Abschweifung (w, –, en)	*digression (la)*	
Faktor (m, s, en)	*facteur (le)*	
Fälligkeit (w, –, en)	*échéance (l')*	
Farbe (w, –, n)	*couleur (la)*	
Fatalismus (m, ses)	*fatalisme (le)*	

Fazit (n, s, s)	*conclusion (la)*	
Fehler (m, s,-)	*défaut (le), erreur (l')*	
Festplatte (w, –, n)	*disque (le)*	
Folie (w, –, n)	*transparent (le)*	
Form (w, –, en)	*forme (la)*	
Fortschritt (m, es, e)	*progression (la)*	
Fotokopie (w, –, en)	*photocopie (la)*	
Frage (w, –, n)	*question (la)*	*Murielle a déjà posé plus de 15 questions en 1 heure. Elle est très curieuse.*
Freigabe (w, –, n)	*validation (la)*	
Freude (w, –, n)	*joie (la)*	
Frist (w, –, en)	*délai (le)*	
Frustration (w, –, en)	*frustration (la)*	
Funktionsweise (w, –, n)	*fonctionnement (le)*	
Furcht (w,-)	*crainte (la), peur (la)*	
Gast (m, es,¨-e)	*invité, e (l')*	
Gedankengang (m, s,¨-e)	*raisonnement (le), cheminement intellectuel (le)*	*Ce raisonnement présente une faille.*
Gegenargument (n, es, e)	*contre-argument (le)*	
Gegenbeispiel (n, s, e)	*contre-exemple (le)*	
Genauigkeit (w, –, en)	*précision (la)*	
Gereiztheit (w, –, en)	*irritation (l')*	
Gespräch (n, s, e)	*discussion (la)*	
Gesprächspartner (m, s,-)	*interlocuteur (l')*	
Getränk (n, s, e)	*boissons (les)*	
Gewinner (m, s,-)	*gagnant, e (le, la)*	
Glückwunsch (m, es, e)	*félicitation (la)*	
Grafik (w, –, en)	*graphique (le)*	
Grammatik (w, –, en)	*grammaire (la)*	
Größe (w, –, n)	*dimension (la), taille (la)*	
Grund (m, es,¨-e)	*raison (la)*	
Grundsatz (m, es,¨-e)	*principe (le)*	
Gruppe (w, –, n)	*groupe (le)*	
Gruppenarbeit (w, –, en)	*travail d'équipe (le)*	*En réunion, le travail d'équipes me rebute un peu.*
Harmonie (w, –, n)	*harmonie (l')*	

Häufigkeit (w, –, en)	*fréquence (la)*	*La réunion a lieu toutes les semaines : c'est une fréquence convenable.*
Herausstellung (w, –, en)	*mise en exergue (la)*	
Hervorhebung (w, –, en)	*mise en relief (la)*	
Hintergrund (m, es,¨-e)	*arrière-plan (l')*	
Hintergrundbild (s, es, er)	*style d'arrière-plan (le)*	
Höhenflug (m, s,¨-e)	*envolée (l')*	
Hypothese (w, –, n)	*hypothèse (l')*	
Idee (w, –, n)	*idée (l')*	
Identifizierung (w, –, en)	*identification (l')*	
Illustration (w, –, en)	*illustration (l')*	
Indikator (m, s, en)	*indicateur (l')*	
Inhalt (m, es, e)	*contenu (le)*	*L'animateur a revu le contenu de chaque thème.*
Integration (w, –, en)	*intégration (l')*	
Kabel (n, s,-)	*cable (le)*	
Kalender (m, s,-)	*calendrier (le)*	
Klarheit (w, –, en)	*clarté (la)*	
Klick (m, s, s)	*clic (le)*	
Kohärenz (w, –, en)	*cohérence (la)*	
Kompromiss (m, es, e)	*compromis (le)*	
Konsens (m, es)	*consensus (le)*	
Kontrast (m, es, e)	*contraste (le)*	
Konzept (m, es, e)	*concept (le)*	
Kopierer (m, s,-)	*copieur (le)*	
Kräftemessen (n, s)	*lutte d'influence (la)*	
Krankheit (w, –, en)	*maladie (la)*	
Kreativität (w, –, en)	*créativité (la)*	
Kreide (w, –, n)	*craie (la)*	*Nous n'avons plus de craies de couleur. Utilisons les craies blanches !*
Kritik (w, –, en)	*critique (la)*	*Dans notre service, nous apprécions les critiques ouvertes mais raisonnées.*
Lächeln (n, s)	*sourire (le)*	
Lachen (n, s)	*rire (le)*	
Lappen (m, s,-)	*chiffon (le)*	*J'emmène toujours mon propre chiffon pour essuyer le tableau.*

Leistung (w, –, en)	*performance (la)*	
Lesen (n, s)	*lecture (la)*	
Liste (w, –, n)	*liste (la)*	
Löschen (n, s)	*suppression (la)*	
Lösung (w, –, en)	*solution (la)*	
Lust (w, –, ¨-e)	*envie (l')*	
Lyrik (w, –, en)	*lyrisme (le)*	
Markierer (m, s,-)	*marqueur (le)*	*Le marqueur ne fonctionne plus.*
Material (n, s, ien)	*matériel (le)*	*Le formateur a passé en revue le matériel nécessaire : tableau, feutre, papier…*
Meinung (w, –, en)	*avis (l')*	
Misserfolg (m, s, e)	*échec (l')*	
Mitglied (m, es, er)	*membre (le)*	
Mittel (n, s,-)	*moyen (le)*	
Modalität (w, –, en),	*modalités (les)*	
Monitor (m, s, en)	*moniteur (le)*	
Monolog (m, s, e)	*monologue (le)*	
Motivation (w, –, en)	*motivation (la)*	
Nachricht (w, –, en)	*message (le)*	
Nichtverfügbarkeit (w, –, en)	*indisponibilité (l')*	
Nichtvorhandensein (n, s)	*inexistence (l')*	
Notausgang (m, s,¨-e)	*sortie de secours (la)*	
Notiz (w, –, n)	*note (la)*	
Notizen machen	*prise de notes (la)*	
Oberfläche (w, –, n)	*surface (la)*	
Optimisierung (w, –, en)		
optimisation (l')		
Optimismus (m, ses)	*optimisme (l')*	
Organisation (w, –, en)		
organisation (l')	*Marie a tout prévu, elle est bien organisée.*	
Ort (m, es, e)	*lieu (le)*	*Le lieu de la réunion n'est pas encore fixé.*
Pause (w, –, n)	*pause (la)*	
Pedell (m, s, e)	*appariteur (l')*	
Perspektive (w, –, n)	*perspective (la)*	

Pessimismus (m, ses)	*pessimisme (le)*	
Plan (m, s,¨-e)	*plan (le)*	
Plan (m, s,¨-e)	*schéma (le)*	
Planung (w, –, en)	*planification (la)*	
Position (w, –, en)	*position (la)*	
Prägnanz (w, –, en)	*concision (la)*	
Prägnanz (w, –, en)	*concision (la)*	
Praxis (w, –, en)	*pratique (la)*	
Prinzip (n, s, ien)	*principe (le)*	
Problem (n, s, e)	*problème (le)*	*Sébastien a eu un problème avec le nouveau programme.*
Produktivität (w, –, en)	*productivité (la)*	
Projektion (w, –, en)	*projection (la)*	
Protokoll (n, s, e)	*compte-rendu (le)*	
Publikum (n, s)	*public (le)*	
Punkt (m, es, e)	*point (le)*	
Pünktlichkeit (w, –, en)	*ponctualité (la)*	
Quellenangabe (w, –, n)	*référence (la)*	
Rat (m, es, schläge)	*conseil (le)*	
Raum (m, s,¨-e)	*salle (la), pièce (la)*	
Rechtschreibung (w, –, en)	*orthographe (l')*	
Rede (w, –, n)	*discours (le)*	
Redegewandtheit (w, –, en)	*éloquence (l')*	
Redner,-in (m, s,-) (w, –, nin)	*conférencier, ière (le, la)*	
Reservierung (w, –, en)	*réservation (la)*	
Resignation (w, –, en)	*résignation (la)*	
Revue passieren lassen	*passage en revue (le)*	
Richtigkeit (w, –, en)	*justesse (la)*	
Rolle (w, –, n)	*rôle (le)*	
Rollenspiel (n, s, e)	*jeu de rôles (le)*	
Rücktritt (m, es, e)	*désistement (le), retrait (le)*	
Ruf (m, s)	*réputation (la)*	
Saal (m, s,¨-e)	*salle (la)*	
Sammlung (w, –, en)	*collecte (la), recueil (le)*	
Satz (m, es,¨-e)	*phrase (la)*	
Schiedsverfahren (n, s,-)	*arbitrage (l')*	
Schluss (m, es,¨-e)	*conclusion (la), terme (le)*	
Schreiber (m, s,-)	*scribe (le)*	

Schriftart (w, –, en)	*style de police (le)*	
Schriftgröße (w, –, n)	*taille de la police (la)*	
Schwamm (m, s,¨-e)	*éponge (l')*	*L'éponge a encore disparu. Je vais alors me servir de mon chiffon.*
Schwierigkeit (w, –, en)	*difficulté (la)*	
Sekratär,-in (m, s, e) (w, –, nen)	*secrétaire (le, la)*	
Selbstzensur (w, –, en)	*auto-censure (l')*	
Sichtweise (w, –, n)	*vision (la)*	
Spitze (w, –, n)	*pointe (la)*	
Sprechtechnik (w, –, en)	*élocution (l')*	
Streitsache (w, –, n)	*litige (le)*	
Strenge (w,-)	*rigueur (la)*	
Streuung (w, –, en),	*dispersion (la)*	
Stuhl (m, s,¨-e)	*chaise (la)*	*Marc adore les chaises avec des accoudoirs.*
Tafel (w, –, n)	*tableau (le)*	*Tom n'a pas beaucoup de place pour écrire au tableau.*
Tageslichtprojektor (m, s, en)	*retroprojecteur (le)*	
Tagesordnung (w, –, en)		
ordre du jour (l')	*L'ordre du jour a été remanié 3 fois en 2 heures.*	
Teil (m, s, e)	*partie (la)*	
Teilnehmer -in (m, s,-) (w, –, nen)	*participant, e (le, la)*	*Les participants sont au complet.*
Telefonkonferenz (w, –, en),	*téléconférence (la)*	
Terminkalender (m, s,-)	*agenda (l')*	
Test (m, s, s)	*test (le)*	
Thema (n, s, en)	*sujet (le)*	*Les nanotechnologies sont un sujet passionnant.*
Theorie (w, –, n)	*théorie (le)*	
Tisch (m, es, e)	*table (la)*	*Lisa a une préférence pour les tables en U.*
Tischbedienung (w, –, en)	*service à table (le)*	
Tischrunde (w, –, n)	*tour de table (le)*	
Titel (m, s,-)	*intitulé (l')*	
Überdruss (m, ses)	*lassitude (la)*	

Überprüfung (w, –, en)	*vérification (la)*	
Überredung (w, –, en)	*persuasion (la)*	
Übersicht (w, –, en)	*synthèse (la), aperçu global (l')*	
Übertrag (m, es,¨-e)	*report (le)*	
Überzeugung (w, –, en)	*conviction (la)*	
Uhrzeit (w, –, en)	*horaire (l')*	*Ils ont encore modifié l'horaire des réunions d'équipes.*
Umformulierung (w, –, en)	*reformulation (la)*	
Umtrunk (m, s, e)	*pot (le), collation (la)*	
Uneigennützigkeit (w, –, en)	*désintéressement (le)*	
Unkenntnis (w,-)	*méconnaissance (la)*	
Unterbrechung (w, –, en)	*interruption (l')*	*L'assistante du directeur a déjà interrompu 3 fois la réunion.*
Unterlage (w, –, n)	*support (le)*	
Unterpunkt (m, es, e)	*sous-thème (le)*	
Unvereinbarkeit (w, –, en)	*incompatibilté (l')*	
Unzulänglichkeit (w, –, en)	*insuffisance (l')*	
Urlaub (m, s, e)	*congés (le)*	
Ursache (w, –, n)	*cause (la)*	
USB-Stick (m, s, s)	*clef USB (la)*	
Verabredung (w, –, en)	*rendez-vous (le)*	
Veranschaulichung (w, –, en)	*illustration (l')*	
Verärgerung (w, –, en)	*agacement (l')*	
Verbreitung (w, –, en)	*diffusion (la)*	
Vereinbarung (w, –, en)	*accord (l')*	
Verfassen (n, s)	*rédaction (la)*	
Verfügbarkeit (w, –, en)	*disponibilité (la)*	
Vergnügen (n, s,-)	*plaisir (le)*	
Verhinderung (w, –, en)	*empêchement (l')*	
Verkettung (w, –, en)	*enchaînement (l')*	
Verlierer (m, s,-)	*perdant, e (le, la)*	
Versammlung (w, –, en)	*assemblée (l')*	*L'assemblée vient de délibérer.*
Verspätung (w, –, en)	*retard (le)*	

Verspottung (w, –, en)	*moquerie (la)*	
Vervielfältigung (w, –, en)	*multiplication (la)*	
Verzettelung (w, –, en)	*éparpillement (l')*	
Video (n, s, s)	*video (la)*	
Videokonferenz (w, –, en)	*visioconférence (la)*	
Vorbehalt (m, es, e)	*a priori (l')*	
Vorbereitung (w, –, en)	*préparation (la)*	*La préparation de chaque réunion dure plus de 20 minutes.*
Vorschlag (m, s,¨-e)	*suggestion (la), proposition (la)*	*Lou émet de nombreuses suggestions, pleines d'à-propos.*
Vorstellung (w, –, en) *présentation (la)*		
Vorstellungskraft (w, –,¨-e)	*imagination (l')*	
Vorwand (m, es,¨-e)	*prétexte (le)*	
Vorwarnung (w, –, en)	*avertissement (l')*	
Vorwegnahme (w, –, n)	*anticipation (l')*	
Widerrede (w, –, n)	*objection (l')*	
Workshop (m, s, s)	*atelier (l')*	*Ma collègue et moi-même, nous ne sommes jamais dans le même atelier.*
Zahl (w, –, en)	*nombre (le)*	
Zeile (w, –, n)	*ligne (la)*	
Zellenform (w, –, en)	*style de cellule (le)*	
Zensur (w, –, en)	*censure (la)*	
Zerstreuen (n, s)	*dispersion (la)*	
Ziel (n, s, e)	*objectif (l')*	
Zögern (n, s)	*hésitation (l'), flottement (le)*	
Zufriedenheitsumfrage (w, –, n)	*enquête de satisfaction (l')*	*L'animateur en a remis une à chaque participant.*
Zuhörerschaft (w,-)	*auditoire (l')*	
Zurückhaltung (w, –, en)	*réticence (la), réserve (la)*	
Zusammenfassung (w, –, en)	*synthèse (la)*	
Zusammenfassung (w, –, en)	*résumé (le)*	
Zusatz (m, es,¨-e)	*ajout (l')*	
Zustimmung (w, –, en)	*consentement (le)*	

Zweck (m, -s, e)	*but (le)*	*Mon exposé a pour but de vous résumer l'apport des énergies renouvelables.*
Zwischenfall (m, s,¨-e)	*incident (l')*	

Les adjectifs de A à Z

abwesend	*absent, e*
aggressiv	*agressif, ve*
aktuell	*actuel, le*
angenehm	*agréable*
angespannt	*tendu, e*
anwesend	*présent, e*
ärgerlich	*irrité, e*
aufmerksam	*attentif, ive*
ausdauernd	*endurant, e*
berechnend	*calculateur, trice*
bereit	*disposé, e à*
besonnen	*pondéré, e*
besorgt	*soucieux, ieuse de*
bewegt	*agité, e*
datiert	*daté, e*
dösend	*assoupi, e*
dreimonatlich	*trimestriel, le*
engagiert	*engagé, e*
enthusiastisch	*enthousiaste*
entschlossen	*volontaire, déterminé, e*
entspannt	*détendu, e*
erfahren	*expérimenté, e*
feindlich	*hostile*
freundlich	*aimable*
generell	*général, e*
genügend	*suffisant, e*
geschwätzig	*bavard, e*
gestempelt	*cacheté, e*
gewillt zu	*désireux, euse de*
gewiss	*certain, e*
groβ	*grand, e*
groβzügig	*généreux, se*

gut	*bon, ne*
haarig	*ardu, e*
heikel	*délicat, e, épineux, euse*
höflich	*poli, e*
hypothetisch	*hypothétique*
integrierend	*intégrateur, trice*
intelligent	*intelligent, e*
interessant	*intéressant, e*
interessiert	*intéressé, e*
klein	*petit, e*
krank	*malade*
kurz	*court, e*
lang	*long, longue*
launenhaft	*lunatique*
lebhaft	*vif, vive, animé, e*
leer	*vide*
leidenschaftlich	*passionné, e*
liebenswürdig	*amène*
monatlich	*mensuel, le*
mondän	*mondain, e*
professionnell	*professionnel, le*
pünktlich	*ponctuel, le*
reaktionsfähig	*réactif, ive*
respektvoll	*respectueux, ueuse*
riskant	*risqué, e*
rückständig	*retardataire*
ruhig	*calme*
scharf	*aiguisé, e*
schlecht	*mauvais, e*
sensibel	*sensible*
sicher	*sûr, e*
spezifisch	*spécifique*
spitzfindig	*subtil, e*
sprunghaft	*versatil, e*
strategisch	*stratégique*
stürmisch	*houleux, euse*
sympatisch	*sympathique*
täglich	*journalier, ière*
taktisch	*tactique*

träge	*endormi, e*
treffend	*pertinent, e*
umsetzbar	*réalisable*
umsichtig	*prudent, e*
unangenehm	*désagréable*
unerfüllbar	*irréalisable*
ungefällig	*désobligeant, e*
ungewiss	*incertain, e*
ungewollt	*involontaire*
unpässlich	*souffrant, e*
unsympatisch	*antipathique*
unterbrochen	*interrompu, e*
unterschrieben	*signé, e*
unvorhergesehen	*imprévu, e*
unwahrscheinlich	*improbable*
verbündend	*fédérateur, trice*
verfügbar	*disponible*
voll	*plein, e*
vorausschauend	*proactif, ive*
vorgesehen	*prévu, e*
wahrscheinlich	*probable*
wöchentlich	*hebdomadaire*
zahlreich	*nombreux, euse*
zentral	*central, e*
zweijährig	*bisannuel, le*

Les verbes de A à Z

abkürzen	*écourter*
ablehnen	*refuser*
ablenken	*distraire*
abprallen	*rebondir sur*
absagen	*se désister*
abschließen (o, o)	*clore*
absetzen	*supprimer*
abzeichnen	*parapher*
abzeichnen	*émarger*
analysieren	*analyser*
anbieten (o, o)	*offrir*

anerkennen (a, a)	*reconnaître*
anfügen	*apposer*
angleichen (i, i)	*harmoniser*
ankündigen	*aviser*
annulieren	*annuler*
anordnen	*ordonner*
anrufen (ie, u)	*appeler, téléphone à*
anschließen (o, o)	*brancher*
antworten	*répondre*
applaudieren	*applaudir*
arbeiten	*travailler*
argumentieren	*argumenter*
assistieren	*assister*
auflisten	*lister*
aufrechthalten (ie, a)	*maintenir*
ausarbeiten	*développer*
ausfüllen	*remplir*
ausgehen (i, a)	*sortir, quitter une pièce*
auswählen	*choisir, sélectionner*
beenden	*terminer*
befragen	*questionner*
begrüßen	*saluer*
beleuchten	*éclairer*
bemerken	*noter*
benutzen	*utiliser*
bestätigen	*approuver*
blockieren	*bloquer*
buchen	*réserver*
danken	*remercier*
darauf achten zu	*veiller à*
datieren	*dater*
delegieren	*déléguer*
durchführen	*s'éxécuter*
einführen	*introduire*
einladen (u, a)	*inviter*
einreichen	*remettre (un document)*
einschätzen	*évaluer*
eintragen (u, a)	*inscrire*
enthalten (ie, a)	*contenir*

entlang gehen (i, a)	*longer*
entschuldigen	*excuser*
erfinden (a, u)	*innover*
erinnern	*rappeler*
erklären	*déclarer*
erläutern	*élucider*
erraten (ie, a)	*deviner*
erwähnen	*évoquer*
erwidern	*rétorquer*
essen (a, e)	*manger*
festlegen (a, e)	*fixer, définir*
fortfahren (u, a)	*reprendre, poursuivre*
frühstücken	*déjeuner (le matin)*
funktionieren	*fonctionner*
gähnen	*bailler*
geben (a, e)	*donner*
gehören +D	*appartenir à*
genau einteilen	*minuter*
gratulieren +D	*féliciter*
hinauszögern	*retarder*
hören	*entendre*
imitieren	*imiter*
individuell abstimmen	*individualiser*
informieren	*informer*
ins Auge fassen	*envisager*
interessieren	*intéresser*
kennzeichnen	*marquer*
kommentieren	*commenter*
Komplimente machen	*complimenter*
konservieren	*conserver*
konsultieren	*consulter*
kopieren	*copier*
lächeln	*sourire*
lachen	*rire*
langweilen	*ennuyer*
liefern	*fournir*
manipulieren	*manœuvrer, manipuler*
mit Anmerkungen versehen (a, e)	*annoter*
mitnehmen (i, o)	*emporter*

mitteilen	*communiquer*
öffnen	*ouvrir*
organisieren	*organiser*
orientieren	*orienter*
planen	*planifier*
projezieren	*projeter*
prüfen	*vérifier*
raten (ie, a)	*conseiller*
rechtfertigen	*justifier*
reduzieren	*réduire*
reproduzieren	*reproduire*
sammeln	*collecter*
schaffen (u, a)	*créer*
schreiben (ie, ie)	*écrire*
schweigen (ie, ie)	*se taire*
sich abmelden	*se désinscrire*
sich aneignen	*s'approprier*
sich auf etwas konzentrieren	*se concentrer sur*
sich aufhalten mit (ie, a)	*s'attarder*
sich ausruhen	*se reposer*
sich ausweisen	*s'authentifier*
sich einschreiben (ie, ie)	*s'inscrire*
sich entschuldigen	*s'excuser*
sich ereignen	*se produire*
sich erfrischen	*se rafraîchir*
sich freuen	*se réjouir*
sich in etwas hineinversetzen	*se projeter*
sich informieren	*s'informer*
sich lustig machen über +A	*se moquer*
sich vergewissern	*s'assurer*
sich versammeln	*se réunir*
sich wiederfinden (a, u)	*se retrouver*
sich zusammenschließen (o, o)	*se regrouper*
speichern	*mémoriser*
sprechen (a, o)	*parler*
stattfinden (a, u)	*avoir lieu*
stempeln	*cacheter*
suspendieren	*suspendre*
teilhaben lassen (ie, a)	*faire participer*

teilnehmen an +D (a, o)	*participer à*
trennen	*isoler*
trinken (a, u)	*boire*
übergeben (a, e)	*transmettre*
überreden	*convaincre*
überzeugen	*persuader*
unterbreiten	*soumettre*
unterschreiben (ie, ie)	*signer*
unterstützen	*seconder*
untersuchen	*étudier*
urteilen	*juger*
verbessern	*améliorer*
vereinfachen (a, a)	*simplifier, faciliter*
verhandeln	*débattre*
verhindern	*empêcher de*
verkleinern	*réduire*
verkomplizieren (ie, ie)	*complexifier*
verlassen (ie, a)	*quitter, partir*
verschieben (o, o)	*repousser, reporter, décaler*
verstehen (a, a)	*comprendre, saisir*
vertagen	*différer*
verzichten auf +A	*s'abstenir, renoncer à*
vorgreifen (i, i)	*préjuger*
vorkommen (a, o)	*se passer*
vorladen (u, a)	*convoquer*
vorschlagen (u, a)	*proposer*
vorsehen (a, e), planen	*prévoir*
vorsitzen (a, e), vorstehen (a, a), leiten	*présider*
vorstellen	*présenter*
vorverlegen, voran bringen	*avancer*
vorwegnehmen (i, o)	*anticiper*
vorwerfen (a, o)	*reprocher*
warnen	*avertir*
widersprechen (a, o)	*contredire*
wiedergeben (a, e)	*restituer*
wiederholen	*répéter*
wiederholen lassen (ie, a)	*faire répéter*
zeigen	*indiquer, montrer*
zugeben (a, e)	*avouer*

zugestehen (a, a)	*concéder*
zurückerstatten	*restituer*
zurückhalten (ie, a)	*retenir*
zurückziehen	*retirer*

Les locutions de A à Z

absagen	*se décommander*
allgemeine Heiterkeit auslösen	*provoquer l'hilarité générale*
an einer Präsentation teilnehmen	*assister à une présentation*
auf 'Diashow' klicken	*cliquer sur « diaporama »*
auf dem Laufenden halten	*tenir au courant*
auf die vorherige Präsentation verweisen	*renvoyer à la présentation antérieure*
auf ein Nachschlagewerk verweisen	*renvoyer à un ouvrage de référence*
auf Vollbildmodus einstellen	*activer le mode plein écran*
Bedürfnisse einschätzen	*cerner les besoins*
betreffend	*en matière de, en ce qui concerne, relativement à*
Bilanz erörtern	*faire le point*
Bilanz ziehen	*dresser un bilan*
das Interesse aufrecht erhalten	*maintenir l'intérêt en éveil*
das Mikrofon im Saal kursieren lassen	*faire tourner le micro dans la salle*
das Publikum gegen sich aufbringen	*se mettre le public à dos*
das Wort abschneiden	*couper la parole*
das Wort ergreifen	*prendre la parole*
das Wort überlassen	*passer la parole*
dem Redner widersprechen	*contredire la conférencière*
den Blick über das Publikum schweifen lassen	*balayer l'assistance du regard*
den Faden verlieren	*perdre le fil*
den Faden wieder aufnehmen	*reprendre le fil*
den Fahrstuhl nehmen	*prendre l'ascenceur*
den Inhalt leicht ändern	*modifier légérement le contenu*
den Pressetermin fürchten	*appréhender le point-presse*
den Redner vorstellen	*présenter le conférencier*
der Fachpresse Rede und Antwort stehen	*répondre à la presse spécialisée*
detailliert erklären	*entrer dans les détails*

die Abschlussrede beenden	*parachever un discours de clôture*
die Abwesenheit feststellen	*constater les absences*
die Antwort kennen	*connaître la réponse*
die Anweisungen befinden sich weiter unten	*les indications se trouvent ci-dessous*
die Aufmerksamkeit ablenken	*distraire l'attention*
die Aufmerksamkeit eines Teilnehmers wecken	*attirer l'attention d'un participant*
die Aufnahme verschieben	*différer l'enregistrement*
die Beleuchtung einstellen	*régler l'éclairage*
die Diskussion lancieren	*lancer le débat*
die Eröffnungsrede abkürzen	*écourter le discours d'ouverture*
die Hand heben	*lever la main*
die Ohren spitzen	*tendre l'oreille*
die Publikumsreaktion beobachten	*surveiller le comportement du public*
die Redezeit managen	*gérer le temps de parole*
die Sendung im Internet archivieren	*archiver la webdiffusion*
die Stirn runzeln	*froncer les sourcils*
die Tagesordnung ändern	*modifier l'ordre du jour*
die Tagesordnung durchgehen	*passer en revue l'ordre du jour*
die Teilnehmer auf eine falsche Fährte führen	*entraîner les participants sur une fausse piste*
die Teilnehmer informieren	*informer les participants*
die vorgegebene Zeit überschreiten	*dépasser le temps imparti*
die Wiedergabe beginnen	*commencer la lecture*
ein Problem lösen	*résoudre un problème*
ein Projekt enthüllen	*dévoiler un projet*
eine Anekdote erzählen	*raconter une anecdote*
eine falsche Info richtig stellen	*corriger une information erronnée*
eine Idee erläutern	*développer une idée*
eine Leitidee unterstreichen	*souligner une idée-force*
eine Nachricht erhalten	*recevoir un message*
eine non-verbale Nachricht entschlüsseln	*décrypter un message non verbal*
eine Pause einlegen	*marquer une pause*
eine Teilnehmerin ausersehen	*désigner une participante*
eine Theorie mit Füßen treten	*fouler au pied une théorie*
einen bekannten Autor zitieren	*citer un auteur connu*
einen numerierten Platz zugewiesen kommen	*se voir attribuer une place numérotée*

einen Platz suchen	*choisir un emplacement*
einen Raum reservieren	*réserver une salle*
einen Schluck Wasser trinken	*boire une gorgée d'eau*
Einladungen verschicken	*envoyer les cartons d'invitations*
entsprechend	*conformément à*
Fragen am Schluss stellen	*garder des questions pour la fin*
im Anhang finden Sie	*veillez trouvez ci-joint*
in den 1.Stock gehen	*aller au 1er étage*
in der letzten Reihe sitzen	*être assis en dernière rangée*
in Frage stellen	*remettre en question*
informiert halten	*tenir informé, e*
jeden am Tisch begrüßen	*faire le tour de table*
laut lesen	*lire à voix haute*
leise lesen	*lire à voix basse*
lernen aus +D	*tirer des leçons*
links fahren, gehen	*prendre à gauche*
Lunchpakete bestellen	*commander des panier-repas*
maßgeschneidert	*faire du sur-mesure*
mit dem Zeigefinger zeigen auf +A	*pointer l'index*
Nachstehend können Sie lesen	*vous lirez ci-après*
pünktlich erscheinen, ankommen	*arriver à l'heure*
rechts fahren, gehen	*prendre à droite*
reges Interesse wecken	*susciter un vif intérêt*
sein Know-How weitergeben	*transmettre un savoir-faire*
seine Argumente untermauern	*étayer des arguments*
seine Erläuterung beisteuern	*apporter son éclairage*
seine Meinung sagen	*donner son opinion*
seine Quellen erläutern	*détailler ses références*
seine Reaktion unterdrücken	*cacher sa réaction*
seine Redezeit überschreiten	*abuser de son temps de parole*
seine Teilnahme absagen	*infirmer sa participation*
seine zukünftigen Präsentationen verbessern	*améliorer ses présentations futures*
seinen Befürchtungen Ausdruck verleihen	*exprimer ses craintes*
sich auf seinen Platz setzen	*s'asseoir à sa place*
sich bei den Gästen herzlich bedanken	*remercier les invités chaleureusement*
sich bei einem wichtigen Punkt aufhalten	*s'attarder sur un point important*

sich beim Publikum bedanken	*remercier son auditoire*
sich bewusst werden	*se rendre compte de*
sich ein Konzept zu Eigen machen	*s'approprier un concept*
sich entschuldigen	*présenter ses excuses*
sich jm widersetzen	*tenir tête*
sich kurz vorstellen	*se présenter en quelques mots*
sich Notizen machen	*prendre des notes*
sich seine Argumente zurechtlegen	*préparer ses arguments*
sich zur jährlichen Präsentation begeben	*se rendre à la présentation annuelle*
Stuhlbezüge wechseln	*changer le tissu des sièges*
Tische dazustellen	*ajouter des tables*
über seine Ankunft informieren	*prévenir de son arrivée*
um Ruhe bitten	*demander le retour au calme*
umkehren	*revenir sur ses pas*
ungeachtet ungefälliger Kritik	*laisser de côté des critiques désobligeantes*
von Hölzchen auf Stöckchen kommen	*passer du coq à l'âne*
während einer Präsentation herumkritzeln	*griffonner pendant une présentation*
winken	*faire signe de la main*
Wissen allgemein verständlich machen	*vulgariser un savoir*
zeitlich begrenzt sein	*être limité dans le temps*
Ziele setzen	*fixer les objectifs*
zu früh erscheinen	*arriver en avance*
zu spät erscheinen	*arriver en retard*
Zugang zur Aufnahme haben	*accéder à l'enregistrement*
zum Wesentlichen kommen	*aller à l'essentiel*
zusätzliche Fragen überfliegen	*survoler les questions subsidiaires*

4.3 Schriftliche Kommunikation
Communiquer à l'écrit

Les noms de A à Z

Abbildung (w, –, en)	*figure (la)*
Abkürzung (w, –, en)	*abréviation (l')*
Abkürzung (w, –, en)	*raccourci (le)*
Ablehnung (w, –, en)	*refus (le)*

Ableitung (w, –, en)	*déduction (la)*
Absatz (m, es,¨-e)	*passage (le)*
Abschnitt (m, es, e)	*paragraphe (le), volet (le)*
Abstufung (w, –, en)	*gradation (la)*
Abwesenheit (w, –, en)	*absence (l')*
Adresse (w, –, n)	*adresse (l')*
Akzent (m, es, e)	*accent (l')*
Akzeptanz (w, –, en)	*acceptation (l')*
Allgemeinheit (w, –, en)	*généralité (la)*
Alltäglichkeit (w, –, en)	*banalité (la)*
Analyse (w, –, n)	*analyse (l')*
Änderung (w, –, en)	*changement (le)*
Anfang (m, s,¨-e)	*début (le)*
Anführungzeichen (n, s,-)	*guillemet (le)*
Angabe (w, –, n)	*donnée (la)*
Angebot (n, es, e)	*soumission (la)*
Anhang (m, s,¨-e)	*annexe (l')*
Anleihe (w, –, n)	*emprunt (l')*
Annahme (w, –, n)	*supposition (la)*
Anspielung (w, –, en)	*allusion (l')*
Anspruch (m, s,¨-e)	*exigence (l')*
Anstoß (m, es,¨-sse)	*impulsion (l')*
Antwort (w, –, en)	*réponse (la)*
Anweisung (w, –, en)	*consigne (la), instruction (l')*
Anwesenheit (w, –, en)	*présence (la)*
Apostroph (m, s, e)	*apostrophe (l')*
Arabische Ziffer, Zahl (w, –, en) (w, –, n)	*chiffre arabe (le)*
Arbeitsplan (m, s,¨-e)	*plan de travail (le)*
Arbeitsplatz (m, es,¨-e)	*poste de travail (le)*
Archiv (n, s, e)	*archive (l')*
Argument (n, es, e)	*argument (l')*
Argumentation (w, –, en)	*argumentation (l'), raisonnement (le)*
Aspekt (m, es, e)	*aspect (l')*
Aufstellung (w, –, en)	*relevé (le)*
Aufteilung (w, –, en)	*découpage (le), agencement (l')*
Ausarbeitung (w, –, en)	*élaboration (l')*
Ausdruck (m, s, ¨-e)	*expression (l')*
Ausführlichkeit (w, –, en)	*exhaustivité (l')*
Ausmaß (n, es, e)	*envergure (l')*

Ausnahme (w, –, n)	*exception (l')*
Ausrufungszeichen (n, s,-)	*point d'exclamation (le)*
Ausschluss (m, ses,¨-se)	*renvoi (le)*
Aussortieren (n, s)	*tri (le)*
Auswahl (w, –, en)	*sélection (la)*
Auszug (m, s,¨-e)	*extrait (l')*
Autor (m, s, en)	*auteur (l')*
Äußerung (w, –, en)	*propos (le)*
Band (m, es,¨-e)	*volume (le)*
Basismaterial (n, s, ien)	*matériaux de base (les)*
Bedeutung (w, –, en)	*signification (la)*
Befragung (w, –, en)	*questionnement (le)*
Begriff (m, s, e)	*notion (la), concept (le)*
Behandlung (w, –, en)	*traitement (le)*
Beherrschung (w, –, en)	*maîtrise (la)*
Beitrag (m, s,¨-e)	*contribution (la)*
Bemerkung (w, –, en)	*remarque (la)*
Beobachtung (w, –, en)	*observation (l')*
Bericht (m, es, e)	*rapport (le), actes (les)*
Berufsethos (n, es)	*déontologie (la)*
Berufskodex (m, es, e)	*code professionnel (le)*
Beschreibung (w, –, en)	*description (la)*
Besonderheit (w, –, en)	*spécificité (la)*
Betonung (w, –, en)	*mise en exergue (la)*
Bild (n, es, er)	*image (l')*
Bindestrich (m, s, e)	*tiret (le)*
Binsenweisheit (w, –, en)	*truisme (le)*
Brief (m, s, e)	*lettre (la)*
Briefkopf (m, es,¨-e)	*en-tête (l')*
Buch (n, es,¨-er)	*livre (le)*
Buchstabe (m, en, en)	*lettre (la)*
Co-Autor (m, s, en)	*co-auteur (le)*
Computer (m, s,-)	*ordinateur (l')*
Copyright (n, s, s)	*copyright (le)*
Dank (m, s)	*remerciement (le)*
Datenbank (w, –,¨-e)	*base de données (la)*
Datum (n, s, en)	*date (la)*
Devise (w, –, n)	*devise (la)*
Diagramm (m, s, e)	*diagramme (le)*

Dichte (w, –, n)	*densité (la)*
Die grafische Gestaltung (w, –, en)	*graphisme (le)*
Die Linke (w, –, n)	*gauche (la)*
Divisionszeichen (n, s,-)	*signe divisé (le)*
Dogma (n, s, en)	*dogme (le)*
Dokumentierung (w, –, en)	*documentation (la)*
Doppelpunkt (m, es, e)	*double-point (le)*
Drucker (m, s,-) (Apparat)	*imprimante (l')*
Druckfehler (m, s,-)	*coquille (la)*
Durcheinander (n, s)	*confusion (la)*
Einfall (m, s,¨-e)	*inspiration (l') , idée soudaine (l')*
Einfluss (m, es,¨-e)	*influence (l')*
Einführung (w, –, en)	*introduction (l')*
Einhaltung (w, –, en) der Regeln (w, –, n)	*respect des règles (le)*
Einheit (w, –, en)	*unité (l')*
Einspruch (m, es,¨-e)	*opposition (l')*
Einwand (m, es,¨-e)	*objection (l')*
Einzelheit (w, –, en)	*détail (le)*
Element (m, es, e)	*élément (l')*
Empfang (m, s,¨-e)	*réception (la)*
Empfänger (m, s,-)	*récepteur (le)*
Empfehlung (w, –, en)	*recommandation (la)*
Entdeckung (w, –, en)	*découverte (la)*
Entwicklung (w, –, en)	*développement (le)*
Erfahrung (w, –, en)	*expérience (l')*
Erfolg (m, es, e)	*succès (le)*
Ergebnis (n, ses, se)	*résultats (les), aboutissement (l')*
Erklärung (w, –, en)	*explication (l')*
Ermittlung (w, –, en)	*enquête (l')*
Erneute Lektüre (w,-)	*relecture (la)*
Erscheinung (w, –, en)	*parution (la)*
Erschütterung (w, –, en)	*ébranlement (l')*
Erzählung (w, –, en)	*narration (la)*
Ethik (w, –, en)	*éthique (l')*
Exemplar (m, s, e)	*exemplaire (l')*
Exkurs (m, es, e)	*digression (la)*
Fachmann (m, s,¨-er)	*expert (l')*
Fälligkeit (w, –, en)	*échéance (l')*
Falsche Übersetzung (w, –, en)	*faux sens (le)*

Farbe (w, –, n)	*couleur (la)*
Fassung (w, –, en)	*version (la)*
Fax (n, es, e)	*télécopieur (le), fax (le)*
Fehler (m, s,-)	*faute (la)*
Feld (n, es, er)	*case (la)*
Feststellung (w, –, en)	*constat (le)*
Filzstift (m, es, e)	*feutre (le)*
Form (w, –, en)	*forme (la)*
Format (n, es, e)	*format (le)*
Formel (w, –, n),	*formule (la)*
Formgebung (w, –, en)	*mise en forme (la)*
Formulierung (w, –, en)	*formulation (la)*
Forschung (w, –, en)	*recherche (la)*
Frage (w, –, n)	*question (la)*
Fragezeichen (n, s,-)	*point d'interrogation (le)*
Fülle (w,-)	*profusion (la)*
Füller (m, s,-)	*stylo-plume (le)*
Fuβ (m, es,¨-e) der Seite	*bas de page (le)*
Fuβnote (w, –, n)	*note de bas de page (la)*
Gebrauch (m, s)	*usage (l')*
Gedanke (m, ns, n)	*pensée (la)*
Gedankenpfad (m, s,¨-e)	*cheminement (le)*
Gegenargument (n, es, e)	*contre-argument (le)*
Gegenargumentation (w, –, en)	*contre-argumentation (la)*
Geistesblitz (m, es, e)	*trouvaille (la)*
Gemeinplatz (m, es,¨-e)	*lieu commun (le)*
Genauigkeit (w, –, en)	*justesse (la), précision (la)*
Gespräch (n, es, e)	*discussion (la)*
Gewissheit (w, –, en)	*certitude (la)*
Gleichheitszeichen (n, s,-)	*signe égal (le)*
Grammatik (w, –, en)	*grammaire (la)*
Groβbuchstabe (m, n, n)	*majuscule (la)*
Grundregel (w, –, n)	*règle de base (la)*
Grundsatz (m, es,¨-e)	*précepte (le), principe (le)*
Haken (m, s,-)	*crochet (le)*
Heft (n, es, e)	*cahier (le)*
Hervorhebung (w, –, en)	*mise en relief (la)*
Hintergrund (m, es,¨-e)	*fond (le)*
Hinterlassenschft (w, –, en)	*héritage (l')*

Histogramm (n, s, e)	*histogramme (l')*
Höflichkeit (w, –, en)	*courtoisie (la)*
Hyperbel (w, –, n)	*hyperbole (l')*
Hypothese (w, –, n)	*hypothèse (l')*
Illustration (w, –, en)	*illustration (l')*
Induktion (w, –, en)	*induction (l')*
Inhalt (m, es, e)	*contenu (le)*
Inhaltsverzeichnis (n, ses, se)	*sommaire (le)*
Intensität (w, –, en)	*intensité (l')*
Interesse (w, –, n)	*intérêt (l')*
Interpretation (w, –, en)	*interprétation (l')*
Ironie (w, –, n)	*ironie (l')*
Irrtum (m, s,¨-er)	*erreur (l')*
Jargon (m, s, s)	*jargon (le)*
Kalender (m, s,-)	*calendrier (le)*
Karte (w, –, n)	*carte (la)*
Katalog (m, s, e)	*catalogue (le)*
Kategorie (w, –, n)	*catégorie (la)*
Kenntnisse (w, –, se)	*connaissances (les)*
Klammer (w, –, n)	*parenthèse (la)*
Klarheit (w, –, en)	*clarté (la)*
Klärung (w, –, en)	*clarification (la)*
Kleinbuchstabe (m, n, n)	*minuscule (la)*
Klischee (n, s, s)	*poncif (le)*
Klisscheevorstellung (w, –, en)	*cliché (le)*
Kohärenz (w, –, en)	*cohérence (la)*
Komitee (n, s, s)	*comité (le)*
Komma (n, s, ta)	*virgule (la)*
Kommentar (m, s, e)	*commentaire (le)*
Konformität (w, –, en)	*conformité (la)*
Konzept (n, es, e), Plan (m, s,¨-e)	*concept (le)*
Koordinate (w, –, n)	*ordonnée (l')*
Kopie (w, –, n)	*copie (la)*
Kopierer (m, s,-)	*copieur (le)*
Korrektur (w, –, en)	*correction (la)*
Kreation (w, –, en)	*création (la)*
Kriterium (n, s, en)	*critère (le)*
Kritik (w, –, en)	*critique (la)*
Länge (w, –, n)	*longueur (la)*

Laptop (m, n, s, s)	*ordinateur portable (l')*
Lateinische Ziffer (w, –, n), Zahl (w, –, en)	*chiffre latin (le)*
Legende (w, –, n)	*légende (la)*
Lehre (w, –, n)	*apprentissage (l')*
Leistungsfähigkeit (w, –, en)	*efficacité (l')*
Leitidee (w, –, n)	*idée maîtresse (l')*
Lektion (w, –, en)	*leçon (la)*
Lesbarkeit (w, –, en)	*lisibilité (la)*
Lesen (n, s)	*lecture (la)*
Leser (m, s,-)	*lecteur (le)*
Lieferung (w, –, en)	*livraison (la)*
Liste (w, –, n)	*liste (la)*
Logik (w, –, en)	*logique (la)*
Mahnung (w, –, en)	*avertissement (l')*
Mannigfaltigkeit (w, –, en)	*variété (la)*
Manuskript (n, es, e)	*manuscrit (le)*
Maschineschreiben (n, s)	*dactylographie (la)*
Material (n, s, ien)	*matériel (le)*
Maximum (n, s, a)	*maximum (le)*
Medien (n, s, en)	*médias (les)*
Medium (n, s, en)	*médium (le)*
Metapher (w, –, n)	*métaphore (la)*
Methode (w, –, n)	*méthode (la)*
Methodik (w, –, en)	*méthodologie (la)*
Minimum (m, s, a)	*minimum (le)*
Minuszeichen (n, s,-)	*signe moins (le)*
Mitte (w, –, n)	*milieu (le)*
Modell (n, s, e)	*modèle (le)*
Modifikation (w, –, en)	*modification (la)*
Mühe (w, –, n)	*effort (l')*
Multiplikationszeichen (n, s,-)	*signe multiplié (le)*
Nachricht (w, –, en)	*message (le)*
Name (m, ns, n)	*nom (le)*
Normalfall (m, es,¨-e)	*cas général (le)*
Note (w, –, n)	*note (la)*
Notizen machen	*prise de notes (la)*
Nummerierung (w, –, en)	*numérotation (la)*
Oberseite (w, –, n)	*haut (le)*
Objekt (n, es, e)	*objet (l')*

Offenheit (w, –, en)	*ouverture (l')*
Offensichtlichkeit (w, –, en)	*évidence (l')*
Optimisierung (w, –, en)	*optimisation (l')*
Ordnung (w, –, en)	*ordre (l')*
Organisation (w, –, en)	*organisation (l')*
Original (n, s, e)	*original (l')*
Originalität (w, –, en)	*originalité (l')*
Ort (m, es, e) der Herausgabe	*lieu d'édition (le)*
Papier (n, s, e)	*papier (le)*
Paradox (n, s, e)	*paradoxe (le)*
Parallelismus (m, ses, se)	*parallélisme (le)*
Pfeil (m, s, e)	*flèche (la)*
Platzgewinn (m, s, e)	*gain de place (le)*
Pleonasmus (m, ses, en)	*pléonasme (le)*
Pluszeichen (n, s,-)	*signe plus (le)*
Prägnanz (w, –, en)	*concision (la)*
Praktikum (n, s, en)	*stage (le)*
Präsentation (w, –, en)	*présentation (la)*
Problem (n, s, e)	*problème (le)*
Problematik (w, –, en)	*problématique (la)*
Produktion (w, –, en)	*production (la)*
Programm (n, s, e)	*programme (le)*
Prosa (w,-)	*prose (la)*
Prozedur (w, –, en)	*procédure (la)*
Prozentsatz (m, es,¨-e)	*pourcentage (le)*
Prüfung (w, –, en)	*vérification (la)*
Prüfung (w, –, en)	*épreuve (l')*
Punkt (m, es, e)	*point (le)*
Quelle (w, –, n)	*référence (la), source (la)*
Rand (m, es,¨-er)	*marge (la)*
Rang (m, s,¨-e)	*rang (le)*
Rat (m, es, schläge)	*conseil (le)*
Rechte (w, –, n)	*droite (la)*
Rechtschreibfehler (m, s,-)	*faute d'orthographe (la)*
Redakteur (m, s, e)	*rédacteur (le)*
Redaktion (w, –, en)	*rédaction (la)*
Redekunst (w, –,¨-e)	*rhétorique (la)*
Redewendung (w, –, en)	*locution (la)*
Redewendung (w, –, en)	*tournure (la)*

Regel (w, –, n)	*règle (la)*
Reichtum (m, s,¨-er)	*richesse (la)*
Reproduzierbarkeit (w, –, en)	*reproductibilité (la)*
Reprografie (w, –, n)	*reprographie (la)*
Rhythmus (m, ses, en)	*rythme (le)*
Römische Ziffer (w, –, n), Zahl (w, –, en)	*chiffre romain (le)*
Rückgriff (m, s, e),	*recours (le)*
Rückseite (w, –, n)	*verso (le)*
Satz (m, es,¨-e)	*phrase (la)*
Satzbau (m, s)	*syntaxe (la)*
Satzbaufehler (m, s,-)	*erreur de syntaxe (l')*
Satzzeichen (n, s,-)	*signe de ponctuation (le)*
Satzzeichensetzung (w, –, en)	*ponctuation (la)*
Schema (n, s, ta)	*schéma (le)*
Schluss (m, es,¨-e)	*fin (la)*
Schlussfolgerung (w, –, en)	*conclusion (la)*
Schlusspunkt (m, es, e)	*point final (le)*
Schreiben (n, s)	*rédaction (la)*
Schreibfehler (m, s,-)	*coquille (la)*
Schrift (w, –, en)	*écrit (l')*
Schrift (w, –, en)	*écriture (l')*
Schriftart (w, –, en)	*police (la)*
Seite (w, –, n)	*page (la)*
Seiteneinteilung (w, –, en)	*pagination (la)*
Seitenlayout (n, s, s)	*mise en page (la)*
Sektion (w, –, en)	*section (la)*
Selbstlosigkeit (w, –, en)	*abnégation (l')*
Semikolon (n, s, s)	*point-virgule (le)*
Sender (m, s,-)	*émetteur (l')*
Serie (w, –, n), Reihe (w, –, n)	*série (la)*
Signal (n, s, e)	*signal (le)*
Skizze (w, –, n)	*brouillon (le), esquisse (l')*
Sonderdruck (m, s, e)	*tiré-à-part (le)*
Sonderfall (m, es,¨-e)	*cas particulier (le)*
Sorgfalt (w,-)	*soin (le)*
Spalte (w, –, n)	*colonne (la)*
Spekulation (w, –, en)	*spéculation (la)*
Spitze (w, –, e)	*pique (la)*
Sprache (w, –, n)	*langue (la)*

Sprichwort (n, es,¨-er)	*proverbe (le)*
Stellungnahme (w, –, n)	*prise de position (la)*
Stereotyp (m, s, en)	*stéréotype (le)*
Stichwort (n, es,¨-er)	*mot-clef (le)*
Stift (m, es, e)	*crayon (le), stylo (le)*
Stil (m, s, e)	*style (le)*
Strenge (w,-)	*rigueur (la)*
Strich (m, s, e)	*trait (le)*
Struktur (w, –, en)	*structure (la)*
Studie (w, –, n)	*étude (l')*
Stundenplan (m, s,¨-e)	*table des matières (la)*
Summe (w, –, n)	*somme (la)*
Synthese (w, –, n)	*synthèse (la)*
System (m, s, e)	*système (le)*
Tafel (w, –, n)	*tableau (le)*
Tatsache (w, –, n)	*fait (le)*
Teil (m, s, e)	*volet (le), partie (la)*
Test (m, s, s)	*test (le)*
Text (m, es, e)	*texte (le)*
Textkorpus (m, es)	*corps du texte (le)*
Thema (n, s, en)	*sujet (le)*
Theorie (w, –, n)	*théorie (la)*
Titel (m, s,-)	*titre (le)*
Ton (m, s,¨-e)	*ton (le)*
Tradition (w, –, en)	*tradition (la)*
Träger (m, s,-)	*support (le)*
Transkription (w, –, en)	*transcription (la)*
Trennung (w, –, en)	*séparation (la)*
Typ (m, s, en)	*type (le)*
Typografie (w, –, n)	*typographie (la)*
Überblick (m, s, e)	*aperçu (l')*
Übergabe (w, –, n)	*remise (la)*
Überlegeung (w, –, en)	*réflexion (l')*
Überprüfung (w, –, en)	*révision (la)*
Übersetzung (w, –, en)	*traduction (la)*
Übertragung (w, –, en)	*transmission (la)*
Umformulierung (w, –, en)	*reformulation (la)*
Umsetzung (w, –, en)	*transposition (la)*
Unsinn (m, s)	*non-sens (le)*

Unterabschnit (m, es, e)	*sous-section (la)*
Unterabteilung (w, –, en)	*subdivision (la)*
Unterkapitel (n, s,-)	*sous-partie (la)*
Unterscheidungsvermögen (n, s)	*discernement (le)*
Unterteil (n, s, e)	*bas (le)*
Untertitel (m, s,-)	*sous-titre (le)*
Unverzüglichkeit (w, –, en)	*immédiateté (l')*
Ursprung (m, s,¨-e)	*origine (l')*
Variante (w, –, n)	*variante (la)*
Vereinfachung (w, –, en)	*simplification (la)*
Vergleich (m, s, e)	*comparaison (la)*
Verlauf (m, s,¨-e), chronologischer Überblick (m, s, e)	*historique (l')*
Vermerk (m, s, e)	*mention (la)*
Verruf (m, s)	*discrédit (le)*
Versand (m, es)	*envoi (l')*
Versäumnis (n, ses, se)	*oubli (l')*
Verständnis (n, ses, se)	*compréhension (la)*
Versuch (m, s, e)	*essai (l')*
Vertrautheit (w, –, en)	*familiarité (la)*
Vielfalt (w, –, en),	*diversité (la)*
Visualisierung (w, –, en)	*visualisation (la)*
Vorderseite (w, –, n)	*recto (le)*
Vorführung (w, –, en)	*démonstration (la)*
Vorgehensweise (w, –, n)	*démarche (la)*
Vorhaltungen (w,-)	*observations (les)*
Vorname (m, ns, n)	*prénom (le)*
Vorsatzblatt (n, es,¨-er)	*page de garde (la)*
Vorschlag (m, s,¨-e)	*proposition (la)*
Vorschrift (w, –, en)	*directive (la)*
Wahl (w, –, en)	*choix (le)*
Warnung (w, –, en)	*mise en garde (la)*
Wartestellung (w, –, en)	*mise en attente (la)*
Weißes Blatt (n, es,¨-er)	*feuille blanche (la), page vierge (la)*
Werk (n, s, e)	*ouvrage (l')*
Wert (m, es, e)	*valeur (la)*
Wertschätzung (w, –, en)	*mise en valeur (la)*
Wesentliche (n, s)	*essentiel (l')*
Widersinn (m, s, e)	*contre-sens (le)*

Widerspruch (m, es,¨-e)	*contradiction (la)*
Wiederholung (w, –, en)	*répétition (la), redondance (la), redite (la)*
Wort (n, es,¨-er)	*mot (le)*
Wortschatz (m, es,¨-e)	*lexique (le)*
Wortspiel (n, s, e)	*jeu de mots (le)*
Wortzahl (w, –, en)	*nombre de mots (le)*
Wunschbild (n, es, er)	*idéal (l')*
Zahl der Zeichen	*nombre de signes (le)*
Zeile (w, –, n)	*ligne (la)*
Zeitgewinn (m, s, e)	*gain de temps (le)*
Zeitschrift (w, –, en)	*revue (la), magazine (le)*
Zeugnis (n, ses, se)	*bulletin (le)*
Ziel (n, s, e)	*but (le)*
Zitat (n, es, e)	*citation (la)*
Zugeständnis (n, ses, se)	*concession (la)*
Zusammenfassung (w, –, en)	*résumé (le)*
Zusammenhang (m, s,¨-e)	*contexte (le)*
Zusammensetzung (w, –, en)	*composition (la)*
Zustand (m, es,¨-e)	*état (l')*
Zwang (m, s,¨-e)	*contrainte (la)*
Zwischenzeile (w, –, n)	*interligne (l')*

Les adjectifs de A à Z

allgemein, e, generell, e	*général, e*
besondere, r	*particulier, ère*
genau, e, präzis, e	*précis, e*
hochgestochen, e, hochtrabend, e	*ampoulé, e*
plagiiert, e	*plagié, e*
schriftlich, e	*écrit, e*
stilistisch, e	*stylistique*
übertragen, e, übermittelt, e	*transmis, e*
wertvoll, e	*précieux, se*

Les verbes et les locutions de A à Z

abhängen von +D	*dépendre de*
Abkürzungen benutzen	*utiliser des abréviations*
ablehnen	*refuser*

ableiten	*déduire*
abnehmen	*décroître*
abschließen	*conclure*
abschließen (o, o)	*parachever*
abzielen auf	*viser à*
achten auf +A	*veiller à*
akzeptieren	*accepter*
am Thema vorbei…	*se trouver hors-sujet*
an Inspiration fehlen	*être en panne d'inspiration*
an zweiter Stelle	*en second lieu*
analysieren	*analyser*
ändern	*modifier*
aneinander reihen	*enchaîner*
anfertigen	*produire*
anhängen	*annexer*
annehmen (a, o)	*supposer*
anreichern	*enrichir*
ans Tageslicht bringen (a, a)	*mettre au jour*
anspielen auf +A	*faire allusion à*
antworten	*répondre*
anzeigen	*signaler*
auf die Überleitungen achten	*soigner les transitions*
auf jn-etw abzielen	*cibler*
auf verschiedenen Quellen basieren	*se baser sur différentes sources*
aufnehmen (a, o)	*intégrer*
aufteilen	*répartir*
aufzählen	*énumérer*
ausarbeiten	*élaborer*
ausdrücken	*exprimer*
ausgleichen	*équilibrer*
ausschmücken	*émailler*
auswählen	*choisir*
bedeuten	*signifier*
beenden	*achever, terminer, clore*
befragen	*questionner, interroger*
beglaubigen	*authentifier*
begrenzen	*limiter*
begutachten	*expertiser*
beherrschen	*maîtriser*

bemerken	*remarquer*
benutzen	*utiliser*
berücksichtigen	*tenir compte de*
Bescheid sagen	*avertir*
bestimmen	*assigner, déterminer*
beweisen (ie, ie)	*démontrer, prouver*
bieten (o, o)	*offrir*
bringen	*apporter*
danken +D	*remercier*
darlegen	*exposer*
das Fundament legen	*poser les bases*
das Leserinteresse wecken	*susciter l'intérêt du lecteur*
das Problem darlegen	*poser le problème*
das Problem umreißen	*cerner le problème*
definieren	*définir*
den Kern der Sache treffen (o, o)	*mettre le doigt sur*
der Prägnanz den Vorzug geben	*privilégier la concision*
die Aufmerksamkeit des Lesers auf sich ziehen	*attirer l'attention du lecteur*
die guten Ideen hervorheben	*faire ressortir les grandes idées*
die Hauptideen herausstellen	*extraire les idées principales*
die Information weitergeben	*faire circuler l'information*
die Lektüre behindern	*gêner la lecture*
die Schlüsselwörter heraustrennen	*isoler les mots-clefs*
dokumentieren	*documenter*
durchsehen (a, e)	*revoir*
durchsetzen	*imposer*
ein Publikum ansprechen (a, o)	*toucher un public*
ein Thema behandeln	*traiter un thème*
eine andere Interpretation vorschlagen (u, a)	*proposer une autre interprétation*
eine Angelegenheit vor Gericht bringen (a, a)	*porter une affaire devant la justice*
eine Frist einhalten (ie, a)	*respecter des échéances*
eine Fußnote einfügen	*insérer une note de bas de page*
eine Idee vermitteln	*véhiculer une idée*
eine neue Zeile anfangen	*aller à la ligne*
eine Quelle angeben	*donner une référence*
eine Schlussfolgerung ziehen (o, o)	*conclure*

eine Suche starten	*effectuer une recherche*
einen Absatz opfern	*sacrifier un paragraphe*
einen genauen Plan aufstellen	*préparer un plan détaillé*
einen konkreten Fall behandeln	*traiter de cas concrets*
einen Punkt untermauern	*étayer un point précis*
einen Schlüsselabsatz übersetzen	*traduire un passage-clef*
einen Teil in Angriff nehmen (a, o)	*s'attaquer à une partie*
einleiten	*introduire*
einordnen	*situer*
einrahmen	*délimiter*
einräumen	*concéder*
einrichten	*agencer*
einschätzen	*évaluer*
einschließen (o, o)	*inclure*
einschränken	*restreindre*
empfehlen (a, o)	*recommander*
enthalten	*contenir*
entsprechen +D	*correspondre à*
entwerfen	*concevoir*
entwickeln	*développer*
ergeben (a, e)	*résulter de*
erhalten (ie, a)	*obtenir*
erhöhen	*augmenter*
erkennen	*discerner*
erklären	*expliquer*
erlangen	*acquérir*
erläutern	*illustrer*
erleichtern	*faciliter*
erleichtern	*alléger*
ermitteln	*enquêter*
ernten	*récolter*
erscheinen	*apparaître*
ersetzen	*remplacer*
festhalten (ie, a)	*noter*
fett schreiben (ie, ie)	*mettre en gras*
finden (a, u)	*repérer*
Form geben (a, e)	*mettre en forme*
formulieren	*formuler*
Fortschritte machen	*progresser*

fragen	*demander*
freigeben	*émettre un avis favorable*
für gültig erklären	*valider*
gegebenenfalls	*le cas échéant*
gegen argumentieren	*contre-argumenter*
gegen ein Argument halten (ie, a)	*opposer un argument*
gemäß	*conformément à*
größere Korrekturen vornehmen	*apporter des corrections majeures*
Gründe anführen	*argumenter*
helfen +D	*aider*
herausgeben	*éditer*
hervorheben (o, o)	*mettre en relief, mettre en avant*
hinzufügen	*ajouter*
hinzukommen (a, o)	*s'ajouter*
Ideen vorbringen	*émettre des idées*
im Einzelnen erklären	*détailler*
in Anführungszeichen setzen	*mettre entre crochets*
in Anspruch nehmen	*avoir recours à*
in Begriffe fassen	*conceptualiser*
in den Zusammenhang stellen	*mettre en contexte*
in die Praxis umsetzen	*mettre en situation*
in Kenntnis setzen	*aviser*
in Klammern setzen	*mettre entre parenthèses*
informieren	*informer*
ins Detail gehen (i, a)	*entrer dans les détails*
internationalen Einfluss anstreben	*viser un rayonnement international*
interpretieren	*interpréter*
jm etwas mitteilen	*faire part de*
klären	*clarifier*
klarstellen	*préciser*
kleinere Korrekturen vornehmen	*apporter des corrections mineures*
kommentieren	*commenter*
komplizierte Sätze vereinfachen	*simplifier des phrases complexes*
Korrektur lesen (a, e)	*relire*
Korrekturen vornehmen	*apporter des corrections*
kritisieren	*critiquer*
kursiv schreiben (ie, ie)	*mettre en italique*
laut vorlesen	*faire la lecture à haute voix*
leise lesen (a, e)	*relire à voix basse*

lesen (a, e)	*lire*
liefern	*fournir, livrer*
lösen	*résoudre*
Lücken aufzeigen	*mettre le doigt sur des lacunes*
markieren	*marquer*
missbrauchen	*abuser*
mit Leuchtstift markieren	*surligner*
motivieren	*motiver*
mutmaßen	*conjecturer*
Nachdruck legen auf +A	*insister sur*
nachschlagen	*consulter*
notieren	*prendre des notes*
numerieren	*numéroter*
optimieren	*optimiser*
ordnen	*ordonner*
organisieren	*organiser*
planen	*planifier*
Position beziehen (o, o)	*prendre position*
programmieren	*programmer*
qualifizieren	*qualifier*
recherchieren	*se documenter*
rechtfertigen	*justifier*
Referenzen überprüfen	*vérifier des références*
reichen	*suffire*
rekapitulieren	*récapituler*
reservieren	*réserver*
respektieren	*respecter*
richtig stellen	*corriger*
schreiben	*écrire*
seine Äußerung veranschaulichen	*illustrer son propos*
seine Äußerungen durch Beispiele untermauern	*étayer son propos d'exemples*
seine Gedanken logisch ordnen	*organiser ses idées de manière logique*
seine Gedanken zu Papier bringen	*exprimer sa pensée sur le papier*
Seite einrichten	*mettre en page*
sich an die Ausarbeitung wagen	*se lancer dans la rédaction*
sich ausbreiten	*s'étaler*
sich beziehen auf (o, o)	*faire référence à, se référer à*
sich eine Frist setzen	*se fixer des échéances*

sich entwickeln	*évoluer*
sich fragen	*s'interroger*
sich ins Schreiben stürzen	*se lancer dans l'écriture*
sich inspirieren	*s'inspirer*
sich mit etwas konfrontieren	*se confronter à*
sich zurechtfinden (a, u)	*se repérer*
sich… gegenüber sehen (a, e)	*se trouver confronté à*
sichtbar machen	*mettre en évidence*
sitzen (a, e)	*siéger*
sorgfältig behandeln	*soigner*
Spuren hinterlassen (ie, a)	*laisser une trace*
steigen (ie, ie)	*croître*
strukturieren	*structurer*
studieren	*étudier*
suchen	*rechercher*
synthetisieren	*synthétiser*
teilen	*diviser*
testen	*tester*
trennen	*séparer*
über etwas stolpern	*achopper*
überarbeiten	*retoucher*
überreden	*persuader*
überschreiten (itt, itt)	*dépasser*
übersteigen (ie, ie)	*excéder*
überzeugen	*convaincre, persuader*
umgehen	*éviter, contourner*
unterbreiten	*soumettre*
unterstreichen (i, i)	*souligner*
unterteilen	*subdiviser, diviser*
updaten	*mettre à jour*
urteilen	*juger*
verallgemeinern	*généraliser*
verbessern	*améliorer*
verbrauchen	*user*
vereinfachen	*simplifier*
verfassen	*rédiger*
verfügen über +A	*disposer de*
vergleichen	*comparer*
vermindern	*diminuer*

vermitteln	*transmettre*
veröffentlichen	*publier*
verstehen (a, a)	*comprendre*
verteilen	*diffuser*
verursachen	*susciter*
vervielfältigen	*multiplier*
vervollständigen	*compléter*
verwechseln	*confondre*
Vollständigkeit beanspruchen	*prétendre à l'exhaustivité*
vom Thema abkommen	*dévier de son propos*
vorhaben	*projeter*
vorschlagen (u, a)	*proposer*
vorsehen (a, e)	*prévoir*
vorstellen	*présenter*
vorziehen (o, o)	*préférer*
warnen	*mettre en garde*
wechseln	*changer*
widmen	*consacrer à*
wiederholen	*répéter*
zeichnen	*dessiner*
zeigen	*indiquer, montrer*
zerteilen	*découper*
zeugen von	*témoigner*
zitieren	*citer*
zu einem Ergebnis führen	*aboutir à*
zunächst	*dans un premier temps*
zur Sache kommen	*aller au fait*
zurückgreifen auf +A (ie, ie)	*recourir à*
zusammenfassen	*résumer*
zwingen	*contraindre*

4.4. Virtuelle Kommunikation
Communiquer électroniquement

Les noms de A à Z

Akteur (m, s, e)	*acteurs (les)*
Aktualisierung (w, –, en)	*actualisation (l')*
Anhang (m, es, ¨-e)	*annexe (l')*

Animation (w, –, en)	*animation (l')*
Anmerkung (w, –, en)	*annotation (l')*
Anpassung (w, –, en)	*adaptation (l')*
Anschluss (m, es,¨-e)	*connexion (la)*
Ansicht (w, –, n)	*affichage (l')*
Anwender (m, s,-)	*usager (l')*
Ausnutzung (w, –, en)	*exploitation (l')*
Ausrüstung (w, –, en)	*équipement (l')*
Automatisierung (w, –, en)	*automatisation (l')*
Bearbeitung (w, –, en)	*traitement (le)*
Bedarf (m, s),	*besoin (le)*
Bildschirm (m, es, e)	*écran (l')*
Browser (m, s,-)	*navigateur (le)*
Code (m, s, s)	*code (le)*
Demokratisierung (w, –, en)	*démocratisation (la)*
Digitaltechnik (w, –, en)	*numérique (le)*
Display (n, s, s)	*écran (l')*
Disposition (w, –, en)	*disposition (la)*
Diversifizierung (w, –, en)	*diversification (la)*
Druck (m, s, e)	*impression (l')*
Einfügung (w, –, en)	*insertion (l')*
Einschränkung (w, –, en)	*restriction (la)*
Ergonomie (w, –, n)	*ergonomie (l')*
Erhöhung (w, –, en)	*augmentation (l')*
Fassung (w, –, en)	*version (la)*
Fenster (n, s,-)	*fenêtre (la)*
Formel (w, –, n)	*formule (la)*
fortlaufender Text (m, es, e)	*texte linéaire (le)*
Funktion (w, –, en)	*fonction (la)*
Gebrauch (m, s,-)	*utilisation (l')*
Gesprächsliste (w, –, n)	*liste de discussion (la)*
Grafik (w, –, en)	*graphique (le)*
Herausforderung (w, –, en)	*enjeu (l')*
Herunterladen (n, s)	*téléchargement (le)*
Hintergrund (m, es,¨-e)	*fond (le)*
Homepage (w, –, s)	*page d'accueil (la)*
Informationseinheit (w, –, en)	*unité d'information (l')*
Informatisierung (w, –, en)	*informatisation (l')*
Inhaltsverzeichnis (n, ses, se)	*table des matières (la)*

Interaktivität (w, –, en)	*interactivité (l')*
Internetnutzer (m, s,-)	*internaute (l')*
Internetseite (w, –, n)	*site (le)*
Internetsurfer (m, s,-)	*internaute (l')*
Komplementarität (w, –, en)	*complémentarité (la)*
Konsultation (w, –, en)	*consultation (la)*
Konzeption (w, –, en)	*conception (la)*
Kopie (w, –, en)	*copie (la)*
Kriterium (n, s, ien)	*critère (le)*
Lizenz (w, –, en)	*licence (la)*
Markierung (w, –, en)	*balisage (le)*
Material (n, s, ien)	*matériel (le)*
Mediation (w, –, en)	*médiation (la)*
Migration (w, –, en)	*migration (la)*
Mittel (n, s,-)	*moyen (le)*
Multimedia (n, s, ien)	*multimédia (le)*
Mutation (w, –, en)	*mutation (la)*
Nachteil (m, s, e)	*inconvénients (les)*
Navigation (w, –, en)	*navigation (la)*
Neudefinition (w, –, en)	*redéfinition (la)*
Neukonfiguration (w, –, en)	*reconfiguration (la)*
Nutzen (m, s)	*avantages (les)*
Nutzer (m, s,-)	*utilisateur (l')*
Optimierung (w, –, en)	*optimisation (l')*
Passwort (n, es,¨-er)	*mot de passe (le)*
Phänomen (n, s, e)	*phénomène (le)*
Plattform (w, –, en)	*plate-forme (la)*
Posteingang (m, es,¨-e)	*boîte de réception (la)*
Präsentation (w, –, en)	*présentation (la)*
Produktionsweise (w, –, en)	*mode de production (le)*
Publikum (n, s)	*public (le)*
Reform (w, –, en)	*réforme (la)*
Rolle (e, –, n)	*rôle (le)*
Schnelligkeit (w, –, en)	*rapidité (la)*
Senkung (w, –, en)	*baisse (la)*
Sichtung (w, –,n)	*repérage (le)*
Speicher (m, s,-)	*mémoire (la)*
Sprache (w, –, n)	*langage (le)*
Startseite (w, –, n)	*page d'accueil (la)*

Steigerung (w, –, en)	*hausse (la)*
Suchkriterium (n, s, ien)	*profil de recherche (le)*
Suchmaschine (w, –, en)	*moteur de recherche (le)*
Toolbar (w, –, s)	*barre de navigation (la)*
Typografie (w, –, n)	*typographie (la)*
Umgebung (w, –, en)	*environnement (l')*
Umverteilung (w, –, en)	*redistribution (la)*
Vektor (m, s, en)	*vecteur (le)*
Verbindung (w, –, en)	*lien (le)*
Verkleinerung (w, –, en)	*diminution (la)*
Veröffentlichung (w, –, en)	*publication (la)*
Videokonferenz (w, –, en)	*vidéoconférence (la)*
virtuelle Welt (w, –, en)	*virtuel (le)*
Website (w, –, s)	*site (le)*
Zeichen (n, s,-)	*signe (le)*
Zeitalter (n, s,-), Ära (w, –, en)	*ère (l')*
Zeitschrift (w, –, en)	*périodique (le), revue (la)*
Zugangscode (m, s, s)	*code d'accès (le)*
Zusammenfassung (w, –, en)	*résumé (le)*
Zusammenschluss (m, es,¨-e)	*regroupement (le)*

ANHANG

ANNEXES

1. WORTSCHATZ ZUM GESELLSCHAFTLICHEN UMGANG *LE LEXIQUE DE LA SOCIALISATION*

Hallo !	*bonjour ! (informel), salut !*	*expression d'accueil*
Guten Tag !	*bonjour !*	*expression d'accueil*
Guten Morgen !	*bonjour !*	*expression d'accueil*
Guten Abend !	*bonsoir !*	*expression d'accueil Ce mot est utilisé aux Antilles dès le début de l'après-midi.*
Gute Nacht !	*bonne nuit !*	*expression de séparation ou de souhait réciproque*
Danke	*merci*	
Danke schön	*merci beaucoup*	
Bitte	*de rien, je t'en prie, je vous en prie*	
Bitte schön	*mais de rien, je t'en prie, je vous en prie*	
Bitte sehr	*mais de rien, je t'en prie, je vous en prie*	
Servus (Ö, SD)	*bonjour (informel), salut*	*expression d'accueil*
Grüss Gott (Ö, SD)	*bonjour*	*expression d'accueil*
Moin (ND)	*bonjour, salut*	*expression d'accueil*
Grüezi (CH)	*bonjour, salut*	*expression d'accueil*
Grüezi mitenand (CH)	*bonjour à tous*	*expression d'accueil*
Guten Tag zusammen	*bonjour à tous*	*expression d'accueil*
Grüezi wool (CH)	*bien le bonjour*	*expression d'accueil*
Uf Wiederluägä (CH)	*au revoir*	*expression de séparation*
Gesundheit	*à tes, vos souhaits*	
bis morgen	*à demain*	*expression de séparation*
alles klar ?	*tout va bien ?, c'est compris ?, c'est clair ?*	
Gute Reise	*bon voyage*	*expression de séparation*
Schönen Tag (noch)	*bonne journée*	*expression de séparation*
Schönen Abend (noch)	*bonne soirée*	*expression de séparation*
Schönes Wochenende	*bon week end, bonne fin de semaine*	*expression de séparation*
Gute Besserung	*bon rétablissement*	
Auf Wiederschauen (Ö, SD)	*au revoir*	*expression de séparation*

auf Wiedersehen	*au revoir*	*expression de séparation*
auf Wiederhören	*au revoir*	*expression de séparation*
Mach's gut !	*porte-toi bien*	*expression de séparation (cadre informel)*
Alles Gute !	*Bonne continuation*	*expression de séparation, dans un cadre plus formel*
Mahlzeit	*bonjour, au revoir (sous-entendu : bon appétit)*	*ce terme renvoie aux moments qui précédent, forment et suivent la pause-déjeuner ; ce terme n'est pas forcément connecté au repas en lui-même. Lorsque quelqu'un vous dit 'Mahlzeit' on lui répond simplement 'Mahlzeit'.*
Guten Appetit	*bon appétit*	
Vielen Dank	*merci beaucoup*	
Keine Ursache	*il n'y a pas de quoi*	
Gleichfalls	*également, pareillement*	
ebenfalls	*également, pareillement*	
Auch so	*à toi aussi, à vous aussi*	*informel*
in Ordnung	*c'est bien, c'est en règle*	
abgemacht	*(c'est) d'accord*	
erholen Sie sich gut !	*reposez-vous bien !*	
erhol Dich gut !	*repose-toi bien !*	
bis später	*à plus tard*	*expression de la séparation*
bis dann	*à plus*	*expression de la séparation*
tschüss	*salut, au revoir (informel)*	*expression de la séparation*
tschö (WD)	*salut, au revoir (informel)*	*expression de la séparation*
Lass uns gehen !	*Allons-y !, C'est parti !, Allez, on y va ! (informel)*	

2. ABKÜRZUNGEN *LES ACRONYMES ET ABRÉVIATIONS*

GmbH	Gesellschaft mit beschränkter Haftung, w, –, en	*Sarl*
PLZ	Postleitzahl, w, –, en	*Code postal (le)*
z.B.	zum Beispiel	*par exemple*
ggf.	gegebenenfalls	*le cas échéant*
z.Z.	zur Zeit	*en ce moment, actuellement*
u.a.	unter anderen, unter anderem	*entre autres (choises)*
mfG	mit freundlichen Grüßen, mit freundlichem Gruss	*sincères salutations*
mbG	mit bestem Gruss	*meilleures salutations*
z. Hd.	zu Händen	
bzw.	beziehungsweise	*respectivement*
d.h.	das heißt	*cela signifie*
usw.	und so weiter	*et cetera*
Ges.	Gesellschaft, w, –, en	*soicété (la)*
AG	Aktiengesellschaft, w, –, en	*Société anonyme*
ca.	zirka	*environ*
di.	dienstags	*les mardis*
dt.	deutsch	*allemand*
Di.	Dienstag	*mardi*
d. U.	der Unterzeichnete	*le signataire*
einschl.	einschließlich	
evtl.	eventuell	*éventuellement*
exkl.	exklusive	*exclusivement*
Expl.	Exemplar, n, -es, e	*exemplaire (l')*
fr.	freitags	*les vendredis*
Fr.	Freitag	*vendredi*
mo.	montags	*les lundis*
Mo.	Montag	*lundi*
mi.	mittwochs	*les mercredis*
Mi.	Mittwoch	*mercredi*
sa.	samstags	*les samedis*
Sa.	Samstag	*samedi*
so.	sonntags	*les dimanches*
So.	Sonntag	*dimanche*
Fa.	Firma	*société (la)*

geb.	geboren	*né, e*
i.A.	im Auftrag	
Hr.	Herr	*Monsieur*
Hrn.	Herrn	*A l'attention de Monsieur*
Hbf.	Hauptbahnhof	*gare (la) principale*
gegr.	gegründet	*fondé, e, créé, créée*
i.J.	im Jahre	*en l'an*
inkl.	inklusive	*y compris*
i.R.	im Ruhestand	*à la retraite*
i.V.	in Vertretung	*p.o.*
Jg.	Jahrgang	*promotion (la)*
Kl.	Klasse	*classe (la)*
Kto.	Konto	*compte (le)*
lfd.	laufend	*qui court, en cours*
lfd. M.	laufenden Monats	*du mois en cours*
l. J.	laufenden Jahres	*de l'année en cours*
lt.	laut	*selon, d'après*
mtl.	monatlich	*mensuel*
m.Z.	mangels Zahlung	*faute de paiement*
Nr.	Nummer	*numéro (le)*
od.	oder	*ou, ou bien*
u.	und	*et*
Pkw	Personenkraftwagen	*voiture (la)*
Lkw	Lastkraftwagen	*camion (le), poids-lourd (le)*
rd.	rund	*environ*
S.	Seite	*page (la)*
s.	siehe	*voir*
Sek.	Sekunde	*seconde (la)*
s.o.	siehe oben	*voir ci-dessus*
Std	Stunde	*heure (l')*
St.	Stück, Sankt	*morceau (le), pièce (la), Saint*
Str.	Straße	*rue (la), route (la)*
s.u.	siehe unten	*voir ci-dessous*
tgl.	täglich	*quotidien, ne*
u.A.w.g.	um Antwort wird gebeten	*réponse souhaitée*
u.U.	unter Umständen	*dans des circonstances*
u. zw.	und zwar	*c'est-à-dire*
verh.	verheiratet	*marié, e*
gest.	gestorben	*décédé, e*

verw.	verwitwet	*veuf, veuve*
vgl.	vergleiche	*confère*
v.J.	vorigen Jahres	*de l'année précédente, passée*
v.M.	vorigen Monats	*du mois dernier*
vorm.	vormittags	*les matins*
z.d.A.	zu den Akten	
z.T.	zum Teil	
EU	(die) Europäische Union	*Union (l') européenne*
b.w.	bitte wenden	*tourner s'il vous plaît*
MwSt	Mehrwertsteuer, w, –, n	*taxe (la) sur la valeur ajoutée*

3. LÄNDERNAMEN
LES NOMS DE PAYS

Afghanistan	*Afghanistan*
Ägypten	*Égypte*
Åland	*Åland, Îles*
Albanien	*Albanie*
Algerien	*Algérie*
Amerikanische Jungferninseln	*Îles Vierges des États-Unis*
Amerikanisch-Samoa	*Samoa Américaines*
Andorra	*Andorre*
Angola	*Angola*
Anguilla	*Anguilla*
Antarktika (Sonderstatus Durch Antarktis-Vertrag)	*Antarctique*
Antigua Und Barbuda	*Antigua-et-Barbuda*
Äquatorialguinea	*Guinée Équatoriale*
Argentinien	*Argentine*
Armenien	*Arménie*
Aruba	*Aruba*
Aserbaidschan	*Azerbaïdjan*
Äthiopien	*Éthiopie*
Australien	*Australie*
Bahamas	*Bahamas*
Bahrain	*Bahreïn*
Bangladesch	*Bangladesh*
Barbados	*Barbade*
Belarus (Weissrussland)	*Bélarus*
Belgien	*Belgique*
Belize	*Belize*
Benin	*Bénin*
Bermuda	*Bermudes*
Bhutan	*Bhoutan*
Bolivien	*Bolivie, L'État plurinational de*
Bonaire, Sint Eustatius Und Saba (Niederlande)	*Bonaire, Saint-Eustache ot Saba*
Bosnien Und Herzegowina	*Bosnie-Herzégovine*
Botswana	*Botswana*
Bouvetinsel	*Bouvet, Île*

Brasilien	*Brésil*
Britische Jungferninseln	*Îles Vierges britanniques*
Britisches Territorium Im Indischen Ozean	*Océan Indien, Territoire britannique de l'*
Brunei Darussalam	*Brunei Darussalam*
Bulgarien	*Bulgarie*
Burkina Faso	*Burkina Faso*
Burundi	*Burundi*
Chile	*Chili*
China, Volksrepublik	*Chine*
Cookinseln	*Cook, Îles*
Costa Rica	*Costa Rica*
Côte D'Ivoire (Elfenbeinküste)	*Côte D'Ivoire*
Curaçao	*Curaçao*
Dänemark	*Danemark*
Deutschland	*Allemagne*
Dominica	*Dominique*
Dominikanische Republik	*Dominicaine, République*
Dschibuti	*Djibouti*
Ecuador	*Équateur*
El Salvador	*El Salvador*
Eritrea	*Érythrée*
Estland	*Estonie*
Falklandinseln	*Falkland, Îles (Malvinas)*
Färöer	*Féroé, Îles*
Fidschi	*Fidji*
Finnland	*Finlande*
Frankreich	*France*
Französische Süd- Und Antarktisgebiete	*Terres australes françaises*
Französisch-Guayana	*Guyane française*
Französisch-Polynesien	*Polynésie française*
Gabun	*Gabon*
Gambia	*Gambie*
Georgien	*Géorgie*
Ghana	*Ghana*
Gibraltar	*Gibraltar*
Grenada	*Grenade*
Griechenland	*Grèce*

Grönland	*Groenland*
Grossbritannien Und Nordirland	*Royaume-Uni*
Guadeloupe	*Guadeloupe*
Guam	*Guam*
Guatemala	*Guatemala*
Guernsey (Kanalinsel)	*Guernesey*
Guinea	*Guinée*
Guinea-Bissau	*Guinée-Bissau*
Guyana	*Guyana*
Haiti	*Haïti*
Heard Und Mcdonaldinseln	*Heard et Macdonald, Îles*
Honduras	*Honduras*
Hongkong	*Hong Kong*
Indien	*Inde*
Indonesien	*Indonésie*
Insel Man	*Île de Man*
Irak	*Iraq*
Iran, Islamische Republik	*Iran, République islamique d'*
Irland	*Irlande*
Island	*Islande*
Israel	*Israël*
Italien	*Italie*
Jamaika	*Jamaïque*
Japan	*Japon*
Jemen	*Yémen*
Jersey (Kanalinsel)	*Jersey*
Jordanien	*Jordanie*
Kaimaninseln	*Caïmans, Îles*
Kambodscha	*Cambodge*
Kamerun	*Cameroun*
Kanada	*Canada*
Kap Verde	*Cap-Vert*
Kasachstan	*Kazakhstan*
Katar	*Qatar*
Kenia	*Kenya*
Kirgisistan	*Kirghizistan*
Kiribati	*Kiribati*
Kokosinseln	*Cocos (Keeling), Îles*
Kolumbien	*Colombie*

Komoren	*Comores*
Kongo, Demokratische Republik (Ehem. Zaire)	*Congo, République démocratique du*
Korea, Demokratische Volksrepublik (Nordkorea)	*Corée, République populaire démocratique de*
Korea, Republik (Südkorea)	*Corée, République de*
Kroatien	*Croatie*
Kuba	*Cuba*
Kuwait	*Koweït*
Laos, Demokratische Volksrepublik	*Laos, république démocratique populaire*
Lesotho	*Lesotho*
Lettland	*Lettonie*
Libanon	*Liban*
Liberia	*Libéria*
Libysch-Arabische Dschamahirija (Libyen)	*Libye*
Liechtenstein	*Liechtenstein*
Litauen	*Lituanie*
Luxemburg	*Luxembourg*
Macao	*Macao*
Madagaskar	*Madagascar*
Malawi	*Malawi*
Malaysia	*Malaisie*
Malediven	*Maldives*
Mali	*Mali*
Malta	*Malte*
Marokko	*Maroc*
Marshallinseln	*Marshall, Îles*
Martinique	*Martinique*
Mauretanien	*Mauritanie*
Mauritius	*Maurice*
Mayotte	*Mayotte*
Mazedonien, Ehem. Jugoslawische Republik	*Macédoine, L'Ex-République yougoslave de*
Mexiko	*Mexique*
Mikronesien	*Micronésie, états fédérés de*
Moldawien (Republik Moldau)	*Moldova, République de*
Monaco	*Monaco*
Mongolei	*Mongolie*

Montenegro	*Monténégro*
Montserrat	*Montserrat*
Mosambik	*Mozambique*
Myanmar (Burma)	*Myanmar*
Namibia	*Namibie*
Nauru	*Nauru*
Nepal	*Népal*
Neukaledonien	*Nouvelle-Calédonie*
Neuseeland	*Nouvelle-Zélande*
Nicaragua	*Nicaragua*
Niederlande	*Pays-Bas*
Niger	*Niger*
Nigeria	*Nigéria*
Niue	*Niué*
Nördliche Marianen	*Mariannes du Nord, Îles*
Norfolkinsel	*Norfolk, Île*
Norwegen	*Norvège*
Oman	*Oman*
Österreich	*Autriche*
Osttimor	*Timor-Leste*
Pakistan	*Pakistan*
Palästinensische Autonomiegebiete	*Palestinien Occupé, Territoire*
Palau	*Palaos*
Panama	*Panama*
Papua-Neuguinea	*Papouasie-Nouvelle-Guinée*
Paraguay	*Paraguay*
Peru	*Pérou*
Philippinen	*Philippines*
Pitcairninseln	*Pitcairn*
Polen	*Pologne*
Portugal	*Portugal*
Puerto Rico	*Porto Rico*
Republik China (Taiwan)	*Taïwan, Province de Chine*
Republik Kongo	*Congo*
Réunion	*Réunion*
Ruanda	*Rwanda*
Rumänien	*Roumanie*
Russische Föderation	*Russie, Fédération de*
Saint-Barthélemy	*Saint-Barthélemy*

Saint-Martin (Franz. Teil)	*Saint-Martin (Partie Française)*
Saint-Pierre Und Miquelon	*Saint-Pierre-et-Miquelon*
Salomonen	*Salomon, Îles*
Sambia	*Zambie*
Samoa	*Samoa*
San Marino	*Saint-Marin*
São Tomé Und Príncipe	*Sao Tomé-et-Principe*
Saudi-Arabien	*Arabie saoudite*
Schweden	*Suède*
Schweiz (die)	*Suisse*
Senegal	*Sénégal*
Serbien	*Serbie*
Seychellen	*Seychelles*
Sierra Leone	*Sierra Leone*
Simbabwe	*Zimbabwe*
Singapur	*Singapour*
Sint Maarten (Niederl. Teil)	*Saint-Martin (Partie Néerlandaise)*
Slowakei	*Slovaquie*
Slowenien	*Slovénie*
Somalia	*Somalie*
Spanien	*Espagne*
Sri Lanka	*Sri Lanka*
St. Helena	*Sainte-Hélène*
St. Kitts Und Nevis	*Saint-Kitts-et-Nevis*
St. Lucia	*Sainte-Lucie*
St. Vincent Und Die Grenadinen	*Saint-Vincent-et-Les Grenadines*
Südafrika	*Afrique du Sud*
Sudan	*Soudan*
Südgeorgien Und Die Südlichen Sandwichinseln	*Géorgie du Sud et Îles Sandwich du Sud*
Südsudan	*Soudan du Sud*
Suriname	*Suriname*
Svalbard Und Jan Mayen	*Svalbard et Île Jan Mayen*
Swasiland	*Swaziland*
Syrien, Arabische Republik	*Syrienne, République arabe*
Tadschikistan	*Tadjikistan*
Tansania, Vereinigte Republik	*Tanzanie, République-Unie de*
Thailand	*Thaïlande*
Togo	*Togo*

Tokelau	*Tokelau*
Tonga	*Tonga*
Trinidad Und Tobago	*Trinité-et-Tobago*
Tschad	*Tchad*
Tschechische Republik	*Tchèque, République*
Tunesien	*Tunisie*
Türkei (die)	*Turquie*
Turkmenistan	*Turkménistan*
Turks- Und Caicosinseln	*Turks-et-Caïcos, Îles*
Tuvalu	*Tuvalu*
Uganda	*Ouganda*
Ukraine	*Ukraine*
Ungarn	*Hongrie*
United States Minor Outlying Islands	*Îles Mineures éloignées des États-Unis*
Uruguay	*Uruguay*
Usbekistan	*Ouzbékistan*
Vanuatu	*Vanuatu*
Vatikanstadt	*Saint-Siège (État de la Cité du Vatican)*
Venezuela	*Venezuela, République Bolivarienne du*
Vereinigte Arabische Emirate	*Émirats arabes unis*
Vereinigte Staaten Von Amerika	*États-Unis*
Vietnam	*Viet Nam*
Wallis Und Futuna	*Wallis et Futuna*
Weihnachtsinsel	*Christmas, Île*
Westsahara	*Sahara Occidental*
Zentralafrikanische Republik	*Centrafricaine, République*
Zypern	*Chypre*

4. FRANZÖSISCHE REGIONEN UND DEUTSCHE LÄNDER *LES RÉGIONS FRANÇAISES ET LES LÄNDER ALLEMANDS*

Aquitanien	*Aquitaine (l')*
Baden-Württemberg	*Bade-Wurtemberg (le)*
Bayern	*Bavière (la)*
Berlin	*Berlin*
Brandenburg	*Brandebourg (le)*
Bremen	*Brême*
Burgund	*Bourgogne (la)*
Elsass (das)	*Alsace (l')*
Französisch-Guyana	*Guyane (la)*
Hamburg	*Hambourg*
Hessen	*Hesse (la)*
Korsika	*Corse (la)*
Lothringen	*Lorraine (la)*
Mecklenburg-Vorpommern	*Mecklembourg Poméranie Antérieure (le)*
Niedersachsen	*Basse-Saxe (la)*
Nordrhein-Westfalen	*Rhénanie du Nord Palatinat (la)*
Rheinland-Pfalz	*Rhénanie-Palatinat (la)*
Saarland	*Sarre (la)*
Sachsen	*Saxe (la)*
Sachsen-Anhalt	*Saxe-Anhalt (la)*
Schleswig-Holstein	*Schleswig-Holstein (le)*
Thüringen	*Thuringe (la)*

5. EINIGE EUROPÄISCHE STÄDTE
QUELQUES NOMS DE VILLES DANS L'ESPACE EUROPÉEN

Aachen	*Aix-la-Chapelle*
Athen	*Athènes*
Basel	*Bâle*
Bremen	*Brême*
Bruxelles	*Brüssel*
Bukarest	*Bucarest*
Den Haag	*La Haye*
Dresden	*Dresde*
Frankfurt am Main	*Francfort sur le Main*
Genf	*Genève*
Hamburg	*Hambourg*
Köln	*Cologne*
Kopenhagen	*Copenhague*
Lissabon	*Lisbonne*
London	*Londres*
Lüttich	*Liège*
Luxemburg	*Luxembourg*
Moskau	*Moscou*
München	*Munich*
Nizza	*Nice*
Nürnberg	*Nuremberg*
Prag	*Prague*
Rom	*Rome*
Saarbrücken	*Sarrebruck*
Speyer	*Spire*
Straßburg	*Strasbourg*
Wien	*Vienne*
Warschau	*Varsovie*

6. VERZEICHNIS EINIGER SPRACHEN DER WELT *LISTE DE QUELQUES LANGUES PARLÉES DANS LE MONDE*

Afrikaans	*Afrikaans*
Albanisch	*Albanais*
Baskisch	*Basque*
Belorussisch (Weissrussisch)	*Biélorusse*
Bosnisch	*Bosniaque*
Bretonisch	*Breton*
Bulgarisch	*Bulgare*
Chinesisch	*Chinois*
Dänisch	*Danois*
Deutsch	*Allemand*
Englisch	*Anglais*
Estnisch	*Estonien*
Finnisch	*Finnois*
Flämisch (Vlaams)	*Flamand*
Französisch	*Français*
Friesisch	*Frison*
Galizisch	*Galicien*
Georgisch	*Géorgien*
Griechisch	*Grec*
Isländisch	*Islandais*
Italienisch	*Italien*
Japanisch	*Japonais*
Katalanisch	*Catalan*
Komoro	*Comorian*
Koreanisch	*Coréen*
Korsisch	*Corse*
Kroatisch	*Croate*
Kurdisch	*Kurde*
Lettisch	*Letton*
Litauisch	*Lituanien*
Luxemburgisch	*Luxembourgeois*
Maltesisch	*Maltais*
Mandarin	*Mandarin*
Mazedonisch	*Macédonien*
Niederländisch	*Néerlandais*

Norwegisch	*Norvégien*
Okzitanisch	*Occitan*
Polnisch	*Polonais*
Portugiesisch	*Portugais*
Rumänisch	*Roumain*
Russisch	*Russe*
Schottisch	*Écossais*
Schwedisch	*Suédois*
Serbisch	*Serbe*
Serbokroatisch	*Serbo-croate*
Slowakisch	*Slovaque*
Slowenisch	*Slovène*
Sorbisch	*Sorabe*
Spanisch	*Espagnol*
Tibetisch	*Tibétain*
Tschechisch	*Tchèque*
Türkisch	*Turc*
Ukrainisch	*Ukrainien*
Ungarisch	*Hongrois*
Walisisch	*Gallois*
Yue (Kantonesisch)	*Yue (Cantonais)*

34/38, rue Camille-Pelletan - 92309 Levallois-Perret cedex
Imprimerie Darantiere - 21801 Quetigny
Imprimé en France - 4e trimestre 2012 - N° d'impression : 12-1208

Service éditorial : Fanny Bouteiller, Marjorie Champetier, Deborah Lopez, Charles Prunier, Elodie Sebbah
Conception graphique : Nord Compo

Dépôt légal à parution
ISBN 978-2-7590-1884-0